비고츠키 선집 16

**비고츠키 손상학 I**

손상과 보상

• 표지 그림

소년의 손은 마치 노인의 손과 같다. 굵은 정맥, 앙상한 손가락, 관절염이 있는 뼈마디를 주목하자. 의학이 도움을 줄 수 있을까? 그렇기도 하고 아니기도 하다. 보그다노프-벨스키는 1920넬, 러시아 혁명에 뒤따른 내전과 기근이 기승을 부리던 시기에 이 작품을 그렸다. 실제로 니콜라이 보그다노프-벨스키의 그림 속 어린이 대부분은 노인의 손을 가지고 있었다.

700만 명에 달하는 어린이들이 방치되었고 이들 중 상당수는 이 어린이처럼 거리에서 구걸을 하고 있었다. 의학이 굵은 정맥, 앙상한 손가락과 관절염을 치유했다면 어린이는 자신의 손상을 이용해 자선과 동정을 얻는 데 실패했을지도 모른다. 1924년 무렵, 젊은 비고츠키는 신생 소비에트 정부에서 이 어린이들이 직면한 사회적 박탈과 경제적 곤란을 해결하기 위해 일하고 있었다. 이 과정에서 비고츠키는 모든 유형의 학습장애, 모든 어린이 심지어 어른까지 포함하는 새로운 비의료적 보상에 대한 이론을 개발한다. 그림 속 노인의 손은 아마도 예술가 자신의 손이었을 것이다.

비고츠키 선집 16

**비고츠키 손상학 I**

# 손상과 보상

초판 1쇄 인쇄 2026년 1월 5일
초판 1쇄 발행 2026년 1월 11일

지은이 L. S. 비고츠키
옮긴이 비고츠키 연구회
펴낸이 김승희
펴낸곳 도서출판 살림터

기획 정광일
편집 조현주 · 송승호 · 이희연
북디자인 꼬리별

인쇄 · 제본 (주)신화프린팅
종이 (주)명동지류

주소 서울시 양천구 목동동로 293, 2215-1호
전화 02-3141-6553
팩스 02-3141-6555
출판등록 2008년 3월 18일 제313-1990-12호
이메일 gwang80@hanmail.net
블로그 http://blog.naver.com/dkffk1020
한국교육연구네트워크 www.kednetwork.or.kr

ISBN 979-11-5930-345-6 93370

비고츠키 선집 16

**비고츠키 손상학 I**

# 손상과 보상

살림터

# 시각장애, 청각장애, 정신장애: 하나의 손상학
# 손상학자, 아동학자, 심리공학자: 한 명의 심리학자

비고츠키가 이 책에서 어린이에게 '손상이 있다дефектный'고 말하는 것을 부끄러워하게 될 때가 곧 올 것이라고 쓴 지 100년이 넘었다. 그때가 왔다.

또한 비고츠키가 자신의 서문 말미에서 "Время помощи прошло-настало время борьбы(도움의 시대는 끝났다. 투쟁의 시대가 왔다)"라고 쓴 지도 100년 되었다. 과연 그 시간은 지나갔는가, 아니면 여전히 진행 중인가?

비고츠키가 실명, 실청, 그리고 그가 '정신박약'이라 부르는 세 가지 문제를 하나의 학문으로 묶었다는 사실이 우리에게 매우 이상하게 느껴진다는 것은, 부끄러워할 것들이 여전히 우리에게 많이 남아 있음을 의미한다. 이 서문에서 우리는 비고츠키의 용어를 역사적 맥락에 두어 그 의미를 이해하고자 한다. 불행히도 이는 그렇게 어려운 일이 아니다. 그의 역사적 맥락이 여전히 우리의 역사적 맥락이기 때문이다.

비고츠키 이전 시대까지는 실명, 실청, 정신지체가 모두 개별적인 장애였다. 사람들이 이들을 하나로 묶었다면 이는 비고츠키의 말처럼 마치 색깔을 검은색이나 흰색이 아닌 색들로 무리 짓듯, 임의적이고 외적이며 주로 부정적 방식으로 이루어졌다. 투쟁은 논의의 대상이 아니었다. 실명, 실청, 정신지체는 단지 미지의, 불변의 불행으로 다양한 형태의 조력을 통해 일시적 완화를 꾀할 수는 있으나 궁극적으로는 개인이나 사회적 노력과는 무관하게 수용되어야 하는 운명, 신의 뜻으로 받아들여져야 할 것이었다.

비고츠키 당대에는 이 문제들이 서로 다른 생리적 질환이 아닌 사회적 거부라는 공통된 사실에 기원을 둔 단일한 문제로 재개념화되고 있었다. 이런 이유로 비고츠키는 이 문제들이 먼저 사회적, 문화적, 심지어 정치적 투쟁을 통해 극복될 것이라고 생각했고, 이 투쟁에는 이미 맹인, 농인뿐 아니라 심지어 정신지체자까지도 참여하고 있었다. 사회적 교육의 결과로, 즉 인공지능이 아닌 자연적, 역사적, 인간적 지능의 형태를 통해 신체적 손상은 단순한 학습 장애로 환원될 것이었다. 다시 말해, 배려하는 교실과 집단적인 문화에서 실명은 색맹이나 근시보다 더 큰 난관이 아닐 것이고, 실청은 실어증보다는 이명이나 음치에 더 가까울 것이며, 운동 지능으로 충분히 보상되는 정신지체는 오직 또 다른 형태의 신경 다양성일 것이다. 생산적 노동을 통해 사회의 물질적 기반을 변화시킴으로써만 일반적인 사회적 거부에 대처할 수 있을 것이다. 이것이 이미 이루어졌을 때 개별의 신체적 '손상'은, 비록 완전히 제거될 수는 없겠지만, 약화될 수 있을 것이었다.

하지만 정반대의 일이 일어났다. 한편으로는 줄기세포 연구, 인공와우, 인공지능이 부분적인 의지義肢 보조기와 완화책을 제공했고, 드물게는 완전한 치유도 이루어 냈다. 그러나 값비싸고 광범위한 의료 서비스에 접근권이 없는 수많은 아동은 필연적으로 이러한 혜택에서 배제되었다. 다른 한편으로는 교육 전반을 변혁하고 더 나아가 사회 전체를 바꾸려 했던 소련의 시도는 순진하거나 위선적이라는, 혹은 그 두 가지 모두 해당하는 이유로 폐기되었다. 그 결과 오늘날에는 사회적 배제를 거부하는 정치적 행동조차 각성woke, 정치적 올바름PC 혹은 이제 미국 같은 나라에서는 금지된 다양성, 평등, 포용 정책의 산물로 낙인찍히고 있다. 오늘날 우리는 시각장애, 청각장애, 지적 장애를 (학습에 장애가 되는 사회적 환경-여기에는 우리 자신이 포함된다-이 주축인 문제가 되는) 하나의 공통된 문화화 문제로 여기기보다는 서로 무관한 세 가지 학습장애로 다시 생각해야 하는 처지에 놓였다.

번역가는 우선 독자이고 그런 후 저자이다. 저자나 독자가 역사 밖에서 있지 않듯 역자들 역시 마찬가지다. 우리가 할 수 있는 것은 역사를 이해하려고 노력하는 것뿐이다. 이 부끄러운 단어 'дефектный'를 어떻게 번역할 수 있을까? 비고츠키의 영문판 선집에서 녹스와 스티븐스는 'handicapped'(Knox and Stevens, 1993, p. 65)라고 번역했다. 그러나 역사적으로 'handicapped'는 길모퉁이에서 모자를 손에 들고 구걸하는 사람을 의미한다. 채프먼은 영어 번역 'disabled'를 사회적으로 박탈당한 사람들의 사회적 능력을 나타내는 것으로 해석하면 표현이 부정확하지 않다고 주장한다(Chapman, 2023). 그러나 이 단어는 일반적으로 이렇게 해석되지 않는다. 'дефектный'처럼 'disabled'는 학습 환경이 아닌 학습자의 능력 부족을 가리키며 필연적으로 무력감을 암시한다. 우리말의 '장애'라는 단어는 학습자 안에 있지만 우회할 수 있는 장애물을 의미한다.

사회적 현실을, 잘못 이해되고 설명되지 않은 채로 그대로 두는 한, 이를 지칭하는 하나의 단어를 다른 단어로 대체하는 것은 그다지 의미가 없으며, 이름을 그대로 두고 그 사회적 맥락을 이해한다면 역사적인 배경에서의 현실을 이해하고 설명하기가 훨씬 쉬워진다. 따라서 우리는 비고츠키의 용어를 비교적 문자 그대로 직역하기로 했으며, 괄호 안에 '-K'를 덧붙여 짧은 설명을 더하거나, 좀 더 긴 역사적 맥락을 설명하기 위해서는 글상자를 더했다. 또한 시각적 정보를 선호하는 독자들을 위해 프란시스코 고야Francisco José de Goya y Lucientes의 작품들을 통해 이러한 설명들을 묘사하기로 했다. 고야는 손상과 보상의 힘, 즉 손상을 이겨 내는 보상의 힘과 보상을 이겨 내는 손상의 힘 둘 모두를 보여 준다.

고야의 작품 「El Coloso(거인)」을 예로 들어 보자. 이 그림은 반도 전쟁 시기에 제작되었기 때문에, 흔히 나폴레옹에 대한 스페인의 저항을 묘사한 것으로 해석되어 왔다. 하지만 이러한 역사적 배경만으로는 그림 속 도망치는 작은 사람들과 중앙에 꼼짝 않고 서 있는 당나귀를 설명하기 어렵다. 아마도 진정한 설명은 역사적일 뿐 아니라 개인적이고 고도로 심리적일 것이다. 당시 고야는 청각장애와 그로 인한 정신 질환으로 극심한 사회적 고립을 겪고 있었다. 그러나 고야는 거인일까 아니면 도망치는 일반인일까, 혹은 움직이지 않는 당나귀일까?

고야, 거인, 1808.

어쩌면 고야는 거인이자 일반인이며 움직이지 않는 당나귀, 셋 모두였을지 모른다. 우리 역시 마찬가지다. 우리가 물리학, 화학, 심지어 바이러스나 박테리아, 단세포 동물이나 식물의 생물학에 대해 논의할 때는 단순히 외적 원인에 대해서만 이야기할 수 있다. 그러나 인간은 역사 속에서 행동하고 역사에 영향을 미친다. 행동을 배제한 인간의 생각을 논할 수 없고, 생각을 배제한 인간의 행동 또한 논할 수 없다. 따라서 우리는 제목에서 제시한 문제를 외적으로-맥락 속에서, 그리고 내적으로-텍스트를 통해 모두 살필 것이다.

이 서문의 첫 부분에서는 물질적 역사적 맥락을 다룰 것이다. 물질적 역사는 관념과 텍스트의 역사에서조차, 최종 분석에서, 결정적이다. 관념과 그것을 물질화하는 텍스트는 결국 물질 역사의 가장 의식적인 부분일 뿐이다. 그러나 관념과 텍스트는 자신의 관념적 맥락을 창조할 수 있는 흥미로운 속성을 지니고 있으며, 우리가 관념에 따라 행동할 때 그것들은 다시 물질 역사의 일부가 된다. 따라서 두 번째 부분에서는 텍스트적 맥락, 즉 텍스트를 창조하는 과정 자체에서 우리가 창조하는 종류의 맥락을 살펴볼 것이다. 다시 한번 우리는 외적으로 묶인 현상에서 내적으로 연결된 현상으로 나아갈 것이다. 우리는 먼저 이 책에 포함되지 않은 두 개의 방법론적 텍스트를 고찰할 것이다. 그 텍스트들은 비고츠키가 동시에(한국어 비고츠키 선집 중 가장 최근에 출간된 『심리학 위기의 역사적 의미』[비고츠키, 1926/2024]와 더불어) 썼던 것들이다. 그러고 나서 우리는 이 책에 포함된 텍스트를 고찰할 것이며, 거기서 겉보기에 모순적인 두 가지 일을 하고자 한다.

한편으로 우리는 비고츠키 손상학 시리즈를 그의 경력상 세 시기(반사학, 아동학, 심리공학)와 상응하도록, 그리고 학자들이 그의 사상 간의 모순을 설명하기 위해 구분한 세 시기(반사학 혹은 행동주의 시기 [1924~1928], 문화-역사적 혹은 도구적 시기[1928~1932], 의미론적 혹은 기호학적 시기[1932~1934])와 상응하도록 세 권으로 나누고자 한다. 다른 한편으로, 비고츠키의 눈부신 경력에서 다룬 세 가지의 서로 다른 연구 분야는 세 가지 서로 다른 비고츠키가 있는 것처럼 보일 수도 있지만, 역사를 되돌아보고 그의 '일반 심리학'에 비추어 본다면 실제로 비고츠키는 오직 하나뿐임을 보이고자 한다.

## 1. 역사적 맥락: 독일, 영국, 그리고 신생국 소련

먼저, 역사적 맥락을 잠시 짚어 보자. 시각장애, 청각장애, 정신지체와 마찬가지로, 이 부분에서 다룰 현상들은 처음에는 시대적 우연성에 의해 외적으로 묶인 듯 보일 뿐, 역사적 인과에 따라 내적으로 연결된 것처럼 보이지는 않을 수 있다. 그러나 시각장애, 청각장애, 정신지체의 경우처럼, 조금만 더 자세히 들여다보면 이들 역시 내적으로도 서로 연관되었음을 확인하게 될 것이다.

1924년 1월, 비고츠키는 레닌그라드에서 열린 제2차 러시아 심리신경학 학회에서 반사학과 실험심리학 기법론에 대한 첫 강연을 했다. 런던에서는 영국 노동당이 집권하였다. 노동당 정부는 외교적으로 소련을 인정하고, 내전과 기근으로 어려움을 겪고 있는 소련에 절실히 필요한 원조를 제공하기 위한 협상을 시작했다. 그러나 노동당은 특별히 친소련적이지 않았고, 심지어 영국 노동자들의 파업에도 우호적이지 않았다. 1924년 7월에 이르러, 신생 영국 공산당 신문은 노동자와 병사들에게 자체 소비에트를 조직할 것을 요구했고, 편집장은 반란을 조장했다는 혐의로 기소되었다. 이러한 혐의는 좌파 노동당 평의원들의 압력으로 8월에 기각되었고 야당은 노동당에 대한 불신임안을 발의했다. 이를 미연에 방지하기 위해 노동당은 국왕에게 의회를 해산할 것을 요구하고 겨우 집권 9개월 만에 새 선거를 실시했다.

10월 25일, 비고츠키는 그의 첫 번째 강연을 되돌아보며 자신이 소장으로 재직 중이던 모스크바 실험 연구소에서의 강연으로 재집필하고 있었다. 선거 4일 전에 보수 성향의 『데일리 메일』은 존재하지 않는 '제3 공산주의 인터내셔널'의 리더가 보내온 편지를 발표했는데, 이는 영국의 식민 통치를 흔들기 위해 노동당의 승리를 지지하는 내용이었다. 결과는 보수당의 압도적 승리였다. 이 편지는 후에 위조로 밝혀졌으며, 정보 기관에 소속되어 있는, 야망은 있지만 그다지 능력은 부족한 제임스 본드의 소행임이 드러났다. 그럼에도 불구하고, 보수당은 이제 확고히 정권을 장악했고 이를 반反소비에트 정서를 부추기는 데 사용했다(Bennet, 1999).

1925년 5월, 비고츠키는 우리 책 제4a장 '농아 어린이의 사회적 문화화의 원칙'에 실린 논문을 발표하기 위해 런던으로 향하던 중 독일에 들르게 된다. 당시 독일의 손상학 분야는 매우 유망해 보였을 것이다. 독일 사회주의자들이 1919년에 공산주의자들을 탄압하고 그 지도자들을 살해한 것은 사실이다. 그러나 그들은 이에 대한 공산주의자들의 분노를 누그러뜨리기 위해 광범위한 사회 개혁을 통해 참전 용사들을 달래려 했다. 여기에는 피보험자 스스로 관리하는 건강보험이 포함되었는데, 고용주가 3분의 1을 부담하고 부양 가족 및 실업자도 혜택을 받을 수 있었다(Bärnighausen and Sauerborn, 2002). 또한 시각장애인, 청각장애인 및 기타 소외 계층에 대한 광범위한 지원이 이루어졌다. 이는 시각장애인 친화적인 보도블록과 대학 교육 보조금과 같이 오늘날에도 찾아볼 수 있는 많은 조치를 포함했다(Hong, 1998). 승전국들이 석탄 수출 금지 조치를 해제한 이후, 독일은 상대적으로 경제적 번영을 누렸는데, 이는 부분적으로 영국 석탄 광부들의 임금이 거의 절반으로 줄어든 것에 기인했다.

다른 한편으로, 비고츠키가 1925년 6월 런던에 도착했을 때, 영국 손상학은 훨씬 덜 유망해 보였을 것이다. 그의 논문 발표는 허용되지 않았고, 몇 마디의 의례적 인사만 할 수 있었다. 발표하지 못한 논문에서, 비고츠키는 '정상' 아동과 '손상' 아동 모두에게서 고등정신기능은 두 번, 즉 한 번은 개인 간 그리고 또 한 번은 개인 내에서 일어난다고 지적한다. 또한 그는 정상아와 손상아 모두 문화적 발달노선이 생물적 발달노선을 토대로 나아간다(예컨대 사회적 환경에 대한 조건반사는 생물적 환경에 대한 무조건반사를 토대로 한다)고 지적한다. 이론적으로 이는 손상학과 아동학이 유사한 방법론적, 이론적 원리에 기반하여 통합을 이룰 수 있다는 것을 의미했다. 실천적으로 그것은 사회적 교육이 아동학에서만큼이나 손상학에서도 중요하다는 것을 의미했다. 실제로 그것은 우리가 여전히 '정신지체'라 부르는 어린이들(오늘날 이 어린이들이 일반 아동과 동일한 지적 발달노선을 따르되 단지 뒤처져 있는 것이 아님이 밝혀졌음에도 불구하고 여전히 지체라고 불린다)에게 오히려 더 중요했다. 비고츠키는, 독일과 영국의 손상학처럼, 처음에는 이론과 실천 모두에서 프랑스와 미국에 뒤처졌다.

발표하지 못한 논문에서 비고츠키는 수화의 사용을 반대한다(그는 수화에 어휘나 문법이 없다고 잘못 생각했기 때문에 이를 몸짓이나 모방이라고 불렀다). 대신 그는 J. 파터가 옹호했던 잔인한 독일식 방법의 완화된 형태를 지지했다. 파터처럼 때로는 농아 어린이의 치아를 부러뜨릴 정도로 세게 때리는 대신 비고츠키는 말을 배우는 데 게임과 어린이의 흥미를 동기로 사용하자고 제안한다. 다만 그는 이러한 조건하에서도 어린이가 직접 경험할 수 없는 소리의 세계를 고수하는 것은 어린이 스스로의 '본성'에 정면으로 위배된다는 것을 인정한다. 그러나 1931년에 이르러서 비고츠키는 프랑스와 미국의 '폴리글로시아'(일종의 다언어주의로 언어학습에서 수화를 반드시 포함해야 하며 사실상 수화로 시작해야 한다)를 확대하기 위한 투쟁에 참여하게 되었다. 수화를 통해서만 우리는 선천적 농인 어린이의 생물적 능력을 토대로 고등정신기능을 구축할 수 있다.

소비에트로 돌아온 비고츠키는 중병으로 병원에 입원했고 그곳에서 수화에 대한 편견을 비롯한 많은 생각이 바뀌기 시작했다. 종소리에 침을 흘리도록 개를 훈련시키는 것처럼 모든 학습은 조건반사로 환원될 수 있기에, 맹인을 위한 점자와 농인을 위한 독순술이 모두 가능하다고 비고츠키는 주장했다. 그는 수화가 이런 반사학의 원리를 적용한 한 예라고 생각했을까, 아니면 그 원리 자체에 대해 부정하게 된 것일까? 마찬가지로, 비고츠키는 아들러가 그의 개인심리학에서 논의하는 개인적 보상과 개인적 과잉 보상의 사례로 일반적인 학습장애를 이해할 수 있다고 주장했다. 어린이 발달의 중심에 어린이 집단을 놓을 때 그는 개인적 보상과 과잉 보상에 대한 자신의 관점을 부인한 것일까, 아니면 단순히 수정한 것일까?

## 2. 텍스트적 맥락: 비고츠키는 하나인가, 셋인가?

베레소프와 켈로그는 비고츠키 아동학 영문판(2019) 서문에서 비고츠키의 시기 구분에 대해 다음과 같이 설명한다.

"현대 비고츠키 연구에는 전통적이고 널리 수용된 작업 체계가 있다. 제1기(1927년 이전), 제2기(1927~1930/31년), 그리고 (…) 제3기(1932~1934) 이다. 이와 같은 비고츠키 생애 및 저작의 시기 구분은 여러 세대의 현대 연구자에게 비고츠키 이론을 발전·보완할 수 있는 공통 토대를 마련해 주었다. 흥미롭게도 많은 연구자가 비고츠키 발달의 제2기, 즉 도구적 시기를 토대로 비고츠키 연구를 개선하고 있다(예: M. Cole, Y.

Engeström, J. Wertsch). 지난 10년간, 제3기의 비고츠키가 제2기를 거부하고 성격, 환상, 상상, 정서에 대한 초기 관심사로 회귀했다고 주장하는 수정주의적 경향이 나타났다(Gonzalez Rey, 2011/2017). 따라서 최근 출판된 자료들(Zavershneva, 2010; Zavershneva and Van der Veer, 2018)은 비고츠키가 고등정신기능과 저차정신기능 간 구분을 모두 거부하고, 그 대신 기능 간 관계에 초점을 두며, 의식을 역동적 의미 체계로 파악하는 데 초점을 맞춘 새로운 의식 이론으로 나아가고 있었다는 증거로 인용된다"(2019, p. xvi).

이상하게도 이러한 시기 구분 도식에 따르는 학자들은 1기에 대해 거의 언급하지 않는다(상상과 창조[『상상과 창조』, 1930/2014], 인격[『인격과 세계관』, 1931/2023], 정서[『정서 학설 I』, 1934/2022, 『정서 학설 II』, 1934/2023]를 전면에 내세우는 3기의 저술들이 단순히 1기로의 회귀이거나 반복임을 수용하지 않는다면 말이다). 그러나 이 책에서 번역된 대부분의 내용이야말로 1기에 해당하며, 우리는 3기가 1기로의 회귀라는 아이디어는 사실이 아님을 확인하게 될 것이다.

비고츠키가 당시에 썼던 이 논문들과 또 다른 논문들을 읽어 보면, 우리는 '도구적' 시기의 성과뿐만 아니라 M. 콜, Y. 엥게스트롬, J. 워치가 더하고자 했던 많은 개선이 이미 비고츠키의 아주 초기 저작에 다 있었음을 볼 수 있다. 이는 개선의 형태라기보다는 손상 또는 모순의 형태로 존재한다. 예를 들어 콜은 비고츠키의 '도구적' 시기(1928~1932)는 비고츠키가 조건반사를 통해 상상력과 창조성을 생물학으로 하향적으로 환원하려는 설명을 버리고 문화를 근거로 하여 상향적으로 설명하려는 것을 나타낸다고 주장했다(Cole, 1999). 문화는 도구와 기호의 숙달을 통해 내면화된다(Pelaprat and Cole, 2011). 엥게스트롬은 활동의 주체와 대상 간의 관계를 규칙, 분업, 공동체를 통해 맥락화함으로써,

그리고 또한 도구와 기호의 경계를 지움으로써 이를 개선하고자 했다. 워치는 기호의 역할을 사실상 제거하는 것으로 이를 수정하고자 했는데(1985/1997) 이러한 시도는 이미 비고츠키 생전에 그의 제자들에 의해 일어나고 있었다(Leontiev, 1978).

1924년 1월과 10월, 비고츠키가 런던으로 떠나기 전에 쓴 두 편의 방법론적 논문을 살펴보자. 1월에 비고츠키는 반사학 연구의 초라한 결과를 지적한다. 이러한 초라함은 조건반사에 대한 그들의 주장이 지나치게 과장되었기 때문이다. 개에게 쉽게 형성되는 '전기 충격을 받기 전에 다리를 움츠리는 조건반사'가 궁극적으로 언어, 사고, 그리고 의식 자체를 포함한 모든 인간 행동을 설명할 수 있다고 그들은 주장한다. 하지만 어떻게 그럴 수 있을까? 비고츠키는 인간의 조건반사를 확립하는 데 다리보다 팔이 더 나으며, 언어는 이보다 훨씬 더 낫다(왜냐하면 인간은 전혀 충격 없이도 손을 움츠리게 할 수 있기 때문이다)는 한 반사학자의 제안을 인용한다. 이 반사학자는 심지어 인간의 경우 1차 자극을 '2차 자극', 즉 단어와 같이 다른 자극을 나타내는 자극으로 대체할 것을 제안하기까지 한다.

비고츠키는 반사학이 말을 포함함으로써 실험심리학 전체를 아우르게 되었다고 말한다. 두 과학의 실제 적용이 융합된다면 두 과학이 이론적으로 분리되어 있다고 주장하는 것은 사실 무의미하다. '말 반사'를 상상하는 순간, 우리는 첫째, 질문을 자극으로 포함해야 한다는 것, 둘째, 말, 생각, 의식과 같은 어떤 '반사들'은 반사들 간의 전이라는 메커니즘으로 더 잘 이론화된다는 것을 발견하게 된다. 그는 반사학과 실험심리학의 다섯 가지 기본 '기법들'을 제시하며 결론을 내린다. 이는 피험자에게 언어적 지시 내리기, 대상에 대한 피험자의 진술 받기, 자기 느낌에 대한 피험자의 진술 받기, 피험자에게 숨겨진 반응에 대해 묻기, 마지막으로 피험자에게 자신의 생각 변화를 기술하도록 요청하기이다.

그는 비록 이 중 세 번째 기법에 대해서도 다소의 의구심을 표하기는 했으나 오직 마지막 기법만을 배제한다(이는 뷔르츠부르크 학파의 주요 기법이었다). 한편으로 그는 이 기법들을 실험심리학 전체로 확장한다. 미래의 모든 실험은 결과 분석에서 언어적 지시를 사용해야 할 것이었다. 다른 한편으로 그는 아동, 범죄자, 정신장애인을 제외했다. 뒤에 보게 되겠지만 그는 후기 저작에서 이들을 다시 모두 포함시킨다. 수용 가능한 네 가지 기법들이 모두 그의 아동학적 진단 도구-근접발달영역에 적용된다.

10월, 비고츠키는 말을 통해 의식을 연구하는 문제로 돌아간다. 그는 다시 한번 '반사'의 설명적 주장을 거부한다. 첫째, 반사는 의식을 설명할 수 없다. 둘째, 반사는 비현시적 행동, 예를 들면 마음 변화 같은 것을 설명할 수 없다. 셋째, 반사는 우리가 소거의 법칙(종소리 같은 조건반사가 음식과 같은 무조건반사에 의해 강화되지 않으면 억제된다)이나 지배성의 법칙(다른 방해 요소가 추가될 때 지배적인 무조건반사가 강화된다)과 같은 현상에서 인간과 개 사이에 구분해야 하는 질적 차이를 지워 버린다. 그러나 비고츠키에게 가장 큰 문제는 이원론이다. 반사가 의식을 설명할 수 없기 때문에, 반사학자들은 관념론에 의존하여 설명하려 한다.

모순이 난무한다! 한편으로 비고츠키는 우리가 반사가 아닌 행동을 연구해야 하며(1997, p. 66), 행동의 구조를 이해하려면 의식이라는 부정할 수 없는 사실을 연구해야 한다고 말한다. 다른 한편으로 그는 의식은 반사의 반사에 불과하다고도 말한다(같은 쪽). 하지만 이 책에서 드러나는 모순은 초기 비고츠키와 후기 비고츠키 사이, 혹은 문화-역사적 비고츠키와 기호-의미론적 비고츠키 사이의 모순이 아니다. 그것은 초기 비고츠키 안에 존재하는 모순이다.

1926년에 저술된 방법론적 서설인 『심리학 위기의 역사적 의미』나 이 책에 실린 손상학 관련 논문들과 같은 초기 저작의 핵심 모순 중 하나는 파블로프의 속류 유물론이 이원론으로 이어진다는 것이었다. 이것은 '가이사의 것은 가이사에게 하나님의 것은 하나님께'를 의미한다. 즉 신체와 신체의 모든 자극-반응 기능, 그리고 정신과 정신의 모든 고등심리기능을 분리하는 것이다. 따라서 심리학에서 반사학은 역설적이게도 관념론의 한 형태이다. 성격에 관한 장에서 우리는 파블로프 역시 히포크라테스의 기질론을 믿는다는 것을 알게 된다. 파블로프는 자극-반응 단위의 네 측면, 반응의 강도, 반응의 이동성(한 자극에서 다른 자극으로), 자극 가능성(반응 생성의 용이성), 억제(반응 차단 가능성)를 확인한다. 이에 따라 파블로프의 개조차도 다음과 같은 일종의 MBTI 유형으로 나뉜다. 화가 난 개(고자극, 저억제), 수용적 개(저자극, 고억제), 활동적 개(고자극, 고억제), 연약한 개(저자극, 저억제).

우리는 세 권의 손상학 저작들을 출간하면서, 비고츠키의 업적에 대한 일반적인 시대적 구획, 즉 반사학적 시기(1924~1927), 문화-역사적/도구적 시기(1928~1931), 의미론적 시기(1932~1934)의 구분을 따른다. 하지만 1924년의 비고츠키의 방법론적 논문들에 대한 짧은 검토만으로도 (특히 『심리학 위기의 역사적 의미』와 함께 볼 때) 세 가지 다른 시기로 구분한다는 견해는 각 시기 속 비고츠키의 발달(특히 그의 초기 저작과-『연령과 위기』, 『의식과 숙달』, 『분열과 사랑』, 『성애와 갈등』, 『흥미와 개념』, 『인격과 세계관』처럼 한국어로 최초 출간된- 후기 저작들 사이의 발달)을 지나치게 단순화시킨 신화가 아닌가 생각하게 된다.

우선 이러한 관점에서 볼 때, 비고츠키가 처음부터 반사학에 대해 비판적인 태도를 취했음을 알 수 있다. 하지만 이는 그가 조건반사로부터 반사적으로 손, 다리, 심지어 말을 움츠린다는 의미는 아니다. 비고츠키는 반사학을 단순한 하향 환원론으로 치부하고 이를 문화 환경의 순응에 기반한 상향 환원론으로 대체하려 하기보다는, 조건반사를 문화적, 사회적, 그리고 무엇보다도 기호적 환경으로 전치시킨다. 그는 도구와 기호를 '매개 활동' 속에서 한데 섞는 대신, 기호는 도구가 도달할 수 없는 환경(내적 환경 포함)에 작용한다고 주장한다. 비고츠키는 기호의 역할을 제거하는 것이 아니라 오히려, 연구자가 던지는 지시, 즉 '질문'을 데이터 분석에 포함시켜 이를 실험의 중심에 놓는다.

둘째, 이러한 관점에서 볼 때, 우리는 아들러에 대한 비고츠키의 태도가 상향 환원론에 대한 태도와 비슷하게 비판적임을 알 수 있다. 아들러 자신은 보상과 과보상을 관념론적 용어, 즉 니체의 인간과 초인, 프로이트의 자아와 초자아, 또는 단순히 아들러의 열등감과 신이 된 의지로 생각한 반면, 비고츠키는 보상과 과보상을 단지 손상을 가진 인간이 직면하는 문화적, 사회적, 그리고 무엇보다도 기호적 환경에 대한 두 개의 조건적 반응으로 생각한다. 이는 성격 발달에 대한 제10장에서 익명의 편집자가 불평하듯이 아들러를 오독한 것이 아니며, 그 편집자가 주장하듯 아들러가 프로이트를 '반동적'이거나 '보수적'으로 사용하는 것을 간과하는 것도 아니다. 그것은 단지 시종일관 유물론적이고, 자연과학적이고, 마르크스주의적인 재해석일 뿐이다.

셋째, 그렇다면 이러한 관점에서 볼 때, 우리는 반사학적, 문화-역사적, 그리고 기호-의미적이라는 세 가지의 서로 다른 비고츠키로의 구분 자체에 의문을 제기해야 한다. 비고츠키가 초기 저작에서 '하향 환원론적'이었다는 것도, 이 책에 실린 글에 문화, 역사, 기호 그리고 말에 대한 고찰이 부재했다는 것도 결코 사실이 아니다. 또한 아동 발달과 언어에 대한 그의 관심이 말년에만 나타났다는 것도 사실이 아니다. 비고츠키는 한 명이다.

우리는 이것을 근접발달영역ZPD이라는 단순한 사례로 설명할 수 있다. 우리는 보통, 비고츠키의 ZPD 개념이 1932년까지 나타나지 않는다고 생각한다. 사실 1932년 즈음까지 이 개념은 ZPD라는 명칭을 갖고 있지 않았다. 비고츠키는 다음과 같이 쓴다.

근접발달영역을 어떻게 측정하는지를 간단한 예를 들어 설명하고자 한다. 조사 결과, 어떤 두 어린이의 정신 연령이 동일하다는 것이 확립되었다고 가정해 보자. 이 둘이 여덟 살이라고 해 보자. 이는 둘 다 8세 표준에 해당하는 난이도의 과업을 스스로 해결할 수 있다는 것을 의미한다. 이런 식으로 우리는 그들의 실제 지적 발달 수준을 밝혀냈다. 하지만 우리는 여기에서 연구를 멈추지 않고 계속 더 나아간다. 각각의 주어진 검사 방법에서 특수하게 개발된 기법의 도움으로 우리는 두 어린이가 8세 표준의 범위를 능가하는 과업을 얼마나 해결할 수 있는지 조사한다. 어린이에게 문제 해결 방법을 보여 주고 어린이가 그 시범을 모방함으로써 문제를 풀 수 있는지 없는지를 살펴보기도 하고, 우리가 먼저 문제 풀이를 시작하고 어린이에게 끝을 맺도록 하기도 한다. 또는 어린이의 정신 연령의 범위를 넘어서는 과업을 보다 발달된 다른 어린이와 협력하여 풀게 하거나, 마지막으로, 어린이에게 문제 해결의 원칙을 설명하고, 유도 질문을 하고, 문제를 부분으로 나누는 등의 일을 한다. 요컨대 우리는 어린이의 정신 연령의 범위를 넘는 이런저런 형태의 과정을 협력을 통해 해결하도록 하여, 해당 어린이의 지적 영역에서 그러한 협력 가능성이 얼마나 확장되고 어린이가 얼마큼이나 자신의 정신 연령의 경계를 넘어서는지 측정한다(1932/2016, p. 119).

실천적으로 이는 비고츠키가 반사학 실험을 통해 개발한 '기능적 이중 자극법'을 적용한 것이다. 비고츠키는 하나의 자극이 아니라 두 개의 자극을 제시하고, 어린이가 언어와 같은 중립적 자극을 통해 1차 자극에 대한 반응으로는 해결할 수 없는 문제를 어떻게 해결할 수 있는지 보여 주었다. 그러나 이론적으로는 아들러의 보상 개념에 대한 비고츠키의 비판적 이해가 근접발달영역과 연결되는 (최소한) 네 가지 측면이 있다.

첫째, 개인이 손상을 보상하기 위해 가진 자원(보상 자원)을 면밀히 살펴보기 전에는, 어떠한 손상도 진단할 수 없다는 것이다. 같은 맥락에서 비고츠키는, 아동이 특정 정신 연령에 해당하는 과제를 해결하기 위해 여러 문화적 도구를 어떻게 수용·활용하는지 살펴보기 전에는 그 아동의 정신 연령을 진단할 수 없다고 강조한다. 예컨대, 취학 전 아동이 놀이 속에서 기호와 상징을 받아들이는 방식을 관찰하기 전에는 그 아동의 다음발달영역이 무엇인지 알 수 없으며, 학령 아동이 의사 개념 속의 암시적 추상화와 명시적 일반화를 수용·활용하는 방식을 관찰하기 전에는 그들의 다음발달영역이 얼마나 멀리 있는지도 알 수 없다.

둘째, 보상은 무한하지 않으며 한계가 존재한다. 비고츠키는 보상에는 한 가지 이상의 결과가 있을 수 있다고 강조한다. 이는 성공과 실패, 실제적 보완과 허구적인 유사-보완이다. 같은 방식으로 동일한 실제적 발달 수준을 가진 두 어린이는 그들의 실제적 발달 수준을 넘는 과업에 완전히 다른 방식으로, 즉 성공과 실패로, 실제적 혹은 허구적으로 반응할 수 있다. 이로부터 비고츠키는 각각의 신형성(예를 들어, 문해력, 수리력, 일반적 복합체, 추상적 개념들)은 교육을 위한 최대/최소의 정신 연령 둘 다를 가질 수 있다고 추론했다(2016).

셋째, 보상은-그 표적이 되는 손상과 마찬가지로- 매개된다. 비고츠키는 선천적 시각장애인이 시각장애를 '어둠'으로 경험하지 않는다고 강조한다. 어둠은 시각을 통해 인지되는 것인데, 셰르비나가 말했듯이 시력을 가진 사람이 손으로 보지 않듯 시각장애인은 눈으로 보지 않는 것이다. 마찬가지로, 선천적 청각장애인은 청각장애를 침묵으로 경험하지 않으며, 지적 장애가 있는 사람은 자기 상태를 정상적인 것으로 경험한다. 이는 손상을 가진 아동이 타인을 통해서만 자신의 손상을 실현한다(인지하고 구체화한다)는 것을 의미한다. '1차 자극'이 2차 자극으로 대체되는 것과 매우 유사하게 1차 손상은 '2차 손상'이 된다. 마찬가지로, 근접발달영역은 아동이 매개 수단, 특히 언어를 어떻게 사용하는 지 살펴봄으로써 측정된다.

그러나 넷째는, 보상이 발달의 일반적 사실이라는 것이다. 아들러는 손상을 가진 어린이뿐 아니라 모든 어린이가 성인만큼 키가 크거나, 힘이 세거나, 언어 능력이 능숙하지 않기 때문에 성인에 비해 '열등하다'고 느낀다고 지적한다. 근접발달영역에 대해 가장 흔히 인용되는 비고츠키의 텍스트는 분명히 비고츠키의 데이터(고안된 것으로 보이는)가 손상학적임(『마인드 인 소사이어티』 86쪽 참조. 거기서 비고츠키는 정신 연령이 8세인 두 어린이의 실제 나이가 10세라고 말한다)을 가리킨다. 그러나 위에서 인용한 사례에서 보듯이, 근접발달영역은 보상과 마찬가지로 예외 없이 모든 어린이에게 적용되는 보편적 경험이다.


## 3. 보편적 조건으로서의 '손상'

비고츠키는 전체론자이다. 그러나 그는 분석을 중시한다. 이는 단순히-비고츠키의 『생각과 말』뿐 아니라 아동학 전체 장에 걸쳐 나타나는- '전체론적 분석', 즉 전체를 '단위(각각이 전체의 속성을 온전히 보존하는 최소한의 부분)'로 나누는 분석(2014)의 문제가 아니다. 『생각과 말』이나 아동학에서의 분석은 긍정적인 전체론적 분석의 한 사례이다. 손상학은 정신이 전체로서 기능하지 않는, 다소 잔인한 형태의 자연적인 부정적 분석이다.

비고츠키는 청각 자극을 제거하면 말하기 체계가 작동하지 않고, 시각 자극을 제거하면 문해 체계가 작동하지 않는다는 간단한 관찰로 시작한다. 청각장애인은 들을 수 없지만 볼 수 있기 때문에 입술을 읽는다(비고츠키는 독순술만으로는 명확하게 발음할 수 없다는 사실을 아직 깨닫지 못했다). 시각장애인은 볼 수 없지만 듣고 느낄 수 있으며, 점자로 읽을 수 있을 뿐 아니라 쓰는 법까지 배울 수 있다. 따라서 고등심리기능은 매개된 행위를 재매개된 행위로 간단히 대체하면서 발달한다.

그러나-우리가 시작했던 문제로 다시 돌아가 보자면- 이것이 비고츠키가 '정신박약' 또는 '저능'이라고 부른 것에도 똑같이 적용되는가? 그보다도 더 적용된다. 왜냐하면 신체가 서로 다른 기관들로 이루어진 체계이듯, 정신은 그 자체로 서로 다른 기능들로 이루어진 하나의 체계이고, 두 경우 모두 이 기관/기능들은 보상하거나, 과잉 보상할 수 있으며 실제로 그렇게 하기 때문이다.

예를 들어, 지각은 하나의 기능이지만, 지각조차도 비의지적 지각과 의지적 지각으로 분석될 수 있다. 주의는 또 다른 기능이다. 우리가 지각을 하면 '주의 집중 범위'를 형성할 수 있고, 일단 그것을 형성하면 우리가 지각하지 않고 있을 때도 어떤 것에 주의를 기울일 수 있다. 주의 역시 비의지적 주의와 의지적 주의로 분석될 수 있다. 기억도 마찬가지다. 우리가 무언가를 지각하고 주의를 기울인 이후에는, 주의를 기울이지 않고 있을 때도 그것을 기억할 수 있게 되기 때문이다. 발달하는 모든 것은 분석될 수 있다. 발생적 분석이란, 바로 기능을 분석하기 위해 발달 과정을 활용하는 것이다. 그리고 '생각'이 있다. 사고는 분명 단순 작용이 아니며, 언어 속에서 볼 수 있는 만큼 많은 (어쩌면 그보다 많은) 기능들과 기능들의 체계를 가지고 있다.

반사학은 비고츠키에게 희망을 가르쳐 주었다. 그는 모든 교육을 다만 조건반사의 형성으로 이해하고자 했다. 자극의 본성은 임의적이며 하나의 감각 '분석기'(예컨대 귀)는 다른 것(눈)으로 (혹은 그 반대로) 대체될 수 있는 것이었다. 그의 문화적-역사적 사고는 손상에 부착되는 사회적 낙인은 그처럼 임의적이지 않음을 이해할 수 있도록 해 주었다. 사회적 낙인은 사회-경제적 핸디캡이라는 넓은 의미 아래 유기체적 장애 이외에도 다양한 형태(인종, 성별, 대머리, 단신 등)를 포괄한다. 비고 츠키의 '의미론적' 전환은 그에게 낱말의 의미는 낱말 자극을 형성하는 모음과 자음에 의존하지 않음을 이해하게 했다. 반사가 아닌 의미가 고 등정신기능으로 가는 경로이며 그것은 손상과 상관없이 모두에게 해당 할 만큼 충분히 넓다.

비고츠키는 여러 가지 실수를 거듭하면서도 사회 속에 모든 심리생 리적 다양성을 공정의 토대 위에 최대한 완전하게 포용해야 한다고 주 장했다. 비고츠키가 수화 대신 독순술과 언어교육을 주장했던 것은, 이 러한 완전한 통합을 확고히 염두에 둔 것이었으며, 이 목표는 사회에서 집단의 역할과 심리학에서의 폴리글로시아의 역할에 대한 후기 논문에 까지 여전히 남아 있었다. 예를 들어, 그는 시각장애가 중장비 작동에 서 특정 위험을 초래하고 청각장애가 경고 신호의 지각을 방해할 수 있 기 때문에 시각장애인과 청각장애인 모두 노동 과정의 조직자이자 다 른 노동자들의 관리자로서 최상위 노동력에 통합되어야 한다고 생각했 다. 비고츠키는 심지어 '정신박약'인 사람들도 이러한 의사결정에 참여 해야 한다고 생각했다.

오늘날, 적어도 비고츠키 이론에 비추어 볼 때, 이는 타당하다. 첫째, 비고츠키는 지적 결함의 상당 부분, 어쩌면 대다수가 어떤 유기체적 손 상 때문이 아니라 원시성의 사례라고 생각했다. 따라서 이러한 결함이 모두 주류 사회 교육을 통해 교정될 수 있을 것이라 말하는 것은 타당 하다. 둘째, 비고츠키는 의식 자체가 일종의 사회 체계(1997b, p. 190)이 며, 그 속에서 하나의 기능이 다른 기능을 대신하는 경우가 매우 흔하 다고 생각했다. 따라서 개인별 지각의 결함을 기억을 이용하여 보상하 듯이, 개인별 주의력의 결함은 논리적 기억을 통해 보상하고, 논리적 기 억의 부족은 개념적 생각으로 보상할 수 있다고 말하는 것은 타당하 다. 셋째, 비고츠키는 미래 세대, 예컨대 우리 세대가 지적 '손상'을 보상할 수 있는 더 좋은 수단을 갖게 될 것이라 생각했다. 예컨대 그런 수단은 인공지능, 줄기세포 치료, 사람들이 결혼 상대자를 고르거나 아이를 갖지 않기로 결정할 때 이미 실천하고 있는 일종의 자발적 우생학 등이다. 이 모두는 타당할 뿐 아니라, 어떤 의미에서는 이미 일어난 일이기도 하다.

일어나지 않은 일은, 독일과 소비에트의 사민주의자들이 자신들의 목표로 내세운 사회적 공정이었다. 영국과 같이 독일은 점차로 우경화되는 정권에 굴복하였고 '손상'에 대한 그들의 태도는 대량 학살에 대한 노골적인 지향이었다(흥미롭게도 히틀러는 전쟁으로 인한 아리안족 인구 감소에 대응하기 위한 '긍정적인' 우생학을 미국 모형에 근거하였다). 소련은, 우리의 기대와 같이 훨씬 더 모순적인 경로를 택했다. 이 경로는 정부 부처 간의 다양한 갈등과 무엇보다, 당시의 사회적 요구를 반영하는 지그재그의 경로였다. 그러나 이미 1920년대에 볼셰비키 당은 농맹인을 위한 독립 부서를 폐지하고 있었다. 비고츠키는 콤소몰이 장애 청소년을 능동적으로 채용하는 대신 '회피'하고 있다고 지적한다.

비고츠키의 손상 개념은 한편으로는 보편적이고 절대적이며, 다른 한편으로는 특수하고 상대적이다. 모든 학습자는 어떤 의미에서 손상이 있고 모든 학습은 그러한 의미에서 보상적이라는 점에서 이 개념은 보편적인 것이다. 이후에 다비도프가 언급했듯이, 어린이는 이론적 생각에 필요한 내재적 능력을 선천적으로 갖고 태어나지 않는다(만약 그런 능력이 있다면 교육뿐만 아니라 과학도 거의 필요 없을 것이다). 다비도프 체계에서 초등 교육의 다음영역 또는 근접발달영역을 형성하는 것은 바로 이런 능력이 사회적으로 발달하는 것이다. 그러나 이러한 보상은 문화적 도구에 의존하기 때문에, 손상은 직접적인 사회문화적 환경에서 나타나는 심리생리적 규범에 따라 특수하고 상대적이다. 예를 들어, 보고 들을 수 있는 어린이는 점자나 수화를 습득하지 못했다고 해서 손상이 있다고 간주되지 않는다. 그럼에도 시각장애나 청각장애 어린이가 글을 읽지 못하거나 말을 하지 못하면 손상이 있는 것으로 간주될 수 있다.

그렇다면 '손상이 있는'이라는 부끄러운 표현에 대해서는 무엇이라 말할 수 있을까? 비고츠키는, 이 문장들이 명확히 보여 주듯 손상 여부와 상관없이 모든 사람을 반드시 포함해야 하는 사회적 교육이 손상을 제거하기 위한 직접적인 경로라고 믿었다. 이것은 내전 중이던 소련조차도 미룰 수 없는 과제였다. 실제로 이 과제는 러시아 혁명 내전의 핵심 쟁점이었던 불평등과 불의의 구조와 복잡하게 얽혀 있었다. 비고츠키는, 이 접근이 결함의 생리학적 기반을 제거하는 과학적 진보조차도 거의 불필요하게 만들 것이라고 믿었다. 그것은 생존의 문제가 아니라 편의의 문제, 즉 눈을 실제로 만들어 주는 것이 아니라 안경을 제공하는 것에 더 가까운 일이 될 것이다.

역사는 비고츠키의 예언들에 관대한 적이 없었다. 비고츠키가 말했던 투쟁의 시기는 아직 지나가지 않았을 뿐만 아니라, 아직 시작되지도 않았다. 하지만 이제 우리는 그 용어의 부끄러운 얼룩을 지우는 최소한 두 가지 이상의 방법, 즉 사회적 교육과 과학적 진보가 있다는 것을 안다. '게이'나 '블랙' 같은 용어들은 주로 동성애자들이나 흑인들의 자율적 조직을 통해 낙인이라기보다는 성혼이 되었다. 그것들은 오늘날 수치의 상징인 만큼 자부심의 상징이며 '신경 다양성'은 이러한 방향으로의 또 다른 명백한 한 걸음이다.

물론 이는 비고츠키가 상상했던 것과는 다르다. 그가 주장했던 유용한 노동력, 통합, 심지어 '비실명인이 실명인을 인도한다'는 사상은 노동계급을 사회 전체 변혁의 주체로 보는 그의 전반적인 비전의 일부였다. 그러나 비고츠키의 비전에는 손상이라는 일반적이고 보편적인 개념이 포함되어 있다. 교육학적 관점에서, 어떤 손상이든 단지 다른 학습 장애일 뿐이며, 그런 의미에서 우리 모두는 손상이 있고 오직 사회적 교육만이 우리 모두를 온전하게 만들 수 있다는 인식이 바로 그것이다.

따라서 '손상'은 한 가지가 아니고, 심지어는 세 가지도 아니며 (다양한 학습장애가 있듯) 여러 가지이다. 그렇다면 손상학은 단순히 교육학의 경험 과학으로, 이는 다시 반사학, 아동학, 성인 심리공학과 함께 일반 과학의 특수 분야일 것이다(『심리학 위기의 역사적 의미』, 2024).

아마도 교육학이 본성상 고칠 수 없는 어떤 결함을 가리키는 지표로서의 '손상 아동'이라는 관념 자체를 부끄러워하게 될 날이 그다지 멀지 않을 것이다. 말하는 청각장애인, 일하는 시각장애인, 온전히 집단생활에 참여하는 사람들은 열등감 자체를 느끼지 않을 것이며 타인에게 그럴 근거를 제공하지도 않을 것이다. 청각장애아, 시각장애아, 정신지체 아동이 손상 아동이 아님을 만드는 것은 우리 손에 달려 있다. 그렇게 되면 우리 자신의 손상을 분명히 드러내는 표식인, 그 관념 자체도 사라지게 될 것이다(1-1-66~67).

비고츠키가 우리에게 상기시키듯, 일반 심리학은 일반인의 심리학과 전혀 다르다. 일반 심리학은 각자가 나름대로 손상이 있고, 그에 따른 상호 보상과 심지어 과잉 보상을 하는 인간에 대한 심리학이다. 이는 광범위하고, 교훈적이며, 마음을 훈훈하게 하는 비전이다. 손상이라는 공유된 개념이 우리 자신의 이해에 존재하는 공유된 손상이라는 사실을 확인함으로써, 우리는 모두 이전에 볼 수 없었던 무언가를 볼 수 있게 된다. 그리고 이러한 방식으로 공유될 수 있으려면 비전은 단순한 꿈 그 이상이어야 한다.

# | 참고 문헌 |

레프 세묘노비치 비고츠키(1930/2014). 『상상과 창조』. 서울: 살림터.

레프 세묘노비치 비고츠키(1929/2016). 『연령과 위기』. 서울: 살림터.

레프 세묘노비치 비고츠키(1931/2017). 『의식과 숙달』. 서울: 살림터.

레프 세묘노비치 비고츠키(1931/2018). 『분열과 사랑』. 서울: 살림터.

레프 세묘노비치 비고츠키(1931/2019). 『성애와 갈등』. 서울: 살림터.

레프 세묘노비치 비고츠키(1931/2020). 『흥미와 개념』. 서울: 살림터.

레프 세묘노비치 비고츠키(1931/2023). 『인격과 세계관』. 서울: 살림터.

레프 세묘노비치 비고츠키(1934/2022). 『정서 학설 I』. 서울: 살림터.

레프 세묘노비치 비고츠키(1934/2023). 『정서 학설 II』. 서울: 살림터.

레프 세묘노비치 비고츠키(1926/2024). 『심리학 위기의 역사적 의미』. 서울: 살림터.

Bärnighausen, T. and Sauerborn, R. (2002)."One hundred and eighteen years of the German health insurance system: are there any lessons for middle- and low-income countries? *Social Science and Medicine*". 54 (10): 1559–1587. doi:10.1016/s0277-9536(01)00137-x

Bennett, G. (1999). 'A Most Extraordinary and Mysterious Business': The Zinoviev Letter of 1924. *History Notes. No. 14*. London: Foreign and Commonwealth Office.

Chapman, R. (2023). *Empire of Normality: Neurodiversity and Capitalism*. London: Pluto.

Cole, M. (1999). Cultural psychology. Some general principles and a concrete example. In Y. Engeström and R. Miettenen (eds.). *Perspectives on activity theory*, pp. 87-106. Cambridge: Cambridge University Press.

Davydov, V. (2018). Problems of developmental instruction: a theoretical and experimental psychological study. Nova Science.

Engeström, Y. (1999). Activity theory and individual and social transformation. In Y. Engeström and R. Miettenen (eds.). *Perspectives on activity theory*, pp. 19-38. Cambridge: Cambridge University Press.

González Rey, F. (2011). A re-examination of defining moments in Vygotsky's work and their implications for his continuing legacy. *Mind, Culture, and Activity*, 18, 257-275.

González Rey, F. (2017). Advances in subjectivity from a cultural-historical perspective: Unfoldings and consequences for cultural studies today. In M. Fleer, F. González Rey and N. Veresov (eds.). *Perezhivanie, emotions and subjectivity: Advancing Vygotsky's legacy.* pp. 173-195. New York: Springer.

Hong, Y.-S. (1998). *Welfare, Modernity, and the Weimar State, 1919-1933.* Princeton University Press. James, W. (1890). *Principles of Psychology, Volume II.* New York: Henry Holt.

Leontiev, A. A. (1978). *Problems of the development of mind.* Moscow: Progress.

Nicholas, M. and Kellogg, D. (2024). Methodology, pedology, and defectology: Three good reasons to rehabilitate some disgraced Soviet sciences. In Methodological Approaches to STEM Education Research Volume 5, pp. 46-67. Cambridge Scholars.

Pelaprat, E. and Cole, M. (2011). "Minding the Gap": Imagination, Creativity and Human Cognition. *Integrative Psychology and Behavioral Science*, 45(4): 397-418. doi: 10.1007/s12124-011-9176-5.

Wertsch, J. (1985). *Vygotsky and the social formation of mind.* Cambridge, MA: Harvard.

Wertsch, J. V. (1997). *Mind as action.* Oxford: Oxford University Press. https://doi.org/10.1093/acprof:oso/9780195117530.001.0001

Vygotsky, L. S. (1978). *Mind in society.* Cambridge MA and London: Harvard.

Vygotsky, L. S. (1993). *Collected works*, vol. 2. New York: Plenum Press.

Vygotsky, L. S. (1997a). *Collected works*, vol. 3. New York and London: Plenum.

Vygotsky, L. S. (1997b). *Collected works*, vol. 4. New York and London: Plenum.

Veresov, N. and Kelllogg, D. (2019). Setting the Stage. In N. Veresov and D. Kellogg, (eds.). Vygotsky, L. S. (2021). *The Pedological Works of L. S. Vygotsky*, vol. 1. Singapore: Springer.

Vygotsky, L. S. (2021). *The Pedological Works of L. S. Vygotsky*, vol. 2. Singapore: Springer.

Zavershneva, E. (2010). The Vygotsky family archive: New findings. Notebooks, notes, and scientific journals of L. S. Vygotsky (1912-1934). *Journal of Russian and East European Psychology*, 48(1), 34-60. doi:10.2753/RPO1061-0405480102.

Zavershneva, E., & Van der Veer, R. (2018). *Vygotsky's notebooks: A selection.* Singapore: Springer.

Выготский, Л. С. (1924). Предисловие. Вопросы воспитания слепых, глухонемых и умственно-отсталых детей М.: СПОН(социально-правовой охраны несовершеннолетних).

Выготский, Л. С. (1982). *Собрание сочинений*: Т. 1. М.: Педагогика.

Выготский, Л. С. (1983). *Собрание сочинений*: Т. 5. М.: Педагогика.

# 차례

# 서문

고야, 다른 방식으로 혀를 움직이기 위해, 1808~1814.

이 그림에서 고야는 표현의 자유를 억압하는 스페인 종교재판소에 항의하고 있다. 그러나 고야는 재판관을 오도하는 듯한 표현을 선택하여, 비고츠키가 '독일식 방법' 또는 '구화'라고 부르는 것과, '모방' 또는 '프랑스식 방법'이라고 부르는 것에 적용할 수 있도록 했다. 독일식 방법은 농아인이 일반인과 동일한 방식으로 혀를 움직이도록 가르치는 것을 강조했다. 농아인은 모음 발성 시 혀가 어떻게 움직이는지 볼 수 없기에 이는 거의 불가능한 일이었다. 이와 달리, 수화를 인정한 프랑스식 방법은 말을 듣고 말하는 것 모두를 강조할 수 있었다.

이 서론은 미성년자 사회·법적 보호국спон의 노동자 학회에서 출판하고 비고츠키가 편집한 『Вопросы воспитания слепых, глухонемых и умственно-отсталых детей(맹인 아동, 농아 아동, 정신지체 아동의 문화화 문제)』(1924)에 비고츠키가 쓴 편집자 서문이다. 이 글은 이 책에서 최초로 번역되었다.

**0-1]** 우리 학교를 머리부터 발끝까지 재구축한 혁명은, 손상이 있는 어린이를 위한 특수학교에는 거의 영향을 미치지 못했다. 혁명 기간에 기계적으로 발생한 몇 가지 사소한 변화를 고려하지 않는다면, 이곳은 여전히 과거의 모습 그대로이다.

**0-2]** 더욱이, 이 전체 기간에 그러한 어린이를 문화화하는 문제는 대중의 확고한 관심사나 새로운 과학적 사고의 시야에 자리 잡지 못했다. 물론 이 모두는 이 특별한 기간에 최우선으로 해결이 필요한 더 시급하고 중요하며 긴급한 문제들에 의해 이 문제가 간과되었기 때문이라고 매우 간단하고 명확히 설명될 수 있다.

**0-3]** 이 때문에 새로운 출발점에서 문화화를 재구성하는 모든 방대한 작업, 즉 모든 교육적 사유의 경주傾注, 모든 이론적·실천적 재구성−이 모든 것이 고유하고 특수한 문화화가 필요한 아동을 외면하고, 맹인 아동, 농아 아동 그리고 정신지체아를 지나쳐 우리의 특수학교를 실천의 변화의 장으로 끌어들이지 못했다. 이 학교는 여전히 삶과 동떨어져 있다.

**0-4]** 한편, РСФСР(러시아 소비에트 연방 사회주의 공화국-K)의 공교육의 일반적인 상황과 새로운 교육학 사상의 성공, 그리고 문제가 갖는 커다란 사회적 의의 등−이 모든 것은 우리가 이 문제에 대한 대중

과 과학의 광범위한 논의의 시기가 도래했다고 생각하게 만든다.

**0-5]** 물론 우리는 맹인과 농인을 위한 특수교육학의 교수학습 기법과 노동 교육의 과학적 조직에서 유럽과 미국의 관행에 비해 크게 뒤처져 있다. 게다가 우리는 아직 이 어려운 문제를 완전하고 광범위하며 철저하게 정립된 문제로 해결할 만큼 이론적으로 충분히 준비되어 있지도 않다. 이 모두로 인해 지금의 논의는 문제의 수립에 대해서만 이루어질 수 있다. 손상이 있는 어린이의 문화화 문제를 명확히 해야 하고, 그에 대한 해결을 시작해야 하며 첫걸음을 내디뎌야 한다.

**0-6]** 이 영역에서 이루어져야 할 창조적인 작업이 방대하다. 문제를 올바르게 해결하기 위해서는 이 영역에서 유럽 및 미국의 모든 관행 전체에 대한 이론적 개정이 요구된다. 우리는 특수교육을 우리의 일반적 문화화 작업의 원칙과 원리에 연결하고 그것(특수교육-K)을 일반 체계 내에 포함해야 한다. 교사들을 창조적 작업으로 초대해야 한다. 광범위한 사회적 관심을 이 문제로 이끌어야 한다. 우리는 이것이 간과할 수 없는 문제임을, 매우 중요한 사회적 문제임을, 손상 아동에 대한 대중의 인식을 일부 재문화화해야만 이 문제를 해결할 수 있음을 드러내야 한다. 한마디로, 문제 해결을 위해서는 수많은 과학적·교육적·사회적 작업이 선행되어야만 한다.

**0-7]** 미성년자 사회·법적 보호국cпoн의 노동자 학회에서 출판된 이 모음집은, 단지 손상을 가진 어린이를 위한 특수학교의 문제를 사회적 문화화의 문제로 제기하고, 그에 대한 몇 가지 준準무작위적인 지점을 조명하고 고찰하는 것을 그 목적으로 한다.

**0-8]** 우리는 극도의 신중함과 최대한의 겸허함으로 이 민감한 문제의 해결에 접근해야 한다. 우리는 당분간 이 문제에 대해 최소한의 접근 방식을 취해야 한다.

**0-9]** 이 모음집에 수록된 논문과 자료는 질문을 제기하기 위한 원

자료, 즉 본격 활용을 위해서는 신중한 검증과 재작업, 재구성이 필요한 자료에 지나지 않는다. 각각의 부분적 문제를 다룬 논문들은 모두 티플로, 수르도 교육학(맹인, 농인 문화화)에 대한 모든 특수한 질문인 동시에 사회 교육의 일반적 질문이라는 것을 보여 주어야 한다.

**0-10]** 우리는 첫걸음을 내디딜 때 어쩌면 여러 가지 심각한 실수를 피할 수 없다는 것을 잘 알고 있다. 그러나 요점은 첫걸음을 올바른 방향으로 내딛는 것이다. 나머지는 저절로 따라올 것이다. 잘못된 것은 떨어져 나갈 것이며 부족한 것은 보충될 것이다.

**0-11]** 맹인 아동, 농아 아동, 결함이 있는 아동을 문화화하는 문제는 다른 모든 나라보다 먼저 바로 우리나라에서 완전한 답을 얻을 수 있다. 왜냐하면 이는 본질적으로 사회적 문제이며, 오직 러시아에서만 완전히 새로운 사회적 차원으로 제기될 수 있기 때문이다.

**0-12]** 마지막으로 덧붙일 말은, 이 모음집이 비록 기본적으로는 실용적인 목적을 추구하며 문제의 해결에 예비적 대응의 성격을 지니고 있더라도 결코 전문 손상학자만을 위해 의도된 것은 아니라는 것이다. 우리의 주된 생각은 이러한 문제들이 모든 이의 관심을 끌어야 한다는 것이다. 실명과 농아가 무엇인지 모두가 안다. 실명과 농아와 어떻게 싸워야 하는지 모두가 알아야 한다. 도움의 시대는 끝났다. 투쟁의 시대가 왔다.

# 제1장
# 손상 아동의 심리학과 교육학에 대하여

고야, 군인 놀이를 하는 어린이들(1779).

이 그림은 고야가 귀가 멀기 전에 그린 초기작이다. 태피스트리 제작을 위한 초안으로, 밝고 경쾌한 색상과 단순하면서도 강한 형태를 사용했다. 나중에 귀가 멀었을 때 그린 작품인 「전쟁의 재앙」에서는 훨씬 어둡고, 비극적인 색을 사용했다. 고야는 감각이 유기체의 '감시 정찰병'이라는 데커의 생각과 일맥상통하는 군사적 비유를 사용하고 있다(1-1-38). 한 소년은 북을 치고, 다른 소년은 모형 탑을 만지고, 나머지 두 소년은 벽 밖의 환경과 벽 내부의 활동을 계속 감시한다. 최전선은 환경과 맞붙지만, 후방은 최전선이 흔들릴 때 지원하는 것이다. 말할 것도 없이, 환경과의 전투를 시사하는 이 비유는 환경이 정신 발달의 유일한 궁극적 원천이라는 비고츠키의 생각과는 결이 다르다.

비고츠키가 편집한 『Вопросы воспитания слепых, глухонемых и умственно-отсталых детей(맹인 아동, 농아 아동, 정신지체 아동의 문화화 문제)』(1924)에 실린 글이다.

**1-1-1]** 실명, 농아, 선천성 정신지체 등 신체적 결함은 사람과 세상의 관계를 변화시킬 뿐만 아니라 무엇보다도 다른 사람들과의 관계에 영향을 미친다. 유기체적 손상 또는 결점은 비정상적인 사회적 행동으로 실현된다.

**1-1-2]** 가족 내에서도 맹인 또는 농아 아동은 다른 아동과는 다른, 예외적이고 독특한 관계가 형성되는 특별한 존재이다. 아이의 불행은 가장 먼저 가족 내에서의 사회적 지위를 변화시킨다. 이는 아동을 재앙이자 무거운 짐으로 여기는 가족뿐 아니라, 맹인 아동이 몇 배의 사랑, 열 배의 부드러움, 보살핌으로 둘러싸인 경우에도 마찬가지다. 아동에게 쏟아지는 관심과 동정심은 아동에게 무거운 짐이 되고, 그를 다른 아동들과 분리하는 높은 울타리가 된다.

**1-1-3]** 코롤렌코는 맹인 음악가에 관한 그의 유명한 이야기에서 맹인 아동이 어떻게 "가족의 중심이 되고, 무의식적인 폭군이 되었으며, 집 안의 모든 것이 그 아이의 사소한 변덕에 따라야 했는지"를 잘 보여주었다.

> *В. Г. 코롤렌코(Владимир Галактионович Короленко, 1853~1921)는 우크라이나-러시아 작가, 급진적인 언론인, 편집자이자 망명자였다.

그는 일생 대부분을 시베리아에
서 보냈고, 그곳에서 맹인 음악
가, 방랑자, 가난한 시베리아 농
민에 대해 썼다. 그가 사망하기
약 3년 전인 1918년에 일리야 레
핀이 이 초상화를 그렸다.

　주목할 점은 우리가 아이의
가족에 대한 객관적 '관계'로 번
역한 отношение(아트노셰니아)는
아이 또는 가족의 주관적 '태도'
를 의미할 수도 있다는 것이다. 우리는 비고츠키가 객관적 관계를 일
차적이고 확정적인 것으로, 주관적 태도를 이차적이고 파생적인 것으
로 간주한다고 가정한다.

　작가로서 코롤렌코는 같은 입장에 선다. 그는 젊은 막심 고리키에게
큰 영향을 미쳤으며, 젊은 작가에게 주관적이고 낭만적인 태도보다 글
쓰기에서 관계를 사실적으로 묘사하는 것에 더 관심을 기울이라고 조
언했다.

　비고츠키가 인용한 출처는 다음과 같다.

　В. Короленко(1886). Слепой музыкант(맹인 악사).

**1-1-4]** 이어지는 삶에서 신체적 결함은 주변 환경 속에서 정상적 사
람과 완전히 다른 사회적 태도를 불러일으킨다. 사람과 세계의 '상호관
계적 활동'의 위반은, В. М. 베흐테레프의 표현에 따르면, 사실상 사회
적 상호관계 체계 전체의 심각한 위반임이 드러난다. 사람들과의 모든
관계, 사회적 환경 속에서 인간의 '기하학적' 위치를 결정하는 모든 계
기, 삶의 참여자로서 그 역할과 운명, 사회적 존재의 모든 기능이 새로
운 각도에서 재구축된다.

\*В. М. 베흐테레프(Владимир Михайлович Бехтерев, 1857~1927)는 심리학을 자연과학으로 만들려는 초기 환원주의적 시도였던 '반사학'의 창시자였다. 파블로프처럼 그는 조건반사를 연구하고 인간의 신경 질환을 환경과의 '상호관계적 활동'의 붕괴로 설명하려고 시도했다. 그러나 파블로프와 달리 베흐테레프는 확장주의자였다(그리고 비고츠키는 『심리학 위기의 역사적 의미』에서 이 확장주의를 꽤 자세히 비판한다).

대학 시절 불안과 향수병 치료를 받았던 베흐테레프는 정신의학을 단일한 '생물-사회-심리학적' 정신병 모델에 포함시키려 했다. 일리야 레핀이 1912년에 그린 이 베흐테레프의 초상화는 혁명 전 상트페테르부르크 군의관 아카데미의 정신의학 교수로서 제복을 입은 그의 모습을 보여 준다.

1913년에 베흐테레프는 '베일리스' 사건에서 정신의학과 신경학 모두에 대한 그의 탁월한 전문지식을 사용했다. 이 사건에서 한 어린 유대인 소년은 어린 기독교인을 제사를 위해 살해한 혐의를 받았다. 군은 이 사건을 이용해 살인적인 '포그롬'(유대인 자산을 장악하기 위해 이용된 반유대인 폭동)을 일으키려 했다. 베흐테레프의 증언이 이를 막았다. 베흐테레프는 해고하기에는 너무 유명했으나, 군은 그를 강제로 퇴임시켰다.

전쟁 중 군은 퇴역한 그를 불러내어 군인을 치료하고 전쟁 신경증을 연구하게 했다. 혁명 후 베흐테레프는 신경학과 정신의학에 대한 전문지식을 활용하여 팔이 마비된 스탈린을 치료하기도 했다. 그는 스탈린의 편집증을 진단한 직후 사망했고, 임종 직전이었던 그의 아내는 체포되어 총살을 당했으며, 사망 후 그의 이름과 연구는 모든 소비에트 저술에서 삭제되었다. 이는 동물의 반사와 인간의 정신의학 사이의 유추를 피하려 했던 파블로프의 승리를 보장했다.

**1-1-5]** 신체적 손상은 마치 신체의 탈구와 매우 유사한 사회적 탈구를 초래한다. 즉, 팔이나 다리가 관절에서 탈구되어 사지가 손상되고, 적절한 영양 공급과 정상적인 활동이 어려워지며, 통상적인 연결과 관절이 심하게 파괴되어 기관의 기능이 통증과 염증을 수반할 때와 같다.

**1-1-6]** 이것은 맹인과 농아인 자신의 사려 깊은 증언뿐 아니라, 손상이 있는 어린이의 삶에 대한 아주 단순한 일상 관찰과 과학적 심리 분석 자료에 의해 입증된다.

**1-1-7]** 불행하게도 지금까지 과학적 교육학 문헌과 일반적인 교육학 분야에서는 아동 손상성의 문제가 대부분 생물학적 문제로 제기되고 해결되었다. 신체적 결함의 문제는 대부분 개인의 생물학적 구조, 자연-신체적 세계와의 관계에서 어린이가 겪는 변화의 관점에서 연구되었다. 이 경우 교육자들은 문화화가 유기체의 붕괴된 기능 중 하나를 보완할 수 있게 해 주는 보상에 대해서만 항상 말해 왔다. 이런 식으로 문제는 주어진 유기체의 좁은 한계 내에서만 제기되었으며, 여기서 문화화는-마치 신장 하나가 제거되면 다른 신장이 그 기능의 일부를 대신하는 것처럼- 결함을 보상하는 특정한 기술을 형성해야 한다고 보았다.

**1-1-8]** 간단히 말해서, 심리학적으로나 교육학적으로나 문제는 매우 신체적으로, 협소하게 유기체적, 의학적으로 제기되었다. 신체적 손상은 그 자체로 연구되고 보상되었다. 눈이 멀었음은 단순히 시력이 없는 것을, 듣지 못함은 단지 청력이 없다는 것을 의미했다. 이는 마치 눈 먼 개나 귀먹은 자칼에 대해 이야기하는 것과 같다.

**1-1-9]** 그와 동시에 인간의 유기체적 손상이 인격에 직접적으로 영향을 미칠 수 없다는 사실이 간과되었다. (영향을 미칠 수 없는 이유는-K) 동물의 경우와 달리-세상과 인간 사이에는 사회적 환경이 존재하며 이 환경은 인간에서 세상으로, 세상에서 인간으로 향하는 모든

것을 굴절시키고 방향 지으므로- 인간의 눈과 귀는 단순히 신체적 기관이 아니라 사회적 기관이기 때문이다. 어떤 사람도 세상과 직접적이고 비사회적이며 매개되지 않은 의사소통을 하지 않는다. 눈이나 귀의 결함은 무엇보다도 심각한 사회적 기능의 상실, 사회적 연결의 약화, 모든 행동 체계의 상실을 의미한다.

1-1-10] 심리학과 교육학에서 아동의 손상성 문제는 사회적 문제로 설정되고 이해되어야 한다. 이는 일반적으로 부차적이고 파생적인 것으로 여겨졌던, 이전에는 주목받지 못했던 사회적 계기가 실제로는 일차적이고 주요한 것으로 드러나기 때문이다. 그것을 최전면에 놓아야 한다. 우리는 이 문제의 눈을 사회적 문제로 대담하게 바라봐야 한다.

1-1-11] 심리학적으로 신체적 결함이 사회적 탈구를 의미한다면, 교육학적으로 그러한 어린이를 문화화하는 것은 탈구되고 병든 장기를 교정하는 것처럼 그를 삶으로 되돌려 놓는 것을 의미한다. 이 생각을 확증하기 위해 몇 가지 간단한 고찰이 제시되었다.

1-1-12] 먼저, 과학에서는 오래전에 버려졌지만 일반적인 의식 속에는 여전히 살아 있고 건재한, 신체적 결함의 생물학적 보상에 대한 오래된 전설을 없애야 한다. '현명한 자연'이 한 사람에게 한 가지 감각 기관(눈이나 귀)을 빼앗으면서, 마치 기초적 손상에 대해 보상하듯이, 다른 기관에 더 큰 민감성을 준다는 의견이 있다.

1-1-13] 예를 들어, 특별한 촉각을 지닌 맹인이나 뛰어난 시력을 가진 농아에 대한 허황된 이야기가 종종 공유된다. 이와 같은 이야기의 토대는 단지, 어떤 지각 기관이 사라지면, 다른 지각 기관이 이를 대신하여 일반인에게서는 일반적으로 수행하지 않는 기능을 수행하기 시작한다는 사실적 관찰이다. 맹인은 시각을 지닌 이보다 손으로 사물에 관하여 더 많은 것을 배운다. 농인은 입술의 움직임에 따라 사람의 말을 읽는데, 이는 청각을 지닌 사람은 할 수 없는 일이다.

**1-1-14]**   그러나 연구 결과가 보여 주듯, 맹인의 촉각과 농인의 시각은 이 감각의 일반적인 발달 과정과 비교했을 때 특이한 점이 전혀 없다.

> 비고츠키는 다음의 연구를 인용하고 있다.
>
> Бирилев, А. В. (1901). Об осязании слепых(맹인의 촉각에 대해). Казань Лаговский, Н. 1911). Обучение глухо-немых детей устной речи(농아 어린이의 입말 교수학습). Александровск. 1911, гл. II.

**1-1-15]**   이에 대해 A. B. 비릴레프는 말한다. "이러한 각각의 사례에서 맹인의 기본적인 단순 촉각 감각을 검사한 경우 일반인과의 유의미한 차이는 보이지 않는다." 일반인과 맹인 간 촉각 감각의 섬세성의 차이가 정밀한 연구를 통해 입증되지 않는다. 특정 경우에 이것이 확인될 수 있다 하더라도, 그것은 모든 사람이 쉽게 관찰할 수 있는 맹인과 일반인 간 촉각의 큰 차이를 전혀 설명할 수 없을 정도로 미미하다.

> *A. B. 비릴레프(Александр Васильевич Бирилев, 1871~1959)는 여섯 살 때 시력을 잃었고 카잔대학교에서 법학을 공부하여 변호사가 되었다. 혁명 후 그는 변호사이자 교육자가 되어 초등학교에서 맹인 어린이에게 기하학을 가르쳤고, 스탈린 치하에서 타타르어가 키릴 문자로 바뀌기 전 타타르어로 최초의 점자책을 썼다. 그는 훌륭한 피아니스트이기도 했다. 비고츠키는 코롤렌코의 주장과는 달리 맹인 어린이는 눈이 먼 것을 느끼지 않으며 다른 사람을 통해서만 눈이 먼 것을 느낀다고 주장했다(**1-1-40** 참조).

**1-1-16]**   같은 방식으로, 농아의 시각은 우리가 알아차리지 못하는 많은 것을 그가 볼 수 있게 해 주지만, 그의 시각적 감각 자체는 일반인보다 오히려 더 낮거나 최소한 높지는 않다. H. M. 라고프스키는 농아

의 경우 "드물게 그것(눈-Л. 비고츠키)이 정상 시력을 능가할 정도로 발달할 수도 있다"라고 말한다.

*Н. М. 라고프스키(Николай Михайлович Лаговский, 1862~1933)는 혁명 전에는 농아 어린이들을 농업 노동자로 훈련하는 알렉산드로프스키 농장에서 일했다. 혁명 후에는 모스크바 제2대학에서 농아를 대상으로 '구화 교수법(수화 대신 독순술과 음성 모방을 가르침)'을 연구했다.

**1-1-17]** 맹인의 뛰어난 촉각과 농인의 시력은 해당 기관들이 처한 특수한 조건에 의해 충분히 설명된다. 다시 말해, 그 이유는 기관의 구조나 신경 경로의 특별한 개선으로 이루어지는 신체 구성적·유기체적인 것이 아니라, 해당 기관이 일반인과는 다른 목적으로 장기간 사용된다는 점으로 요약되는 기능적인 것이다.

**1-1-18]** 시력이 있는 모든 사람이 점자로 인쇄된 페이지에서 반드시 보게 되는 볼록한 점들의 혼란을 맹인이 손으로 읽어 훌륭히 이해한다면 이는 맹인의 경험에서, 개별 문자를 구성하는 각 점의 조합이 그 문자로 표시되는 해당 소리를 반복적으로 동반하여, 우리가 문자의 시각적 윤곽을 소리와 밀접하게 연합하듯 아주 밀접하게 그것과 연합되었기 때문에 일어나는 것이다. 그래서 촉각에서, 시력이 있는 사람과는 다른 맹인의 이전 경험은 손가락으로 점자를 만질 때 각각의 고유한 점들의 조합이 맹인에게 반응으로써 해당 소리를 불러일으킨다는 것을 결정한다. 소리는 낱말을 이루고, 점들의 혼돈은 의미 있는 읽기로 조직된다.

**1-1-19]** 이 과정은 일반인의 시각적 읽기와 완전히 유사하며, 심리

적 관점에서 보아도 원칙적으로 차이가 없다. 문맹인들에게 우리 책의 한 페이지는 우리 손끝에 있는 점자처럼, 이해할 수 없는 부호의 무질서한 더미로 보일 것이다. 여기서 중요한 것은 누구의 촉각이 더 좋거나 나쁜지가 아니라 문해력, 즉 글자나 점자를 구분하고 파악하고 이해했던 선행 경험이다. 시력이 있는 사람도 맹인처럼 손가락으로 점자를 읽는 법을 쉽게 배울 수 있다.

**1-1-20]**  이런저런 소리를 일으키는 입술의 움직임으로 말을 읽는 것 역시 완전히 유사하게 일어난다. 이런 식으로 '눈으로 듣는' 법을 배우는 농인도 특별히 발달한 시각이 아니라, 특별한 문법, 즉 특정 (입술의-K) 움직임과 (표현하고자 하는-K) 특정 대상 형태 등 사이의 연합, 연결성을 그 능력의 기반으로 한다.

**1-1-21]**  이러한 모든 과정은 특정한 조건적 전조 및 신호(자극)에 대한 조건반사의 발달 과정과 완전히 똑같이 제시될 수 있으며, 학술원 회원인 파블로프와 베흐테레프가 확립한 조건반응의 형성 및 훈련의 모든 기제에 완전히 종속된다.

**1-1-22]**  명확한 소리 자극과 특정한 점의 조합이 시간적으로 여러 번 일치하게 되면 결과적으로 새로운 자극(점)이 시간상 일치하는 소리와 동일한 반응을 유발하게 된다. 새로운 촉각 자극이 이전 소리 자극에 대한 일종의 대체물이 되는 것이다.

**1-1-23]**  점자를 빠르게 구별하는 과정은 조건반사의 억제와 분화 법칙을 통해 완전히 설명할 수 있다.

> 이 문단의 내용은 사실이긴 하지만 사소하다. 조건반사는 언어 학습에서 가장 마지막 단계인 '낱말(배열)을 소리와 철자로 구현하는 것'을 설명할 뿐이다. 이는 소쉬르가 지적했듯 '자의적'이다. 모든 소리와 철자는 낱말과 관습적으로 연결되어 정착된다. 그러나 낱말의 의미를 낱말(배열)로 구현할 때 이는 전혀 사실이 아니다.

예를 들어, 보통의 어린이가 일련의 대상들을 하나의 실체로 이해하는 것은 매우 어려운 일이다. '과일'이나 '색깔'처럼 복잡한 일반화는 수개월이나 수년이 걸리기도 한다. '죽음'이나 '자유' 같은 추상적 개념을 심상으로 이해하는 것 또한 매우 어려운 일이기에 은유적 생각의 획득에는 수년이 걸린다. 이와 유사하게 '자라다'나 '가다'를 명사로 이해하는 과정은 매우 어려워서 '성장'이나 '운동' 같은 과학적 개념을 형성하는 데에는 결과적으로 여러 해가 걸린다.

영문판에서는 조건반사가 '조건화된 반사conditioned reflex'로 번역되었으나 이는 잘못이다. 이는 1980년까지 파블로프 용어의 표준 영어 번역으로, 대부분의 미국 행동주의자(예, B. F. 스키너)들이 조건반사를 상당히 수동적인 것으로 간주했음을 보여 준다. 즉, 누군가가 다른 누군가를 조건화하고, 이에 따라 다른 누군가가 '조건화된다'는 것이다.

하지만 파블로프에게서 조건반사는 그와 정반대이다. 그것은 환경에 대한 능동적인 반응이며 우리 종이 자극에 대해 내재적이고 순수하게 수동적이며 무조건적이고 범주적인 관계를 맺는 것을 뛰어넘게 한다. 우리의 반응이 조건적이기 때문에 우리는 자유 선택과 자유의지를 갖기 시작하는 것이다. 여기에서 옳은 번역은 '조건화된'이 아닌, '조건적'이다.

고야, 페스탈로치 아카데미의 학생들, 1806.

**1-1-24]** 동물과 인간의 고등 신경 활동에 대한 객관적인 연구의 가장 중요한 결론 중 하나는 눈, 귀, 피부 등의 모든 외부 자극에 대한 반응으로 조건반사가 훈련될 수 있다는 것이다. 개는 청색광, 메트로놈 소리, 피부 긁기에 똑같이 타액 반사로 반응하는 법을 배운다. 다만 중요한 것은 이 새로운 조건적 반응 자극이 기본적, 선천적, 무조건적 자극의 작용과 여러 번 일치해야 한다는 것이다.

**1-1-25]** 환경의 어떤 요소, 세상의 어떤 부분, 어떤 현상도 조건 자극의 역할을 할 수 있다. 조건반사의 문화화 과정은 모든 경우 동일할 것이다.

**1-1-26]** 이 법칙에는 손상 아동 교육학을 위한 가장 중요한 원칙적 명제가 포함되어 있는데 이를 공식화하면 다음과 같다. 맹인의 조건적 반응(읽으면서 점을 느끼는 것)과 농인의 조건적 반응(독순술)을 문화화하는 심리적 본질은 일반 아동과 완전히 동일하며, 결과적으로 손상 아동의 문화화 과정의 본성은 일반 아동의 문화화 과정과 본질적으로 동일하다.

**1-1-27]** 유일한 차이점은 이러한 개별 사례(실명과 실청)에서 한 지각 기관(분석기)이 다른 지각 기관을 대신한다는 것이다. 그러나 반응 자체의 질적 내용은 전체 문화화 메커니즘과 마찬가지로 그대로 유지된다. 다시 말해, 맹인이나 농아인의 행동은 심리학이나 교육학적 관점에서 일반인의 행동과 동일할 수 있다. 맹인이나 농아인의 문화화는 원칙적으로 일반 아동의 문화화와 전혀 다르지 않다.

**1-1-28]** 실명과 청각 손실은 환경과의 조건적 연결을 형성하는 방

법 중 하나가 없다는 것일 뿐이라는 생각을 터득할 필요가 있다. 이 기관-눈과 귀-은 생리학에서 수용체 또는 분석기라고 불리고, 심리학에서는 지각 기관 또는 외부 감각 기관이라고 불리며, 환경 속에서 원거리의 변화를 유기체에게 경고하는 생물학적 목적이 있다. 이는 H. 데커의 표현에 따르면, 말하자면 생존을 위한 투쟁에서 우리 유기체의 전초기지이다.

고야, 강제로 마법에 걸리다, 1798.

사제 돈 클로디오는 노예 루시아가 자신에게 마법을 걸어, 그의 삶이 루시아의 방에 있는 램프가 켜져 있는 동안만 지속될 것이라고 믿었다.

비고츠키는 다음을 인용하고 있다.

Dekker, Hermann (1910). Sehen, Riechen und Schmecken: Biologie der Sinnesorgane 2. Auf Vorposten im Lebenskampf(보는 것, 냄새 맡는 것, 맛보는 것: 감각 기관의 생물학 2. 생명을 위한 투쟁의 전초기지에 관하여). Stuttgart: Franckh.

우리 신경계의 (적어도) 절반은 멀리 있는 위험 감지를 위해 환경 감시에 전념한다는 생각은 여전히 매우 유효하다. 이것은 맥길크리스트가 『주인과 노예The Master and the Slave』에서 뇌의 우반구와 좌반구를 구분하는 핵심이다. 맥길크리스트에 따르면 뇌의 좌반구는 당면한 실제 작업을 직접 수행하는 '노예'이고 우반구는 원거리에서 실존을 위협하는 위험을 감시하는 '주인'이다.

여기에서 비고츠키의 해석은 맥길크리스트의 해석보다 훨씬 더 온건하다. 비고츠키는 감각의 원거리 속성을 사용하여 소쉬르의 언어의 자의성 원리를 설명한다. 이에 따르는 결론은 고등심리기능이 이런 방식에 토대하는 감각이 아니며 의미에 대한 지향은 전체 뇌의 기능이라는 것이다(전체 뇌 기능이라는 개념은 맥길크리스트가 거부하는 것이다). 고등심리적 기능은 개인적 불빛이 아니라 공유된 불빛에 기반한다.

그림의 오른쪽 아래 모서리에 있는 책에 쓰인 'Lampara descomunal(저주받은 램프)'라는 표현에 주목하자. descomunal은 comunal(평범한, 공유된)의 반대를 의미한다.

1-1-29] 이들의 직접적 목적은 행동이 환경에 더 정확하고 합목적적으로 적응하도록 하기 위해 환경의 외적 요소를 지각하여 분석하고, 세계를 우리의 합목적적 반응과 연결되어 있는 개별 부분으로 나누는

것이다.

**1-1-30]** 엄밀히 말해 이때, 반응의 총체로서, 인간의 행동 그 자체는 교란되지 않은 상태로 유지된다. 인간의 모든 정치적 행위, 즉 능동적 삶이 맹인과 농인에게 모두 가능하다. 그들의 문화화의 모든 특성은 단지 조건적 연결의 형성을 위한 하나의 경로를 다른 경로로 대체하는 것으로 귀착될 뿐이다. 다시 한번 강조하건대, 여기서 문화화의 원리와 심리적 기제는 일반 어린이와 동일하다.

이상하게도, 소비에트 편집자는 '정치политике'라는 낱말을 '팔레트палитре'라는 낱말로 대체했다. 그러나 비고츠키 자신이 살아 있을 때 편집한 저자 버전은 매우 명백하다.

『비고츠키의 공책』(2018: 75)에 따르면, 이 글을 쓴 지 1년 후 비고츠키는 방대한 책을 구상하고 있었고 『심리학 위기의 역사적 의미』는 그중 중요한 첫 번째 권에 불과하다. 가제假題는 "zoon politikon(ζῷον πολιτικόν, 정치적 동물)"이었고, 이는 (인간을 '깃털 없는 두 발 동물'이라 칭한 플라톤의 형태론적, 구조적 기술과는 대조적인) 아리스토텔레스의 인간에 대한 더 기능적이고 역사적인 기술에서 따온 것으로, 그 당시 그것은 단지 인간이 양이나 소와 같은 무리 동물이라는 의미였다.

아리스토텔레스에게 우리는 단순한 무리 동물이 아니라, 다른 동물을 무리 지을 수 있고 따라서 궁극적으로 스스로를 무리 지을 수 있는 동물이다. 그리고 비고츠키에게 우리의 감각은 실제로 정보의 중계기이지, 단지 적을 감시하는 정찰병이 아니다. 그것은 또한 우리 무리들과 우리의 동료 목동들과의 연결 고리이며, 환경에 대한 정보를 공유하는 수단이다. 신체는 실제로 심리적 과정을 위한 매개체이다. 그러나 바로 그런 이유로 그것은 사회적 환경을 가로막는 벽이 될 수 없다.

비고츠키는 맹인이나 귀머거리가, 고야가 팔레트에서 색상을 선택하는 것처럼, 자유롭게 반응을 선택한다는 것을 의미하는 것이 아니다. 대신에 비고츠키는, 소비에트에서 경제가 아니라 정치의 기능이었던 사회적 노동의 조직화가 맹인과 귀머거리는 물론 소위 '정신박약자'에게도 접근이 가능하다는 것을 의미한다.

Vygotsky, L. S. (2018). 『Vygotsky's notebooks: A selection[비고츠키의 공책: 선별집]』. (E. Y. Zavershneva and R. van der Veer eds.). Singapore: Springer, pp. xv, 71, 75. 참조.

**1-1-31]** 이러한 경로가 점자를 읽는 맹인의 촉각과 입술 움직임을 읽는 농인의 시각 능력이 특수하게 발달되는 것을 설명한다면, 이러한 감각의 다른 모든 특징들의 기원은 모두 이 기관에 주어진, 다른 비활성화된 기관과의 조건적 연결의 기능적 풍부함에 있다. 맹인의 행동 체계에서 촉각과 농인에게서 시각은 일반적으로 보고 들을 수 있는 사람들의 경우와 **다른 역할**을 한다. 유기체에서 그것이 해야 할 일, 그것의 기능이 다르다. 그것은 일반인과는 다른 경로로, 나름의 경로로 환경과의 거대한 양의 연결을 처리해야 한다. 여기에서-경험을 통해 획득된-그것의 기능적 다양성이 나타나는 것인데, 이것이 선천적, 구조적-유기체적인 것으로 잘못 이해된 것이다.

**1-1-32]** 손상에 대한 생물학적 보상이 주어진다는 전설을 거부하고 보상 반응을 문화화하는 본질을 정신-생리학적으로 올바르게 이해하는 것은, 우리가 손상에 대한 교육학 학설의 가장 기본적이고 원칙적인 질문, 즉 손상 아동을 위한 문화화 체계에서 특수교육학(맹인-농인 교육학)의 역할과 의미 그리고 모든 문화화의 일반 원칙과의 연결에 가까이 접근할 수 있게 할 것이다.

**1-1-33]** 이 질문에 답하기 전에 앞서, 언급한 고려 사항을 바탕으로 확실하게 정립됐다고 할 수 있는 내용을 정리해 보겠다. 우리는 심리학적으로 고찰할 때, 손상을 입은 유년기 아동에 대한 특별하거나 분리된 교육학은 원칙적으로 존재하지 않는다고 말할 수 있다. 손상 아동의

문화화는 일반교육학에서 단 한 장에서만 다루는 주제이다. 따라서 이 난해한 장의 모든 질문은 교육학의 일반 원칙에 비추어 재고되어야 한다는 것이 이로부터 직접적으로 도출된다.

1-1-34] 쿠르트만은 손상 유년기에 대한 전통적 특수교육학의 기본 명제를 아주 잘 제시했다. "맹인, 농아인, 정신박약인은 일반인과 같은 척도로 측정될 수 없다." 이것은 일반적으로 받아들여지는 이론의 알파이자 오메가일 뿐만 아니라, 대부분의 유럽과 우리가 손상 아동을 문화화하는 실천의 알파와 오메가이다. 우리는 정확히 반대가 되는 다음과 같은 심리적, 교육적 입장을 주장한다. "맹인, 농아인, 정신박약인은 일반인과 같은 척도로 측정될 수 있고 측정되어야 한다."

이 글이 수록된 책의 편집자였던 비고츠키 자신이 본문에서 Curtman이라고 표기한 것으로 볼 때 이는 C. O. 쿠르트만(Charles O. Curtman, 1829~1896)을 지칭하는 것으로 보인다. 그의 원래 이름은 K. O. 쿠르트만 Karl Otto Kurtmann으로 독일 기센에서 태어나 의과대학을 졸업했다. 외과의가 된 후 1948년 독일 혁명에 적극적으로 가담했고, 미국으로 망명하여 노예제를 지지한 남부군을 지원하는 군의관으로 일했으며 부상병 재활을 연구하였다. 그는 남부군의 폭발물 제조 책임자가 되었고 전후에는 미주리대학교 생화학, 약학 교수로 재직했다.

손상 아동에 대해 쿠르트만이 한 말과 정반대로 비고츠키가 주장하고자 하는 것은 무엇인가? 비고츠키는 손상 아동의 심리학과 교육학을 쓰고 있다. 그는 전쟁에서 부상을 입은 성인을 다루고 있지는 않다. 그러나 그가 참고했던 많은 손상학 문헌은 어린이가 아닌 성인에 대한 것이었다. 여기에 성인 학습과 어린이 발달이라는 흥미로운 긴장,

즉 근본적인 모순이 있다. 부상을 입은 성인은 이전과 같은 일을 계속하기 위해 보상하는 법을 학습한다. 하지만 손상 아동은 성인이 되기 위해 완전히 새로운 길을 닦아 나가야 한다. 그 결과 아동 손상학은-아동학이 약학이나 생화학과 다른 것과 마찬가지로- 물리 치료 요법과는 달라진다.

1-1-35]  "본질적으로 일반 아동과 비일반 아동 사이에는 차이점이 존재하지 않는다"라고 Г. 트로신은 말한다. "둘 다 사람이다. 둘 다 어린이이다. 양쪽 다 같은 법칙에 따라 발달한다. 차이점은 오직 발달의 방식뿐이다." 이러한 주장은 일반적으로 심리학과 교육학의 문제에서 사회적 관점보다는 생물학적 관점을 취하는 연구자의 것이다.

위 문단과 이어지는 문단에서 인용된 문장의 출처는 다음과 같다.

Г. Трошин. "Сравнит. психол. норм. и ненорм. Детей". Т. I.("일반 아동과 비일반 아동의 심리 비교", vol. 1).

비고츠키가 인용하는 1915년 저서의 저자는 (러시아어 선집의 편집자들이 밝히듯) 표트르 트로신이 아니라 그리고리 트로신(Григорий Яковлевич Трошин, 1874~1939)이다. 그는 생물학적 손상학자로 원래 뇌간에 대한 신경해부학을 연구했다. 트로신은 상트페테르부르크 군사의학대학에서 베흐테레프의 지도를 받았고 비고츠키가 이 글을 쓸 무렵까지 카잔에서 신경학 교수로 재직했다. 내전 중 트로신은 기독교 실존주의자인 베르디야예프와 기독교 현상학자인 로세프와 함께 소비에트에서 금지되었다.

심리학적, 교육학적 관점에서 보통 아동에게 사용되는 것과 동일한 기준으로 맹인, 농아 아동에 접근한다는 것은 무엇을 의미할까? 트로신은 아마 손상 아동에게 손상되지 않은 영혼이 있다는 종교적 믿음을 표현한 것으로 보인다. 비고츠키는 생물학적 배경을 가진 트로신을 인용함으로써 이 종교적인 생각에 유물론적인 의미를 덧입힌다. 손상 아동의 생물학적 하드웨어는 그대로이다. 다만 연결장치(감각 기관)만이 다를 뿐이다. 따라서 교육은 동일한 소프트웨어ー동일한 문해, 수리, 사고의 기준ー와 사회경제적 삶에 온전히 참여할 수 있는 동일한 능력을 목적으로 삼아야 한다.

**1-1-36]** 그럼에도 불구하고 그는 "어린이의 비일반성이 대부분의 경우 비일반적인 사회적 조건의 산물"이며 이 문제에서 가장 큰 오류는 "비일반적 어린이에게서 질병 외에 또한 일반적 심리적 삶ー이는 독특한 조건으로 인해 일반 어린이에게서는 나타나지 않는 원시적이고 단순하며 (쉽게-K) 이해 가능한 형태를 갖는다ー이 있음을 잊은 채 그들에게서 질병만을 본다"는 데 있다는 것을 언급하지 않을 수 없었다.

**1-1-37]** 바로 이 가장 큰 오류, "어린이의 비일반성을 질병으로만 보는 관점"이 우리의 이론과 실천을 가장 위험한 실수로 이끌었다. 우리는 비일반 어린이에서 마주치는 낱낱의 손상, 그 몇 졸로트니크의 질병, 즉 "얼마만큼의 실명, 얼마만큼의 청각장애, 얼마만큼의 유스타키오관의 점막 염증, 얼마만큼의 미각 왜곡 등"을 세심하게 연구하지만, 어린이가 그 어떤 손상으로 고통을 겪더라도, 각각의 어린이 유기체에 (여전히-K) 내재된 몇 푸드의 건강은 알아차리지 못한다.

'졸로트니크'는 약 4그램에 해당하는 질량 측정 단위이며, 아마 중세 우크라이나에서 사용되었던 금화에서 유래했을 것이다. '1푸드pood'는 약 16킬로그램이다.

**1-1-38]** 이러한 명료한 생각이 아직도 기본 진리로 우리의 과학과

우리의 실천에 도입되지 않고, 여전히 문화화의 10분의 9가 건강보다는 질병에 집중되어 있다는 것은 확실히 이해할 수 없는 것처럼 보인다. "먼저 사람, 그다음에 특수한 사람, 즉 맹인", 이것이 맹인에 대한 과학적 심리학의 슬로건이다. 맹인의 심리학은 최전선에서 일반인의 일반 심리학이고, "후방에" 맹인의 특수 심리학이 있다.

**1-1-39]** 실명(또는 실청)은 맹인(또는 농인)에게 전혀 심리적 사실로 존재하지 않음을 똑바로 말해야 한다. 비맹인의 완전히 잘못된 생각, 즉 실명은 어둠 속에 끊임없이 머무르는 것이라거나, 청각장애는 침묵과 고요함에 잠기는 것을 의미한다고 여기는 것은 완전히 잘못된 순진한 생각이고, 비맹인이 맹인의 심리를 파악할 때의 완전히 잘못된 시도이다.

> 위 문단의 인용 출처는 다음과 같다.
>
> Ferdinand von Gerhardt (1924). *Materialen zur Blinden-psychologie*(맹인 심리학 자료).
>
> Bürklen. K. (1924). *Blinden-psychologie*(맹인 심리학).

**1-1-40]** 우리는 분명 맹인이 자신의 실명을 어떻게 경험하는지 알고자 하며, 이를 위해 우리의 일상적이고 일반적인 느낌에서 세상의 빛과 시각적 감각을 배제하는 일종의 정신적 뺄셈을 한다. 그 자신이 맹인이었던 A. M. 셰르비나 교수는 이러한 통념이 완전히 거짓이며, 특히 심리학적 관점에서 볼 때, B. 코롤렌코가 펼쳐 보인 맹인 아동의 내적 삶에 대한 일반적인 그림은 완전히 틀렸다는 것을 매우 설득력 있고 분명하게 보여 주었다.

**1-1-41]** 맹인은 직접적으로 어떠한 어두움도 느끼지 않으며 어둠 속에 잠식되어 있다고 느끼지도 않는다. "우울한 장막으로부터 자유로

워지려고 노력"하지 않으며, 일반적으로 그가 눈이 멀었음을 **전혀** 느끼지 않는다.

**1-1-42]** "엄청난 어둠"은 맹인에게 전혀 직접적인 체험으로 주어지지 않으며, 그의 정신 상태는 눈이 보이지 않는다는 사실로 인해 어떤 고통도 경험하지 않는다. 맹인에게는 어둠이 즉각적인 현실이 아닐 뿐 아니라 M. A. 셰르비나의 증언에 따르면 심지어 "어느 정도 열심히 생각해야만" 이해할 수 있다. 심리적 사실로서 실명은 전혀 불행이 아니다. 그것은 사회적 사실로 불행이 된다. 맹인은 비맹인이 눈을 가린 것과 같은 방식으로 빛을 못 보는 것이 아니다. A. 비릴례프의 뛰어난 비교에 따르면 "맹인은 비맹인이 손으로 보지 못하는 것처럼 빛을 보지 못한다".

비릴례프에 대해서는 **1-1-15** 글상자 참조. 여기서 비릴례프는 시력이 있는 사람이 손으로 보거나 읽지 못한다는 이유로 장애를 느끼지 않듯이 맹인이 눈으로 보거나 읽지 못한다고 해서 장애를 느낄 이유는 없다고 말한다.

비릴례프는 맹인 피아노 연주자였다. 카잔의 푸시킨 소모임에서 한 강의에서 그는 코롤렌코의 소설 『맹인 악사Слепой музыкант』가 맹인 아동의 신체적 세계를 정확히 표현하지 못했다는 셰르비나의 의견에 동의했으나 그럼에도 이 소설이 완전한 사회적 평등을 주장했다는 점을 들어 이 소설을 옹호했다.

"맹인이 내적으로 부조화를 겪는지 여부, 그가 그러한 부조화로부터 고통받는지 여부는 전혀 중요하지 않다. 이와는 완전히 별개로 다른 모든 사람이 그렇듯 맹인은 다른 인간과의 연합, 그들과의 동등한 어울림을 통해서만 더 나은 운명이 가능하다." 그리고 "코롤렌코가 직접 경험의 부족으로 맹인의 심리를 대체적으로 진실되게 그려 내지는 못했으나 타인과의 이러한 결속의 의미를 추측하여 훌륭히 표현하였다".

Zappi, G. (1997). Introduzione a "Il musicista cieco" di Vladimir Korolenko(블라디미르 코롤렌코의 『맹인 악사』 소개). *Slavia:* Rivista trimestrale di cultura, 6(2), pp. 34-68 참조.

**1-1-43]** 따라서 코롤렌코의 말에 따라 '빛에 대한 본능적인 유기체적 갈망'이 맹인 정신의 토대를 이룬다고 생각하는 사람은 심각한 잘못을 저지르는 것이다. 물론 맹인은 보고 싶어 하지만, 그에게 이 능력은 유기체적이고 해갈될 수 없는 욕구의 의미가 아니라 '실질적이고 실용적인' 의미를 지닌다. 셰르비나 교수가 완전히 올바르게 펼쳐 보인 생각처럼, 맹인의 정신, 그 독특함은 "마치 두 번째 본성이 창조되는 것처럼, 유기체적으로" 발달한다. 그리고 그런 조건하에서, 맹인은 "나는 스스로의 신체적 결함을 **직접적으로** 감각할 수 없다"라고 증언한다.

맹인은 어떤 선천적인 형이상학적 충동이 아니라 실제적이고 사회적인 이유로 빛을 갈망한다는 비고츠키의 관념은 차이코프스키의 1892년 오페라 「이올란타」에서도 표현된다. 여주인공 이올란타 공주는 빛이나 보이는 대상에 대한 어떤 언급도 허용되지 않는 정원에서 자라, 결과적으로 장애에 대한 감각이 전혀 없이 성장했다. 그녀에게 장애가 있다고 말하는 잘생긴 왕자에 의해 이 정원이 침범당했을 때, 공주는 그 생각을 거부하고 사랑과 결혼을 포함한 자연의 경이로움을 아는 데에는 시력이 필요하지 않다는 것을 그에게 납득시킨다.

**1-1-44] 이것이 핵심이다.** 맹인 아동에게 보이지 않는다는 것은 일상적인 것이지 질병 상태가 아니며, 그는 이를 간접적·이차적으로 자신

의 사회적 경험의 반영으로만 느낄 뿐이다.

**1-1-45]** 맹인은 어떻게 자신의 실명을 체험하는가? 이 손상이 어떤 사회적 형태에서 실현되는가에 따라 서로 다른 방식으로 체험된다. 그러나 모든 경우에, 우리로 하여금 맹인을 불쌍히 여기게 하고 그의 삶을 공포스럽게 생각하게 하는 듯한 영혼을 짓누르는 돌, 광대하고 끝없는 슬픔, 표현할 수 없는 고통-이 모두는 사실 생물학적 요인이 아닌 이차적이고 사회적인 요인에 기원을 두고 있다.

**1-1-46]** 그러므로 세상에 대한 맹인의 표상에는 '객관적 현실'이 전혀 결여되어 있지 않다. 세상은 맹인에게 언제나 안개나 커튼을 통해 드러나지 않는다. 우리는 맹인이 어떻게 거의 기적에 가까운 촉각 능력을 유기적이고 자연스럽게 발달시키는지 전혀 고찰하지 않을 것이다. 과학적 진실의 경계에는 맹인이 비맹인보다 더 빈곤하기도 하지만 또한 더 부유하다는 생각이 있다. 유명한 맹농아 작가인 헬렌 켈러는 지적한다. "나는 우리가 손으로 더 잘 보는지 아니면 눈으로 더 잘 보는지 말하려는 것이 아니다." "촉각은 맹인에게 우리의 더 행복한 동료들은 알지 못하는-그들의 촉각은 개간되지 않았기에- 많은 달콤한 확신을 제공한다."

*H. A. 켈러Helen Adams Keller는 부유한 미국 남부 집안에서 태어났다. 생후 19개월에 시력과 청력을 잃고 그녀와 어린 흑인 하녀가 고안한 몸짓을 사용하며 자랐다.

켈러는 7세에 앤 설리번으로부터 손가락 알파벳을 배웠다. 후에 유명한 작가이자 교사가 되었다. 켈러는 급진적 사회주의자였으므로 그녀의 저서는 소

8세의 헬렌 켈러와 앤 설리번 선생님

련에서 매우 인기가 있었고 당연히 미국에서는 전혀 그렇지 않았다.

본문에서는 켈러의 영문 원본(1908, p. 237)을 해석했다.

Keller, H. (1908/2002). The world I live in(내가 사는 세상). *Organization and Environment*, 15(3), 285-292.

**1-1-47]** 먼 거리의 물체를 알아차리게 하는, 맹인의 소위 여섯 번째 감각(열 감각)이나, 움직임, 음악 등을 감지하게 하는 농아의 일곱 번째 감각(진동 감각)은 당연히 일반적인 정신에 특별히 새로운 것이 아니다. 이러한 감각들은 일반인에게도 존재하는 감각으로 그 감각이 최고로 완벽해진 것일 뿐이다.

고야, 농인의 집(부분), 1818~1819.

고야가 얼굴을 '수용체/분석기'로 환원한 것에 주목하자. 우리가 오감만 가지고 있다는 생각은 경험적 개념과 과학적 개념이 어떻게 다른지를 잘 보여 주는 좋은 예시이다. 전자는 눈에 보이는 신체 모습에 기반하지만 후자는 실험적 분석에 기반한다. 우리에게 오감만 있다면 이 남자들은 언제 먹고, 언제 먹는 것을 멈추어야 하며(배고픔의 감각), 언제 화장실에 가는지(요의의 감각)를 어떻게 알 수 있을까?

**1-1-48]** 하지만 우리는 세상을 이해하는 과정에서 이러한 감각들이 얼마나 중요한 역할을 할 수 있는지 상상조차 할 수 없다. 농인이 피아노 연주곡을 들으며 "아, 얼마나 멋진가요! 나는 내 발로 음악을 느낄 수 있어요"라고 말하는 것을 듣고 우리가 그녀를 측은해하는 것은 당연하다. 하지만 그 사실은 그 자체로 매우 중요하다. 헬렌 켈러가 증언한 것처럼, 농인에게도 음악이 있고, 천둥이 있고, 바다의 소리가 있다. 맹인에게도 밤과 낮이 존재하며, 먼 거리에 있는 물체, 그 크기와 모양 등이 존재한다.

**1-1-49]** 맹인의 슬픈 운명은 신체적인 실명 그 자체 때문이 아니다. 실명 자체는 비극이 아니다. 그것은 비극 발생의 구실이자 이유일 뿐이다. A. M. 셰르비나는 말한다. "비탄과 한숨은 평생 동안 맹인과 함께한다. 이런 식으로 느리지만 확실하게 거대한 파괴적 작업이 이루어진다."

**1-1-50]** 이 저자는 "봉사자가 8세 소년에게 음식을 숟가락으로 떠먹여 주어야 했다. 이는 단지 가족이 스스로 먹는 법을 배울 기회를 주겠다는 결심을 하지 못했기 때문이었다"는 맹인 학교의 사례를 보고한다.

**1-1-51]** 바로 이 때문에 위생교육학이 맹인 어린이가 마치 볼 수 있는 것처럼 비맹인 어린이와 똑같이 대하고, 다른 모든 어린이와 같은 연령에 걷는 법을 가르치고, 자신을 돌보도록 하며, 볼 수 있는 아이들과 놀게 하고lasset es so viel als möglich mit senenden Kindern spielen, 어린이 앞에서는 실명에 대해 결코 한탄하지 말 것 등을 요구하는 것은 전적으로 옳다.

**1-1-52]** 그렇다면 맹인은 실명을, A. 셰르비나의 표현에 따르면 "일련의 사소한 불편함"으로 경험한다. 그리고 많은 맹인이 그의 말에 동의할 것이다. "이 모두에도 불구하고 내 인생에는 그 어떤 개인적인 이익을 위해서도 포기할 수 없는 독특한 매력이 있다고 생각한다."

**1-1-53]** 하나의 특정한, 그러나 매우 유익한 문제에 대해 A. 비릴례프는 스스로 맹인으로서 이 심리학적 진술에서 어떠한 원칙적으로 중요한 교육학적 결론이 도출되어야 하는지 보여 준다. 맹인은 빛에 대해 알아야 하는가? 그렇다. 그러나 이는 그의 "빛에 대한 본능적인 유기체적 욕망"에 대한 해답으로의 접근이나, 색의 세계를 소리의 세계로 번역하는 것 등이 아니다. "빛은 다른 모든 사람의 활동 조건이자, 빛에 의존하는 다른 이들의 고유한 행동 수단과 규칙을 이해하기 위해 그 영향을 정확히 상상할 수 있어야 하는 실제적인 상황이다."

**1-1-54]** 맹인에게는, 창문 커튼 뒤에 있으면 거리에서 보이지 않고, 방에 불이 켜져 있고 커튼이 쳐 있지 않으면 누구나 그를 볼 수 있다는 등의 사실을 아는 것이 중요하다. 그에게는 시력을 가진 사람들이 가지고 있는 가장 중요한 세상의 지식들을 갖는 것이 중요하다. 세상은 사람들에 의해 주로 시각적 현상으로 구축되어 있으며 우리는 맹인 아동이 이 일반적 세상에서 살아갈 수 있도록 준비시켜야 한다. 그러므로 그는 빛에 대해 알아야만 한다.

**1-1-55]** 유일하게 올바른 진정한 관점은 맹인 문화화의 가장 고통스러운 문제에서 우리에게 이 출구를 시사해 준다. 맹인 문화화에서 빛의 문제조차도 생물학적인 문제가 아닌 사회적인 문제로 제기될 때 올바른 해결책을 얻게 된다. 이 특정한 경우에서 여기서 전개되는 생각의 주요 노선이 극단적인 표현을 얻는다고 우리는 생각한다.

**1-1-56]** 따라서 심리적 관점에서 볼 때 신체적 손상은 사회적 행동 형태의 붕괴를 의미한다. 살아 있는 유기체의 행동이 세계와의 상호작용, 환경에 대한 적응 반응 체계라면, 무엇보다 이 체계의 변화는, 보통의 행동 과정이 일어나고 실현되는 사회적 연결과 조건의 퇴화와 변위에서 나타난다. 손상 아동의 모든 결정적인 심리적 특성은 생물학적 특성이 아니라 사회적 특성에 기반을 두고 있다.

1-1-57] 다양한 사회적 환경 속에서 실명은 심리적으로 다른 사실이 된다. 미국 농부의 딸, 우크라이나 지주의 아들, 독일 공작부인, 러시아 농부, 스웨덴 프롤레타리아에게 실명은 심리적으로 완전히 다른 사실들이다. 심리적으로 실명은 온전한 정신적 삶에서의 결함을 의미하지 않는다.

1-1-58] 손상이 있는 어린이(맹인, 농인)의 문화화는 새로운 행동 형태를 개발하고, 조건적 반응을 수립하는 보통의 어린이에서와 동일한 과정이다. 따라서 손상이 있는 아동을 문화화하는 문제는 오직 사회적 교육학 문제로 해결될 수 있다.

1-1-59] 타고난 결핍을 사회적으로 보상하는 방식에 기반한 손상 아동의 사회적 문화화만이 과학적으로 타당하고 관념적으로 참된 길이다. 특수 문화화는 사회에 종속되어야 하고, 사회적 교육과 조화를 이뤄야 하며, 더 나아가 사회적 교육과 유기적으로 융합되어 필수적인 부분으로서 하나가 되어야 한다. 손상 아동에 대한 의학적 영양 공급이 정상적인 일반적 영양 섭취를 방해해서는 안 된다.

고야, 카프리초 40번
De qué mal morirá?(어떤 병이 그를 죽일 것인가?), 1789~1799.

비고츠키는 약물의лекарственное 라는 용어를 사용한다. 본문에서는 '의학적'으로 번역했다. 이는 약초(전통적) 또는 제약(화학적) 내과 의학을 의미할 수도 있다. 이는 은유적 표현으로 보이지만, 오늘날 우울증, 자폐증, 주의력 결핍 같은 행동장애를 약물로 치료하는 방식에 대한 시의적절한 비판이 될 수 있다.

고야는 치료가 질병보다 더 치명적인 것이 아닌지 물으며, 이렇게 설

1-1-60]  정상적인 식사 없이 물약과 알약에만 의존하도록 환자를 내버려두는 사람은 돌팔이 의사다. 그런데 그것이 바로 우리의 특수학교가 하는 일이다. 여기서 하일페다고기, 즉 치유 교육학은 일반적 교육학을 삼켜 버리고, 특수한 교육이 사회적 교육을 잠식했다.

하일페다고기Heilpädagogik는 문자 그대로 치유 교육healing pedagogy이며, 기독교적 구원의 의미도 있다. 즉, 심각한 정신적 손상을 지닌 어린이가 죽기 전에 '신과 올바른 관계'를 맺도록 하는 것이다. 독일식 치유 교육학은 1930년대와 1940년대 혁명적 시기에 군사적으로 통합적이고 반反분리적인 방식(장애인의 군 복무)에서, 비고츠키 시대에는 의료화된 분리주의 방식까지 여러 국면을 거쳤다.

스위스식 치유 교육학은 보수적이고 신학적인 것이었고, 교육의 목표는 장애인의 영혼을 구원하는 것이었다. 즉, 그들의 성애는 원죄의 표식이었고, 가치를 평가할 능력 자체가 없기에 다른 죄인들에게는 열려 있는 구원의 기회도 잃었다는 것이다. 하일페다고기는 이것을 '치유'하는 것이었다. 스위스의 치유 교육자였던 리누스 보프Linus Bopp는 다음과 같이 말했다

"많은 치유요법 대상자의 경우 가치 감각과 가치로의 의지가 없거나 심각하게 억제된다. 이는 해당 개인이 전혀 그것을 할 수 없거나 그에 필요한 정신적이고 영적인 능력의 부족으로 어려움을 겪기 때문이다."

Bopp, L. (1930). Allgemeine Heilpädagogik in systematischer Grundlegung und mit erziehungspraktischer Einstellung(일반

적인 치유 교육학에서 체계적 기초와 경험적 구성), Herder: Freiburg/
Breisgau, p. 64.

보프를 포함한 치유 교육학의 많은 지지자가 나치에 부역했다. 보프
를 포함한 몇몇 나치가 T4 프로그램에서 장애인들에게 사용한 살인
독가스보다는 '자연적인' 안락사와 '신성한 우생학'이 더 낫다고 생각
했다.

**1-1-61]**  우리는 손상 아동에 대한 특수교육의 필요성을 부정하지
않는다. 그와 반대로, 우리는 맹인에게 읽기를 가르치거나 농아에게 구
화를 가르치는 데에는 특별한 교육적 기술, 고유한 수단 및 방법이 필
요하다고 주장한다. 그리고 이 기술에 대한 최고의 과학적 지식만이 이
분야의 진정한 교사를 탄생시킬 수 있다. 그러나 이와 함께 우리는 먼
저 맹인이 아니라 어린이를 교육해야 한다는 사실을 잊어서는 안 된
다. 맹인과 농인을 문화화한다는 것은 실명과 실청을 문화화하는 것을
의미하며 이는 어린이의 손상에 대한 교육학에서 손상(아동을 가르치
는-K) 교육학으로의 전환을 의미한다.

**1-1-62]**  우리의 경우, 특수학교는 문화화에서 어린이를 실명과 실청
의 희생자로 삼았다. 이는 건강함과 충분히 발달된 측면을 무시했다. 이
는 그 사회적 근간과 교육학적 지향이 철저히 부르주아적-자선적이며,
종교적인 유럽의 특수학교로부터 받아들인 것이다.

**1-1-63]**  맹인과 농인을 위한 독일 학교의 현황에 대한 보고서를 읽
으면 여러분은 특수교육 기술, 위생 조건 등의 높은 수준에 놀랄 것이
다. 그러나 구빈원의 참을 수 없는 악취와 어떤 지하실의 곰팡내 나는
공기, 건강하지 않은 도덕적 분위기가 모든 페이지에서 풍겨 온다. 호프
는 독일의 농맹아 문화화에 대한 글에서 다음과 같이 말한다. "모든 사
람의 문화화와 교육에서 가장 중요한 것은 주님께서 그들에게 지우신

십자가를 신앙과 인내로 견디고, 자신의 어둠 속에서 영원한 빛을 믿도록 배우는 것이다." …

**1-1-64]** 맹인 자신에게 실명은 사회적 사실일 뿐 아니라, 모든 시대와 국가에서 맹인을 문화화하는 특정 시스템과 맹인에 대한 특정 관점은 사회적으로 불가피한 것이 된다. 신체적 손상을 치료하기보다 증진시키며, 그 노예가 되도록 하는 속박으로부터 특수학교를 해방시키는 것, 자선적-종교적 문화화의 모든 흔적에서 그것을 자유롭게 하는 것, 현실적이고 사회적인 교육학의 건강한 토대 위에서 그것을 재건하는 것, 특수 훈련이라는 힘겹고 무의미한 부담에서 어린이를 자유롭게 하는 것─바로 이것이, 대상에 대한 과학적 이해와 혁명적 현실의 요구 모두에 의해, 우리 학교 앞에 놓인 과업이다.

**1-1-65]** 인류가 늘 꿈꿔 왔던 종교적 기적, 즉 맹인은 보게 하고, 농인은 말하게 하는 것-이것이 인류 최후의 재건의 가장 위대한 시대에 일어나는 사회 문화화가 실현하도록 요구되는 것이다.

**1-1-66]** 아마도 인류는 조만간 실명, 실청, 정신박약을 극복할 것이다. 그러나 인류는 의학적, 생물학적으로보다 훨씬 더 먼저 사회적으로나 교육적으로 이를 패배시킬 것이다. 교육학이 어린이의 본성이 지닌 회복 불가한 결손에 대한 지칭으로 손상 아동이라는 단어를 부끄러워하는 날이 머지않아 올 수 있다.

**1-1-67]** 온전히 공동생활에 참여하는 말하는 농아인, 일하는 맹인은 스스로 열등하다고 느끼지 않을 것이며, 이에 대한 어떤 핑계도 대지 않을 것이다. 농아인, 맹인, 정신박약 어린이가 손상이 없게 하는 것은 우리에게 달렸다. 그렇게 할 때 바로 이 단어(손상-K), 우리 자신의 손상을 드러내는 확실한 표식 자체가 사라질 것이다.

**1-1-68]** 우생학적 조치와 사회 체계의 변화 덕분에 인간은 이전과 다른 더 건강한 생활 조건으로 나아갈 것이다. 맹인과 농인의 수는 크게 감소할 것이다. 아마도 실명과 난청은 완전히 사라질 것이다. 그러나 이것은 그보다 훨씬 먼저 사회적으로 패배할 것이다.

**1-1-69]** 실명과 실청은 앞으로도 오랫동안 지구상에 남아 있을 것이다. 맹인은 눈이 먼 채로, 농인은 귀가 먼 채로 남아 있을 것이지만, 그들은 더 이상 손상이 있는 존재가 아닐 것이며, 이는 손상이 사회적 관념이고 손상은 시각, 청각, 언어 장애에 덧붙은 혹과 같은 것이기 때문이다. 실명 자체로 어린이에게 손상이 있게 되지 않는다. 그것은 그 자체로 손상, 즉 결함, 열등함, 질병이 아니다.

고야가 이 작품을 제작한 이후 200년, 비고츠키가 이 글 쓴 지 100년, 그동안 비고츠키의 꿈 중 일부는 이루어졌지만, 다른 꿈은 아

고야, 착한 마녀의 꿈, 1819~1823.

직 이루어지지 않았다. 비고츠키가 여기서 예측했던 것처럼, 문제가 어린이에게 있음을 나타내는 '손상'이라는 낱말은-역사적 책임감을 가지고 텍스트적 정확성을 추구하는 번역자를 포함하여- 우리를 부끄럽게 한다. (우리 번역은 그렇지 않지만) 대중 담론에서 이 낱말은 장벽이 사회적 환경에 있음을 더 정확하게 나타내는 낱말인 '장애'로 대체되었다. 그러나 비고츠키의 예측과 달리, 의료적 개입으로 실명과 실청을 교정하는 능력은 사회적·경제적 낙인을 제거하는 능력보다 더 성공적이었다. 미국에서 시각장애인과 청각장애인의 연봉은 시력과 청력이 있는 사람보다 평균 1만 3,000달러 적고, 한국에서 시각장애인과 청각장애인의 취업률은 38.9%에 불과하며, 대부분 저임금이다.

고야가 이 그림에서 묘사한 것처럼 '손상이 있는 아이들'을 '우생학적'으로 제거하는 것은 어떤가? 비고츠키는 그리스어 ευγενη(고귀한, 순수한)에서 유래한 евгеника(우생학)라는 낱말을 사용한다. 비고츠키가 이 글을 쓸 당시는 나치의 집단학살 프로그램 이전이었으나, 영국의 F. 갈톤, 미국의 H. 고다드, L. 스토다드(KKK단 멤버)가 강제 불임 수술을 통한 비자발적(강제적) 우생학을 법으로 주장한 것보다는 훨씬 이후였다. 강제 불임 시술은 1970년대까지 미국이나 스웨덴 같은 나라에서 지속되었다.

임신 중절을 합법화한 최초의 국가였던 소비에트는 정보에 근거한 자발적 우생학을 옹호했다. 오늘날에도 부모들은 여전히 이를 지속하고 있다. 지중해의 사르데냐에서는 자발적 우생학 프로그램을 사용하여 혈액 질환인 지중해 빈혈을 근절했다. 중국은 (정보에 근거한 자발적) 우생학 프로그램을 사용하여 1970년대와 1980년대에 경제 규모를 압도하는 인구 증가를 막았다. 한국은 가까운 친척과 결혼하지 않는 규범이 있지만, 2021년에야 임신 중절이 합법화되었다.

**1-1-70]** 그것은 맹인의 특정한 사회적 존재 조건하에서만 그렇게 (손상이-K) 된다. 그것은 그의 행동과 다른 사람의 행동 사이의 차이를 나타내는 표시이다.

**1-1-71]** 사회 문화화는 손상을 물리칠 것이다. 그때는 아마도 맹인 아동이 손상이 있다고 말하는 것을 사람들이 이해하지 못할 것이다. 사람들은 맹인은 맹인이라고 농인은 농인이라고 말하고, **단지 그뿐**일 것이다.

**1-2-1]** 실명은 한 감각 기관(분석기)의 부재를 의미한다. 맹인 문화화 작업의 본질이 손상되지 않고 남아 있는 지각 기관−귀, 촉각 등−의 발달에 있다고 생각하는 교육자는 오류를 범하고 있다. 맹인이 남다른 음악적 능력, 특히 예민한 청력을 가지고 있으며, 그들 모두는 타고난 음악가라는 매우 널리 퍼져 있는 일반적 견해는 매우 잘못된 것임이 과학 문헌에서 반복적으로 지적되어 왔다.

**1-2-2]** 모든 맹인은 음악가여야 한다는 것이 사람들의 통상적 생각이다. 그러나 위대한 맹인 음악가는 단 한 명도 배출되지 않았고, 평범한 음악가 대열에도 맹인이 오르는·경우는 거의 없다. 이전의 음악 교육은 엄청난 수의 교회 합창단원, 거리의 음악가, 값싼 버라이어티 쇼를 위한 피아니스트와 오케스트라 연주자들을 배출했을 뿐이었다. 이는 신체적 손상에 대한 생물학적 보상이라는 전설과 사상적으로 연결되어 있으며 후자와 함께 사라져야 한다.

> 고야는 투우에 찬성하지 않았다. 청각장애가 있던 그는 신체 장애가 있는 사람들을 거지로 내모는 것에도 찬성하지 않았다. 1778년, 왕을 위한 쾌활한 태피스트리 제작을 요청받았을 때, 그는 모여 있는 주민들 앞에서 동전을 구걸하는 맹인 기타 연주자를 보여 주었다. 이 그림의 기타 연주자는 그 태피스트리에서 따온 것이다.

고야, 야만스러운 오락, 1797.

좋다. 맹인에게는 시력이 있는 사람들에게 허용되는 고임금 일자리가 모두 허용되어야 한다. 그러나 비고츠키가 맹인은 아직 단 한 명의 뛰어난 음악가도 배출하지 못했다고 말하는 것은 무슨 의미인가? 로드리고, 타레가, 딜리어스는 맹인이었고, 바흐, 헨델, 리스트는 완전히 시력을 잃었지만 말년에 최고의 음악을 작곡했다. 레이 찰스, 스티비 원더, 안드레아 보첼리… 그들 모두는 위대한 음악가였고, 모두 맹인이었다.

비고츠키는 1-2-1의 끝에서 맹인들이 타고난 위대한 음악가가 아니라고 말한다. 비고츠키는 또한 맹인 음악 교육이 평범한 재능과 교회, 거리 공연, 서커스에서 일하는 저임금 음악가를 낳는다고 말한다. 여기서 비고츠키는 맹인들이 음악을 위해 태어난 운명이라는 신화는 '생물학적 보상의 전설'의 일부라고 말한다. 비고츠키는 제대로 이해된 보상은 우리가 동물과 공유하는 생물학적 발달노선의 일부가 아니라 다른 인간들과 함께 창조하는 사회적 발달노선의 일부가 되어야 한다고 말한다.

로드리고, 타레가, 딜리어스는 모두 글을 쓰거나 무엇보다 연주를 할 때 시력이 있는 사람들을 '도구'로 이용했다. 바흐, 헨델, 리스트는 아마도 만년에 과로로 발생한 백내장 때문에 시력을 잃었을 것이다. 레이 찰스, 스티비 원더, 안드레아 보첼리는 위대한 음악가이지만, 태어날 때부터 시력이 없었거나 실명을 절대 음감으로 보상했기 때문에 위대한 음악가가 된 것은 아니다. 그들 모두는 시력이 있는 사람들과 동일한 방식으로, 즉 인간 발달의 문화적-역사적 노선 속에서 위대한 음악을 읽고 씀으로써, 위대한 음악가가 되었다.

**1-2-3]** Г. 트로신은 손상이 있는 어린이의 감각에 관하여 이야기하면서 이러한 영역에서 매우 유익한 관찰을 할 수 있다고 올바르게 지적한다. 이러한 관찰은 감각 기관 발달이 일차적이고 근본적으로 중요하다는 교육학에서의 일반적 생각이 지나친 과장임을 분명하게 설득한다. 이러한 분석기의 보존과 심지어 발달조차도 어떤 고등하고 복잡한 인격 구조를 전혀 보장하지 않는다.

**1-2-4]** 분명 우리는 맹농인 교육학의 첫 번째 과제로서 지각 기관의 발달이 아닌, 좀 더 복잡하고 전체론적이며 능동적이고 효과적인 형태의 어린이 경험에 대해 논의해야 한다. 실명의 결함이 청각과 촉각의 두드러짐으로 보상된다고 믿는 사람은 착각하고 있는 것이며 아직 완전히 낡은 관점에, 사회적 교육학의 범위 밖에 서 있는 것이다.

**1-2-5]** 의료 및 자선 교육학 대신 사회적 맹인 교육학을 창설하는 것은 엄청난 과학적 중요성과 막대한 실천적 가치를 지닌 과업이다. 지금은 이 과업의 개별적인 지점들을 추측하고 더듬어 보는 시도에 대해서만 이야기할 수 있다. 이 장은 이러한 시도를 위한 것이다.

**1-2-6]** 손상에 대한 사회적 보상이라는 개념이 생물학적 보상 개념을 대체해야 한다. 정신, 특히 이성은 듀이의 말에 의하면 '사회적 삶의 기능'이다. 단순한 빛의 물리적 자극이 그것의 온전한 실체가 아니다. 사회적 활동과 사고라는 매개체를 통해 그것에 주어지는 해석이 그 의미에 모든 풍요로움을 부여한다. 이처럼 실명은 다만 '단순한 물리적

자극' 하나를 삭제한 것일 뿐이고, 세상을 향한 모든 창문을 닫지 않으며, '온전한 실체'를 앗아가지 않는다.

**1-2-7]** 이것(실명-K)은 이러한 신체적 자극에 대한 사회적 **해석**을 다른 자극으로 전환하고 연관시키도록 할 뿐이다. 이는 다른 자극을 통해 상당 부분 보상될 수 있다. 글자를 보는 것이 아니라 읽는 법을 배우는 것이 중요하다. 사람들의 눈을 쳐다보는 것이 아니라 그들을 알고 그들의 상태를 이해하는 것이 중요하다. 결국 눈이 하는 일은 어떤 활동을 위한 도구로서 종속적인 역할을 하며 다른 도구의 일로 대체될 수 있다.

**1-2-8]** A. 비릴레프가 현재 논문집에서 전개한 생각, 즉 맹인이 다른 사람의 눈, 타인의 경험을 시각의 도구로 사용할 수 있다는 매우 중요한 생각은 과학적으로 완전히 타당하다. 여기서 타인의 눈은 현미경이나 망원경과 유사한 장치나 기구의 역할을 한다.

고야, 카프리초 7번 Ni asi la distingue(이렇게 해도 그는 그녀를 알아보지 못한다, 1797)의 일부.

시력이 나쁜 젊은 남자가 확대경으로 아름다운 여성을 살펴보고 있지만 그가 보는 것은 부채뿐이다. 여기서 비고츠키는 기호가 아닌 도구의 역할을 강조한다. 많은 독자들은 이것이 비고츠키의 도구적 사고 시기-파블로프 심리학의 자극-반응 분석단위를 환경에 대한 도구로 매개된 반응으로 대체하고자 했던 시기- 전체를 나타낸다고 생각한다. 실제로 이 문단에서 비고츠키는 시력이 있는 사람들은 맹인이 세상을 비추어 보는 렌즈의 역할을 해야 한다고 말한다.

이 장 전체에 걸쳐, 그리고 그의 저작 전체에 걸쳐 비고츠키는 인간의 성숙은 두 노선, 즉 (동물과 공통되는 생체-기제적 성장의) 생리적 노선과 (인류에 공통되는 문화-역사적 발달의) 심리적 성숙의 노선을 따른다는 사실을 강조한다. 하나의 생체-기제적 분석기 대신 다른 것을 이용하는 의학적 보상 노선은 전적으로 전자에 놓여 있지만 비고츠키가 염두에 두고 있었던 사회적 교육학은 후자의 보상 노선을 따른다(따라서 여기에는 보고 들을 수 있는 일반인의 교육도 포함된다).

이 글을 쓴 지 1년도 지나지 않아 비고츠키는 '현미경' 비유의 한계를 깨닫는다.『심리학 위기의 역사적 의미』에서 비고츠키는 인간의 시력을 향상시킬 뿐인 현미경/망원경과, 연구 대상을 변환하여 맹인도 접근 가능하게 하는 온도계의 차이를 지적한다. 같은 맥락에서, 빛과 가시적인 것에 대한 개념을 이해하기 위해 시력이 있는 사람에게 의존하는 맹인들은 연구 대상이 시각적 매개에서 언어적 매개로 변환되는 것에 의존한다. 타인들은 광학망원경이나 현미경이 아닌 전파망원경이나 전자현미경과 같다.

고야의 스케치가 보여 주듯 기구는 맹인을 생체-기제적 노선 안에 가둘 수 있다. 시력이 나쁜 이는 예컨대 이 아름다운 여성이 마하-부자를 대상으로 소매치기하며 생계를 유지했던 스페인 사회 부랑자 중 하나-임을 알아차리지 못한다.

**1-2-9]** 우리가 광학 현상에 대한 연구는 맹인에게 "연구 대상인 현상을 잘 알기 위한 실험 도구로 다른 사람들을 활용한다는 조건하에 가능하다"라고 말할 때, 우리는 맹인 학교에서 물리학의 한 장을 다루는 방식에 대한 단순한 기술적 규칙을 넘어서는, 훨씬 더 광범위하고 중요한 진실에 대해 주장하는 것이다.

**1-2-10]** 여기서, 즉각적인 실천적 결론과 무관하게, 맹인 아동의 개별 문화화 테두리 내에서는 절대 해결될 수 없는 것처럼 보이는 문제가 **다른 사람**을 참여시키자마자 해결될 수 있는 것으로 판명된다는 중요한 생각이 확립된다.

**1-2-11]** 여기에 치유의 도약, 맹인 교육학 및 모든 특수교육학의 salto vitale(생명의 도약-K)가 있다. 이는 전통적 문화화의 토대에 놓인 "교사와 학생 간의 이중창"과 개인주의 교육학의 경계를 뛰어넘는 것이다.

고야, 환희, 1819~1823.

고야는 종종 날고 있는 노파를 그렸는데, 이들은 종종 마녀로 여겨지곤 했다. 비고츠키는 '생명의 도약'을 의미하는 라틴어 '살토 비탈레'를 사용했다. 그는 헤겔(그리고 이후 레닌)이 '즉자적 대상'의 문제를 해결하는 철학적 논증을 언급하고 있다. 칸트는 이를 스캔들이라고 여겼다. 그는 우리가 우리 외부의 어떤 것의 존재를 실제로 증명할 수 없다고 생각한다(왜냐하면 우리는 우리 자신의 분석기의 증거만을 가지고 있고, 게다가 이는 종종 틀리기 때문이다). 반면 헤겔은 대상 자체(즉 자연)의 외부로 도약하여 의식이 어떻게 위로(다른 사람을 통해) 도약하는지 보여 주었다. 우리는 고야가 마녀를 믿지 않았다는 것을 알고 있다. 그는 자기 외부의 사물과 사람을 믿었다.

**1-2-12]** 맹인 교육학 과정에 이 새로운 요소, 즉 타인의 경험, 타인의 시력 활용, 시력이 있는 사람과의 협력이 도입되자마자 이제 우리는 원칙적으로 새로운 토대 위에 서게 되며, 맹인은 그의 경험을 무한히 확장하고 그를 세상의 전반적인 조직과 밀접하게 이어 주는 현미경과 망원경을 손에 넣게 된다.

**1-2-13]** 심리적으로 맹인 문화화 과업 전체는 이제 모든 사회적 상징과 신호를 다른 분석기-피부, 청각 등-와 연결시키는 것으로 귀결된다.

**1-2-14]** 오직 이것이 바로 맹인 교육학과 일반교육학을 나누는 차이이다. 조건적 연결의 일부는 피부나 다른 분석기로 전달된다. 맹인은 손가락으로 볼록한 점을 감지하면서 읽는다. 중요한 것은 그가 읽는다는 것이고, 우리와 동일한 방식으로 읽는다는 것이다. 더불어 그가 다른 장치, 즉 눈이 아닌 손가락으로 읽는다는 사실은 원칙적으로 어떤 중요성도 없다.

**1-2-15]** 독일어 텍스트를 라틴체로 읽든 고딕체로 읽든 전혀 차이가 없다. 중요한 것은 기호가 아니라 의미이다. 기호가 바뀌지만 그 의미는 유지된다.

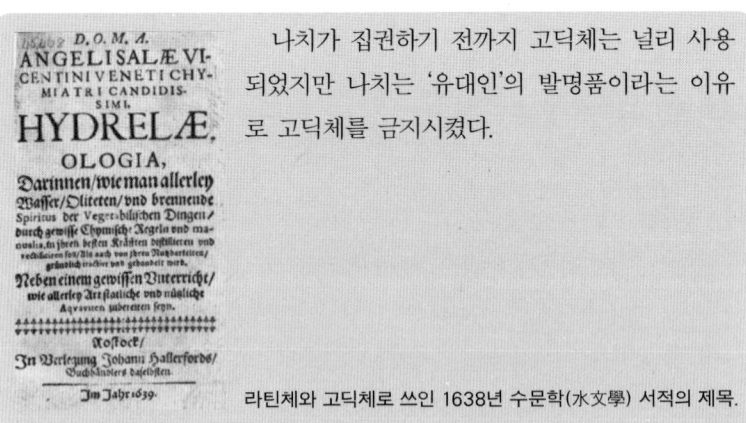

나치가 집권하기 전까지 고딕체는 널리 사용되었지만 나치는 '유대인'의 발명품이라는 이유로 고딕체를 금지시켰다.

라틴체와 고딕체로 쓰인 1638년 수문학(水文學) 서적의 제목.

**1-2-16]** 물론 여기에서 맹인을 위한 특수교육과, 이 특별한 상징을 교육하는 특수학교가 필요하다는 결론이 나온다. **상이한 상징으로 절대적으로 동일한 문화화와 교육 과정 전체 내용을 가르치는 것**—바로 이것이 맹인 교육학의 기본 원칙이다.

**1-2-17]** 그러나 특수학교는 그 필요만큼이나 약점이 있다. 그것은 일반적 환경으로부터의 체계적인 분리를 만들고 맹인을 고립시켜 그를 좁고, 닫힌 세상에 가둔다. 그곳에서는 모든 것이 손상에 맞춰져 있고, 손상을 위해 설계되어 있으며, 손상을 떠오르게 한다.

**1-2-18]** 이 인위적인 환경은 맹인이 살아가야 하는 정상적인 세계와 별로 공통점이 없다. 특수학교에서는 곰팡내 나는 병원 분위기와 병원 체제가 빠르게 조성된다. 맹인은 맹인들의 좁은 원 안에 갇힌다. 이 환경에 있는 모든 것은 손상을 키우고, 모든 것이 맹인을 실명 상태에 고정시키며, 바로 이 지점이 맹인에게 '트라우마가 된다'.

**1-2-19]** 그러한 학교는 실명을 극복하는 것이 아니라 양육하고 강화한다. 그러한 학교에서는 맹인이 이후의 삶으로 진입하도록 돕는 힘이 발달하지 않을 뿐만 아니라 체계적으로 위축된다. 정신건강, 정신의 정상적인 구조가 해체되고 분열되어 실명이 정신적 외상으로 변한다. 하지만 가장 중요한 것은 특수학교가, A. M. 셰르비나 교수의 표현에 따르면, 이미 맹인에게 강력한 '분리주의 심리학'을 강화한다는 점이다.

**1-2-20]** 특수학교는 그 본성상 반反사회적이며 반反사회성을 조장한다. 우리는 가능한 한 빨리 맹인을 삶으로부터 격리하고 분리하는 방법이 아니라, 가능한 한 일찍 스스럼없이 삶으로 인도하는 방법에 대해 생각할 필요가 있다. 맹인은 시력이 있는 사람과 함께 공동생활을 해야 하며, 일반 학교에서 배워야 한다. 물론 특수교육과 문화화의 특정 요소는 특수학교에서 유지되거나 일반 학교에 도입되어야 한다. 그러나 원칙적으로 A. M. 셰르비나 교수가 제시한 특수와 일반 문화화의 통합 시

스템이 만들어져야 한다.

**1-2-21]** 특수학교의 반反사회적 성격을 극복하기 위해서는 맹인과 시력을 가진 이들에 대한 공동 교수학습과 문화화를 위한 과학적인 실험을 시행할 필요가 있다. 여기에 크나큰 미래가 있다.

**1-2-22]** 여기서 발달의 순환은-먼저 일반과 비일반의 공통 교육에 대한 정립, 그 후 특수교육에 대한 반정립으로- 변증법적으로 진행된다. 우리 시대의 과제는 정립과 반정립의 건전한 요소를 더 높은 통일성으로 통합하여 종합을 이루는 것이다.

**1-2-23]** 또 다른 대책은 특수학교의 벽을 허무는 것이다. 비맹인과 더 가까이 갈수록, 삶 속으로 더 깊게 들어간다. 수동적인 학습이 아닌 삶에 능동적 실제적 참여를 기반으로 한 세상과의 더 광범위한 소통, 결함 때문에 맹인에게 할당된 좁은 범위에서 벗어나게 하는 광범위한 사회-정치 교육, 어린이와 청소년 운동에의 참여-이것이 사회 문화화의 위대한 지렛대이며, 이를 통해 문화화의 막대한 힘이 발휘될 수 있다.

**1-2-24]** 우리는 여전히 학교 보고서에서 "콤소몰이 맹인을 피한다"라는 내용을 읽는다. 여기서 맹인을 교육하는 것보다 비맹인들을 재교육하는 과업이 발생한다. 비맹인들이 실명과 맹인에 대한 태도를 바꾸는 것이 필요하다. 그리고 비맹인에 대한 이러한 재교육은 매우 중요한 사회적·교육적 과업이다.

비고츠키가 공산주의자 청년들(콤소몰)이 맹인에게 등을 돌린다고 표현한 것은 어떤 의미인가? 1916년까지 청각, 시각장애인들은 이미 자체적인 조직을 결성했다. 그들은 모스크바와 페트로그라드에서 대규모 시위를 벌이고, 자신들만의 신문을 발간했으며, 전-러시아 의회를 열어 스스로를 어떻게 부를 것인가에 대한 열띤 토론을 벌였다. 비록 비고츠키는 (언어적인 문제로) 청각장애인들의 자체적 통합이 더 어렵다고 믿는 듯했지만, 그들은 특별히 잘 조직되어 있었다. 1920년까지 볼셰비키는 내전에 연루되었고, 농인 소비에트를 해체시켜 당의 통제 하에 두기로 결정했다. 비고츠키가 분리된 소비에트를 해체하는 것에 찬성했는지 반대했는지는 알 수 없지만, 확실한 것은 그가 일반적으로 별도의 조직을 반대했으며 통합된 조직 안에서 농인과 맹인이 반드시 최고 관리자의 지위를 가져야 하며, 그것이 비장애인들에게만 주어져서는 안 된다고 주장했다는 것이다.

많은 시각, 청각장애인들 역시 분리된 조직에 반대했다. 페트로그라드 신문의 창간호 『Жизнь глухонемых(농아인의 삶)』은 통합의 사명을 가지고 출간되었다. "농아인의 세계는 말하는 자들의 세계와 연결되어 있으나, 동시에 상당히 위대하고 개별적이다"(1916). 8세에 청력을 잃은, 판토마임과 몸짓 예술가 에브게니아 미나소바는 '농아'라는 표현이 비하적이며, 들을 수 없는 사람들이 결코 목소리를 찾지 못한다는 의미가 있다고 주장했다. 의회의 다른 구성원들은 '농아인'이라는 용어가 예수가 사용했던 말이므로 계속 사용해야 한다고 주장했다. 비고츠키는 이 책의 전반에서 이 용어를 사용하고 있다 (에브게니아 미나소바는 이후 팬터마임 극장을 설립했으며, 이것은 1950년까지 건재했다).

1-2-25] 맹인 학교에서의 노동도 근본적으로 재구성되어야 한다. 이는 여전히 장애와 자선의 원칙을 바탕으로 구축된다. 맹인은 일반적으로 구걸을 위한 보조 수단(음악, 장신구 짜기 등)을 배운다. 노동을 가르칠 때 이것이 그의 삶의 미래 기반을 형성할 것이라는 기대는 없다. 맹인 학교에서는 일반적으로 노동이 인위적으로 준비된 형태로 어린이에게 주어진다. 사회 조직 질서의 모든 요소는 여기서 조심스럽게 제거된다. 일반적으로 이는 추출되어 시력이 있는 사람에게 주어진다.

**1-2-26]** 맹인은 단지 실행자로 남는다. 바로 그렇기 때문에 그런 노동 문화화는 환자를 예비한다. 그것은 노동을 조직하고 삶에서 노동의 자리를 찾을 수 있는 법을 가르치지 않을 뿐 아니라 이 능력을 고의로 위축시킨다.

**1-2-27]** 한편 바로 이러한 노동의 사회적, 조직적 계기는 맹인에게 가장 큰 교육학적 중요성을 지닌다. 일한다는 것은 붓을 만들거나 바구니를 짜는 능력을 의미하는 것이 아니라 헤아릴 수 없이 더 많은 것을 의미한다.

**1-2-28]** 교육의 관점에서, 이는 대체로 개별적인 (판에 박힌-K) 수공업자의, 수공예품 제작 학습이다. 이런 노동은 일반 노동에 대한 종합기술적 기초로 부적절할 뿐 아니라 생산적 가치나 전문적 가치가 거의 없는 것이다.

**1-2-29]** 마지막으로, 그러한 노동은 협동을 가르치지 않는다. 따라서 맹인이 할 수 있는 단순 기능과 노동 유형의 범위는 매우 제한적이다. 비맹인과의 협력이 노동교육의 토대가 되어야 한다. 이러한 토대 위에 비맹인과의 진정한 소통이 이루어지며, 노동은 맹인이 삶으로 들어갈 수 있는 좁은 문이 될 것이다. 건강한 노동을 만들면 나머지는 저절로 따라올 것이다.

**1-2-30]** 노동은 맹인 학교에서 또 다른 커다란 중요성을 갖는다. 사실, 맹인 교육학만큼 공허한 언어적 표현이나 황량한 문학이 깊이 뿌리내린 곳도 없다. 맹인은 모든 것을 이미 꼭꼭 씹힌 채로 받는다. 그들에게는 모든 것이 설명된다.

**1-2-31]** 여기에는 언어적 방법에 반反하여 언제나 우선적으로 제기되는 일반적 고려 사항과는 별개로, 우리를 위협하는 특별한 위험이 있다. 낱말은 맹인에게는 특히 부정확하다. 왜냐하면 그의 경험은 다른 방식으로 구성되기 때문이다. 지혜로운 옛 우화에서 비맹인 안내자가 맹

인에게 우유가 무엇인지 설명하는 장면을 떠올려 보자. 맹인에게 낱말은 때로 그저 '텅 빈 소리'에 불과하다. 맹인에게 항상 모든 것을 미리 씹어서 준다면, 그는 결국 씹는 법을 잊어버리게 될 것이다. 모든 지식을 미리 완성된 형태로 받아들이기만 한다면, 그는 지식을 얻는 방법을 잊게 된다. 비맹인 어린이는 탐구하는 능력을 발전시키는 법을 찾아낼 것이지만, 우리는 위와 같이 맹인 어린이가 언제나 안내를 필요로 하게끔 그를 망치고 있다.

고야, 보르도의 젖 짜는 여인, 1827(이 그림은 고야 생전 마지막 작품이다).

비고츠키가 '언어적 방법'에 대해 말할 때 특정한 방법을 염두에 두었는지, 아니면 단지 일반적인 일대일 지도를 의미하는 것인지 명확하지 않다. 1-2-30에서 그는 먼저 "공허한 언어적 표현вербализм"이라고 표현하면서 이를 "황량한 문학голая словесность"이라고 한다. 여기서는 언어적 방법 혹은 낱말 방법словесного метода이라고 지칭되고 있다.

그러나 '일반적인 경로'는 아주 명확하다. 앞서(1-2-26 글상자), 비고츠키는 독립된 거주 구역('시설격리주의'가 아닌), 산업 노동(가내 공업이 아닌), 일반 노동 계급과 사회로의 통합(분리주의가 아닌)을 통해서 손상이 있는 학교 졸업생의 자기-해방을 강조했다. 이제 비고츠키는 학교 내부에 동일한 원칙, 즉 자기-교육(공허한 언어적 표현이 아닌), 순전히 부수적 역할(교육의 초점이 아닌)로서의 특수한 기술의 사용(점자와 수화 같은), 비맹인과 통합하는 '북극성'을 적용한다.

여기서 비고츠키가 우유와 관련하여 어떤 우화를 언급하고 있는지는 명확하지 않다. 이와 관련된 톨스토이의 우화는 다음과 같다.

맹인이 친구에게 "우유는 무슨 색이야?"라고 물었다.
"우유의 색은 흰 종이와 같아."
"정말이야? 이 색은 손에 접거나 구겨지면 바스락거리지?"
"아니, 밀가루가 하얗듯이 하얗지."
"흠… 밀가루처럼 부드럽고 가루 같고, 물을 부으면 뭉쳐지지?"
"아니, 그냥 하얗지, 겨울철 흰 토끼처럼."
"그러면 토끼 꼬리처럼 푹신하고 부드러운 거야?"
"아니, 아니! 겨울 눈과 비슷해."
"그럼 눈처럼 차가워?"

맹인의 친구가 아무리 많은 예를 들어도, 선천적으로 맹인인 그는 우유의 색이 무엇인지 이해할 수 없었다.

더 유명한 작품인 베르메르의 「젖 짜는 여인」과는 다르게, 고야의 「보르도의 젖 짜는 여인」에는 우유에 대한 정보가 거의 없다. 모서리에 아주 희미한 힌트(우유통과 노새의 등, 여인의 뒤에 있는)가 있을 뿐이다. 비맹인은 고야가 제시한 낱말에 전적으로 의지해야만 한다.

**1-2-32]** 물론 자기 주도적 문화화 수단을 찾는 것은 비맹인보다 맹인에게 더 어렵지만, 그것은 존재하며 발견되어야 한다. 우리는 실명이 해당 유기체에 영구적인 보통 조건이며, 심리적으로는 일반적인 사회적 적응 노선에서의 일정한 변화 이상을 의미하는 것은 아니라는 것을 항상 기억해야 한다.

**1-2-33]** 이 특수 훈련은 본질적으로 매우 쉽기 때문에 일반 노선(사회 교육-K)에서 심각하게 벗어나는 일은 발생할 수 없다. 그럼에도 이는 일반적인 길을 벗어나도록 한다. 그러므로 그것은 삶을 향한 반대 방향으로 열 배 구부러져서 보상되어야 한다.

손상학 연구소(EDI)에서의 비고츠키(앞줄 왼쪽에서 세 번째).

비고츠키는 1926년에서 28년까지 연구소장을 지내다 병으로 사임하였다. 비고츠키를 제외하면 사진 속 남성 직원은 한 명뿐이다. 이를 통해 (지금도 마찬가지이지만) 이 일은 대체로 여성들이 수행한 저임금 노동이었음을 알 수 있다.

이 문단에서 비고츠키는 '일반 노선'과 '일반적 경로'를 구분한다. 이 구분은, 이 글의 원래 맥락을 고려하지 않고 읽을 때 반복해서 떠오르는 세 가지 질문과 연결되어 있다. 먼저, 왜 비고츠키는 '시설격리주의'(1-2-26의 글상자에서 제시된 것과 같은 특별 병동에의 강제 수용)에 반대하는가? 비고츠키 자신도 EDI를 운영했고 그를 따르던 이들이 설립한 자고르스크 병원은 1980년대와 1990년대에 유명해졌다(BBC 다큐멘터리 〈자고르스크의 나비들〉 참조). 둘째, 왜 비고츠키는 귀가 먼 '인간 기계'를 집에서 일하게 하는 대신 공장으로 보내라고 강조하는가? 셋째, 왜 비고츠키는 (비맹인 교육이 맹인을 향하는 대신) 맹인 교육이 비맹인을 향해야 한다고 말하는가?

일부는 정치적인 이유 때문이며 공산당의 '일반 노선'과 관련 있다. 농아와 정신박약 어린이들은 일차적, 유기체적 낙인(즉자적 손상)과 이차적, 사회적 낙인(대타적 손상)을 모두 겪는다. 신생 소련은 기술적 자원은 부족했으나 새로운 아이디어는 풍부했으며 '일반 노선'은 사회적 낙인에 대항하여 싸우는 것이었다. 비고츠키가 언급하고 있는 '일반 노선'은 일차적인 유기체적 낙인에 대한 '보상'의 경로이며 이는 오늘날 소위 상호교차성이라고 불리는 것 대신 온전한 통합교육을 가능하게 할 것이었다. 1926년에 당의 일반 노선은 일반적으로 여성, 소수자, 피억압자들에 대한 분리 조직에 반대했다(**1-2-24** 글상자 참조).

그러나 비고츠키의 이유 중 일부는 매우 개인적이며 이는 오직 비고츠키와 같은 비당원인 마르크스주의 지성인들만이 택한 '일반 경로'와 일치한다. 한편, 비고츠키는 결핵을 앓고 있었다. 그는 짧은 삶 중의 여러 해를 병원에서 보내야 했다. 비고츠키 자신의 '시설격리주의' 경험은 그것이 흔히 치명적이며 대체로 불필요하다는 것을 확신하게 했다. 다른 한편 그는 러시아와 소비에트의 모든 소수자 중 가장 억압을 받는 유대인이었다. 비고츠키는 혁명의 과업이 현대 산업의 건설이라고 이해했고 이는 그가 공장의 삶을 (맹농인과 정신지체자뿐 아니라 노동자 계급 전체를) 속박에서 해방시키는 것으로 간주하게 했다. 끝으로 유대인 분리주의와 시오니즘에 대한 비고츠키의 거부(『비고츠키의 공책』, 2018, pp. 11, 42, 44 참조)는 그가 국제 노동계급을 분리하는 모든 것에 대해 의구심을 느끼고 있었음을 의미한다.

헬렌 켈러도 상호교차성에 반대하였고 심지어 농인들만의 분리된 언어에 대해서도 반대했다. 수화를 이용해 미국에서 비밀 조합을 결성했던 제재소 노동자들과 같은 농인 활동가들은 헬렌 켈러의 실수를 관대히 넘어가 주었다. 이는 그녀가 맹인이므로, 고유한 언어를 가진 농인들과는 달리 '장애인'이었기 때문이다.

1900년의 제재소 노동자들.

제재소의 노동 조건은 종종 청각 손실을 낳아서 노동자들은 고용된 지 수개월 만에 청각이 상실되곤 했다.

1-2-34】 맹인의 문화화는 비맹인을 지향해야 한다. 이것이 우리 교육 나침반의 영구한 Nord(북극성-K)이다. 지금까지 우리는 보통 정반대의 일을 해 왔다. 즉, 비맹인만이 맹인을 삶으로 인도할 수 있음을, 그리고 맹인이 맹인을 이끈다면 둘 다 구덩이에 빠질 것임을 망각하고 실명에 초점을 두었다.

브뤼헐(과 비고츠키)은 마태복음 15장 14절을 인용하고 있다. 그리스도는 조상에게 바치던 것을 신께 바치라고 설교하는 제사장들을 비판하며 이렇게 말한다. "그들은 맹인을 인도하는 맹인이며 둘 다 도랑에 빠질 것이다." 브뤼헐의 그림에서 모든 맹인은 오늘날 의사가 진단할 수 있는 서로 다른 안질환을 앓고 있다. 하지만 비장애인보다 수입이 적은 오늘날의 맹인과 달리 그림의 인물들은 지갑이 두둑하고 상대적

P. 브뤼헐(Pieter Brueghel), 맹인이 맹인을 인도할 때, 1568.

으로 부유해 보인다. 그러나 가장 먼저 넘어지는 사람은 오른쪽 아래 맹인 음악가이고, 사실 끝에서 두 번째가 제사장이다.

이전까지 비고츠키는 교육이 '조건반사' 형성과 다를 바 없기에 맹인과 농아인의 교육은 같다고 생각한 듯하다. 즉, 교육은 한 자극을 다른 자극으로 대체하는 비교적 간단한 문제이다. 아래 1-3-8에서 비고츠키는 자신의 연구에서 처음으로 가장 중요한 통찰력 중 하나 — 언어적 사고 자체가 사회적 말하기, 스스로를 향한 말하기, 끝으로 내적 말하기에서 파생된다는 생각 — 를 얻게 된다.

하지만 이는 맹인과 농아인이 다르다는 것을 의미한다. 이는 단순히 맹인이 농아인처럼 언어와 단절되어 있지 않기 때문뿐 아니라, 사회적 언어에서 내적 언어로 넘어가는 경로가 (시각적 주의가 산만한) 비맹인보다 맹인에게 오히려 더 분명하기 때문이기도 하다. 그와 반대로, 농아인은 사회적 언어로 들어 본 적 없는 말의 형태를 어떻게든 스스로에게 지향시키는 법을 배워야 한다.

비고츠키는 농아인이 말을 발화할 때 느끼는 감각을 통해 이러한 일이 일어날 수 있다고 믿었다. 일부 농아인, 특히 8살 무렵 청력을 잃은 비고츠키의 친구 셰르비나 같은 농아인의 경우 이는 아마도 사실일 것이다. 그러나 톨스토이의 우화 속 맹인으로 태어난 사람에게는 이것이 그렇게 명백한 사실이 아니다. 맹인 동료이자 친구인 셰르비나에게 인도된 비고츠키는 여기서 도랑에 빠진 것처럼 보인다.

**1-3-1]** 농아인을 문화화하는 문제는 아마도 교육학에서 가장 흥미로우면서도 어려운 장童일 것이다. 농아인은 맹인보다 세상을 이해하고 능동적으로 생활하는 데에서 신체적으로 더 잘 적응해 왔다고 밝혀졌다. 공간에서의 신체 위치의 변화에 대한 정보를 제공하는 평형감각 영역에서 몇 가지, 일반적으로 그다지 중요하지 않은 장애를 제외하고 농아인은 일반인에게 존재하는 생리적 반응을 위한 거의 모든 능력을 유지하고 있다. 가장 중요한 것은 그가 시력을 보존하고, 이를 통해 자신의 움직임에 대한 통제력을 완전히 정상적인 정밀도로 발달시킬 수 있는 가능성을 유지한다는 것이다. 노동 도구나 인간 기계로서 농아인의 신체는 일반인의 신체와 거의 다를 바 없으며, 결과적으로 농아인은 모든 범위의 신체적 가능성, 즉 신체적 발달과 기술 및 노동 능력 습득의 가능성을 보유하고 있다.

**1-3-2]** 이런 의미에서 농아인은 (능력을-K) 박탈당한 것이 아니며, 이 점에서는 맹인들과 비교할 수 없을 정도로 운이 좋다. 그는 소리와 관련된 극히 일부 영역(악기 조율 등)을 제외한 모든 유형의 노동 활동을 할 수 있다.

**1-3-3]** 그럼에도 불구하고 농인 교육학에서, 좁은 범위의 대체로 쓸모없는 공예품(제작-K)만이 일반적으로 사용된다면, 이에 대한 책임은

농아인의 문화화 문제에 대한 근시안적, 자선적-시설격리적 접근으로 돌아갈 것이다. 반면에 이 문제에 대해 올바른 접근법을 적용하면 바로 여기에서 삶으로의 가장 넓은 문, 일반인들과 협력하여 노동에 참여할 수 있는 가능성, 고등한 상호 협력의 가능성이 열릴 것이다. 기생의 위험을 피한 이 상호 협력은, 사회적 계기 덕분에 모든 농인 교육학의 기초로 작용할 수 있을 것이다.

**1-3-4]** 그러나 이에 대해서는 아래에서 다루고, 여기서는 노동에 대해 이야기하고자 한다. 장신구의 생산과 판매, 미래의 삶에 대한 전망 없음, 수제 목공품을 제작하는 개별적으로 고립된 노동은 과학적 관점에서 결코 용인될 수 없는 과거의 유물에 지나지 않는다.

**1-3-5]** 청각의 부재는 시각의 부재보다는 나은 편이다. 세상은 인간의 의식에서 주로 시각적 현상으로 표상된다. 자연 체계에서 소리는 훨씬 더 작은 역할을 한다. 결과적으로 귀가 먼 사람들은 세상의 필수적인 요소를 하나도 잃지 않는다. 따라서 귀가 멀어 말을 못하는 상태는 실명보다는 훨씬 더 적은 장애를 보여 주는 것 같다. 생물학적 관점에서 이는 사실이며, 귀가 먼 동물이 아마도 눈이 먼 동물보다는 덜 무력할 것이다. 하지만 인간은 그렇지 않다.

**1-3-6]** 인간의 경우 청각-언어 상실은 다른 사람과의 소통으로부터 고립시키므로, 헤아릴 수 없을 만큼 더 큰 불행으로 나타난다. 그것은 그에게 말을 박탈함으로써 사회적 경험으로부터 그를 단절시키고 일반적인 연결 고리에서 그를 제외시킨다. 청각-언어 상실은 대체로 사회적 결함이다. 그것은 실명보다 더 직접적으로 개인의 사회적 연결을 깨트린다.

**1-3-7]** 따라서 농인 교육학의 첫째 문제는 농아인에게 말을 되돌려 주는 것이다. 이는 실현 가능한 것으로 밝혀졌다. 사실, 청각 상실은 일반적으로 언어 영역의 손상이 아니라 청각 영역의 손상만을 의미한

다. 언어 기관 및 그와 관련된 신경 경로와 영역은 보통 손상되지 않는다. 이처럼 말을 못하는 것은 여기서 기관의 약점 때문이 아니라 농인이 단어를 듣지 못해 말을 습득할 수 없었기 때문에 발생한 단순 미발달 상태이다.

**1-3-8]** 그러므로 농아인에게 구어를 가르친다는 것은 단순히 하나의 분석기를 다른 것으로 대체하는 것, 즉 귀를 눈으로 대체하여 농인이 말하는 사람의 입술 움직임을 읽어서 마치 '눈으로 듣는 것'을 익히는 것으로 귀결될 수 없다. 말의 기저에 담긴 또 하나의 매우 중요한 심리적 기제를 대체해야 한다. 이는 바로, 화자 자신의 말 자극을 스스로에게로 전환하여 말의 흐름을 조절하고 제어할 수 있도록 하는 기제이다.

**1-3-9]** 여기서 그것은 발음 운동 중에 발생하는 운동 감각으로 대체된다. 이 감각들은 극도로 미약하며, 입술의 운동이 모든 소리를 정확히 전달하는 것은 전혀 아니고, 말을 명확히 발음하려면 닫힌 입 내부의 보이지 않는 운동이 필요하다. 이 모든 것 때문에 입말의 교수학습은 농인에게 매우 힘든 중노동이 된다.

**1-3-10]** 농아인에게는 입말을 배우는 것(소위 독일식 방법) 외에도 다른 두 가지 언어가 있다. 그중 하나는 자연스러운 모방 언어이고, 다른 하나는 인공적인 모방 언어, 즉 "기호의 방법론적 언어", 손과 손가락의 다양한 움직임으로 구성된 나름의 알파벳으로 이는 소위 지화법 또는 허공에 글쓰기라고 불린다. 농아인에 이 두 언어는 매우 쉽고 자연스러운 언어이다. 반면 입말은 농아인에게 부자연스럽다.

> 1998년, 두 명의 스페인 학자는 이 그림을 일종의 지화술로 해석했다. 고야는 학생들의 질문을 듣고 답할 수 없어 스페인 예술 아카데미를 사임한 후 이 손글씨를 발명하려고 했다는 것이다. 여기서 나타나

고야, 손 연구, 1812.

는 기호는 20개에 불과하지만 스페인 알파벳은 27개의 다른 글자와 30개의 다른 소리를 가지고 있다. 물론 일부 손 기호가 두 글자 이상을 의미할 가능성도 있다.

**1-3-11]** 그러나 언어의 이 세 가지 가능성 중에서 우리는 의심할 여지 없이 가장 어렵고 부자연스러운 입말을 선호해야 한다. 그것은 헤아릴 수 없을 정도로 더 어렵지만 헤아릴 수 없을 정도로 더 많은 것을 제공한다.

**1-3-12]** 실제로, 모방이 비록 말 못하는 이의 원래 언어이며 프랑스 교수법의 근본이라 할지라도(H. M. 라고프스키, 1910), 그것은 빈약하고 제한적인 언어이기 때문에 우리는 그것을 거부해야만 한다. 그것은 농인을 이 원시적인 언어를 아는 소수의 사람이 이루는 좁고 답답한 세상에 가둔다. 모방은 곧 특정 학교 안에서만 통용되는 은어로 변질될 것이다. 그것은 매우 제한적인 수의 사람들과의 의사소통만을 허용한다. 그것으로는 가장 노골적인 대상과 구체적 명칭만을 제공하게 된다.

그것은 추상적 개념이나 추상적 표상에는 결코 도달할 수 없다.

> 여기서 '모방'은 수화를 뜻한다. 수화는 표현 양식과 의미의 관계가 완전히 독립적인 진정한 언어이기 때문에 이는 부정확한 표현이다. 비고츠키는 초기에는 모방이 진정한 언어가 아니라고 믿었고, 이 때문에 그는 독순술이 형편없는 결과를 낳는다는 것을 인정하면서도 입술 읽기를 옹호한다.
>
> 수화는 '모방', 즉 '제스처'가 아니라 진정한 상징이다. 한국 수화에는 '~로'와 같은 문법 조사가 포함되어 있으며, '배우고 싶다'처럼 복합절을 만들 수도 있다. 비고츠키가 수화를 일종의 모방이라고 말한 것은 잘못이다.

**1-3-13]** 말은 의사소통의 도구일 뿐 아니라 생각의 도구이며, 우리의 의식은 주로 말의 도움으로 발달하고 우리의 사회적 경험에서 생겨난다는 점에 주의를 기울인다면, 모방이 농인을 완전한 저발달의 운명에 처하게 한다는 것이 분명해진다. 많은 연구자가 말을 박탈당한 농인의 의식이 유인원의 의식을 약간 넘어선다고 주장했다. 어떤 경우든 우리는 "농인이 모든 사람이 공유하는 공통 지성을 갖는다는 것을 반박한" 에쉬케나 "그 자신만의 관찰, 지식, 경험에 제한된 농인의 생각은 그 재료가 아닌 형식에서만 인간의 의식이다"라는 체흐의 의견에 동의해야 할 것이다.

> *E. A. 에쉬케(Ernst Adolf Eschke, 1766~1811)는 1778년 라이프치히에서 '독일식 방법'을 확립한 사무엘 하이니케의 사위였다. 에쉬케는 하이니케의 딸과 함께 베를린으로 이주했고 프로이센의 왕으로부터 자신의 학교를 설립하기 위한 자금을 받았다. 에쉬케와 하이니케는 드레페와 시카르가 프랑스에서 사용하고 있던 '프랑스식 방법'(즉, 청각장애인에게 입말 사용을 강요하는 대신 청각장애인들 스스로가 고안한 수어를

배워서 그것을 이용하여 가르치는 것)에 격렬히 반대했다. 하이니케와 에쉬케는 대신에 독순술과 구화법을 고안했다.

비고츠키가 말하듯, 그들은 "모음 소리들이 입 내부에 숨겨져 있기 때문에 시각과 촉각만으로 모음 소리를 가르치는 것은 불충분하다"라는 것을 곧 발견했다. 그래서 대신 그들은 자신들이 돌보는 농인들에게 다섯 개의 쓰인 모음들을 설탕물, 올리브유, 식초, 압생트(쑥 술), 순수한 물의 냄새와 맛과 연관시키도록 가르쳤다. 가르치는 데 실패한 교사들이 흔히 그러듯, 에쉬케는 자신의 학생들을 나무랐다. "귀머거리와 벙어리는 자신만을 위해 산다. 그들은 사회적 유대를 인정하지 않는다. 그들은 도덕 관념이 없다." 그러나 후에 에쉬케는 수어를 배웠고 수어와 구화가 결합된 방법을 개발했다. 라고프스키는 말을 계속 고집했고, 비고츠키 또한 적어도 이 글을 쓸 때까지는 그랬다.

메도프의 1980년 연극「작은 신의 아이들」의 전단지. 지문자指文字로 제목이 꾸며졌다. 이 연극은 사실 지문자에 관한 것이 아니라, 한 등장인물의 모국어인 미국 수어(ASL, American sign language)에 관한 것이다. 다른 등장인물은 그녀에게 입술을 읽고 말하는 것을 강제하려고 하며, 그들은 사랑에 빠지고 헤어진다.

**1-3-14]** 다음과 같은 나토르프의 말은 옳다. "인간이 인간이 되는 것은 오직 인간의 의사소통 덕분이다. (⋯) 개개인의 인간은 엄밀히 말해 물리학에서의 원자와 같이 추상화일 뿐이다. (⋯) 인간의 지각조차도 인간의 의사소통 밖에서는 발달하지 않을 것이다." 바로 말이 그러한 사회적 경험의 토대이자 운반자이다. 심지어 혼자 생각할 때도 우리는 '의사소통의 가상'을 보존한다. 다시 말해 말 없이는 의식도 자기의식도 없다. 의식이 사회적 경험으로부터 나타난다는 것은 바로 농아인

의 예를 보면 쉽게 알 수 있다.

1-3-15] 이것이 사실이든 아니든－어쨌든 농아인에게 말하는 법을 가르치는 것은 그가 사람들과 소통할 수 있는 능력을 주는 것뿐만 아니라 그에게 의식, 생각, 자기의식을 발달시키는 것을 의미한다. 이것은 그에게 인간적 상태를 되돌려 주는 문제다.

1-3-16] 따라서 모방은 과학적·사회적 관점에서 비난받는다. 그러나 지화술, '허공에 쓰기', 기호의 '방법론적 언어', 손 알파벳 그 자체는 농아인을 가르치는 데에는 부족한 것으로 드러났다. 그것은 여전히 주변 사람들이 이해할 수 없는 언어로 남아 있으며, 이 말을 이해하고 그것을 공통 언어로 번역하는 하는 사람의 형태로 말 못하는 이와 세계 사이에 매개적 고리를 설정한다.

1-3-17] 손 알파벳을 말하기 학습을 위한 보조 수단으로 도입하자는 제안도 있었다. 이는 스턴과 다른 학자들의 이론적 고찰이었다. 이는 몇몇의 미국 학교에서 실행되었다. 실험에 따르면 모방은 입말과 양립할 수 없으며, 심리-생리학 법칙에 따라 모방이 입말을 대체한다는 것이 의심의 여지 없이 드러났다. 한때 모방 언어의 열렬한 지지자였던 하이드지크는 후에 농아인 학교에서의 모방을 "닭장 안의 여우"라고 불렀다. 그러나 그는 결합적 방법을 사용하는 학교는 "물고기도 고기도 아니다"라고 했다. 여기에는 방법이 없었기 때문이다.

1-3-18] F. 베르너는 '농아인을 교수학습하는 독일식 방법의 심리학적 토대'에서 생각의 수단과 의사소통의 수단이 동일해야 함을 매우 설득력 있게 보여 주었다. 아베 데 레페는 말한다. "우리의 언어는 그들의 언어가 아니다." 한편, '순수한 구화법'의 임무는 농인에게 우리의 언어를 심어 주는 것이다. 그러므로 순수한 구화법은 "농아인을 인간으로 변화시키는" 것이 가능하게 하는 유일한 방법으로 남는다.

1-3-19] 그러나 이 교수법은 어린이들에게 끝없는 어려움을 안겨

주는 것으로 판명되었다. 오로지 전적으로 예외적인 야만성으로 이 방법은 독일 학교에서 살아남아 발전되었다. 명성 높은 농아인의 교사이자 '순수 구화법'의 옹호자인 파터는, 그의 수업을 참관했던 목격자들에 따르면, 때때로 어려운 발음을 해내지 못하는 어린이를 때려서 이를 뽑은 후 한쪽으로 던져 버리고, 손가락에 묻은 피를 닦은 후 다음 어린이에게 넘어가거나 다른 소리 내기로 넘어갔다고 한다.

**1-3-20]** 듣도 보도 못한 잔인함은 순수한 구화법의 불가피한 동반자이다. 왜냐하면 이 방법의 옹호자도 인정하듯 **"모든 교수학습 방법 중 구화법은 그 무엇보다도 농아의 본성과 상충한다. 그러나 그 어떤 방법도 이것만큼 농아를 인간 사회로 돌려보낼 수 없다"**(베르너).

**1-3-21]** 농아인의 교수학습은 어린이의 온갖 본성과 모순되는 방식으로 구축된다. 어린이에게 말을 가르치려면 어린이의 본성을 파괴해야 한다. 바로 이것이 실로 농인 교육학의 비극적 문제이다. 하이드지크가 "경찰은 모방이 완전히 제거된 모든 농아인 학교를 폐쇄해야 한다"라고 말한 것은 심히 옳았다.

> *J. 하이드지크Johann Heidsiek는 브로츨라프에서 농인을 가르친 반면, F. 베르너는 슈타데에서 가르쳤다. 둘 다 수어를 허용하고 포함했던 혼합 방법을 지지했고 파터의 기법을 강하게 반대하여, 정부에 폐쇄를 요구했다. 비고츠키는 하이드지크를 인용한 베르너의 책을 인용하고 있다. 하이드지크 또한 농인을 정신지체로 분류하는 것에 반대한 자신의 투쟁에서 베르너를 인용한다.

**1-3-22]** 사실 모방을 금지하는 것은 불가능한 것으로 드러난다. 그것은 어린이의 자연적인 언어이다. 그것을 막고, 사용하는 이를 벌주어도 결국 이것이 모방을 몰아냄을 뜻하지 않는다.

**1-3-23]** 우리는 농아인을 가르치는 이 핵심적이면서도 특별한 문제

가 동시에 사회적 문화화의 일반적인 문제이며 오직 그렇게 바라봄으로써만 해결 가능성을 얻는다는 것을 보여 주기 위해 이렇게 가장 어려운 문제에 대해 의도적으로 깊이 숙고했다. 농인 어린이에게 입말 능력을 장착하고 싶다면 그 방법의 특수한 특성을 논의하는 것을 넘어 더 광범위하게 문제를 제기해야 한다. 이 방법은 놀랄 만한 것이지만, 그것은 학생의 치아를 뽑히게 하고, 학생이 통상적으로 논리적 구문을 구성할 수 없는 몇 개의 단어를 배우게 하고, 모방을 은밀하게 사용하게 하며, 교사는 경찰이 되어 모방 등에 의존하는 학생들을 "잡아내도록" 한다.

**1-3-24]** 탈출구는 무엇인가? 당연히 유일한 방법은 이 질문을 조음 수업의 좁은 틀에서 벗어나 문화화의 전체적 문제로 제기하는 것이다. 어떤 칼도 그 자체로 나쁘거나 좋은 것은 없으며, 모두 외과 의사나 도적의 손에 쥐어진 칼의 용도에 달려 있다. 어떤 방법도 그 자체로 나쁘거나 좋은 것은 없다. 전체적 문화화 체계에서만 각 방법이 정당화될 수도, 비난받을 수도 있다. 옛 체계에서 구화법은 살육이었지만, 새 체계에서 구원책이 될 수 있다.

**1-3-25]** 물론 우리는 교수법 자체를 개선해야 한다. 개별 소리를 가르치는 분석적 방법에 맞서 싸워야 하고, 전체 구문을 위해 싸워야 하며, 모방을 입말에 종속시키는 길을 찾아야 한다.

**1-3-26]** 이와 관련하여 아마도 가장 흥미로운 것은, 말하기 교수학습에서 가장 중요한 수단으로 글말을 일찍이 옹호한 포르차머의 입-손체계Mund-handsystem일 것이다. 말 못하는 이의 발음에서 입과 손을 결합하는 것은 그의 새로운 체계에서 주목할 만한데, 이는 처음으로 손의 움직임을 입말과 관련하여 종속된 위치에 두었고, 이러한 움직임을 소리의 보이지 않는 요소를 지정하는 데 도입했기 때문이다. 심리적으로, 이는 입말의 습득을 용이하게 하고, 진정한 말로의 전환을 가능하

게 하는 등 대단히 유망하다.

*J. G. 포르차머(Johannes Georg Forchhammer, 1861~1938)는 발명가이자 음성학자였으며, 덴마크 청각장애인들의 교사였다. 입-손Mund-Hand 체계는 턱 아래에 14개의 손 모양을 조합하며 표현했는데, 그중 일부는 덴마크 수어에서 따온 것이다. 그럼에도 포르차머는 수어를 사용하는 것을 반대했다. 수어가 빈약한 언어 형태이며 학생들을 청각 사회에서 분리시킬 것이라고 생각했기 때문이다. 그는 학생들이 입술 읽기와 스스로 들을 수 없는 말을 배우는 데 도움이 되는 여러 장치를 개발했다.

1-3-27] 그러나 이 체계도, 다른 어떤 체계도 **그 자체로는** 이 상황의 출구가 아니다. 어린이의 삶을 조직하여 그에게 말이 필요하고 흥미롭도록, 그리고 모방은 흥미롭지도 필요하지도 않도록 할 필요가 있다. 교수학습은 어린이의 흥미와 같은 결을 향해야만 하며 그에 맞서서는 안 된다. 어린이의 본능을 동맹군으로 만들어야 하며 적으로 두어서는 안 된다. 보편적 인간 말에 대한 필요성을 만들어 낼 필요가 있다. 그리하면 말이 나타날 것이다. 경험이 이를 지지해 준다. 교육자들은 학생들이 학교를 떠난 지 5~6년 후 그들을 다시 찾아보면, 학교의 과업이 삶을 통해 이루어진다는 것이 드러남을 알게 된다. 만약 그들이 스스로에게 이 말이 필요한 삶의 상황에 놓이게 된다면 그들은 말을 발달시키고 그것을 완전히 숙달할 것이다. 하지만 만약 삶의 한구석에서 뭐다 놓은 보릿자루로 남는다면 그들은 말 못하는 상태로 되돌아갈 것이다.

1-3-28] 스턴의 표현에 따르면, 우리의 특수학교는 "어린이를 말에

몰입시킬" 수 없을 뿐만이 아니다. 모든 것이 입말의 필요성을 없애는 방식으로 조직되었다. 말은 의사소통과 생각의 필요성으로부터 태어난다. 생각과 의사소통은 복잡한 삶의 조건에 적응한 결과로 나타난다.

**1-3-29]** 구츠만은 다음과 같이 올바르게 말한다. "농아 학교 졸업생 대부분은 사회적 삶의 현상과 요구에 대처하는 능력을 얻지 못한다." 이는 물론, 학교가 그들을 삶으로부터 고립시키기 때문이다. **"모든 것은 일반적으로 예전 그대로 남아야 한다."** F. 베르너는 순수한 구화법의 적대자와의 논쟁의 결론을 공식화한다. 구화법이 결실을 얻기 위해서는 **모든 것이 새롭게 변혁되어야 한다.**

고야, Será lo mismo(그대로일 것이다), 1810~1820.

고야가 오늘날 가장 널리 알려진 것은 청각장애인으로서 전쟁을 본 그대로 묘사한 최초의 화가였기 때문이다. 영웅주의나 진보, 좋은 점에 대한 판단이 그의 그림에는 없다. 피카소의 「게르니카」나 「한국의 학살」은 모두 이 작품에 직접적인 토대를 두었다.

고야가 자신이 목격한 전쟁에 대해 가진 태도는 자신의 청력 상실에 대한 태도와 마찬가지로 양가적이었다. 한편으로 그는 프랑스 혁명을 지지했고 스페인을 침략한 프랑스 점령군을 도왔다. 다른 한편으로 그는 프랑스군이 떠나면 스페인의 봉건주의자들이 (불필요하게 죽어간 사람들을 제외하고는) 모두에 대해 모든 것이 변함없도록 할 것임을 알았다.

한편으로 베르너는 "모든 것이 그대로여야 한다"라고 말한다. 즉 모든 것이 농아가 특수학교에 다니기 전과 변함없어야 한다는 것이다. 다른 한편으로 비고츠키는 "모든 것이 변해야 한다"고 말한다. 그러나 이들은 정확히 동일한 말을 하고 있다. 구츠만, 베르너, 비고츠키는 농맹아가 '특수학교'를 졸업한 후 돌아갈 사회적 조건에 변화가 없다면 특수학교는 소용이 없을 것이라고 주장한다. 농아인이 비특수적 요구 (직업, 주거, 동등한 대우와 평화)를 대처할 수 있는 지식과 기능을 학교에서 제공할 수 없다면 농아인에게는 모든 것이 "그대로일 것"이다. 즉 학교에 다니기 전과 마찬가지일 것이다.

\*H. 구츠만(Hermann Carl Albert Gutzmann, Sr. 1865~1922)은 부상병을 치료하다가 손상학에 관심을 갖게 된 독일 의사이다. 성대의 장애를 연구하는 학문인 음성언어학을 정립했고 연구에 축음기의 사용을 도입했다. 어려운 상황에서 여러 수술을 받으며 생존했으나 축음기 바늘에 찔려 패혈증으로 사망한다.

1-3-30] 이미 여러 번 제안된(글레이저 박사 등에 의한) 일반 어린이와의 통합 교육의 주류화는 아쉽지만 당장의 의제로 제기될 수 없다. 그러나 글레이저의 표어는 우리의 표어다. "우리는 모든 초등학교 교사가 농아인을 가르치는 방법을 알고, 결과적으로 모든 초등학교가 동시에 농아인 학교가 되는 수준까지 도달해야 한다." 이 지점에 도달할 때

까지 모든 면에서 우리는 학교가 삶에, 농아인을 위한 학교가 일반 학교에 더 가까워지도록 만들어야 한다. 우리는 M. 힐(Moritz Hill-K)의 입장으로 돌아가야 한다. "농아 어린이의 말은 일반 어린이가 삶 속에서 말을 창조하는 것과 같은 방식으로 발달되어야 한다."

**1-3-31]** 여기서 출구는 독일, 프랑스, 이탈리아 제도에 있는 것이 아니라, 오직 삶으로의 접근에 있다. G. 벤드(G. Wende)는 독일에서 농아인 교육의 발전을 요약하면서 세 가지 시기를 정확하게 정의한다. 1) Am Anfang war das Wort(태초에 말이 있었다-즉, 말을 강조함-K), 2) Am Anfang war die Sache(태초에 사물이 있었다-즉, 사물을 강조함-K), 3) Am Anfang steht die Tat, das Ereignis(태초에 행위가 있었다-즉, 사건을 강조함-K). 말하기 그 자체도, 시각적이고 대상적인 말하기 교수학습도 우리를 만족시킬 수 없다. 발음 그 자체는 목적이 아니다.

요한복음 1장 1절
중세 라틴어 버전의 첫 페이지, 연대 미상.
"In Principio erat verbum"
(태초에 말이 있었다).

개신교의 영향을 크게 받은 독일 철학은 구약성서의 시작(בְּרֵאשִׁית בָּרָא אֱלֹהִים אֵת הַשָּׁמַיִם וְאֵת הָאָרֶץ, 대개 "태초에 하느님이 하늘과 땅을 창조하였다"로 번역됨)과 신약성서의 시작(위) 사이의 명백한 모순에 매료되었다. 예컨대 괴테는 파우스트와 악마에게 "태초에 말word이 있었다"와 "태초에 행위act가 있었다", 즉 창조의 행위(그러나 또한 법률 제정의 '포고act'와 「파우스트」 같은 연극의 '막act')를 대조하게 만든다.

러시아어 선집에 따르면 G. 벤드(Gustav Wende, 1860~1934)는 독일 학파의 교사였다. 즉 그는 농아인에게 입말을 가르치는 것을 강하게 지지했다. 벤드는 구약과 신약의 대조를 이용하여 농인 교육의 역사를 세 시기로 나눈다. 이는 농인에게 낱말 발음을 가르치려는 무익한 시도, 농인에게 '골리웍' 인형과 같은 대상을 다루게 하려는 무의미한 시도, 그리고 어떤 사건 안에서 농인에게 '낱말'과 '행위'를 결합하도록 가르치려는 더 유망한 시도이다(여기서 농인은 처음에는 수동적이지만 다음에는 능동적으로 참여할 수 있다).

1-3-32] 문화화에 대한 특별하고 일반적인 나머지 모든 고려 사항은 다음의 주요 고려 사항에 종속된다. 농인 아동에 대한 조기(2세부터) 말하기 교수학습의 요구, 그리고 말과 다른 대상들(복합체) 간의 연결.

비고츠키가 복합체комплекс라고 부르는 것은 일련의 구체적 대상, 즉 옷, 가구, 꽃 등과 같은 구체적 사물에 대한 일반화를 의미한다. 이들은 온전히 형성된 개념이 아니지만 생각에서 다음의 혹은 근접한 발달 영역이다(『생각과 말』 5장 참조).

1-3-33] 삶에서 능동적이 되고 노동에 참여하는 것은 반드시 학교에서 시작되어야 하고 그 위에 다른 모든 것이 구축되어야 한다. 어린이들에게 헝겊 인형을 만들고 그것을 거리에서 파는 것을 가르친다면 그들은 결코 입말을 배울 수 없다. 동냥을 구걸하는 것은 농인일 때 더 쉬운 일이기 때문이다.

'골리웍' 인형을 만드는 것은 양차 세계대전에서 부상당한 군인들의 재활을 위한 흔한 활동이었다. 그것은 매우 섬세한 수작업이 필요하지

않으며 그 결과물을 구걸에 활용할 수 있다는 생각이었다. 이 인형은 제2차 세계대전의 부상병이 만들었고 병동 관리 간호사가 청각장애인 친척에게 전해 준 것이다.

단추를 채운 조끼 아래로 삐져나온 내의와 맨 다리에 주목하라. '골리웍'은 못생기고, 조잡하게 옷을 입도록 의도되어, 수공예 기술이 없는 사람이 만들기에 적합했다. 비고츠키가 말했듯, 그것들은 청각장애인이나 농인이 구걸을 위장하기 위해 팔았다(판매를 한다면, 반구걸법에 걸려 체포되지 않기 때문이었다).

'골리웍'이라는 용어는 지금은 인종차별적 비하어로 간주된다. 헝겊 인형을 지칭하며 비고츠키가 사용한 정확한 명칭은 тряпичных негров(누더기 흑인)이다.

**1-3-34]** 학교생활에서 능동적인 조직을 통해 학생은 삶에 진입할 수 있는 능력에 도달할 것이다. 우리는 독일 학교의 이상, 즉 가족 사업 분위기, 학생에 대한 무한히 세밀한 감시 감독(많은 학교에서 농인 아동은 단 일 분도 감독 없이 방치되지 않음), 기계적인 언어 발음 교육을 거부해야 한다.

**1-3-35]** 이렇게 농아인에게 입말을 가르치는 문제는 방법론의 특수한 문제일 뿐 아니라 농아인 교육학의 기본 원칙에 대한 핵심 문제임이 드러났다. 원의 중심을 표시해야 원을 올바르게 그릴 수 있고 원과 중심을 반지름으로 연결할 수 있다. 모두를 결정하는 이 농아인 교육학의 중심은 농아인의 사회적 문화화─이 낱말의 모든 광범위한 의미에서─이다. 정신지체의 개념은 특수교육학에서 가장 모호하고 어렵다. 우리에게는 아직도 정신지체의 진정한 특성과 정도를 인식하기 위한 어떤

정확한 과학적 잣대가 없으며, 아직도 이 영역에서 가장 엉성하고 조잡한 경험주의의 한계를 넘어서지 못하고 있다.

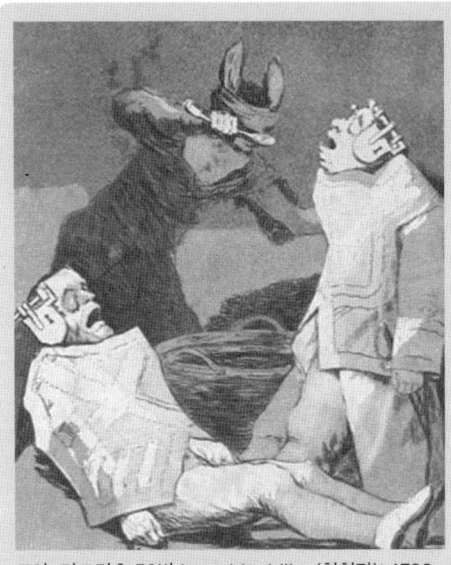

1935년 영화 〈프랑켄슈타인〉에서 프랑켄슈타인의 괴물 역을 맡은 보리스 칼로프.

고야, 카프리초 50번 Los chinchillas(친칠라), 1799.

작품 제작 당시 귀가 먼 지 얼마 되지 않은 고야는 '친칠라'가 누구인지 설명하지 않지만, 그가 출판한 사진첩에는 "아무것도 듣지 못하는 사람은, 아무것도 모른다"라고 적혀 있다. 그게 누구든 '친칠라'의 귀에는 자물쇠가 채워져 있다. 왼쪽 아래에 있는 친칠라와 20세기 영화 〈프랑켄슈타인〉의 괴물 묘사가 유사함에 주목하자. 그것은 우연이 아니다. 괴물 역할을 했던 보리스 칼로프는 이 '카프리초'를 바탕으로 분장을 했다.

그런데 왜 비고츠키는 갑자기 농아인에 대해서 말하기를 멈추고, 이 문단의 중간에서 바로 '정신박약'에 대해 말하기 시작하는가? 러시아어판 '선집'은 이 문단을 중간에서 둘로 나누고 두 번째 문단으로 새로운 절을 시작한다. 이는 그럴듯하게 보인다(러시아어 선집은 이 장을 5개의 절로 나누며, 뒤의 3개는 각각 맹인, 농아인, 그리고 '정신박약'에 관한 절이다). 그러나 1924년에 비고츠키가 출판하고 편집한 버전은 그렇지 않으며, 따라서 우리도 여기서 그렇게 나누지 않았다.

비고츠키의 '손상학'은 오늘날 우리가 하지 않는 몇 가지 구분을 한다. 앞에서 비고츠키는 전쟁의 상처로 인해 성인 병사들이 입은 실명과 청각장애를 노숙자와 버림받은 아이들에게서 발견되는 실명이나 청각장애와 구분했다. 이러한 구분은 오늘날 그다지 적절하지 않다. 아래에서 비고츠키는 '병리적' 지체와 '발달적' 지체를 주의 깊게 구분하지만, 오늘날에는 이 모두를 병리적이라 부를 것이다.

동시에, 비고츠키 손상학은 오늘날 우리가 요구하는 몇 가지 구분에 실패한다. 독자들은 이미 실명과 청각장애가 함께 고찰될 뿐 아니라(두 경우 모두, 문제는 단지 '분석기'에만 있을 뿐이며 비고츠키가 가장 관심 있는 것은 언어적이고 교육적인 결과이기 때문이다), '정신지체' 또한 빈번히 포함된다(언어 없이 성장한 결과를 뇌 손상으로 야기된 실어증과 구분하기가 매우 어려웠기 때문이다)는 것을 알아차렸을 것이다. 오늘날 이 세 가지는 서로 매우 다른 것이다.

비고츠키 시대에, '손상학'은 여전히 대체로 증상적이고 경험적이었다. 그것은 증상을 완화하는 치료에 기반했다. 비고츠키는 이 수준에 대한 근접발달영역, 즉 인과적 설명과 원인 통제를 통한 개선을 주장하고 있다. 예컨대 고야의 동판화에서 보리스 칼로프 '친칠라'는 묵주를 들고 문장紋章을 수놓은 옷을 입고 있는데, 이는 그가 굳은 귀족 가문의 일원이며 여러 세대에 걸친 근친 교배의 결과로 고통받고 있음을 암시한다. 다른 한 명에게는 당나귀 귀를 가진 인물이 미리 씹은 음식만을 먹이고 있는데, 특히 칼을 차고 있는 것을 볼 때 이는 그가 독단적 교육의 희생자라는 것을 암시한다.

**1-3-36]** 한 치도 의심할 여지가 없는 것은 정신지체가 다양한 집단의 아이들을 포괄하는 개념이라는 점이다.

**1-3-37]** 여기서 우리는 먼저 병리적 지체와 신체적 결함의 결과로 지체된 아이들을 만날 것이다. 그리고 이 집단에서 다시 우리는 무한히 다양한 형태와 현상을 마주하게 될 것이다.

**1-3-38]** 하지만 우리는 이러한 병리적 지체와 더불어, 어렵고 불리한 조건의 삶과 문화화로 인해 지체되고 저발달되었지만 신체적으로는 완전히 일반적인 아동들의 대규모 집단을 만나게 될 것이다. 이는 사회적으로 지체된 아동 집단이다.

**1-3-39]** 따라서 (발달-K)지체가 항상 오랜 세대에 걸친 유전적 변화로 인해 야기된 것은 아니며 상당수는 불행한 어린 시절의 결과이다. 두 경우 모두 교육학적 관점에서, 유기체 전체의 온전한 또는 부분적 발달 부족으로 정의될 수 있는 매우 비슷한 양상이 가장 다양한 정도로 나타났다고 가정할 수 있다. 명백한 질병의 경우를 제외하고는 어린이의 정신적 발달 지체라는 현상을 우리는 불충분한 발달 그 이상으로 다루지 않는다.

**1-3-40]** 그런 어린이에게서 기본적 생명 과정은 완전한 건강 상태에서 진행될 수 있기 때문에, 그들은 어린이의 본성에 관한 우리 지식의 원천의 역할을 할 수 있다. 그런 어린이들에게서 우리는 종종 가장 순수하고, 가장 평범하고 투명하고 단순한 형태로 진행되는 기본 과정을 보게 되며, 어린이에 대한 연구는 이러한 가장 순수하고 단순한 형태에서 시작해야 한다는 Γ. 트로신의 생각은 심히 옳다.

**1-3-41]** 교육학적 관습이나 문헌에서 매우 흔한 공식화는 중증 지체아의 문화화를 그들의 '사회적으로 중립적인 인격'을 형성하는 것으로 규정한다. 이 경우 논의는 사회적 문화화가 마치 순수하게 부정적인 목적을 추구할 수 있는 것처럼 진행된다.

> '용감한 사람들'이라고 불리는 젊고 게으른 귀족 집단이 늙은 거지와 젊은 매춘부를 지켜보고 있다. 그들은 젊은 여성들에게는 용감하고 거지들에게는 관대하다.
>
> 우리에게 '사회적으로 중립적인 인격'은 MBTI에서 차분하고 안정적

고야, 늙은 거지와 마하, 1797.

이며, 극도로 내성적이지도 않고 강하게 외향적이지도 않은 성격을 말한다. 하지만 여기서 '인격'은 성격보다는 '계층성'이나 '시민성'과 같은 것을 의미한다. 소비에트의 손상학자들을 포함한 비고츠키 시대의 '손상학자'들은 맹인, 농아인, 정신박약인을 그 사회의 경제적 부채, 즉 자원을 보충하지 못하면서 소비하기만 하는 사람들로 여겼다.

마르크스가 지적했듯이 어떤 사람도 섬이 아니며, 자신이 개인적으로 대체할 수 있는 것만 소비하는 로빈슨 크루소 같은 사람은 어디에도 없다(『자본론』 1장 4절 상품의 물신화). 비고츠키가 지적했듯이, '사회적으로 중립적인' 인격은 더 이상 존재하지 않는다(다음 문단 참조). 고야의 판화에서 우리는 세 사람, 즉 늙은 거지, 젊은 창녀, 게으른 귀족 중 누가 진짜 사회의 폐해인지 묻게 된다.

**1-3-42]** 동시에, "사회적으로 중립적인 인격"은 존재하지 않는다는 사실은 말할 것도 없고, 여기서 교육학이 직면한 긍정적인 과제에 눈을 감아 버리는 것은 가장 큰 실수가 될 것이다. 삶은 한없이 복잡하고 분

화되어 있다. 거기에는 중립적인 아이가 아닌 활동적인 아이, 심지어 재능이 부족한 아이를 위한 자리도 있을 수 있다.

**1-3-43]** 대다수 지체 아동도 스스로 사회적 삶에 적극적으로 참여하는 데 필요한 **모든 것을** 갖추고 있다. 정신지체인의 사회적 본능의 저하나 "사회적 충동의 특정한 저하(그라보로프)"에 대한 신화는 버려야 한다. 정신지체아의 사회적 인격이 손상되고 미발달된 것은 사실이지만, 여기만큼 명확하게 결함의 사회적 성격이 드러나는 곳은 어디에도 없다. 정신지체아는 스스로 또래들 사이에서 탈락한다. 바보나 손상이 있는 사람이라는 낙인은 그를 완전히 새로운 사회적 조건에 놓이게 하고, 이미 그의 전체 발달은 전혀 새로운 방향으로 진행된다.

**1-3-44]** 그의 손상으로 인한 사회적 결과는 손상 자체를 강화하고 그를 키우며 굳건하게 한다. 이 문제에서 생물학적인 것이 사회적인 것과 분리될 수 있는 측면이 전혀 없다.

**1-3-45]** 성교육에 관한 문제에서만큼 이것이 명확하게 보이는 곳은 없다. 많은 저자들(A. H. 그라보로프, 『보조 학교』, 1923 참조)은 보조 학교에서 성별을 분리하여 교육해야 한다고 주장한다. 그러나 이 어린이들의 성적 본능은 날카롭고 고양된 것이 아니라 오히려 낮다. 그들의 성적 행동에서 나타나는 모든 비정상성은 그러한 이차적인 특성을 갖는다. 따라서 올바르게 조직된 사회적 문화화는 반드시 보조 학교에서의 남녀공학을 전제로 한다.

제목이 언급하는 것이 젊은 여성인지 노파인지 아니면 머리 위에 있는 올빼미(고야는 종종 광기 또는 '박약한 정신'을 뜻하기 위해, 카프리초 43-'이성이 잠들면 괴물이 깨어난다'에서처럼 올빼미를 사용한다)인지 한눈에 알 수는 없다.

비고츠키가 말한 '정신박약(또는 그가 앞서 표현한 것처럼, 재능이 희박한)' 어린이들의 성적 비정상성은 무엇을 뜻하는가, 그리고 그는 왜 이

고야, 카프리초 68번 Linda maestra!(예쁜 선생님), 1799.

비정상성이 성적 분리로 인해 악화된다고 생각하는가? 분명하게도 그가 마음에 두고 있는 것은 자위와 동성애일 것이다(그라보로프에게는 바로 그 가능성이 떠오르지 않았던 것 같다).

어떤 '비정상성'이라도 (또는 자위나 동성애 같은 정상적인 행동들도) 어떤 유기체적 소질(즉자적 손상) 때문이라기보다는 소위 (타인에 의해 결함으로 여겨지는) 사회적인 환경으로 인한 '이차적인' 것이 사실이다. 즉, 성적 행동은 정상적인 어린이들에게서와 마찬가지로, 허용된 가능성과 보상 및 처벌에 의해 매개된다.

비고츠키가 여기에서 말한 것과는 달리(그리고 그가 이전에 말한 것과 일관되게), 지적으로 결함이 있는 사람들의 생물학적 성욕은 다른 사람들의 성욕과 다르지 않다. 물론 성적 활동은 그들이 가지게 되는 기회에 매우 좌우된다. 그러나 그들은 기관에 수용되어 있는 경우보다 특히 지역사회에서 살고 있는 경우 더 자주 학대당한다.

Servais, L. (2006). Sexual Health Care in Persons with Intellectual Disabilities(지적 장애인의 성 건강 관리). *Mental Retardation and Development Disability Research Reviews 12*, pp. 48-56 참조.

카프리초에 수반된 노트에 따르면 '예쁜 선생님'이라는 고야의 제목이 가리키는 것은 사실 빗자루라고 한다. "거리를 쓸 뿐만 아니라 빗자루는 어떤 이들에게는 일반적으로 타고 다니는 노새로 사용되었다. 그것은 소녀들에게 세상을 날아다니는 법을 가르쳤다."

**1-3-46]** 이 학교의 주요 교육학적 문제는 특수한 교수학습과 일반적인 사회적 문화화의 원칙의 연결에 있다. 특수한 교육 자료들을 통한 '정신 정형', '감각 문화'는 놀이, 함께 하는 활동, 노동에 완전히 녹아들어야 한다.

고야, 미치광이들의 집, 1812~1819.

고야는 이제 완전히 청력을 잃었고 자신의 정신건강을 걱정한다. 그는 또 다른 '미치광이들의 집casa de locos'을 방문했다. 그곳은 대중오락을 위해 개방되었으며, 많은 환자가 벌거벗은 채 머리에 장식을 두르고 악기를 연주하며 방문객들을 위해 '고결한 야만인' 역할을 하고 있었다.

'감각 문화'는 시각장애 아동의 촉각을, 청각장애 아동의 시각을 발달시키려 하는 것을 뜻한다. 하지만 이런 종류의 문화화는 시각장애인 안마사나 피아노 조율사, 청각장애인 톱질공이나 직조공 같은 전통적인 계급 기반 고용으로 이어질 뿐, 종합기술교육으로 이어지지 않는다. '정신 정형의학'은 일종의 정신을 위한 물리치료를 의미하며, 정신적 '목발' 사용을 내포하고 있다(2-18 글상자, 청각장애인들이 나누어 주는 카드 참조). 뒤에 언급되다시피 그라보로프는 지적 장애인의 복종 훈련을 선호했다.

비고츠키가 볼 때, 모든 분리는 결국 이 그림에서처럼 일종의 장애 기반 수행으로 이어진다. 비고츠키는 우리가 진심으로 능력 기반 고용을 제공하고자 한다면, 실제 노동 조직에서 최고의 보수를 받는 강력한 직책인 고용, 관리, 행정 등을 시각, 청각장애인에게 맡길 준비가 되어 있어야 한다고 말한다.

고야의 「미친 집 마당」(제2장 대문 그림 참조)과 이 그림에서 빛이 사용된 방식을 비교해 보자. 고야도 비고츠키처럼 결함이 아닌 고립과 분리가 장애의 진짜 근원임을 이해한다. 그런 이유에서 고야는 입원을 거부하고 자신의 집에 머물며 그림을 그렸다.

**1-3-47]** 침묵을 지키라는 고전적 교훈이 수업으로 제시되면 무의미하고 지루하다. 하지만 어린이가 침묵을 지켜야 하는 이유를 이해하는 '숨바꼭질'이나 '침묵 게임'과 같은 놀이는 훌륭한 문화화의 수단이 될 수 있다.

**1-3-48]** 이 모든 '특수' 교육은 그 '특수한' 성격을 잃어야 하며, 그

렇게 되면 그것은 일반 문화화 활동의 일부가 될 것이다. 그것은 어린이 흥미의 노선을 따라야 한다.

**1-3-49]** 보조 학교는 어떻게든 일반 학교와의 관계를 끊어서는 **결코** 안 된다. 보조 학교는 일반 학교를 돕기 위해 만들어졌을 뿐이다. 보조 학교는 (정신-K) 지체인들을 잠시 데려왔다 다시 돌려보내야 하는 경우가 많다. 손상과 지체성을 악화시키는 모든 것을 완전히 제거하는 정상적 방향으로의 기준 설정이 학교의 임무이다. 이곳에서 공부하는 것은 부끄러운 일이 아니며, 이곳의 문에 "여기에 들어오는 자, 모든 희망을 버려라"라는 비문이 있어서는 안 된다. 어떤 나라에서 고유한 상황 덕분에, 손상 아동이 특별한 가치를 가지게 되어 그들에게 특별한 사명 또는 사회적 역할이 할당되는 상황이 발생한다고 상상해 보자. 상상하기 어렵지만 여전히 가능한 일이다. 마치 맹인이 때때로 판사, 현자, 예언자로 태어난 것처럼 보이듯 말이다.

비고츠키는 다음을 인용하고 있다.

나를 지나는 사람은 비탄의 도시로,
나를 지나는 사람은 영원한 고통으로,
나를 지나는 사람은 망자에 이른다.

정의는 지고하신 주를 움직이시어,
하느님의 권능과 최고의 지성과
원초의 사랑으로 나를 만들었다.

나보다 앞서는 피조물이란
영원한 것뿐이며 나 영원히 서 있으리.
여기에 들어오는 그대, 모든 희망을 버려라.
- 단테, 『신곡』/「지옥 편」, 3.1-9

이 심상은 로댕의 위대한 「지옥의 문」의 원천이 되었으며, 그의 주요 작품 대부분(예컨대 「생각하는 사람」(위쪽 중앙), 「키스」, 「세 개의 그림자」 등)이 여기에 포함된다.

**1-3-50]** 실명이 사회적으로 유용한 무엇인가로 요구된다고 상상해 보자. 분명히 실명은 맹인에게 완전히 다른 사회적 운명을 의미할 것이다. 그것은 손상에서 장점으로 탈바꿈할 것이다. 실명이 맹인 자신에게 주관적으로 결함이 아니라는 생각이 진실인 만큼이나, 우리는 그런 나라에서는 실명이나 청력 상실이 결코 결함이 될 수 없으며, 또한 맹인 어린이도 손상을 입은 것이 아니라는 사실을 받아들여야 한다.

**1-3-51]** 따라서 손상은 이미 실명과 청력 상실에 대한 사회적 평가이다. 과학적 추론에서 그러한 '상상의 나라'의 시대는 오래전에 지났고 그러한 사례는 증거의 모든 힘을 잃었다. 물론 그러한 나라는 어디에도 존재하지 않는다. 그것은 순전히 논리적인 구성(가설-K)이다. 그러나 그럼에도 불구하고 우리는 결론에서 그러한 추론을 사용하는 것이 가능하다고 생각했다. 이 추론의 임무가 새로운 생각을 도입하고 확증하는 것이 아니라, 실명과 청력 상실이 손상이 아닐 수 있다는 이 전체 글의 기본 생각을 완전히 설명하는 것이기 때문이다.

**1-3-52]** 맹인과 농인이 삶의 자리를 찾고, 실명이 필연적으로 결함을 의미하지 않는 그런 나라를 만든다면, 거기서 실명은 손상이 아닐 것이다. 손상학적 심리학의 이러한 생각을 실현하려면 사회적 교육학이 요구된다. 손상성을 극복하는 것, 바로 이것이 우리의 기본적인 주요 생각이다.

**1-3-53]** 이 예시를 통해 우리는 이 진술이 역설이 아니라 완전히 투명하고 바닥까지 명확한 생각임을 보여 주고 싶었다.

# 제2장
# 신체 손상 아동의 문화화 원칙

고야, 미친 집 마당, 1793.

고야는 청력을 잃기 시작했고 심각한 정신 질환도 앓았다. 자신의 미래에 대한 호기심으로 정신 질환자를 위한 '병원'(범죄자, 노숙자, 청각장애인도 수용했음)을 방문하기 시작했다. 그가 본 것이 바로 이 그림이다.

비고츠키가 미성년자의 사회적·법적 보호에 관한 제2차 회의(Ⅱ Съезд СПОН)를 위해 준비한 자신의 발표 원고를 토대로 저술한 글이다. 『Народное просвещение(민중 교육)』(1925, No. 1, C. 112-120)에서 최초 출판되었다.

# 2

2-1] 혁명은 우리(러시아-K) 학교를 완전히 개혁했으나 신체 손상아를 위한 특수학교에는 거의 영향을 미치지 않았다. 맹인, 농아, 정신지체아를 양육하는 학교는, 기계적으로 발생한 몇몇 사소한 변화를 제외하면 지금도 혁명 전과 동일한 상태이다. 이처럼 이 사업은 일반적인 사회 문화화의 토대나 우리 공화국의 공교육 체계와 이론적·실천적으로 연결되지 않은 채 여전히 그대로 남아 있다. 우리의 과업은 손상 아동 교육학(청각, 시각, 지적 장애 등등의 교육학)을 일반적 사회 문화화의 원칙 및 방법과 연결하고 특수교육학을 일반교육학과 유기적으로 연계할 수 있는 체계를 모색하는 것이다. 우리 학교를 새로운 토대 위에 개혁하기 위해 많은 창조적 노력이 요구된다. 우리는 이 작업의 기본 노선을, 더 정확히는 출발점을 제시해야 한다.

2-2] 그 모든 장점에도 불구하고, 우리의 특수학교는 학생들을—맹인, 농아 또는 정신지체아를— 학교 공동체의 좁은 범위 내에 가두고, 단절되고 고립된 세계를 창조한다는 근본적 결함으로 특징지어진다. 그곳에서는 모든 것이 어린이의 손상에 맞추어 조정되고, 모든 것이 신체적 결함에 주의를 고정시키기 때문에, 그 어떤 것도 어린이를 실제 삶속으로 이끌지 못한다. 우리의 특수학교는 어린이를 고립된 세계에서 끌어내는 대신에, 보통 이 어린이를 더욱 고립시키고 그 분리성을 강화

하는 기술을 발전시키곤 한다. 이러한 부적절함 때문에 어린이의 전반적인 문화화가 마비될 뿐만 아니라, 그의 특별한 훈련도 때로는 거의 아무것도 아닌 것이 되어 버린다. 농아의 말을 예로 들어 보자. 잘 조직된 입말 가르침에도 불구하고, 농아 어린이에게서 말은 초기 상태에 머물러 있다. 그가 사는 폐쇄된 세상은 그에 대한 욕구를 불러일으키지 못하기 때문이다.

**2-3]** 맹인, 농아, 정신지체 어린이들을 교육하는 이러한 폐쇄적인 문화화 체계는 독일에서 유래한 것이다. 독일에서 이 체계가 정점에 이르렀고 논리적 한계까지 발전했기 때문에 언뜻 보기에는 매력적인 예가 될 수 있다. 독일 특수학교에 대한 설명을 읽어 보면 일반적인 학교와는 거리가 멀다는 것을 알 수 있다. 그들은 맹인과 농아 어린이를 위한 특수 장치-어린이들은 이를 학교에서 체계적으로 익혀 이 장치가 없어서는 안 되는 지경에 이른다-를 확대하고 발전시키는 것을 궁극적인 목적으로 하는 매우 복잡한 기관들을 많이 만들어 냈다. 시설의 수는 종종 수십 개가 넘는다. 조사해 보면, 잘 설립된 일부 학교에는 맹인과 농아가 이후에 거래 및 직업 활동을 할 수 있도록 신용을 제공하는 작은 은행도 있다는 사실을 알 수 있다. 다른 모든 기관도 같은 목적, 즉 사회적 자선 활동을 수행하고 있다. 이런 방식으로 외부 세계의 일정 부분을 확고히 정복하면서도 손상을 입은 어린이가 학교를 떠난 후에도 특별한 위치를 확보해 주는 일종의 요새가 만들어진다. 독일에서는 맹인을 위한 대학 교육조차도 여전히 특수교육 체제에 할당되어 있으며, 여기에는 소비에트의 맹인을 초청하여 고등교육을 제공하는 유명한 마르부르크대학 과정도 포함된다. 이는 고등교육을 전문적으로 받고자 하는 맹인은 일반 학생들과 분리되어 특별한 조건에 따라 배치되어야 한다는 가정 때문이다. 독일의 경우 한편으로는 손상 아동 수가 적고, 다른 한편으로는 이러한 기관의 분리성을 극대화했기 때문에 많은

사람이 독일 체계가 강력하고 가치 있다고 믿게 되었다.

마르부르크 광장의 입체 지도

제1차 세계대전 중 포탄 폭발 등으로 시각이나 청각을 잃거나 독가스로 화상을 입거나 총상으로 뇌를 다쳐 말을 하지 못하게 된 독일 병사는 수천 명에 달한다('손상학'이 상처 연구와 관련되는 것은 이런 이유 때문이다). 부상을 입는 병사들은 존경받는 참전 용사였고, 모든 사회 계층이 징집 대상이었으며, 무엇보다 전쟁이 끝난 후 노동자들의 파업과 혁명 운동이 이어졌기 때문에 사회주의 정부는 최초로 부상자를 위한 시설을 제공해야 한다는 압박을 받았다. 예를 들어 마르부르크는 블린덴슈타트(맹인을 위한 도시)로 자리매김했고, 적군이긴 하지만 많은 러시아 출신 참전 용사들을 마르부르크대학에 초청하기도 했다. 오늘날 우리가 볼 수 있는 시각장애인을 위한 여러 혁신(예: 점자 블록)은 이곳에서 시작되었다. 그러나 우리에게는 여전히 마르부르크 광장에 있었던 '만질 수 있는 지도'(사진 아래쪽, 입체적인 광장 모형)는 없다.

비고츠키는 이러한 혁신에 대해 매우 모호한 태도를 보인다. 한편으로 그는 독일 심리학을 존경하지만 다른 한편으로 그는 독일의 손상학을 무시하고, 군인을 우대하고 손상이 있는 아이들의 수를 숨기며 고립과 분리 정책을 추진하는 독일 정부를 비판한다. 고립과 분리는 표면적으로는 괴롭힘을 예방하기 위한 것이지만, 비고츠키는 고립과 분리가 실제로는 가장 높은 수준의 괴롭힘이며, 손상이 있는 아이를 발달의 근원에서 이탈시키는 것이라고 믿는다.

비고츠키는 보완을 언제나 가능하고 실제로 더 바람직한 것으로 본다. 아마 비시각장애인은 만질 수 있는 지도가 관광객에게 광장에 대한 진정한 경험을 제공하지 못한다고 생각할 것이다. 왜냐하면 그것은 시각장애인 관광객이 볼 수 없는 실물에 대한 모형일 뿐이기 때문이다. 그러나 일반 관광객들은 손으로 쥐거나 팔로 감쌀 수 없는 3차원 실물의 이미지만 볼 뿐이다. 반면에 마르부르크 광장의 3차원 입체 모형은 시각장애인 관광객에게 드론의 시선을 제공한다. 무엇보다 그것은 감각이라는 하위 심리기능과 지도 읽기라는 상위 심리기능을 이어 주는 연결 고리를 제공한다.

2-4] 이 체계는 우리나라의 교육 관행과 근본적으로 반대된다. 맹인 및 손상 아동의 교수학습과 문화화는 사회적 문화화의 문제로 제기되어야 한다. 심리학적으로나 교육학적으로 이것은 사회 문화화의 문제이다. 실제로 실명, 청각 상실, 정신지체 등 신체적 결함이 일종의 사회적 탈구를 초래함은 매우 쉽게 알 수 있다. 맹인은 태어난 첫날부터 이러한 결함이 발견되자마자 자신의 가족 내에서도 일종의 특별한 사회적 지위를 획득하고 그와 외부 세계와의 관계는 평범한 아이들과 다른 방향으로 흐르기 시작한다. 시각장애와 청각장애는 물리적 세계와 관련된 아동의 활동을 침해할 뿐 아니라, 무엇보다도 어린이 사회적 행동의 모든 기능을 결정하는 체계를 파열시키고 제거한다고 말할 수 있다. 만약 우리가 이 관점을 완전히 설명한다면 이것이 실제로 사실이라는 것은 아마 매우 분명해질 것이다. 실명과 청각 상실은 생물학적인 사실이지 결코 사회적이지 않다는 것은 말할 필요도 없다. 그러나 문제는

교육자가 이러한 생물학적 사실보다는 그 사회적 결과를 다루어야 한다는 데 있다.

2-5] 맹인 아동을 문화화 대상으로 대하면, 우리는 실명 자체가 아니라, 맹인 아동이 삶으로 들어갈 때—이때 아동의 사회적 행동의 모든 기능을 정의하는 체계가 변한다— 발생하는 갈등을 다루어야 한다. 따라서 교육학적 관점에서 볼 때, 그러한 어린이의 문화화는 이러한 사회적 탈구를 완전히 해소하는 것으로 환원되는 것으로 보인다. 이 상황은 팔이 관절에서 빠지는 물리적 탈구를 직면하는 것과 같다. 우리는 아픈 팔다리를 제자리로 돌려놔야 한다. 문화화의 과제는 맹인 아동을 삶에 들어가게 하고, 신체적 장애에 대한 보완책을 마련하는 것이다. 과제는 삶과 사회의 손상된 연결을 다른 방법으로 재구축하는 것으로 환원된다.

2-6] 나는 실명과 실청의 심리학적 개념에 대한 과학적 분석은 다루지 않을 것이다. 그 대신 문헌에서 전형적으로 발견되는, 일반적으로 받아들여지는 생각에 대해서만 살펴볼 것이다. **심리학적 사실로서 실명이나 청력 상실은 맹인과 농아 자신에게 존재하지 않는다.** 우리가 맹인이 어둠 속에 잠겨 있다고, 마치 캄캄한 구덩이에 빠진 듯한 어둠을 느낀다고 상상한다면 잘못이다. 권위 있는 연구자들은 그러한 입장이 완전히 잘못되었다는 것을 (객관적 분석과 맹인 자신의 주관적 인상이 드러내듯) 충분히 증언한다. 농아 자신이 처한 숨 막힐 듯한 침묵을 느끼지 않는 것처럼, 맹인은 자신의 실명을 직접 느끼지 않는다. 나는 교사, 즉 농아 아동을 문화화하려는 의도로 접근하는 사람에게 실명이 직접적인 생리적 사실보다는, 이 사실의 사회적 결과로 존재함을 고려해야 한다는 것을 밝히고자 한다.

2-7] 과학 문헌과 대중 여론에 손상에 대한 다소 잘못된 생물학적 보상 개념이 확고히 뿌리내렸다. 사람들은 자연이 우리의 감각 중 하나

를 박탈하는 대신 다른 감각의 비범한 발달로 이를 보완하여, 맹인이 유난히 예리한 촉각을 가지거나, 농아가 특별한 시각 능력으로 구별된다고 믿는다. 이 잘못된 믿음을 근거로 교육학의 과제는 의학적·치료적 성격을 획득하여, 남은 감각을 발달시키는 것으로 환원되었다. 실명과 실청은 편협한 유기체적 방식으로 이해되었고 교육학도 생물학적 보상(예를 들어, 신장 하나가 제거되면 다른 신장이 그 기능을 대신한다)의 관점으로 그러한 아이들에게 접근했다. 다시 말해, 손상에 대한 질문은 항상 투박하게 신체적 측면으로 제기되었다. 따라서 우리의 특수교육학은 모두 치유적이거나 치료적인 교육학이었다. 한편, 모든 교육자에게 분명한 것은 맹인 어린이나 농인 어린이는 우선적으로 어린이며 그다음에야 독일 심리학자들이 말하는 것처럼, 특별한 (도움이 필요한-K) 맹농인 어린이다.

  **2-8]** 실명 및 실청의 체험에 대한 성실한 심리학적 분석(나는 이 분야에서 가장 철저한, 올해 출간된 맹인의 심리에 대한 뷔르클렌의 연구를 인용할 것이다)을 살펴보면 맹인의 심리는 신체적 손상으로부터 일차적으로 나타나는 것이 아니라, 신체적 손상으로 일어나는 사회적 결과로 이차적으로 나타난다는 것을 볼 수 있을 것이다. 과업은 이러한 치유적 교육학, 치료적 교육학이 어린이의 정상 양육을 훼손하지 않도록 하는 것이다. 의사가 환자에게 약을 처방하면서 환자가 정상적으로 영양 섭취를 해야 하며 약으로만 살 수 없다는 것을 잊는다면 그는 나쁜 의사이기 때문이다. 그러한 교육학은 처음부터 장애를 원칙으로 지향하는 문화화를 제공하며, 그 결과 사회적 문화화의 토대와의 근본적 모순을 초래한다.

  * K. 뷔르클렌(Karl Bürklen, 1869~1956)은 오스트리아 출신의 시각장애인 교사였다. 그는 Zeischrift für das sterreichische

사랑과 사명으로 모두를 인도한다. 광명으로 이끄는 경로의 무엇도 포기하지 않는다.

Blindwesen(오스트리아 맹인을 위한 저널)이라는 월간지를 발행했으며,
비고츠키가 여기서 인용하고 있는 『Blinden-psychologie(맹인 심리학)』
을 저술했다.

Bürklen, K. (1924). *Blinden-psychologie*. Leipzig.

이는 본문이 비고츠키가 28세였던 1924년에 쓰였음을 보여 준다.

2-9] 일반적인 문화화 체계에서 특수교육의 자리를 결정하는 것은,
전체로서 문화화와 관련된 입장에서 출발한다면, 극도로 쉽고 간단하
다. 모든 문화화는, 지금 생리학자들이 말하는 것처럼, 종국에 어떤 새
로운 행동 형태의 확립, 즉 조건반응이나 조건반사의 형성으로 귀결된
다. 그러나 생리학적 측면에서, 이와 관련해 우리에게 가장 위험한 측면
에서, 손상을 가진 어린이의 문화화와 보통 어린이의 문화화 사이에는
원리적으로 아무런 차이도 존재하지 않는다. 신체적 관점에서 실명과
실청은 우리가 앞에서 말했듯이, 단지 감각 기관 중 하나, 또는 요즈음
생리학자들이 말하는 것처럼, 분석기 중 하나의 부재를 의미할 뿐이다.

이것은 외부 세계와의 관계를 이어 주는 경로 중 하나가 없으며, 이 경로는 상당 정도 다른 경로를 통해 보완될 수 있음을 의미한다.

고야, 독서하는 남자들, 1820~1823.

일부는 듣고, 일부는 보고 있음에 주목하자. 대중적 문해 시대가 도래하기까지 사적인 독서는 다소 이상한 활동이었다(TV가 처음 들어왔을 때 개인적 TV 시청과 비슷하다). 대부분의 독서는 집단적이었고, 모든 대중이 문해를 깨치지는 못했으므로 대부분의 독서는 보는 것과 듣는 것이 동반되는 것을 의미했다.

비고츠키는 생리학에서 나온 많은 낱말을 활용하는데, 이는 그가 말했듯이 "우리에게 가장 위험하다". 생리학에서 나온 이 낱말들은 환원주의라는 위험을 동반한다. 파블로프는 심리학을 생리학으로 환원하려는 시도 속에 감각 기관을 '수용체'라고 일컫는다. 눈은 광光 수용체이고, 귀는 음音 수용체이며, 코는 스티보 수용체이다. 물론 눈이 모든 빛의 신호를 뇌로 전송하지는 않는다. 눈은 특정한 가시광선 파장을 선택한다는 의미에서 '분석기'이다. 귀와 코도 마찬가지다. 존 듀이가 1896년에 지적했듯이 '반사궁'은 인간의 반응에 자극과 동일한 존재론적, 심지어 인식론적 지위를 부여한다. 이는 우리가 동일한 자극에 대해 어떻게 다양한 방식으로 반응하도록 선택할 수 있는지 설명하기 어렵게 만든다. 교육을 행동이나 조건적 반응을 형성하는 것으로 환원할 수 없다.

그렇다면 비고츠키는 왜 '감각 기관'과 '감각' 대신 '수용체'나 '분석기'라는 낱말을 사용함으로써 환원주의라는 위험을 감수하고자 하는 것일까? 첫째, 비고츠키는 일원론자이다. 어떤 면에서 반응은 자극과 동일한 존재론적 지위를 가진다. 둘 다 궁극적으로 실제적이고, 실재적인 물질적 현상이다. 둘째, 비고츠키는 유물론자이다. 어떤 면에서 자극은 반응과 동일한 인식론적 지위를 가진다. 둘 다 자연과학적 방법, 즉 자연과학적 분석과 자연과학적 귀납을 통해 연구될 수 있기 때문이다. 그러나 가장 중요한 셋째는, 비고츠키가 어떤 면에서 '감각'이 '느낌'과 '의미'를 모두 의미한다고 믿었다는 것이다. 그림 속 남자들은 같은 눈과 귀를 가지고 있으며, 듀이의 반사궁에 대한 비판은 옳은 것이다. 낱말 의미를 지각하는 다양한 방식에 따라 다양한 수용과 분석이 가능하다. 그러나 청각으로 지각하든 시각으로 지각하든 낱말 의미는 달라지지 않는다.

**2-10]** 외부 실험 생리학의 명제 중 교육학에 가장 중요한 것 중 하나는 조건화된 행동 형태가 다양한 감각 기관, 다양한 분석 기관과 본질적으로 동일한 방식으로 연결된다는 것이다. 조건반사는 귀뿐만 아니라 눈, 피부뿐만 아니라 귀에서도 훈련될 수 있다. 따라서 교육에서 한 분석기를 다른 분석기로, 한 경로를 다른 경로로 대체할 때 우리는 이런저런 손상에 대한 사회적 보상의 경로로 들어서게 된다.

**2-11]** 중요한 것은 맹인이 글자를 보는 것이 아니라 읽을 수 있어야 한다는 것이다. 맹인이 우리와 똑같은 방식으로 읽고 보통의 어린이와 같은 방식으로 이를 익히는 것이 중요하다. 맹인이 글을 쓸 수 있다는 것이 중요한 것이지 그가 종이 위에 펜을 움직일 수 있다는 것이 중요한 게 아니다. 그가 송곳으로 종이를 뚫어 (점자로-K) 글쓰기를 배운다면, 우리는 똑같은 원리와 실제적으로 동일한 현상을 보게 된다. 따라서 맹인, 농아, 정신지체아를 보통 사람과 같은 척도로 측정할 수 없다는 쿠르트만의 공식은 정확히 그 반대의 공식으로 대체되어야 한다. 심리학적, 교육학적 관점에서 일반 아동에게 사용되는 것과 동일한 기준으로 맹인, 농아 아동에 접근해야 하며 접근할 수 있다.

**2-12]**  본질적으로 손상을 입은 아동과 일반 아동에 대한 교육적 접근법이나 그들의 인격의 심리적 구조에는 차이가 없다. 이 지극히 중요한 생각은 Г. Я. 트로신(1915)의 잘 알려진 책에서 찾을 수 있다. 이 상성異常性에서 질병만을 보는 것은 잘못이다. 우리는 이상 아동에게서 결함만 보며 따라서 아동에 대한 학설이나 접근법은 실명, 실청 또는 감각 왜곡이 몇 퍼센트 되는가를 확인하는 것으로 제한된다. 우리는 건강의 푸드는 감지하지 못한 채 질병의 졸로트니크에 머무른다. 우리는 손상의 낱알은 알아차리고, 이상성을 가진 아이들의 거대하고 풍성한 삶의 영역은 알아차리지 못한다. 이의를 제기하기 어려운 이 단순한 진리는 우리 특수교육학의 이론과 실천에 있는 것과 근본적으로 모순된다.

**2-13]**  내 손에는 올해 스위스에서 출판된 소책자가 있다. 여기서 우리는 우리 교육학에서 위대하고 매우 중요한 계시처럼 들리는 명제를 읽게 된다. 맹인 아동은 볼 수 있는 아동과 똑같이 대우받아야 하고, 볼 수 있는 아동과 같은 때에 걷기를 배워야 하며, 모든 아이와 함께 놀 수 있도록 가능한 한 많은 기회가 주어져야 한다는 것이다. 거기에서는 이것이 기본적인 진실로 간주된다. 우리나라에서는 이와 정반대로 생각한다. 내가 보기에 여기서 특수교육학에는 두 가지 방향이 있다. 하나는 질병에 초점을 맞추고, 다른 하나는 건강에 초점을 맞춘다. 우리의 실천 자료와 과학 이론의 자료는 모두 우리가 잘못된 첫 번째 관점을 특수교육학에서 수용하도록 강요한다. 이 분야의 몇몇 자료를 인용할 수 있겠지만 나는 올해 슈투트가르트에서 열렸던 맹인 문화화 및 복지 문제에 관한 최근 회의 보고서만 언급하겠다. 여기서 독일과 미국 체계가 충돌했다. 한 체계는 맹인 아동 장애의 문화화에 초점을 맞추고, 다른 체계는 그의 나머지 건강의 문화화에 초점을 맞춘다. 두 체계의 만남은 독일에서 이루어졌지만 이 만남은 독일 체계에 파괴적인 것

으로 판명되었다. 후자(독일 체계-K)는 삶에서 정당화될 수 없다.

**2-14]** 나는 특수교육의 한 지점에서 내가 제시한 논제를 설명하고자 한다. 그것은 다음과 같이 공식화될 수 있다. 특수교육의 모든 문제는 동시에 전체로서 특수한 문화화의 문제이다. 농아는 청각 기관에 손상이 있으나, 다른 모든 기관은 건강하다. 청각 손상으로 인해 소리를 듣지 못하기 때문에 어린이는 사람의 말을 배울 수 없다. 농아는 입술을 읽음으로써, 즉 다양한 관념을 일련의 움직임과 연결 지어 입말을 배우는 데 성공할 수 있다. 다시 말해 '눈으로 듣는 것을' 가르치는 것이다. 따라서 발음 중에 유발되는 키네스테틱(운동) 감각의 도움으로 농아에게 어떤 한 언어뿐 아니라 여러 언어를 말하게 가르치는 것이 가능하다.

**2-15]** 이런 교수학습(독일식의)은 다른 방법, 즉 모방 방법(프랑스식), 공중 쓰기 방법(지화술, 허공에 쓰기)에 비해 모두 장점이 있다. 왜냐하면 그러한 말은 보통 사람들과 소통할 수 있게 하고 생각과 의식을 발달시키는 데 도구 역할을 하기 때문이다. 농아 문화화의 중심에 있어야 할 것은 입말과 구어적 방법이라는 것은 우리에게 의심의 여지가 없다. 그러나 실제 실천에 돌입하면 곧바로 이 특수한 문제는 곧 전체로서 사회적 문화화의 문제라는 것을 알게 된다. 실제로 입말을 가르치는 것은 매우 비참한 결과를 낳는다는 것이 밝혀졌다. 교수학습에 많은 시간이 걸리며, 일반적으로 구문을 논리적으로 구성하는 것을 가르치지 않고, 말하기 대신 발음법을 제공하며 어휘를 제한하는 식이었다.

**2-16]** 이런 식으로 이론적으로는 한 가지 방법 덕에 성공적으로 해결되었지만, 실제로는 정반대의 결과를 가져오는 매우 어렵고 극도로 혼란스러운 상황이 발생했다. 농아에게 입말을 가르치는 이 방법이 가장 널리 퍼져 있는 독일 학교의 과학적 교육학에서 최악의 왜곡도 발견

된다. 아이에 대한 예외적인 잔인함과 폭력 덕에 입말을 가르치는 것이 가능해졌지만, 아이의 개인적 관심은 다른 방향으로 흘러간다. 이 학교에서 모방은 금지되어 있지만 교사는 그것을 막을 방법이 없다. J. 파터의 가장 유명한 농아 학교는 이 문제에서 가장 큰 성공을 거두었지만, 입말 수업은 가장 잔인하게 실행되었다. 교사는 학생에게 어려운 소리를 배우도록 강요하면서 학생의 치아를 뽑아 버리고 피 묻은 손을 닦으며 다른 학생, 또는 다른 소리로 넘어간다.

2-17] 이처럼 실생활에서의 실천은 방법과 엇갈린다. 교육자들은 농아 아동들에게 입말은 부자연스럽다고, 이런 방법 자체가 아동의 본성과 어긋나기 때문에 부자연스럽다고 주장한다. 이 경우 우리는 프랑스, 독일, 이탈리아의 체계나 복합적 방법으로도 이 상황으로부터 벗어날 수 없으며 문화화의 사회성만이 탈출구를 제공할 수 있음을 확신하게 된다. 아동에게 입말에 대한 욕구가 있다면, 흉내 내기에 대한 욕구가 확립되었다면 오직 그때에만 입말이 발달할 것임을 확신할 수 있을 것이다. 나는 전문가와 이야기를 나누었고 그들도 구어 교수법이 실제 생활에서 더 잘 입증된다고 했다. 학교를 졸업하고 몇 년 뒤 학생들이 다시 모였을 때 다음이 드러났다. 어린이에게 입말이 생존의 조건이었다면 그들은 이 말을 확실히 습득한 반면, 입말의 필요성을 못 느꼈던 어린이들은 학교에 입학했을 때 겪었던 말 못하는 상태로 돌아갔다. 상황은 이러저러한 방법이 아니라 삶에 의해 확립됨이 드러난다.

2-18] 우리의 농아 학교에서는 모든 것이 어린이의 이익에 반하는 쪽을 향한다. 어린이의 모든 본능과 열망은 문화화 사업에서 우리의 친구가 아닌 적이다. 애초에 어린이와 상반되는 쪽을 향하고, 농아에게 말을 심어 주기 위해 애초부터 어린이를 해치고자 하는 특수한 방법이 수행되고 있다. 이러한 폭력적인 방법은 실제로 용납될 수 없는 것으로 드러났고, 상황의 영향으로 사라질 운명에 처해 있다. 나는 이로부터 구

어 교수법이 학교에 부적합하다는 결론을 도출하지 않는다. 단지 특수한 방법에 대한 어떠한 문제도 특수교육학의 좁은 틀 속에 놓일 수 없다는 것을 말하려 한다. 입말의 교수학습 문제는 조음 방법에 대한 문제가 아니다. 다른 의외의 각도에서 이에 접근해야 한다.

**2-19]** 우리가 농아에게 일을 가르친다면, 그가 흑인 헝겊 인형을 만드는 법을 배워 그것들을 판다면, 식당을 돌며 손님들에게 '깜짝 선물'을 판매한다면 그것은 노동의 문화화라기보다는 구걸의 문화화일 뿐이다. 이는 단지 손에 무언가를 들고 구걸하는 것이 더 편리하기 때문이다. 이 경우에는 농아일 때가 말할 수 있을 때보다 유리하다. 사람들이 구매할 가능성이 더 크기 때문이다. 그러나 만약 생활 속에서 구어의 필요성이 제시되었다면, 만약 노동의 문화화 문제가 정상적으로 확립되었다면, 농아 학교에서 입말을 습득하는 것이 그렇게 어렵지 않았을 것이라 우리는 확신할 수 있다. 어떤 방법이라도 터무니없는 지경에 이를 수 있으며, 이것이 우리 학교의 구어 교수법에서 발생해 왔던 일이다. 이 문제에 대한 올바른 해결책은 문제를 전체적인 관점에서, 사회적 문화화의 전체적인 문제로서 제기해야만 얻을 수 있다. 바로 이 때문에 나는 우리의 모든 작업을 처음부터 끝까지 재검토해야 한다고 본다.

농아 거지들이 집집마다 돌며 팔던 '깜짝 선물(сюрпризы, surprise)'.

**2-20]**　맹인을 위한 노동의 문화화 조직에서도 동일한 결론이 도출된다. 노동은 인위적으로 준비된 형태로 어린이에게 제공되며 노동의 조직적·집단적 요소는 여기서 제외된다. 이러한 기능은 볼 수 있는 사람이 수행하고 맹인은 혼자 일한다. 학생은 단순 수행자일 뿐이고, 조직적 작업은 다른 사람에 의해 이행된다면 학생은 노동 협력에 익숙하지 않게 되고 이 경우 어떤 결과가 나올 것인가? 학교를 졸업하는 순간 불구자임이 부각되지 않겠는가? 맹인의 삶에 산업적-전문적 노동을 도입하여, 문화화의 측면에서 가장 가치 있는 사회적 조직 요소가 노동으로부터 배제되지 않는 학교가 있다면 맹인 노동 훈련에서 우리는 전혀 다른 효과를 얻게 될 것이다. 따라서 나는 일반 아동에 대한 광범위한 지향이 우리 특수교육학 개정의 출발점이 되어야 한다고 생각한다. 전체 문제는 매우 간단하고 명확하다. 특수교육학의 필요성을 부정하려 생각하는 이는 그 누구도 없다. 맹인, 농아, 정신지체자들을 위한 특수한 지식이 없다고 해서는 안 된다. 그러나 이 특수한 지식과 훈련은 일반 문화화, 일반 훈련에 종속되어야 한다. 특수교육학은 아동의 일반적인 활동에 녹아들어야 한다.

**2-21]**　정신지체 아동으로 넘어가자. 여기서도 특수 문화화와 일반 문화화의 연결이라는 기본 문제는 동일하다. 마치 여기 공기가 더 신선한 듯하다. 일반 학교의 새로운 아이디어가 이미 여기에 들어와 있다. 그러나 여기서도 기본 문제는 지금까지 해결되지 않은 채로 남아 있으며, 여기서도 특수 교수학습의 여윈 소가 모든 어린이의 일반 문화화의 살찐 소를 먹어 치운다. 이를 보여 주기 위해, 나는 우리가 해당 분야에서 구할 수 있는 최고의 가장 앞선 책인 A. H. 그라보로프의 책 『보조학교』(1925)에서 이 문제가 어떻게 해결되는지 살펴볼 것이다. 나는 여기서도 문제가 근본적으로 구태의연하게, 여윈 소에 유리하게 해결됨을 미리 말해 둔다. 저자가 정신지체아 문화화의 실천 속에서 개발된 방법

들이 보조 학교뿐 아니라 일반 학교에서도 의미가 있다고 말하는 것은 지극히 옳다. 보조 교육학의 기본 명제를 가능한 한 명료하고 뚜렷하게 서술하는 것이 무엇보다 중요하고, 일반교육학의 몇 가지 기본 법칙을 철저히 이해하는 것은 후자(보조 교육학-K)에 특히 더 중요하다. 안타깝게도 이 중 어느 것도 외국 문헌에서도 러시아 문헌에서도 이루어지지 않았다. 과학적 사고는 아직도 일반 아동과 비일반 아동의 문화화 이론 사이의 벽을 허물지 못했다. 이것이 이루어질 때까지, 손상학적 교육학과 일반교육학 사이의 설명이 완전히 일치할 때까지, 둘 다 불완전한 상태로 남아 있을 것이고, 손상학은 불가피하게 무원칙이 될 것이다. 이는 그라보로프의 책에서 더할 나위 없이 명백히 표현되었다. 그 책은 의심할 여지 없이 신선하며, 저자는 새로운 교육학과 발맞추어 나아가길 원한다. 그는 원하지만 하지 못한다.

**2-22]** 주의 깊게 살펴보면 단순한 세부 사항이 아니라 방금 언급했던 무근거성과 무원칙성의 징후임이 드러나는 몇 가지 사소한 것들이 있다. 손상과 그 유형에 대한 학설 자체에서 신체적 손상과 정신적 손상이 구별된다. 두 번째 집단에는 지적 결함 아동(신체적인 건강은 문제가 없는가?)과 "감정-의지 영역에만 부분적 손상을 입은" 어린이가 모두 포함된다. "또한 이 경우 거의 대부분 지능 발달이 불충분함을 발견할 수 있다"(A. H. 그라보로프, 1925, p. 6). 이것은 도덕적 손상의 문제에 대한 사고의 명확성이 부족한 예이다. 바로 이 다섯 줄에 교육학적 소홀함, 무시, 불균형, 허약함이 언급되어 있다. 불충분한 지능 발달에 따른 감정-의지 영역의 손상 발생에 대한 심리학 이론도 여기에 주어진다. "논의하고 결정할 때 동기의 투쟁은 중요하지 않으며, 도덕적-합법적 성격의 동기는 일반적으로 주체에 의해 무시되고 대신 이기적인 경향이 우세해진다"(같은 책).

A. N. 그라보로프(А. Н. Граборов, 1885~1949)는 정신지체 아동을 가르치는 과두뇌 교육학의 선구자였다. 그는 혁명 전에 체육과 육체노동을 가르쳤고, 그 후 사립 학교를 열었다. 혁명 후 그는 정신지체 아동 교사를 위한 특별 훈련 학교를 설립하도록 초대받았는데, 이 학교는 비고츠키가 일했던 헤르첸 교육대학의 일부가 되었다.

그의 책 제목에서 알 수 있듯이, 그는 '느린' 학습자를 위한 분리된 '보조' 학교를 믿었다. 반면, 비고츠키는 특징적으로 통합주의적이고 전체론적인 접근 방식을 취하고 있는데, 바로 그에게 교육의 주요 목표는 능력에 상관없이 학생들을 일반 학급에서 교육하는 것이다. 이는 그가 창세기 41장의 파라오의 꿈을 언급하는 이유이다.

"두 해가 다 지나자 파라오는 꿈을 꾸었다. 그가 나일강가에 서 있는데, 강에서 일곱 마리의 살찐 암소가 올라와 갈대 사이에서 풀을 뜯었다. 그 뒤를 이어 못생기고 깡마른 다른 일곱 마리의 암소가 나일강에서 올라와 강둑에 있는 암소들 옆에 섰다. 못생기고 깡마른 암소들이 일곱 마리의 살찐 암소를 잡아먹었다. 그러자 파라오는 꿈에서 깨어났다."

분리된 병원과 요양소에서 많은 삶을 보내야 했던 비고츠키는, 일부 지체된 정신 기능이 고립과 분리로 인해 어린이의 건강한 심리적 기능을 삼켜 버릴까 걱정한다. 이는 고야 역시 걱정했던 점이다.


2-23] 모든 것이 얼마나 쉬운가! 문제는 단순히 여기저기서 표현된 모호함과 명확성의 부족이 아니다. 문제는 어린이의 손상에 대한 명확한 개념이 없고, 그런 안개 가운데 구축될 수 있는 교육학 이론이 없다는 점이다. 이처럼 '만연한' 이기심으로는 아동은 문화화를 향한 동기를 가질 수 없다. 이를 보면 "교실에서의 손상은 학교 내 정신적 전염의 근거가 된다"(같은 책, p. 20)라는 저자의 말은 그리 놀랍지 않다. "보조 학교가 시간이 지나도 위탁받은 아이들을 일반 학교로 전학시키려 하지

않는다"라는 독일의 격리 교육 시스템에 대한 선호가 놀랄 일도 아니다 (같은 책, p. 29). 그리고 영국의 법으로, 미국의 법과 사법 관행으로 정의되는 아동 손상에 대한 기본적 이해는 모든 유기적 다양성에도 불구하고 새로운 교육학 이론으로 갑자기 옮겨졌을 뿐이다. 교육학적 측면은 잘못된 판단으로 가득 차 있는 것이 아니라, 개별적으로 보면 대부분 맞고, 참과 거짓이 뒤섞였지만, 심리학 이론과 마찬가지로 근거 없고 원칙이 결여된 것으로 가득 차 있다. 셋째, 저자는 "우리는 학교교육 기간에 그(어린이-L. 비고츠키)에게 흡족할 만큼 강력한 사회적 행동 기술을 이식해야 한다(같은 책, p. 59)"라고 말한다. 그리고 끝으로, 넷째, 환경적으로 아이의 방향을 충분히 잡아 줄 필요가 있다(같은 책).

**2-24]** 이것은 세 번째와 네 번째의 요점이다. 그렇다면 첫 번째와 두 번째는 무엇인가? 감각문화와 정신적 정형의학이다. 여기에도 역시 세부 사항이 아니라 초석이 있다. 감각문화와 정신적 정형의학이 먼저이고, 사회적 기술과 환경을 향한 지향이 네 번째라면 우리는 병원주의 속에서 질병의 세부 사항에 세심한 주의를 기울이며 "사회적 행동 기술"의 일반적인 발달 이외의 다른 치료 방법으로 정신을 발달, 치료, '공동 조화'를 시킬 수 있다는 순진한 자신감을 지니고 있는 '고전적인' 의료적 교육학 체계에서 한 걸음도 벗어나지 않는다.

**2-25]** 우리 체계가 손상 교육학의 주요 문제인 일반교육과 특수교육의 상관관계를 해결하는 방식은 이 문제에 대한 체계의 기본 관점을 보여 준다. '손상 아동'의 손상을 치료하고 이 아동의 문화화의 4분의 3을 손상의 교정에 할애하는 것이 필요한가, 아니면 아동에게 존재하는 정신건강의 엄청난 매장량과 깊은 지층을 개발하는 것이 필요한가? 저자는 "모든 작업은 보상-교정적 성격을 띤다"라고 말하며(같은 책, p. 60), 이것이 그의 체계에 대한 모든 것을 말해 준다. 이는 생물발생적 관점과 "자연적 결과의 규율"(같은 책, pp. 64, 72), '노동 문화화'의 '궁극적'

목적을 제시하려는 모호한 문구-"조화로운 발달"- 등(같은 책, p. 77)
과 완전히 일맥상통한다. 문제는 이것이 편집자의 부주의로 인해 보존
된 세부 사항인지 아니면-출발 지점을 정확히 명시하지 않은 채 문화
화의 이론과 체계를 구축하기 때문에- 과학적·교육적 비원칙성으로
운명 지어진 이론의 필수 요소인지의 여부다. 이 답을 찾기 위해 여러
분이 당연히, 지나치듯 표현된 의견이 아니라 이 문제를 진지하게 다룬
장을 살펴본다면 고전적인 "침묵의 교훈" 등이 포함된 "정신 정형의학
연습"(같은 책, XIV장) 체계를 찾게 된다. 이는 어린이에 대한 "이집트 방
식"이며, 무의미하고 고통스러운 인위적 약 처방 방식으로 열매를 맺지
못한다. 예를 들어 몇 가지 세부 사항은 다음과 같다. "첫 번째 연습 …
하나, 둘, 셋을 세면 완전히 침묵한다. 교사가 테이블을 두드리는 신호
에 따라 연습이 끝난다. 10초, 15초, 20초, 30초 동안 유지하면서 3~4
회 반복한다. 유지하지 못한 (몸을 돌리거나 말을 하는 등) 사람들은 이제
개인적으로 혹은 2~3명의 그룹으로 훈련한다. 급우들은 관찰한다. 두
번째 연습. 명령에 따라 침묵한다. 교사는 학생 중 한 명에게 과업을 제
시하고, 학생은 가능한 한 조용히 이를 완료해야 한다. 매번의 수행 후
에는 20~30초간 휴식한 뒤 토론한다. 연습 횟수는 학급 학생 수와 같
다. … 예: 1) "미샤, 칠판으로 가서 분필을 가져다가 책상 위에 올려놓
으세요. 그리고 자리에 앉으세요. 조용히." 기타 등등. 또는 또 다른 연
습은 다음과 같다. "가능한 한 오랫동안 허용된 자세를 유지하세요"(같
은 책, pp. 158-159). "각 어린이는 얇은 하드커버 책이나 같은 크기의 판
을 받아, 수평으로 들고 있어야 한다. 그 위에 원뿔형 분필 또는 길이
가 약 10~12cm이고 바닥의 지름이 약 1~1.5cm인, 견고한 나무를 깎
아 만든 막대가 놓인다. 조금만 움직여도 이 막대는 넘어진다. 첫 번째
자세: 아이는 발을 모으고(뒤꿈치는 모으고, 엄지발가락 사이는 벌리고) 양
손으로 판을 든다. 다른 학생이 막대기를 세운다(사진을 찍었으면 좋았

을 것이다!-Л.비고츠키) … 네 번째 자세: 같은 운동 … 단, 발을 벌리지 않고, 발가락을 모은다" 등(같은 책, p. 159). 그 어떤 논쟁의 동기나 과장의 흔적을 배제하고, 우리는 이러한 연습의 난센스가 두드러지게 나타나며 예전에 번역을 위해 사용된 독일어 책의 무의미성을 (비록 본질적으로는 같지만) 몇 배 능가한다고 말해야 한다. "당신은 바이올린을 연주하나요?", "아니야, 친구야. 하지만 이 사람의 이모가 해외로 가신다." 하나같이 똑같다.

고야, 카프리초 46번 Corrección(교정), 1797.

약 1년간 고야는 스페인 사회의 우매함을 비판하는 80점의 판화를 제작했다. 이 작품은 모호하다. 고야가 비판하는 우매함이 의료계인지 법조계인지 종교계인지 불확실하다. 고야는 예술인의 삶에 영향력을 미치던 스페인 당국의 검열을 고려해야 했다.

비고츠키는 편집자가 그라보노프의 책을 수정하지 않은 채로 두었는지 여부를 반어적으로 묻는다. 한편으로 이 책은 무원칙적이고 출발점이 없다. 특수교육과 일반교육의 목적/목표가 같은지 다른지 밝히지 않는다. 다른 한편으로 손상아에 대한 일반적 입장은 명백하다. 손상은 교정을 요할 뿐이다. 생물발생 원칙(개체발생은 계통발생을 반복한다)에 따르면 자연적 결과의 교정은 멸종을 의미한다. 손상을 가진 개체는 자손을 남기지 않고 소멸해야 종이 지속되고 발달한다는 것이다. 노동 문화화는 고등심리기능의 정상 발달이 아니라 저차적 심리기능을 교정하여 전통적으로 맹인이나 농아의 보상과 연결되는 직업(예: 중국의 맹인 안마사나 미국의 농아 벌목꾼)을 수행하도록 하는 것이다. 그라보노프에게 이는 손상과 화합하는 발달이다. 비고츠키에게 이는 이집트에서 이스라엘 사람들이 겪었던 노예 상태와 화합하는 발달이다.

그러나 최소한 이스라엘인들은 생산이 자신들에게 거의 의미가 없었음에도 노예로나마 유의미한 생산적 노동을 수행했다. 불행히도, 감각 문화화와 정신 정형의 진정한 목적은 저차적 심리기능의 발달이었으므로 그라보로프가 추천한 연습은 사회에 무의미하다. 이 때문에 비고츠키는 이 연습을 어린이들이 외국어를 배울 때 익히는 무의미한 문법, 번역 연습에도 비교한다. 진정한 목적은 두 경우 모두 동일하며 이 우매한 교육이 고야의 비판이 향하는 실제 대상이다. 여기서 때때로 교수학습 원칙은 자연적 발달에서 관찰되는 시행착오와 '자연적 결과의 규율'의 수준에도 미치지 못한다. 진정한 원칙은 오류와 교정이다.

**2-26]** 그리고 모든 정신 정형의학과 감각 문화는 유사한 난센스로 구성되어 있다. 점점 더 빠른 속도로 점을 찍고, 물이 가득 찬 그릇을 옮기고, 구슬을 꿰고, 고리를 던지로, 구슬을 풀고, 글자를 그려 넣고, 표를 비교하고, 표현적 자세를 취하고, 냄새를 연구하고, 냄새의 강도를 비교하고-이 모든 것이 누구를 문화화할 수 있는가? 이것은 **지체 아동에게 삶의 톱니에 맞물리지 않은 행동, 정신, 인격의 기제를 발달**시키기보다 오히려 정상 아동을 정신지체로 만드는 것은 아닌가!! 이 모든 것은 프랑스어 어휘, '우리 이웃집 생쥐의 날카로운 이빨'과 어떻게 다른가? "각각의 연습은 일련의 수업 과정에서 여러 차례 반복된다."(같은 책, p. 157) 그리고 바로 이러한 수업들이 학교의 '첫 번째와 두 번째' 과업(감각 문화와 정신 정형의학-K)을 구성한다(같은 책, p. 157)는 것을 아직 기억한다면, 다음은 명백해질 것이다. 우리가 전前과학적 교육학을 청산하고 모든 보조 학교를 축을 중심으로 180도 돌려놓을 때까지,

우리는 이 얇은 판 위에 있는 원뿔 막대(길이는 10~12cm, 밑변의 지름 1~1.5cm)로는 아무것도 발달시키지 못할 것이며, 지체 아동에게 아무것도 문화화시키지 못하고 그를 더 깊은 지체 상태로 몰아넣을 것이다.

2-27] 이곳은 모든 정형의학과 감각 문화를 어린이의 놀이, 노동 활동 및 사회적 행동 속에 녹일 수 있는 긍정적인 가능성이 발달할 수 있는 장소가 아니다. 그러나 이와 같은 침묵의 훈계가, 명령에 의하거나 무의미하게 정립되지 않은 놀이-어떤 필요성에 의해 생겨나며, 의미로 가득 차고, 놀이 기제에 의해 규율되는-에서 갑자기 이집트적 처형의 특성을 잃고 훌륭한 문화화의 도구가 될 것이라는 점을 어떻게 언급하지 않을 수 있겠는가? 이것은 어린이에게 침묵을 지키도록 가르치느냐 마느냐의 문제가 아니라 이를 수행하는 수단, 즉 신호에 따른 훈계에 의한 것인가 목적이 있고 의미 있는 침묵에 의한 것인가에 관한 것이다. 이런 특정한 사례는 두 개의 다른 체계, 낡은 체계와 새로운 체계, 치료적 교육학과 사회적 교수학의 일반적인 차이를 반영한다. 그리고 정신지체아에 대한 성별 분리 교육의 옹호가 보여 주는 것은 낡은 이론으로의 급격한 후퇴와, 그것의 고립된 입장으로의 후퇴 외에 무엇인가?(A. H. 그라보로프, 1925). 쓸모없는 성별 분리에 대해, 소년 소녀가 서로에게 익숙해지는 것의 직접적인 이점에 대해 기본적인 진실을 반복해야 하는 것은 부끄러운 일이며, 이 진실은 지체아에게 열 배나 적용되는 것처럼 보인다. 학교가 아닌 어떤 곳에서 정신지체 소년이 소녀들과 살아 있는 인간 관계를 맺을 수 있을 것인가? 극도로 가난하고 빈약한 삶에서의 고립은 본능을 강화시키는 것 외에 무엇을 주겠는가? '쾌락의 적절한 사용'에 대한 모든 현명한 추론들도 이 이론을 그 가장 취약한 지점으로부터 구원할 수 없을 것이다(즉, 혼인 관계가 아닌 성적 즐거움은 정신지체아에게 동의를 가르치는 데 우리에게 어떠한 도움도 되지 않을 것이라는 모든 어른의 변명-K). "어린이에게 사탕을 주면서 올바른 행

동을 하도록 유도할 수는 없다. 관계는 그 반대이어야 한다. … 고통이
즐거움에 선행해야 한다"(같은 책, p. 100). 사탕은 반드시 나중에 주어져
야 한다는 것이다.

고야, 정신지체 남성을 희롱하는 두 여성, 1819~1823.

이 그림은 고야의 「귀머거리의 집」(고야가 청력을 잃은 후 자신의 집 벽
지에 주로 검은색으로 그린 그림) 중 하나이다. 고야는 대중에 공개된 정
신이상자의 집을 자주 방문하기 시작했다. 이 그림에서 두 여성은 정
신지체 남성이 자위하는 모습을 지켜보고 있다. 호기심과 잔인함의 혼

재를 보자. 즉자적 손상이 대타적 손상으로 변형되고 있다. 심리적 손상이 전체적인 사회적 손상이 되고 있다.

정신이상 또는 정신지체 장애인과 함께 일하는 사람들은 그들이 부끄러워하지 않고 공공장소에서 자위하거나 성관계를 갖는다는 것에 종종 주목한다. 그라보로프는 이런 일이 발생하지 않도록 지체 장애 소년과 소녀를 따로 가르쳐야 한다고 제안한다. 이에 따르면 정신지체 소년에게 소녀의 존재는 나중을 위한, 그들이 감각 문화화와 정신적 정형의학을 학습한 이후를 위한, 직업 기술을 습득한 이후를 위한 '쾌락의 적절한 사용'이다. 그라보노프는 잠재적인 성적 관심 대상의 존재가 좋은 행동에 대한 보상이라고 주장한다.

비고츠키는 이를 경멸하는데, 우리는 그 이유를 쉽게 알 수 있다. 우리는 사람들을 사회적 환경으로부터 차단하는 것으로 발달을 촉진하지 않는다. 반대로 우리는 사회적 환경이 모든 사회적 발달의 원천이라고 본다. 비고츠키는 정신지체 소년과 소녀가 함께 지내는 것을 배울 수 있는 환경이 학교 말고 어디에 있냐고 묻는다. 고립은 성적 본능을 죽이지 않고, 오히려 좌절감이 그 중요성을 과장하게 만든다고 그는 지적한다. 독방 감금에서의 해제나 모범수 가석방은 교육이 아니라 투옥을 의미한다.

2-28] 아니다! 모래 위에 집 짓기가 불가능하듯, 좋은 뜻만 가지고 문화화의 이론과 체계를 구축하는 것은 불가능하다. 지금 우리가 "문화화의 과제는 조화로운 문화화"이고 조화는 "창의적 개별성의 발현"(같은 책, p. 103) 등이라고 말한다면, 우리는 무엇도 창조하지 않는다. 손상이 있는 아동을 위한 새로운 교육학은 최우선으로 낡은 체제의 모든 옛 아담과 그것의 침묵, 구슬, 정형의학, 감각 문화의 교훈을 담대하고 단호하게 거부하며, 둘째로 그러한 아동을 위한 사회 문화화의 실질적 과제에 관하여 엄격하고 냉철하며 의식적인 고찰을 요구한다. 이것은 오랫

동안 미뤄지고 지체되었던 손상 아동 교육의 혁명적 개혁에서 필수 불가결한 전제 조건이다. A. H. 그라보로프의 저서와 같은 책들은 참신함에도 불구하고 반쪽짜리이다. 이런 사례에서 여러분은 농아의 입말 교수학습, 맹인의 노동 문화화, 정신지체아의 감각 운동 문화화와 같은 특수한 문제 그리고 특수교육에 대한 다른 모든 질문은 사회 교육 전체의 기초에서만 결정적으로 올바른 해결책을 얻는다는 것을 분명히 알 수 있다. 우리는 이들을 그 자체로는 해결할 수 없다.

'옛 아담'은 '원죄인原罪人'을 뜻하는 기독교적 표현이다. 이 위스키 상품명을 '옛 아담'이라 음흉하게 부르는 것은 원죄를 지으려는 옛 아담의 욕망(생육하고 번성하라는 신의 명령에서 성을 분리하는 것)을 모두 줄 수 있다는 뜻이다.

비고츠키에게서 특수교육의 원죄는 일반 문화화에서 특수 문화화를 분리해 낸 것이다. 실천 수준에서 손상 아동과 비손상 아동 모두의 사회적 경험을 제한하기에, 그리고 1차 즉자적 손상이 2차 대타적 손상으로, 또는 3차 대자적 손상으로(즉, 신체적 손상이 사회적 손상이 되고, 그다음 심리적 손상이 되는 것) 전이될 수 있기 때문이다. 이론 수준에서 정상 아동학의 진실에 대한 간접적 확인으로서 손상학을 연구하는 것은 크레치머의 법칙(낡은 심리적 기능은 고등한 기능으로 대체되지 않고 보존된다는 법칙)의 검증이기에 매우 중요하다. 방법론적 측면에서는 예를 들어, 아동심리학이 일반 심리학의 실증적 분과인 것과 마찬가지로 특수교육학을 일반교육학의 실증적 분과로 여기는 것이 중요한데, 이는 원시 과학이 현대 과학이 되는 방법이기 때문이다(역학은 현대 물리학이 되고, 식물학/동물학은 현대 생물학이 된다).

**2-29]**  나는 우리 학교의 발전이 서유럽이나 미국의 관행과 비교했을 때 매우 뒤떨어져 있다고 생각한다. 우리는 서유럽 학교의 기술과 방법보다 2년에서 10년 정도 뒤처져 있으며 나는 그들을 따라잡아야 한다고 본다. 그러나 유럽과 미국의 성공이 무엇인지 묻는다면, 여러분은 그들이 극도로 양면적이라는 것을 알게 될 것이다. 한편으로 이러한 성공은 우리 학교가 익혀야 할 계기도 담고 있지만 다른 한편으로는 우리가 가장 단호히 거부해야 할 방향으로 이루어져 있다. 예를 들어, 독일에서 맹인에 대한 연구 성과(내가 이 사실을 다루는 것은 이것이 C.C. 골로빈이 출간한 책에 언급되었기 때문이다)는 전 세계에서 선풍적인 관심을 불러일으켰다. 이 연구는 P. 펄스라는 이름의 엔지니어와 관련된 것으로 그 결과는 실험적 형태로 맹인을 중공업에 매우 성공적으로 진입시킴, 이 한 구절로 공식화될 수 있다.

해외를 여행하던 고야는 나폴레옹 전쟁에 참전했던 프랑스 군들이 바퀴로 부상을 보상하려는 노력에 감명을 받았지만, 납득하지는 못했다.

비고츠키는 그의 첫 독일 해외여행에서 감명을 받았지만 역시 납득하지는 못했다. 그는 독일인들이 맹인들도 산업 노동을 할 수 있음을 보여 주었다는 것에 감명을 받았다. 또한 그들이

고야, 자기 힘으로 돌아다니는 거지들!, 1824~1828.

사용한 다양한 기술, 맹인과 비맹인의 통합, 그리고 맹인들이 단지 한 가지 일이 아니라 여러 가지 일을 배운다는 사실에 감명을 받았다. 그러나 비고츠키는 독일 시스템이 거리에서 거지들을 몰아내고, 정부가 상이군인에게 지불해야 하는 사회복지 대신에 유용한 노동력을 얻는 것 이상을 한다고는 납득하지 못했다.

이 크레용 스케치는 고야가 그린 마지막 작품 중 하나이며, 그는 분명 이 전쟁 참전 용사가 다리를 잃은 것을 보완하기 위해서 바퀴를 사용한 데에 감명을 받았다. 그러나 그 자신이 농아였던 고야는 스스로 돌아다니며 구걸을 하는 것만으로도 기능 상실과 함께 발생하는 사회적 지위의 상실을 보완할 수 있을 것이라고 생각하지 않았다.

＊C. C. 골로빈(1886~2931)은 모스크바대학교의 안과 의사였다. 그는 실명의 생물발생적 토대에 집중했음에도 불구하고, 맹인을 노동력에 통합하는 것에 관한 두 권의 책을 썼으며, 비고츠키는 이를 인용하고 있다. P. 펄스(연대 미상)는 베를린에 있는 지멘스-슈케르트 전력 회사의 엔지니어였는데, 거기서 시각을 잃은 퇴역 군인을 고용하는 실험을 했다. 회사의 슬로건은 "고통받지 않고 일하기!"였다. 그러나 지멘스-슈케르트는 인근의 아우슈비츠 강제수용소의 노예 노동을 이용하여 주요 무기 공장 중 하나를 운영했으며, 스티븐 스필버그가 영화 〈쉰들러 리스트〉에서 확인했듯이, 그 노예 중에는 사지를 잃은 사람들이 포함되어 있었다. 이는 독일 손상학이 취했던 사회적 방향에 대한 비고츠키의 최악의 의심을 확증하는 것이었다.

2-30] 인류 역사상 처음으로, 맹인이 복잡한 기계를 다루기 시작했고 이 실험은 대단히 유익하다는 것이 입증되었다. 맹인 음악가, 가수, 수공예가 그리고 무력한 이들(비숙련 노동자-K)의 훈련에서만 알려진 제한적 맹인 직업군 대신에, 베를린 맹인 직업 연구 위원회는 대부분 중공업과 관련된 122개의 직업을 마련했다. 즉, 최고 형태의 노동(종합기술적 지식과 사회적-조직 경험)이 맹인에게 완전히 가능하다는 것이 판명

되었다. 그러한 허용이 교육학에 엄청난 가치를 지니고 있다는 것은 두 말할 필요가 없다. 이는 맹인이 일하는 삶에 완전히 참여함으로써 손상을 극복하는 것이 가능하다는 생각과 일맥상통한다.

2-31] 이 실험은 전쟁 중에 실명한 사람들을 대상으로 독일에서 수행되었으며, 물론 이 대상을 선천적 맹인에게 적용할 때 몇 가지 새로운 어려움이 따를 수 있지만, 기본적으로 이 실험을 이론적으로나 실제적으로 선천적 맹인에게도 적용할 수 있다는 데는 의심의 여지가 없다. 이 연구를 구축한 토대가 된 두 가지 중요한 원칙에 유의해 보자. 첫째는 맹인이 비맹인과 같이 일한다는 것이다. 어떤 기업에서도 맹인이 고립되거나 혼자 일하지 않는다. 그들은 항상 비맹인과 함께, 협력하며 일한다. 맹인의 노동을 적용하기 쉬운 협력 형태가 발전하고 있다. 둘째는 맹인이 한 기계나 한 작업에 특화되지 않는다는 것이다. 교육적 이유로 그들은 한 기계 부서에서 다른 기계 부서로 이동하고, 한 기계에서 다른 기계로 옮긴다. 의식적 노동자로서 생산에 참여하려면 일반적 종합 기술의 기초가 필요하기 때문이다. 인용은 하지 않겠지만 골로빈의 저서에서 맹인이 조작하는 기계를 나열한 몇 줄을 읽어 볼 것을 권한다. 프레스, 압인 기계, 절단기, 나사선 절삭기, 드릴, 동력 선반 등이 여기 포함된다. 따라서 중공업에서 맹인의 노동은 완전히 적용 가능함이 드러난다.

2-32] 이것이 내가 언급했던, 유럽과 미국 특수교육학의 건전하고 강력한 점이고, 우리 특수학교에서 배워야 할 부분이다. 그러나 지금까지 모든 국가에서의 모든 성과는 근본상 우리에게 완전히 이질적인 노선을 따라 이루어졌다고 말해야 한다. 여러분은 우리의 사회 문화화가 미국 및 독일과 얼마나 첨예하게 다른지 알고 있다. 새로운 교수법의 사용은 일반적인 경향에 따라 완전히 다른 길을 따라야 하며, 180° 바꾸어야 한다. 나는 이 길이 어떻게 표현될 것인지 지금 구체적으로 설

명하지 않을 것이다. 우리의 전체 사회 교육 체계가 구축되고 승인되는 기초가 되는 일반 사회 교육학의 자명한 진리를 반복해야 하기 때문이다. 다만 나는 여기서 유일한 원칙은 상응하는 결함을 극복하거나 보상하는 것이며, 교육학은 결핍과 질병보다는 어린이에게 남아 있는 정상성과 건강에 초점을 맞춰야 한다는 점만 지적하고자 한다.

**2-33]** 이 문제에 대한 서구와 우리의 가장 근본적인 차이는 무엇인가? 서구에서는 이것이 단지 **사회적 자선**의 문제인 반면, 우리에게는 **사회적 문화화**의 문제라는 것이다. 서구에서는 불구자를 돕는 문제이고 범죄자와 거지로부터의 사회적 보험이며, 우리에게는 노동 문화화의 일반 법칙이다. 우리에게서 장애에 대한 자선적 시각을 근절하는 것은 극히 어렵다. 생물발생적(즉 유기체적-K) 사례가 특수 문화화보다 사회적 자선에 흥미를 드러낸다는 주장을 종종 만나게 된다. 이전 문제 설정의 **근본적 허위**가 여기에 있다. 신체적 손상이 있는 어린이들의 문화화 문제는 혁명의 처음 몇 년 동안 더 시급한 문제들이 우리의 주의를 요구했기 때문에 지금까지 주로 보류되었다(예를 들어 1923년에 끝난 내전-K). 이제 이 문제를 공공의 시야에 광범위하게 드러낼 시간이 왔다.

# 제3장
# 손상과 보상

고야, 1808년 5월 3일, 1814.

고야의 작품 중 가장 유명하고 영향력이 큰 작품이다. 피카소의 「게르니카」에 영향을 주었으며 「한국의 학살」은 이 작품의 직접적인 모사작이다. 고야는 프랑스 혁명의 반동적 여파를 그리고 있다. 나폴레옹은 혁명을 이용하여 스페인에 대한 통치를 꾀하고 있었다.

논문집 『Умственная отсталость, слепота и глухонемота(정신지체, 맹농아)』(1927)에서 최초 출판되었다.

**3-1-1]** 전체적 인격 개념을 중심에 두는 심리학 체계에서 과過보상 개념은 지배적 역할을 한다. 힘은 연약함에서 생기고 능력은 결함에서 생겨난다고 지적하면서, W. 스턴은 "나를 파괴하지 못한 것은 나를 더 강하게 만든다"라고 그 개념(과보상-K)을 공식화한다(W. Stern, 1923, p. 145). 유럽과 미국에 널리 퍼져 있고 매우 영향력 있는 심리학 조류 – 오스트리아 정신과 의사인 아들러 학파가 창시했으며 스스로 개인적 심리학, 즉 인격심리학이라 부르는 심리학 조류는 이 개념을 전체적 체계, 즉 정신에 관한 완성된 학설로 발전시켰다. 과보상은 유기체의 삶에서 드물거나 예외적인 현상이 아니다. 그러한 사례는 끝없이 많이 열거할 수 있다. 이것은 오히려 생명체의 근본 법칙과 관련된 유기적 과정의 고도로 일반적이고 광범위하게 퍼져 있는 특성이다. 사실 지금까지 과보상에 관한 전면적이고 모든 것을 포괄하는 그 어떤 생물학 이론도 없지만, 유기체적 삶의 여러 개별 영역에서 이 현상은 매우 철저히 연구되었고 그 실제적 활용이 너무 중요하기 때문에, 우리는 과보상이 유기체 삶에서 과학적으로 확립된 확실한 사실이라고 충분히 정당하게 말할 수 있다.

**3-1-2]** 우리는 건강한 어린이에게 천연두 균을 접종한다. 어린이는 경미하게 앓은 뒤 회복되면 수년 동안 천연두로부터 보호된다. 그의 유

기체는 면역력을 획득했다. 즉 백신으로 인해 생긴 경미한 질병을 이겨 냈을 뿐만 아니라, 이를 통해 접종 전보다 더 건강해진 것이다. 유기체는 주입된 독의 양이 요구하는 것보다 훨씬 더 많은 해독제를 생산할 수 있었다. 이제 이 어린이를 예방접종을 받지 않은 다른 어린이들과 비교해 보면, 이 끔찍한 질병에 대해 과過건강 상태임을 알 수 있다. 이 어린이는 다른 건강한 어린이들처럼 지금 아프지 않을 뿐만 아니라 (앞으로도-K) 아프지 않을 것이다. 균이 다시 그의 혈액에 다시 침입해도 여전히 건강할 수 있다.

길레이(James Gilray), 우두-새로운 접종의 놀라운 효과!, 1802.

이 그림은 한 소년이 암소에서 추출한 따끈한 우두(VACCINE POCK HOT FROM YE COW)를 들고 있는 모습을 담고 있다. 그의 주머니에는 '백신의 효능'이라는 제목이 붙은 과학 잡지가 꽂혀 있다. 나무통에는 '구토제'라고 쓰여 있고 통 앞의 병에는 '토사물'이라는 표지가 붙어 있다. 런던 세인트 판크라스에 위치한 '천연두와 접종 병원'의 원장이던 W. 우드빌과 G. 피어슨은 처음에는 (천연두 예방을 위한 우두 백신을 발견한) E. 제너를 지지했다. 그러나 대중은 우두법이 사람을 소로 만들 거라고 걱정하면서 백신 접종을 비난했다. 길레이는 이러한 대중의 히스테리와 그에 굴복하는 과학계를 풍자하고 있다. 당시 병원이 지금과 같이 수익 추구에 열을 올렸다는 점도 꼬집고 있다. 벽에 걸린 그림은 황금 송아지의 숭배자들을 묘사하고 있다.

3-1-3] 바로 이 과정—질병을 과건강으로, 연약함을 강인함으로, 중독을 면역으로 바꾸는, 얼핏 보기에는 역설적인 유기체적 과정은 과보상이라는 명칭을 갖고 있다. 그 본질은 다음과 같다. 유기체가 입은 모든 손상이나 피해는 즉각적인 위험을 막기 위해 필요한 것보다 훨씬 더 강하고 큰 에너지로 방어적 반응을 일으킨다. 유기체는 상대적으로 폐쇄되고 내적으로 연결된 기관 체계로, 방대한 잠재 에너지와 숨겨진 힘을 보유하고 있다. 위험한 순간에 유기체는 통합된 전체로 반응하여, 축적되어 있던 숨겨진 힘의 자원을 동원하고, 그를 위협하는 독성의 양보다 훨씬 더 큰 양의 해독제를 위험 지역에 과도하게 집중시킨다. 이런 식으로 유기체는 입었던 피해를 보상할 뿐 아니라 위험에 대한 과잉, 과도함(의 대책-K)을 만들어 위험이 발생하기 전에 유기체가 가지고 있던 것보다 더 높은 수준의 보호 상태를 만든다.

3-1-4] 바이러스 퇴치에 필요한 것보다 훨씬 더 많은 양의 백혈구가 바이러스가 침투한 곳으로 몰린다. 이것이 과보상이다. 결핵균인 투베르쿨린을 결핵 환자에게 투여하여 치료하는 경우도 유기체의 과보상에 의존한 것이다. 이러한 자극과 반응의 불일치, 유기체의 작용과 반작용의 불균형, 해독제의 과잉 사용, 질병을 통한 과건강의 접종, 위험 극복을 통한 더 높은 단계로의 상승은 의학과 교육학, 치료와 문화화에서 중요하다. 그리고 심리학에서 이 현상은, 정신을 유기체와 고립된, 신체에서 분리된 영혼이 아니라 유기체 체계에서 유기체의 고유하고 고등한 기능으로 연구하기 시작하면서 널리 적용되었다. 과보상이 인격 체

계 내에서 하는 역할은 사소하지 않음이 밝혀졌다. 현대 심리기술을 돌아보는 것으로 충분하다. 이 관점에 따르면 연습과 같이 인격의 문화화 과정에서 중요한 기능은 본질적으로 과보상 현상으로 환원된다. 아들러는 손상으로 인해 기능이 저하되거나 붕괴된 불완전한 기관은 스스로가 적응해야 하는 외부 세계와 필연적으로 투쟁과 갈등에 놓여야 한다는 사실에 주목했다. 이 투쟁은 질병과 사망률의 증가를 동반하지만 또한 투쟁은 그 안에 증대된 과보상의 가능성을 내포하기도 한다(A. Adler, 1927).

> 비고츠키는 1924년에 최초 출간된 『Praxis und Theorie der Individualpsychologie(개인심리학의 실천과 이론)』를 지칭하는 것으로 보인다. 인용 연도로 삽입된 1927년은 아들러의 두 번째 저서인 『Understanding Human Nature(인간 본성에 대한 이해)』로 혼동하게 한다. 이는 비고츠키가 삽입한 내용이 아니다. 이 발표는 1924년에 이루어졌다.

**3-1-5]** 한 쌍인 장기(예를 들어 콩팥, 폐)의 한쪽이 질병에 걸리거나 제거되면, 남은 다른 한쪽이 그 기능을 떠맡아 보상하며 발달한다. 마찬가지로 중추신경계는 짝이 없는 손상 기관에 대한 보상을 담당하여 기관의 기능을 개선하고 향상시킨다. 정신 기구는 그러한 기관 위에-그 기능을 용이하게 하고 효율을 높이는- 정신적 상부구조를 고등 기능을 통해 만든다.

**3-1-6]** 아들러는 O. 륄레를 인용한다. "기관에 결함이 있다는 자각은 개인에게 정신을 발달시키는 끊임없는 자극이 된다"(1926, c. 10).

> *K. H. O. 륄레(Karl Heinrich Otto Rühle, 1874~1943)는 교사이자 독일 혁명(1918~1923)의 좌익 지도자였다. 그는 볼셰비키 혁명을 부르주

아적인 것으로, 소련을 일종의 자본주의로 간주했다. 그는 아들러, 트로츠키, 디에고 리베라, 프리다 칼로와 가깝게 지냈다.

**3-1-7]** 손상의 결과로 각 개인에게 생기는 열등감이나 열등의식은 자신의 사회적 위치에 대한 평가를 포함하며, 이것이 심리적 발달의 주된 추진력이 된다. 과보상은 "예감과 예지와 같은 심리적 현상뿐 아니라 그 능동적인 요소들, 즉 기억, 직감, 신중함, 감수성, 흥미, 즉 한마디로 모든 심리적 순간들을 더 강력한 차원으로 발달시키면서"(같은 책[아들러-K], p.11) 아픈 유기체에서 과건강의 의식을, 열등함에서 과적합성을, 손상으로부터 재능, 능력, 달란트로의 변형을 이끈다. 언어 결함을 겪었던 데모스테네스는 그리스의 위대한 웅변가가 되었다. 그는 타고난 손상을 확대하고, 장애를 강조하고 배가함으로써 그의 위대한 기술을 숙련했다고 전해진다. 그는 입에 자갈을 가득 물고, 자신의 목소리를 삼키는 바다의 파도 소리를 이기려 노력하면서 말하기 연습을 하곤 했다. 이탈리아의 격언처럼 "Se non è vero, è ben trovato"("이것이 사실은 아닐지라도, 딱 맞아떨어진다"). 완벽함에 이르는 길은 장애를 극복하는 과정에 놓여 있으며, 기능의 어려움은 그것을 개선하려는 동기이다. L. V. 베토벤과 A. B. 수보로프도 이러한 사례가 될 수 있다. 말더듬이 C. 데밀랭은 뛰어난 웅변가였으며, 농맹아인 H. 켈러는 유명한 작가이자 낙관주의의 전도자가 되었다.

*L.-S.-C.-B. 데뮐랭(Lucie-Simplice-Camille-Benoît Desmoulins, 1760~1794)은 프랑스 혁명가로 그의 저술과 연설은 바스티유 감옥 습격의 직접적인 도화선이 되었다. 그는 혁명 직후의 공포정치를 비판했고 로베스피에르에 의해 처형당했다. 비고츠키가 이 글을 쓸 당시 스탈린 역시 유사한 공포정치를 펼치며 최초 러시아 혁명을 이끌던 이들을 제거하고 있었다. 그중에는 비고츠키의 상관이었던 크룹스카야도 포함되어 있었다.

*А. С. Суворов는 А. В. Суворов의 오기誤記이다.

J.-A. 르콩트 뒤 누아(Jules-Antoine Lecomte du Nouÿ), 웅변술을 연습하는 데모스테네스, 1870.

이 그림은 전설적인 웅변가 데모스테네스가 웅변술을 연마하는 모습을 묘사한다. 한쪽 머리를 삭발한 후 집밖으로 나오지 않고 집에서만 웅변술을 연마했다고 한다.

*А. В. 수보로프(Александр Васильевич Суворов, 1729 혹은 1730~1800). 림니스키 백작이자 이탈리아 공작인 수보로프는 병약한 유년기를 보냈으나 군 경력을 쌓기 위해 이를 극복했다. 그는 러시아 제국의 영웅적인 지휘관으로, 바르샤바를 정복한 후 카타리나 여제에게 "Ура, Варшава наша!(만세, 바르샤바는 우리 것입니다!)"라는 승전보를 보냈고, 여제는 "Ура, фельдмаршал!(만세, 대원수!)"라고 답했다.

**3-2-1]** 우리가 특별한 주의를 기울여 이 학설을 살펴보아야 하는 두 가지 상황이 있다. 첫째, 특히 독일 사회-민주주의 진영에서 이 학설은 K. 마르크스의 사상과 종종 연결된다. 둘째, 그것은 내적으로 교육학, 즉 문화화 이론 및 실천과 연결되어 있다. 우리는 개인심리학 학설(즉 인격심리학의 아들러 버전-K)이 마르크스주의와 얼마나 양립할 수 있는지에 대한 질문은 한쪽으로 제쳐 둘 것이다. 이 질문을 해결하기 위해서는 특별한 연구가 필요할 것이다. 우리는 단지 마르크스와 아들러를 종합하려는 시도, 즉 인격에 대한 학설을 변증법적 유물론이라는 철학적·사회학적인 체계의 맥락 속에 포함하려는 시도가 있었다는 점을 지적하고, 두 사상의 수렴을 촉발할 수 있었던 근거가 무엇인지 이해하려고 노력할 것이다.

**3-2-2]** S. 프로이트 학파에서 새로운 방향이 출현한 것은 정신분석학 대표자들의 정치적·사회적 견해 차이에서 비롯되었다. 아들러와 그의 지지자들 일부가 정신분석학계에서 떠난 것은 분명 정치적 측면의 의미도 있었다고 F. 비텔스는 말한다. 아들러와 그의 9명의 친구는 사회민주당원이었다. 그의 추종자 중 다수는 이 계기를 강조하고 싶어 한다. O. 륄레는 말한다. "지금까지 지크문트 프로이트는 그의 학설이 지배적 사회 체계의 이익에 유용하도록 모든 일을 해 왔다. 이와 대조적

으로 A. 아들러의 개인심리학은 혁명적 성격을 지니며 그의 결론은 마르크스의 혁명적 사회학의 결론과 완전히 일치한다"(1926, c. 5). 그는 프롤레타리아 아동의 정신에 관한 연구에서 마르크스와 아들러의 종합을 시도한다.

**3-2-3]** 이미 말했듯이 이 모든 것은 논쟁의 여지가 있지만, 그러한 수렴을 심리적으로 가능하게 하는 두 계기는 주목할 가치가 있다.

**3-2-4]** 첫 번째는 이 새로운 학설의 변증법적 성격이고, 두 번째는 인격심리학의 사회적 기반이다. 아들러는 모순이 인격 발달을 추동한다고 변증법적으로 생각한다. 손상, 부적응, 열등감은 단순히 불리함, 결함, 부정적 가치가 아니라 과보상을 위한 자극이기도 하다. 아들러는 "유기체적 열등감이 주관적 열등감을 통해 보상과 과잉 보상을 향한 심리적 노력으로 변증법적으로 변모하는 기본 심리 법칙"을 추론한다(A. Adler, 1927, p. 57). 이로써 그는 심리학을 더 넓은 생물학적, 사회적 학설의 맥락에 포함시킬 수 있게 했다. 결국, 모든 진정한 과학적 사고는 변증법적 경로를 따라 움직인다. 찰스 다윈은 적응이 부적응, 투쟁, 소멸, 선택에 의해 발생한다고 가르쳤다. 마르크스는, 유토피아적 사회주의와는 달리, 자본주의의 발전이 필연적으로 프롤레타리아 독재에 의한 자본주의 전복을 거쳐 공산주의로 이어지는 것이며, 피상적 관점이 생각하듯 설핏 자본주의에서 벗어나는 것으로 일어나지 않는다고 가르쳤다. 아들러의 학설 또한 편리하고 고등한 (형식-K)은 필연적으로 불편하고 저차적인 것에서 발생한다는 것을 보여 주고자 했다.

**3-2-5]** A. Б. 잘킨트가 올바로 지적했듯이, 인격심리학은 마침내 "성격에 대한 접근에서 생물학적 정적성靜的性과 결별했으며, 이는 "진정으로 혁명적인 성격론의 조류"이다(1926, c. 177). 왜냐하면 이 학설은 프로이트의 학설과는 대조적으로 생물학적 운명을 역사와 사회적 삶의 추진력, 형성력으로 대체하기 때문이다. 아들러의 학설은-인간의 선천

적 체질이 신체의 구조, 성격을 결정하며 "인간 성격의 모든 추후 발전은 선천적으로 타고난 생물학적 유형의 수동적 전개일 뿐이다"라고 주장하는(같은 책, c.174) - E. 크레치머의 반동적인 생물학적 구조틀에 반대할 뿐만 아니라, 프로이트의 성격론과 대비된다. 그것은 다음 두 생각에서 후자와 구분된다. 인격 발달의 사회적 기반에 대한 생각과 이 과정의 최종 방향에 대한 생각. 개인심리학은 성격, 더 일반적으로는 인격의 심리적 발달과 유기적 저층이 의무적으로 연결된다는 것을 거부한다. 개인의 모든 정신적인 삶은 단일 과제-인간 사회의 내재적 논리에 대해, 사회적 존재의 요구에 대해 규정된 입장을 확보하는 것-를 해결하기 위한 전투태세의 변화로 이루어진다. 궁극적으로 개인의 운명을 결정하는 것은 손상(인격적 손상-K) 자체가 아니라 그것의 사회적 결과, 즉 그것의 사회적 심리적 구현이다. 이와 관련하여 심리학자에게는 각각의 심리적 작용을 과거뿐만 아니라 인격의 미래와도 연관하여 이해하는 것이 반드시 필요하게 되었다. 우리는 이것을 우리 행동의 최종 방향이라고 칭할 수 있다. 이처럼 심리적 현상을 과거뿐 아니라 그 미래로부터 이해하는 것은 본질적으로, 현상을 끊임없는 운동으로 이해하고 현상의 현재로 결정되는 그 경향과 미래를 밝히라는 변증법적 요구 외에 다른 것을 의미하지 않는다. 인격 구조, 성격에 관한 학설에서 새로운 이해는 심리학에 가장 큰 가치를 지닌 미래의 전망을 도입하며, 이는 프로이트와 E. 크레치머의 보수적이고 과거 지향적인 학설로부터 우리를 해방시킨다.

**3-2-6]** 모든 유기체의 삶이 생물학적 적응의 필요에 의해 인도되듯, 인격의 삶도 그 사회적 존재의 필요에 의해 인도된다. 아들러는 말한다. "우리는 우리 앞에 어떤 목적을 갖지 않고는 생각하고, 느끼고, 희망하고, 행동할 수 없다"(A. Adler, 1927, c. 2). 개별 행동과 인격 전체의 발달 모두 그들의 기저에 놓인 미래를 향한 경향으로 이해할 수 있다. 다른

말로 하면 "인간의 심리적 삶은 훌륭한 희곡 작가가 창조한 등장인물처럼 자신의 제5막을 추구할 것이다"(같은 책, pp. 2-3).

고야, 회개하지 않고 죽어가는 자를 돕는 성 프란치스코 보르자, 1788.

비고츠키가 언급했던 '제5막'은 바로 죽음을 의미한다. 비고츠키의 초기 저작 중 하나는 루리아와 공동 저술한 『쾌락 원칙을 넘어서』에 대한 서문이었는데, 이 책에서 프로이트는 인간의 삶을 결정하는 두 가지 위대한 '충동'이 실제로 존재한다고 소개했다. 하나는 삶을 보존하려는 충동(우리가 성관계를 맺고 번식하도록 이끄는 리비도)이고, 다른 하나는 삶을 파괴하려는 충동(우리가 타인과 자신을 죽이도록 이끄는 타나토스)이다.

프로이트는 이 이론으로 세계대전을 설명했다. 프로이트는 이 아이디어를 아들러(그리고 나중에 모스크바에서 비고츠키 학파에 합류한 융의 환자 중 한 명인 사비나 슈필라인)에게서 얻었다. 그러나 '죽음 충동' 이론에는 결함이 있다. '죽음 충동'이 소멸되지 않도록 하는 것은 무엇인가? 여기서 고야는 설명한다. 우리를 삶의 제5막으로 이끄는 것은 이 삶을 떠나려는 욕망이 아니라 늙음에서 벗어나 천국과 같은 어떤 다른 세상에서 영원히 젊음을 유지하려는 욕망이다. 그렇다면 죄인이 살아 있는 동안은 죄 많은 충동을 쫓다가 죽음 직전에야 회개하고 천국에 가는 것을 막는 것은 무엇인가?

18세기에 독실한 가톨릭 신자들은 보통 심리적으로 후회할 능력이 없는 불회개자라는 유형이 있으며, 이들은 태어나기도 전에 하느님께서 지옥으로 정죄하셨다고 주장했다. 모차르트는 고야가 이 그림을 그리기 직전에 이러한 내용을 바탕으로 오페라 「돈 조반니」를 썼으며, 이는 고야가 보았을지도 모르는 가톨릭 수도사 티르소 데 몰리나가 쓴 인기 있는 스페인 희곡에 기반을 두고 있다. 이 그림을 통해 고야는 선량한 가톨릭 교리에 반하여, 계몽된 사제들이 징표와 상징을 사용하여 내면의 악마를 몰아낼 수만 있다면, 제5막의 구원은 회개하지 않는 자들에게도 가능하다고 주장한다.

최근의 과학 연구는 타인과 자신을 죽이려는 충동을 재해석한다. 아들러의 생각과는 반대로 제2차 세계대전 동안 양측 군대는 전투에서 다른 사람을 죽일 수 있는 사람이 15% 정도에 불과하다는 것을 발견했다. 나치는 이 문제를 해결하기 위해 단순히 메스암페타민(중추신경 자극제) 약물을 사용했다(이것이 히틀러의 프랑스와 소련 '블리츠크리그' 배후에 있던 실제 '비밀 무기'이다). 미국 군대는 스키너의 '조작적 조건화' 기법 프로그램을 이용하여, 한국 전쟁에서 이 비율을 약 50%로, 베트남 전쟁에서는 90%로 끌어올렸다. 이들의 많은 발견은 현대 비디오게임에서 '살상 중독'을 유도하는 데 사용되고 있다(Grossman, 1995, Kirsch, Dimitijevic, & Bucholz, 2022).

Grossman, D. (1995). *On Killing: the Psychological Cost of Learning to Kill in War and Society*(살인에 대하여: 전쟁과 사회에서 살인을 배우는 심리적 비용). Boston: Little Brown.

Kirsch, M. Dimitijevic, A. Bucholz, M. B. (2022). "Death drive" scientifically reconsidered: Not a drive but a collection of trauma-induced auto-addictive diseases(과학적으로 재해석된 "죽음 충동": 충동이 아니라 외상으로 인한 자가 중독성 질환 모음). *Frontiers in Psychology, 13.* https://doi.org/10.3389/fpsyg.2022.941328

**3-2-7]** 심리적 과정을 이해하기 위해 이 이론을 통해 소개된 미래의 전망은 우리의 주의를 아들러의 방법으로 이끈 두 계기 중 하나인 개인심리학적 교육학으로 우리를 이끈다. 비텔스는 교육학을 아들러 심리학의 주요 적용 분야라고 부른다. 사실상 교육학이 기술적 심리학적 경향과 맺는 관계는 의학이 생물학적 과학과, 기술이 물리화학적 과학과, 정치학이 사회과학과 맺는 관계와 같다. 그것(교육학-K)은 여기서 가장 높은 진실의 기준이다. 실천은 인간에게 그의 생각의 진실됨을 증명하기 때문이다. 바로 이 심리학적 조류가 아동 발달과 교육을 이해하도록 돕는 이유가 애초부터 분명하다. 따라서 어린이의 부적응에 과보상, 즉 기능의 과발달의 원천이 놓여 있다. 유년기에 어떤 유형의 동물이 더 잘 적응하면 할수록 발달과 문화화의 잠재적 가능성은 더 적다. 과잉 가치는 열등감의 존재를 담보로 주어진다. 따라서 어린이의 발달을 촉진하는 힘은 부적응과 과보상에 있다. 그러한 이해가 우리에게 계급 심리학과 교육에 대한 열쇠를 건넨다.

**3-2-8]** 하천의 흐름이 강둑과 수로를 따라 결정되는 것처럼 심리적 흐름, 발달하고 성장하는 사람의 삶의 단면은 객관적 필연성으로 인격의 사회적 수로와 사회적 강둑에 의해 결정된다.

3-3-1] 청각, 시각 등에 손상을 가진 어린이의 문화화를 위한 이론과 실천에서, 과보상 학설은 근본적 의의를 지니며, 심리적 토대로 작용한다. 손상이 마이너스, 즉 결함이나 약점일 뿐 아니라 플러스, 즉 어떤 긍정적 의미를 지닌 힘과 능력의 원천임을 알게 되었을 때, 교육자 앞에 어떤 전망이 열리겠는가! 본질적으로, 심리학은 오래전부터 이를 가르쳐 왔고, 교육자들은 오래전부터 이를 알고 있었지만, 지금에 와서야 과학적으로 정확하게 가장 중요한 법칙으로 공식화되었다. 어린이가 근시라면 모든 것을 보고 싶어 할 것이고, 청력 이상이 있으면 모든 것을 듣고 싶어 할 것이다. 말하는 데 어려움이 있거나 말을 더듬는다면 이야기하고 싶어 할 것이다. 날고 싶은 욕구는 뛰는 것조차 큰 어려움을 겪는 어린이에게서 나타날 것이다(A. Adler, 1927, p. 57). 이러한 "유기체적으로 주어진 결함성과 욕망, 환상, 꿈, 즉 보상에 대한 정신적 갈망 사이의 대립…"(같은 책) 속에, 모든 문화화의 출발점과 원동력이 놓여 있다. 문화화의 실천은 모든 단계에서 이를 확증한다. 만약 우리가 "한 소년이 다리를 절고 그래서 누구보다 가장 잘 달린다"라는 말을 듣는다면, 우리는 동일한 법칙에 관한 이야기라는 것을 이해할 것이다. 만약 정상적 조건일 때의 최대치와 비교할 때, 장애물이 있을 때 반응이 더 큰 속력과 힘으로 일어날 수 있다는 것을 실험 연구가 보여 준다면, 우리

는 동일한 법칙을 마주 보고 있는 것이다.

**3-3-2]** 인간의 인격에 대한 고등한 관념, 이 인격의 유기적 일관성 및 통일성에 대한 이해가 비일반적 어린이 문화화의 토대에 놓여야 한다.

**3-3-3]** 다른 심리학자들보다 인격 구조를 더 깊이 조사한 W. 스턴 은 다음과 같이 믿었다. "우리는 개인의 어떤 특성의 이상성이 확립되었 다고 해서 이를 근거로 그 사람의 이상성을 도출할 그 어떤 권리도 없 다. 이는 인격의 확립된 이상성을 단일한 근본 원인이 되는 하나의 특 성으로 환원할 수 없는 것과 같다"(W. Stern, 1921, pp. 163-164).

**3-3-4]** 이 법칙은 신체와 심리에, 의학과 교육학에 적용된다. 의학 에서는 건강이나 질병의 유일한 기준이 전체 유기체의 적절하거나 부적 절한 기능이며, 각각의 이상성은 유기체의 다른 기능으로 얼마나 정상 적 보상이 되는지 또는 보상이 되지 않는지에 따라 평가된다는 견해가 점점 더 주된 입지를 다져 가고 있다(같은 책, p. 164). 심리학에서도 이 상성에 대한 미시적 분석은 그것(이상성-K)을 인격의 전반적인 이상성 의 표현으로 보는 관점을 재평가, 재고려하도록 이끌었다. 스턴의 이러 한 아이디어를 교육에 적용한다면, '손상 아동'이라는 개념과 용어를 모 두 버려야 한다.

**3-3-5]** T. 립스는 여기서 정신 활동의 일반 법칙을 발견하고 이를 댐의 법칙이라고 불렀다(T. Lipps, 1906, *Leitfaden der psychologie*, pp. 108-110, *Gesetz der Stauung*-K). "정신적 사건의 자연스러운 흐름이 끊 기거나 느려지면, 혹은 이 흐름의 어떤 지점에 외부 요소가 나타나면 정신적 사건의 흐름이 중단, 지연 또는 교란되는 곳에서 범람이 발생한 다"(T. Lipps, 1907, p. 127). 이 지점에서는 에너지가 집중적으로 증가하 여 지연을 극복할 수 있다. 에너지는 우회 경로를 택할 수도 있다. "무엇 보다도 여기에는 손실된 것이나 단순 손상된 것에 대한 고도의 평가가

포함된다"(같은 책, p. 128). 여기에는 이미 과보상에 대한 전체 아이디어가 포함되어 있다. 립스는 이 법칙에 보편적인 의미를 부여했다. 일반적으로 그는 모든 욕망을 범람 현상으로 간주한다. 립스는 희극적, 비극적인 체험뿐만 아니라 생각 과정도 이 법칙의 작용으로 설명했다.

**3-3-6]** 립스는 말한다. 장애물이 발생하면 "모든 합목적적 활동은 필연적으로 이전의, 목적이 없거나 자동화된 사건의 경로를 따라 일어난다." 댐이 있는 곳의 에너지는 "한 측면으로 이동하는 경향이 있다. … 직접 도달할 수 없는 목표는 범람의 힘 덕분에 이러한 우회로 중 하나를 통해 달성된다"(같은 책, p. 279).

**3-3-7]** 오직 어려움, 지연, 장애물 덕분에 다른 정신적 과정의 목표가 가능해진다. 자동으로 작동하는 어떤 기능 중 하나의 중단 지점, 붕괴 지점은 이 지점을 향하는 다른 기능들의 '목표'가 되므로 합목적적인 활동의 형태를 띠게 된다. 바로 이 때문에 손상과 그로 인한 인격 기능의 붕괴가 개인의 모든 정신적 능력 발달에서 최종 목표점이 된다. 아들러가 손상을 발달의 주요 원동력이며 삶의 단면의 목표이자 최종 지점이라고 부르는 이유는 바로 이 때문이다. '손상-과보상'의 노선은 어떤 기능이나 기관에 손상을 입은 아동의 발달의 주제 선율이다. 이처럼 '목표'는 미리 주어지는 것이며, 본질적으로 목표처럼 보일 뿐 실제로는 발달의 근본 원인이다.

고야, 날아가는 방법, 1819.

고야가 팔이 아닌 다리를 비행 동력원으로 묘사한 점에 주목하자. 다리가 팔보다 힘의 결핍을 더 잘 보상할 수 있다는 점에서 이는 합리적이다. 그러나 이것이 나는 방법이 될 수는 없다.

이 장에서 비고츠키는 날아가는 방법을 과보상의 형태로 제시한다. 그러나 아들러가 제시한 방법은 비고츠키 자신의 이론과 세 측면에서 다르다.

| 과보상의 측면 | 아들러 | 비고츠키 |
|---|---|---|
| 과보상의 원인 | 손상에 대한 개인적 반응 | 손상에 대한 사회적 반응 |
| 발달의 원천 | 개인 | 사회적 환경 |
| 발달의 목표 | 타인에 대한 우월성 | 타인과의 평등성 |

첫째, 아들러의 과보상 이론은 보상의 근본 원인이 손상에 대한 반응으로 나타나는 개인적, 심리적 열등감에 있다고 본다. 어린이는 점프를 할 수 없음을 알고 열등감을 느끼며 이로 인해 날고 싶어 하게 된다는 것이다. 그러나 비고츠키의 이론은 보상의 근본 원인이 손상 자체에 있지 않다고 말한다. 손상 아동은 처음에 손상에 대해 전혀 알지 못한다. 물론 어린이는 손상에 대한 사회적 반응으로 인해 열등감과 보상의 형태를 학습할 수(혹은 학습하지 않을 수) 있다. 그러나 이는 이 사회적 반응에 대한 이차적이고 내면화된 형태일 뿐이다. 보상의 근본 원인은 손상이 아니라 손상에 대한 사회적 반응이다.

둘째, 아들러의 과보상 이론은 발달의 원천이 개인 자신이라고 말한다. 그의 이론이 개인심리학이라고 불리는 이유는 이 때문이다. 또한 그의 이론이 사회 심리학보다는 스턴의 인격심리학과 밀접히 연관되는 것도 이 때문이다. 아들러에게 발달의 노선은 단순히 '손상-보상'으로, 이는 '자극-반응', '작용-반작용'의 원칙과 동일선상에 있다. 반대로 비고츠키는 사회적 환경이 발달의 궁극적이고 일반적인 원천이라고 말한다. 이 사회적 환경은 또한 어린이가 말을 통해 스스로 영향을 미칠 수 있는 것이기도 하다.

셋째, 아들러의 과보상 이론은 발달의 목적이 우월성이라고 말한다. 이는 아들러의 과보상을 니체의 초인Uber-mensch과 연결하는 고리이다. 그러나 비고츠키는 발달의 목적이 타인과의 평등성이며 발달노선은 환경의 '이상적 형태'를 내면화하는 것—어린이가 말을 배울 때 주위에서 듣는 말을 내면화하듯이—이라고 간주한다. 비고츠키는 그가 '모방'이라고 부른 팔과 손의 움직임(수화)을 이용하는 공동체가 존재하지 않으므로 이것이 언어의 한 형태가 될 수 없다고 생각했으나 이는 잘못된 판단이었다.

비고츠키가 자신의 생각과 다른 아들러의 이론을 길게 다루는 이유는 무엇일까? 첫째, 비고츠키는 종종 다른 이들의 관점을 소개한다. 이는 교사로서(그리고 유창한 독일어 독자로서) 그가 하는 일 중 하나였다. 둘째, 비고츠키는 아들러에게서 매력 있는 부분을 상당히 발견한다. 그는 변증법을 표방했고 마르크스주의자임을 자임했다. 그는 프로이트와 크레치머가 빈곤한 이들을 위한 치료시설을 확장하는 대신 부유한 환자들의 치료에 치중했음을 비판하고(아들러는 빈의 사업가들이 아닌 서커스 단원과 공장노동자들을 치료했다) 자선과 도움 대신 투쟁과 해방을 강조했다.

그런데 가장 흥미로운 셋째는, 비고츠키가 종종 타인에 대한 '내재적 비판'을 통해 자신의 생각을 발달시킨다는 것이다. 비고츠키는 '자극-반응'이나 심지어 '손상-보상'이 정상 발달이나 이상 발달을 설명할 때 적합한 방법이 아니라는 것을 감지하기 시작하고 있었다. '자극-반응'이나 '손상-보상'은 미리 목적을 제시하지 않는다. 보상은 '이상적' 형태가 아니다. 그러나 미리 목적을 가지고 이상적 형태를 제시하는 것은 손상이 의미하는 바와, 과거로부터 손상이 어떻게 대처되었는지 이해할 때 필수적이다. 결국 궁극적으로 비행을 가능하게 하는 것은 개인화된 팔과 개별화된 다리가 아니라 과학과 기술이다.

3-3-8]  다양한 손상이 있는 어린이들의 문화화는, 손상과 동시에 반대 방향의 심리적 경향도 주어지며 손상을 극복할 수 있는 보상 가능성이 주어진다는 사실과, 바로 그것이 아동 발달 과정에서 최전선으로 나서므로 문화화 과정에서 원동력으로 포함되어야 한다는 사실에 기초해야 한다. 과보상을 향한 자연스러운 경향의 노선을 따라 전체 문

화화 과정을 구축한다는 것은 손상으로 인해 발생하는 어려움을 완화하는 것을 의미하는 것이 아니라 그것을 보상하기 위해 모든 힘을 긴장시키고, 새로운 각도에서 전체 인격의 점진적 형성에 상응하는 과업을 올바른 순서로 제시하는 것을 의미한다.

**3-3-9]** 교육자에게 얼마나 해방적인 진리인가! 맹인은 결여된 기능 위에 심리적 상부구조를 발달시키며, 이는 하나의 과제에 집중된다. 즉, 시각을 대체하는 것이다. 농인은 모든 방법을 동원하여 말 못하는 사람으로서의 고립과 분리를 극복하기 위한 수단을 고안해 낸다! 지금까지 우리에게 이러한 심리적 힘, 즉 이러한 아이들 안에서 만개하는 건강과 사회적 완전성을 향한 의지는 헛되이 남겨져서 사용되지도, 주목되지도 않았다. 손상은 단지 손상 또는 마이너스로 정태적으로만 간주되었다. 손상의 작용으로 나타나는 긍정적 힘은 문화화 과정에서 한 켠으로 배제되어 있었다. 심리학자와 교육자는 아들러의 '유기체적으로 주어진 결함성과 이를 보상하려는 심리적 노력 간의 대립'이라는 법칙을 알지 못했다. 그들은 단지 첫 번째 요소, 즉 결함성만을 고려했다. 그들은 손상이 단지 심리적 빈곤의 원천이 아니라 풍요의 원천이기도 하며, 그저 약점이 아니라 강점의 근원이기도 하다는 점을 깨닫지 못했다. 그들은 맹인 아동의 발달이 시각 상실을 향한다고 여겼다. 발달은 시각 상실의 극복으로 향한다는 것이 드러난다. 시각 상실의 심리학은 본질적으로 시각 상실 극복의 심리학이다.

**3-3-10]** 손상의 심리에 대한 잘못된 개념은 농아 아동과 맹인 아동의 전통적 문화화가 실패한 이유였다. 손상을 단지 결함으로만 보는 예전의 이해는 건강한 아이에게 천연두 예방접종을 하는 것을 보면서 그에게 질병을 주입한다고 말하는 것과 비슷하다. 사실, 그에게는 과건강이 주입되고 있는 것이다. 가장 중요한 것은 문화화가 자연적 발달의 힘뿐만 아니라 그것이 지향해야 하는 최종 목표에 의존한다는 것이다.

사회적 적합성은 문화화의 최종 목표 지점이다. 모든 과보상 과정은 사회적 지위의 획득을 지향하기 때문이다. 보상은-심지어 긍정적인 의미에서도- 정상으로부터 더 이탈하는 방향으로 나아가지 않으며, 인격의 과잉 정상적 발달, 한 측면만의 기괴한, 비대해진 발달로 이어지지 않고, 반대로 규범적 측면, 특정한 사회적 유형에 접근하는 측면으로 나아간다. 과보상의 규범은 인격의 특정한 사회적 유형이다. 세상과 단절된, 모든 사회적 연결에서 배제된 것 같은 농아 아동에게서 우리는 사회적 본능, 공동체적 삶에 대한 의지, 의사소통에 대한 갈망이 감소하는 것이 아니라 오히려 증가하는 것을 발견하게 될 것이다. 그의 심리적 언어 능력은 신체적 언어 능력에 반비례한다. 역설처럼 보일 수도 있지만 농인 아동은 일반 아동보다 더 많이 말을 하고 싶어 하며 언어에 끌린다. 우리의 교수학습은 이를 지나쳤고, 농아 아동은 아무런 교육을 받지 않았음에도 불구하고 이러한 끌림에서 그들만의 언어를 발전시키고 창조해 나갔다. 여기에 심리학자가 생각해 봐야 할 점이 있다. 이것이 바로 우리가 농아인의 입말 발달에서 실패한 이유다. 마찬가지로 맹인 어린이는 높은 공간 숙달 능력을 가지며, 시력이 있는 어린이들보다-우리가 눈으로 쉽게 볼 수 있는- 세상에 대한 더 큰 이끌림을 갖는다. 손상은 약점일 뿐만 아니라 강점이기도 하다. 이러한 심리학적 진실은 손상을 가진 어린이의 사회적 문화화에서 알파이자 오메가이다.

3-4-1] T. 립스, W. 스턴, A. 아들러의 아이디어에는 손상을 가진 어린이를 양육하기 위한 심리학의 건강한 핵심이 들어 있다. 그러나 이 아이디어들은 어떤 모호함에 가려져 있어서 그것을 완전히 숙달하기 위해서는 형태나 취지에서 그에 가까운 다른 심리학 이론 및 관점들과 어떤 관계를 맺고 있는지 명확히 이해할 필요가 있다.

3-4-2] 첫째, 이러한 아이디어는 과학적 낙관주의에서 나온 것으로 의심하기 쉽다. 손상과 함께 그것을 극복할 수 있는 힘도 주어진다면, 모든 손상은 축복이다. 그렇지 않은가? 그러나 과보상은 이 과정에서 가능한 두 가지 결과 중 하나의 극단적인 지점일 뿐이며, 손상으로 인해 복잡해진 발달의 두 극단 중 하나이다. 다른 극단은 보상 실패, 질병으로의 도피, 신경증, 심리적 입장의 완전한 비사회성이다. 실패한 보상은 질병의 도움으로 방어적인 투쟁으로 바뀌고 전체 삶의 측면을 잘못된 길로 인도하는 가상의 목표로 변한다. 이 두 극, 극단적 사례들 사이에는 최소에서 최대에 이르는 가능한 모든 보상 정도가 분포된다.

3-4-3] 둘째, 이러한 개념은 의미상 정반대 개념과 혼동되기 쉽고, 그 안에서 손상과 고통에 대한 기독교-신비주의적 평가로의 회귀, 근본적인 퇴행을 보기 쉽다. 앞서 언급한 아이디어와 함께 건강을 해치는 질환을 높이 평가하고, 고통이 주는 이점을 인정하며, 일반적으로 강하

고 가치 있고 강력한 삶을 희생하여 약하고 비참하고 허약한 삶의 형태를 배양하는 것이 병행되지 않는가? 아니다. 새로운 학설은 고통 자체가 아니라 그 극복을, 손상에 대한 체념이 아니라 그에 대한 저항을, 약함 자체가 아니라 그에 담긴 충동과 힘의 원천을 긍정적으로 평가한다. 따라서 그것은 병약함에 대한 기독교적 사상과 정반대이다. 영혼의 빈곤이 아니라 잠재적인 풍요로움, 가난을 극복하고 자산을 축적하려는 충동으로서의 가난을 여기서 복이라고 부른다. 힘과 권력의 이상은 아들러를 F. 니체에 가깝게 만든다. 니체에게 개인심리는 권세, 권력으로의 의지로서, 근본적 욕구로서 나타난다. 과보상의 최종 지점으로서 사회적 유용성 학설은 심리학을 약함에 대한 기독교적 이상뿐 아니라 개인의 힘에 대한 니체적 숭배로부터도 동등하게 뚜렷이 구분한다.

**3-4-4]** 셋째, 손상의 과보상에 대한 학설은 오래된 순진한 생물학적 기관 보상 이론, 즉 감각 기관 대리(Sinnesvikariat, 감각이 대리자로서 기능을 대신할 수 있다는 개념-K) 이론과 명확하게 구분되어야 한다. 이 이론에 기능의 손실이 그 자리를 대신하는 다른 기능의 발달을 촉진한다는 진리에 대한 최초의 과학적 직관이 포함된 것은 의심의 여지가 없다. 그러나 그 직관은 순진하고 왜곡된 방식으로 표현되었다. 감각 기관 간의 관계는 쌍을 이루는 기관들(예: 팔, 다리, 폐, 신장, 부신 등, 각각 형태가 대칭적이고 기능이 동일한 기관들-K) 간의 관계와 직접적으로 동일시되었다. 예컨대, 건강한 신장이 손상된 신장의 기능을 대신하듯, 촉각과 청각이 시각의 손실을 직접적으로 보상한다고 여겨졌다. 유기적 마이너스가 기계적으로 유기적 플러스로 대체되지만, 이처럼 모든 사회적·심리적 과정을 건너뛰는 설명에서는 귀와 피부가 보상을 수행하도록 자극받는 이유가 불명확하게 남는다. 결국, 시각 상실은 생명 유지 기능(예: 호흡과 심장박동-K)에 영향을 미치지 않는다. 실천과 과학은 이 학설의 파산을 이미 오래전에 밝혀냈다. 사실적 연구는 시각 결손으로 인해 맹

아 아동에게 자동으로 촉각이나 청각의 강화가 일어나지 않는다는 것을 보여 준다(K. Burklen, 1924). 오히려 시각 자체가 대체되는 것이 아니라, 시각 부재로 인해 발생하는 어려움들이 심리적 상부구조의 발달을 통해 해결된다. 여기서 우리는 맹인이 뛰어난 기억력, 집중력, 언어 능력을 갖춘다는 의견과 만난다. 맹인 심리에 대한 최고의 연구를 수행한 A. 페첼트(A. Petzelt, 1924)는 이러한 현상을 통해 과보상의 기본적인 면모를 발견한다. 그는 맹인 인격의 가장 특징적인 것이 언어를 통해 시각적 사회 경험을 습득할 수 있는 능력이라고 생각한다. H. 그리스바흐는 감각 대리(Sinnesvikariat-K) 신조가 비판을 견디지 못했음을 지적한다. 그는 말한다. "감각 대리 이론은 맹인을 시각 사회와 가깝게 하는 만큼 맹인을 시각 사회에서 멀리 떨어뜨린다"(같은 책, pp. 30-31). 이 이론에는 진리의 씨앗이 분명히 존재한다. 그것은 모든 손상이 단순히 고립된 기능 상실에 그치지 않고, 전체 인격의 근본적인 재구조화를 수반하며 삶에 새로운 심리적 힘을 일깨우고 새로운 방향성을 부여한다는 이해에 포함되어 있다. 그러나 보상을 순진하게 유기적 성격으로 이해하고, 이 과정에서의 사회적·심리적 요소를 무시하며, 과보상의 궁극적인 방향성과 일반적 본질을 고려하지 않는 점만이 이전 이론과 새로운 이론을 구분 짓는 요소이다.

이 그림에서 부제副祭, vicar는 신부神父를 대리하는 사람을 의미하며, 신부는 임대 수익을 얻는 반면, 부제는 신부로부터 급여를 받는다. 감각 기관 대리Sinnesvikariat 또는 대리 감각vicarious sensing은 시각 기관이 제 기능을 하지 않을 때, 촉각과 청각이 시각의 역할을 대신함을 의미한다.

*A. 페첼트(Alfred Petzelt, 1886~1967)는 진보적이고 비판적인 독일 교육자로, 나치와 동독 공산주의 모두와 갈등을 겪은 인물이다. 그는 철학적으로 신칸트학파에 속했으며, 다른 신칸트학파 철학자들처럼 지

고야, 지붕 덮인 아치형 통로에서 부제(副祭)와 대화하는 여인, 1812~1820년으로 추정.

식의 필수 전제 조건에 관심을 가졌다. 그는 공간, 시간, 색깔과 같은 개념들이 사물의 본질적인 특성이 아니라 인간 사고방식의 구성 요소라고 믿었다. 이러한 개념들은 인간 정신에 내재하기 때문에 보편적인 인식 조건으로 작용하며, 이러한 점에서 인간의 지각 기관과 유사하다. 따라서 페첼트는 맹인이 시각장애가 없는 사람들로부터 이야기를 들음으로써 '대리적으로' 시각 세계를 즐길 수 있다고 믿었다. 하지만 이러한 방식은 맹인을 통합하는 만큼이나 분리하는 역할도 한다. 페첼트는 그리스바흐에 대한 참고 문헌을 제공하지 않았지만, 이는 아마도 식물학, 동물학, 학교 위생 및 도덕에 대한 광범위한 저술을 남긴 H. A. 그리스바흐(Hermann Adolf Griesbach, 1854~1941)를 의미하는 것으로 보인다.

대리(Vicarious)는 다른 사람의 이야기를 들으며 어떤 쾌락을 누리는 것을 의미한다. 이 점에서 그림 속 여성이 고해소에 있지 않고, 부제가 미소를 짓고 있다는 점에 주목해야 한다. 고야는 부제가 젊은 여성의 고해성사를 들으면서 성적 만족을 얻음을 교묘하게 암시하고 있다. 그러나 이러한 대리 방식으로 성적 즐거움을 누리는 것은 부제를 성性과 연결시키는 만큼 분리하는 역할도 한다.

**3-4-5]** 넷째로, 그리고 마지막으로, 최근 몇 년간 반사학 데이터를 근간으로 소비에트에서 구축되어 온 치료적 사회 교육학에 대해 아들러 학설이 맺는 진정한 관련성을 확립할 필요가 있다. 이 두 학파 간 사상의 차이는, 조건반사 학설이 문화화 과정의 기제 자체를 구성하는 과학적 토대를 제공하고, 과보상 학설은 아동 발달 과정 자체를 이해하는 과학적 근거를 제공한다는 사실로 귀결된다. 나를 포함한 많은 저자들이 조건반사의 관점에서 맹인 또는 농인의 교수학습을 분석했으며 매우 중요한 결론에 도달했다. 즉, 시력이 있는 아동과 맹인 아동의 문화화 사이에 근본적인 차이가 없고 새로운 조건적 연결은 어떠한 분석기에서나 같은 방식으로 형성되며, 조직된 외부 작용의 영향이 문화화를 결정짓는 힘이라는 것이다. И. А. 소콜랸스키의 지도하에 있는 모든 학파가 이 학설에 기초한 새로운 농아인 언어 교수학습 방법을 개발하였으며, 이는 실천적으로 놀라운 성과와, 가장 진보적인 유럽의 수르도 교육학의 구성을 앞지르는 이론적 명제를 모두 달성했다. 하지만 우리는 여기에서 멈춰서는 안 된다. 맹인, 농인, 일반 아동의 문화화 사이

의 모든 차이가 이론적으로 사라진다고 가정할 수는 없다. 왜냐하면 실제로 이러한 차이는 존재하며 그 자체가 스스로 드러나기 때문이다. 수르도-티플로 교육학의 모든 역사적 경험이 이를 말해 준다. 손상이 있는 아동의 발달적 특성을 고려하는 것이 여전히 필요하다. 교육자는 특수교육의 고유성이 무엇에 근거하고 있는지, 아동 발달의 어떤 사실이 이 고유성에 부합하고 그것을 요구하는지도 알아야 한다. 교육학적 관점에서 볼 때, 맹인 혹은 농인 아동이 일반 아동과 원칙적으로 동일시될 수 있는 것은 사실이다. 하지만 그는 다른 방식, 다른 경로, 다른 수단을 통해, 일반 아동이 성취하는 것과 같은 것을 성취한다. 그리고 교사가 아동이 따라야 할 길의 고유성을 정확히 아는 것은 특히 중요하다. 맹인의 전기傳記는 시력이 있는 사람의 전기와 다르다. 실명이 전체 발달노선에 심오한 고유성을 초래하지 않을 것임을 인정하는 것은 불가능하다.

율리야 비노그라도바와 함께 있는 소콜랸스키. 책상 위의 장치는 195년대에 시각장애인을 위해 그가 개발한 많은 독서 장치 중 하나인 텔레탁토르(Teletaktor)이다.

*И. А. 소콜랸스키(Иван Афанасьевич Соколянский, 1889~1960)
는 혁명 투사였다. 체포와 석방 후에 그는 차르 정권하에서 세워진 농
장에서 청각장애인들과 함께 일했고, 혁명 후에는 하르키우 공교육 연
구소에서 손상학 교사가 되었다. 당원으로서 그는 전소 우크라이나 협
회 '마르크스주의 교사'를 이끌었는데, 러시아에서 그 협회 의장은 나
데즈다 크룹스카야였다. 그는 그라보로프, 프로토포포프, 보로비요프,
비고츠키와 함께 일했다. 그는 또한 율리아 비노그라도바와 올가 스코
로도호도바와 같은 시청각장애인을 가르쳤으며, 소련에서 이들은 미국
의 로라 브리지먼과 헬렌 켈러만큼이나 유명한 교사가 되었다.

비고츠키처럼 분리에 반대했기 때문에, 소콜랸스키는 고리키, 마카
렌코, 그리고 OGPU/NKVD(합동국가정치국/내무인민위원부)가 세우고
있던 청소년 범죄자 형벌 수용소 설립 계획을 강하게 반대했다(그래서
그는 마카렌코의 '교육적 시'의 한 장章에서 풍자되었다). 그는 두 번 체포되
어 곧장 노동 수용소로 보내졌지만, 숙청을 당하지 않고 살아남았다.
그는 BBC 다큐멘터리 〈자고르스크의 나비〉의 주제가 된 자고르스크
에 위치한 시청각장애인을 위한 실험적 병원을 설립하는 데 기여했다.
철학자 에발드 일렌코프를 포함한 많은 사람들은 그 병원이 선천적인
시각, 청각장애인들에게 정상적인 말을 가르쳤다고 주장했다. 이것은
사실이 아닌 것으로 판명되었다. 그 병원에서 배출된 유명인들은 유아
기 이후에 후천적으로 시각과 청각의 장애를 갖게 된 이들이었다.

**3-4-6]** 본질적으로 심리적 행위의 최종적인 특징인 미래에 대한 지
향은 이미 가장 초보적인 행동 형태에서 나타난다. 이미 И. П. 파블로
프 학파가 조건반사 기제를 연구하며 다루는 가장 단순한 행동 형태에
도 행동의 목적추구성이 나타난다. 파블로프는 선천적 반사 중에서 고
유한 목표 반사를 구별한다. 그는 이 모순된 명칭을 통해 아마도 두 가
지 계기를 지적하고 싶었을 것이다. 첫째, 여기서도 우리는 반사 기제를
다루고 있다는 것이다. 둘째, 이러한 기제가 합목적적 활동의 모습을 보

인다—즉, 미래와 관련해서만 이해될 수 있다는 것이다. 파블로프는 말한다. "모든 생명은 한 가지 목표, 즉 생명 자체의 보존이라는 목표의 실현이다. …" 그는 또한 이 반사를 생명 반사라고 부른다. "모든 삶, 모든 삶의 개선, 모든 삶의 문화는 목적 반사로 주어지며, 스스로 자기 삶에서 설정한 이러저러한 목적을 추구하는 사람들에 의해서만 이루어진다." 파블로프는 이 반사가 문화화에서 지니는 의미를 직접적으로 공식화한다. 그의 아이디어는 보상 학설과 일치한다. 그는 말한다. "목표 반사가 완전하고 정확하고 효과적으로 나타나기 위해서는 어떤 긴장이 필요하다. 이 반사를 가장 고도로 구체화한 앵글로색슨은 이것을 잘 알고 있으므로 무엇이 목표를 달성하기 위한 주요 조건이냐는 문제에 대해 그는 러시아인의 눈과 귀에는 예기치 못한, 믿기 어려운 방식으로 답한다. "장애물의 존재." 그는 마치 다음과 같이 말하는 듯하다. "내 목표 반사가 장애물에 반응하여 긴장되도록 하라. 그러고 나서야 나는 목표에—아무리 달성하기 어렵더라도— 도달할 것이다." 흥미로운 점은, 대답에서 그가 목표 달성의 불가능성을 완전히 무시하고 있다는 것이다. 파블로프는 우리가 "목표 반사와 같이 삶의 중요한 요소에 대한 실질적인 정보가 부족하다는 것을 유감스럽게" 여겼다. "그리고 이 정보는 삶의 가장 기본적인 영역인 문화화부터 시작하여 삶의 모든 영역에 매우 필요하다."

> 이 그림은 고야가 '귀머거리의 집'에 칩거해 있을 때 그린 고야의 '어두운 그림들' 중 하나이다. 그림 속 개가 조건적이든 무조건적이든 어떤 즉각적 자극에도 반응하지 않는 것처럼 보인다는 데 주목해야 한다(개는 음식이나 종소리 또는 버저에 반응하여 침을 흘리고 있지 않다). 어떤 사람은 개가 물에 빠진 것 같다고 말하지만, 그것은 위를 향한 개의 시선이나 다리 움직임이 없는 것을 설명하지 못하는 듯하며, 황토색 배경과 경사진 전경은 더욱 그렇다.

고야, El Perro(개), 1819~1823.

　개에 대한 조건반사와 무조건반사 실험으로 잘 알려진 파블로프는 이 구조(반사)가 개인적인 인생 계획이나 공동체 문화를 설명하는 데 적합하지 않다는 것을 (부분적으로는 찰스 셰링턴의 영향을 받아) 깨닫게 되었다. 왜냐하면 그 둘은 어떤 즉각적 자극도 없이 일어나는 것처럼 보이기 때문이다. 비고츠키가 『심리학 위기의 역사적 의미』(9-25)에서 지적하듯이, 파블로프의 '목표 반사'는 설명이라기보다는 이름 붙이기 놀이에 지나지 않는다. 여기서 비고츠키는 파블로프의 『Lectures on the Conditional Reflex(조건반사 강의)』(1928, p. 280) 제1권 27장을 제시한다. 영문판 선집에 따르면, 러시아어 원본은 '말 속의 말(인용 내의 인용)'을 알려 주지는 않지만, 전체 문단이 파블로프의 말을 가깝게 풀어 쓴 것이다. 심리학에 대한 흔하지 않은 언급 속에서 파블로프는 낙관적인 앵글로색슨족의 관점(아마도 그는 친구 셰링턴과, 높은 임금 덕분에 공장을 떠나 소규모 사업을 시작하거나 농장을 구입하는 미국 노동자들을 생각하고 있었을 것이다)과 음울하고 비관적인 러시아인의 관점을 대비시킨다.

비고츠키는 이를 아들러의 과보상 이론과 비교하는데, 이는 좋은 비유이다. 왜냐하면 (앵글로색슨은 물론이고 색슨도 아닌!) 아들러 또한 보상이 실패할 가능성을 고려하지 않는 것처럼 보이기 때문이다. 그러나 비고츠키는 그 가능성을 고려하며, 고야의 반쯤 파묻힌 개도 이를 시사한다.

Pavlov, Ivan Petrovitch & Gantt, W. Horsley (Trans). (1928). *Lectures on conditioned reflexes: Twenty-five years of objective study of the higher nervous activity (behaviour) of animals*(조건 반사 강의: 동물의 고등 신경 활동[행동]에 대한 25년간의 객관적 연구). pp. 275-281, New York, NY, US: Liverwright Publishing Corporation.

**3-4-7]** Ch. 셰링턴도 반사에 대해 비슷한 견해를 제시한다. 그의 의견에 따르면, 생리학자가 반사 반응의 목적을 알지 못하면 반사 반응을 정확하게 이해할 수 없으며, 전체로서의 정상적 기능의 유기체적 복합에 비추어 반응을 고려해야만 목적을 알 수 있다. 이를 통해 두 심리학 이론(파블로프의 이론과 아들러의 이론-K)을 종합할 수 있게 된다. А. Б. 잘킨트는 말한다. 아들러주의자들의 "전략적 태도도 (목적 반사와 같이 반응을 결정짓는-K) 동일한 지배성이지만 일반 생리학적 공식화가 아니라 임상적, 심리 치료적 공식화에서 그렇다"(Новое в рефлексологии… [새로운 반사학…], 1925, p. VI). 이 두 학설의 이론적 및 실제적 일치에서

저자는 이들이 모두 따르는 "기본 경로의 정확성"(같은 책)을 확인했다.

고야, 카프리초 27번 Quien mas rendido?(어느 쪽이 더 반했는가?), 1800년경.

　　좌측 하단의 개들은 애원하는 남자와 완강한 여인의 모습을 똑같이 보여 준다. 파블로프의 가장 중요한 두 가지 발견은 '소멸의 법칙'과 '지배성의 법칙'이었다. '소멸의 법칙'은 특정 행동이 모종의 긍정적 결과를 도출하지 않으면 점차 소멸한다는 것이며, (영국의 셰링턴과 러시아의

우흐톰스키가 동시에 발견했던) 지배성의 법칙은 특정 행동이 '지배적'(예
컨대 유아기의 배변 기능, 청소년기의 성적 행동)이 되면 다른 자극들은-
마치 모든 자극들이 단일 반응으로 모이듯 - 단순히 이 지배적 반응을
강화한다는 것이다.

이 문단에서 잘킨트는 아들러의 보상 이론이 단지 다른 형태의 지
배성의 법칙이라고 주장한다. 손상 아동에게 모든 자극은 보상 반응만
을 강화하는 데 복무한다는 것이다. 그러나 비고츠키는 '행동 연구의
문제로서의 의식'에서 이 두 법칙 중 무엇도 실제로 인간에게 적용되
지 않는다고 지적한다. 어린 아동이라도 긍정적 결과의 희망이 사라진
한참 후까지 어려운 과업에 매달릴 것이며, 주의의 경우 다른 자극들
은 아동의 반응을 증대시키지 않고 감소시킨다. 좌절한 개는 금방 포
기하겠지만 좌절한 연인은 그렇지 않다(소멸의 법칙 반증). 성공한 연인
들의 주의는 개와 달리 매우 분산적이 된다(지배성의 법칙 반증).

그림 속 남자의 모델은 고야 자신인 것으로 보인다. 여인은 알바 백
작부인으로 스페인에서 가장 부유한 여인 중 한 명이었다. 당시 고야
는 매우 가난했으니, 그가 구애를 포기하지 않은 것은 그리 놀랍지
않다.

**3-4-8]** 우리가 앞서 인용한 실험적 연구는, 반작용 및 억제 자극이
존재하는 상황에서도 반응이 힘과 속도 면에서 증가할 수 있음을 입증
했다. 이는 지배성의 현상으로도, 과보상의 현상으로도 간주할 수 있다.
Л. Л. 바실레프와 나는 이 현상을 지배성의 과정으로 묘사한 바 있다
(B. Бехтерев, Л. Л. Васильев; Л. С. Выготский, 1926). B. П. 프로토포
포프는 집중 반응의 더 큰 안정성과 강도를 통해 판단할 때, "신체적으
로 손상이 있는 이들이 일반인들을 능가한다"(1925, p. 26)라고 지적했
다. 그는 이를 지배성 과정의 특성으로 설명한다. 이는 손상이 있는 사
람들에게서 과보상의 잠재력이 더 높음을 의미한다.

참고 문헌은 다음과 같다.

Л.С.Выготский. Проблема доминантных реакций(지배반응의 문제). (Сборн. Проблемы современной психологии[현대심리학의 문제]). 1925.

**3-4-9]** 미래에 대한 전망 없이 문화화 문제를 고려하는 것은 불가능하다. 이는 이러한 고려가 필연적으로 우리를 이끄는 결론이다. И. А. 소콜랸스키는 역설적인 결론에 도달한다. 즉, 농맹아인을 문화화하는 것은 농아인의 문화화보다 쉽고, 농아인은 맹인보다, 맹인은 일반인보다 문화화하는 것이 더 쉽다는 것이다. 교육과정의 복잡성과 난이도에 따라 바로 그러한 순서가 확립된다. 그는 이를 손상에 대한 견해를 개선하기 위해 반사학을 적용한 직접적인 결과로 본다. 소콜랸스키는 말한다. "이것은 역설이 아니다. 이는 인간의 본성과 말의 본질에 대한 새로운 관점에서 나온 자연스러운 결론이다"(『Украіньскй вісник рефлексолог ii[우크라이나 반사학 저널ii]』, 1926). 프로토포포프 또한 이러한 연구를 통해 농맹아인에게 "사회적 의사소통 능력 가능성이 매우 쉽게 확립된다"(1925, p.10)라는 결론을 내렸다.

**3-4-10]** 이러한 심리학적 명제로부터 교육학은 무엇을 얻을 수 있을까? 매우 분명한 것은 농맹아 아동과 일반 아동을 문화화하는 어려움과 복잡성을 비교하는 것은 서로 다른 조건(일반 아동과 손상 아동)에서 수행되는 동등한 교육 과제를 염두에 둘 때만 유효하다는 것이다. 공통적인 과제, 단일한 학업성취 수준만이 두 경우의 문화화 난이도를 측정하는 공통 척도로 사용될 수 있다. 우수한 8살 아이에게 구구단을 가르치는 것과, 부진 학생에게 고등 수학을 가르치는 것 중 어느 것이 더 어려운지 묻는 것은 말이 안 된다. 여기서 전자의 경우, 용이성은 능력이 아니라 과업의 용이성에 의해 결정된다. 농맹아인의 교수학습이 더 쉬운 이유는 그들이 달성하고자 하는 발달 수준, 발달에 대한 요구

사항, 문화화의 과업이 최소한이기 때문이다. 만약 우리가 일반 아동에게 동일한 최소한의 것을 교수학습하려 한다면 더 큰 노력이 필요할 것이라고 주장할 사람은 거의 없을 것이다. 반대로, 만약 우리가 농맹아인의 교육자에게 일반 아동의 교육자가 직면하는 것과 같은 막대한 양의 과업을 제시한다면, 그 일을 쉽게 해내는 사람은 없을 것이며, 심지어 해내지도 못할 것이다. 특정한 사회적 단위—이를테면 노동자, 사무원, 기자 등을 양성하기 더 쉬운 것은 일반 아동인가 아니면 농맹아인인가? 이 질문에 대한 답은 거의 하나뿐이다. 프로토포포프가 말했듯이, 농맹아인은 매우 쉽게 다른 방식의 의사소통 능력을 확립할 수 있지만, 이는 그저 최저 수준으로 제한된다. 농아인 클럽과 농맹아인 기숙 학교는 결코 사회적 삶의 중심이 되지 못할 것이다. 아니면 일반인보다 농맹아인에게 신문을 읽고 사회적 소통을 하는 법을 가르치는 게 더 쉽다는 것을 그들이 먼저 증명하도록 하라. 우리가 어린이 자신의 발달노선과 전망을 고려하지 않고 문화화의 기제만을 고려한다면 필연적으로 그런 결론이 나올 것이다.

**3-4-11]** 과보상의 작업은 두 가지 계기에 의해 결정된다. 한편으로는 아동의 부적응 범위와 정도, 즉 그의 행동과 문화화에 대한 사회적 요구 사이의 불일치 정도, 다른 한편으로는 보상 기금(가용 가능한 자원-K), 즉 기능의 풍부함과 다양성이다. 이 기금은 맹농아인에게 극도로 부족하다. 그의 부적응 정도는 매우 크다. 따라서 일반인과 동일한 결과를 얻고자 한다면, 농맹아인을 문화화하는 것이 일반인을 문화화하는 것보다 쉽기는커녕 헤아릴 수 없을 만큼 더 어렵다. 하지만 이러한 모든 구분의 결과로 문화화에서 결정적으로 중요하게 남는 것은 손상 아동의 사회적 완전성과 과잉 가치의 가능성이다. 이런 일이 실현되는 경우는 극히 드물지만, 그러한 행복한 과보상의 가능성 자체가 마치 등대처럼 우리 문화화의 길을 가리킨다.

3-4-12] 모든 손상이 반드시 행복하게 보상될 것이라는 생각은 모든 질병이 반드시 회복되리라 하는 것만큼 순진하다. 무엇보다 먼저 우리에게 필요한 것은 냉정한 관점과 현실적인 평가이다. 우리는 실명이나 청각 손실과 같은 손상에 대한 과보상의 과업은 엄청나지만, 보상 기금은 부족하고 빈약하다는 것을 알고 있다. 발달의 경로는 한없이 어렵지만, 올바른 방향을 아는 것이 더욱 중요하다. 실제로 소콜랸스키도 이 점을 고려했고, 그의 체계가 큰 성공을 거둔 것은 이 덕분이다. 그의 방법에서 중요한 것은 이론적 역설이 아니라 문화화에 대한 인상적인 실용적이고 실제적인 접근 방식이다. 그의 말에 따르면, 이 방법을 쓰면 모방이 완전히 무의미해질 뿐만 아니라 어린이 자신도 이를 자발적으로 사용하지 않는다고 한다. 오히려 그들에게는 입말이 저항할 수 없는 신체적 욕구가 된다(참고: 『Український вісник рефлексологи…[우크라이나 반사학 저널…]』, 1926). 이것은 세상 어떤 방법에도 견줄 수 없는 것이며, 농아인 문화화의 핵심은 바로 여기에 있다. 입말이 필수가 되어 아이들의 모방을 대체하게 된다면, 이는 교수학습이 농인의 자연스러운 과보상의 노선에 따라 이루어진다는 것을 의미한다. 이는 어린이 흥미의 노선에 따른 것이지 그에 반하는 것이 아니다.

3-4-13] 전통적인 구화 교육은 마치 닳아 버린 톱니바퀴처럼 어린이의 자연적 힘과 충동의 전체 메커니즘과 제대로 맞물리지 못하고, 내적 보상 활동을 작동시키지 못한 채 헛돌기만 했다. 고전주의의 경직성으로 학생들에게 주입된 입말은 농인들에게 (일상 언어가 아닌-K) 공적인 언어가 되었다. 모든 기술의 힘은 모방에 맞춰졌다. 그러나 문화화의 과업은 바로 이 발달의 내적 힘을 숙달하는 것으로 귀결된다. 만약, 소콜랸스키의 연쇄법이 이를 이루었다면, 그가 사실상 과보상의 힘을 고려하여 이를 숙달했음을 의미한다. 지금까지 이룩한 성과는 그 방법의 적합성을 곧바로 보여 주는 정확한 지표가 아니다. 그것은 기술과 기술

의 향상, 궁극적으로는 실천적 성공의 문제이다. 원칙적으로 중요한 것은 오직 하나, 즉 말을 향한 생리학적 충동이다. 만약, 이 필요성을 창출하는 비밀, 즉 이 목표를 설정하는 방법이 발견되었다면, 언어는 필연적으로 뒤따를 것이다.

**3-4-14]** 티플로 교육학에서 페첼트가 확립한 입장-맹인에게 지식의 가능성은 모든 것에 대한 완전한 지식의 가능성이고, 그의 이해는 근본적으로 모든 것에 대한 완전한 이해의 가능성이다(A. Petzelt, 1925)-은 동일한 의미와 가치를 지닌다. 저자는 맹인의 전체 심리와 인격 구조의 성격학적 고유성을 특이한 공간적 제약성뿐 아니라 완전한 언어 숙달에서 찾아낸다. 맹인의 인격은 이 두 힘의 갈등으로 형성된다. 이 명제가 얼마나 이행될 것인지, 어느 정도와 어느 기간 동안 실현될 것인지는 교육학의 실천적 발전의 문제이며, 이는 여러 상황에 따라 달라진다. 사실, 일반 아동들조차도 항상 문화화의 경로에서 자신의 잠재력을 전부, 아니면 심지어 대부분을 실현하지 못한다. 과연 프롤레타리아 아동은 그가 도달할 수 있는 수준의 발달에 도달할까? 맹인도 마찬가지다. 그러나 심지어 소박한 문화화 계획일지언정 올바르게 세우기 위해서는 그러한 어린이의 특별한 발달에 자연이 놓아둔 지평을 제한하는 한계를 제거하는 것이 매우 중요하다. 문화화는 사회적 완전성을 지향하고 그것을 실질적이고 결정적인 지점으로 여기는 것이 중요하며, 맹인은 열등함으로 운명 지어졌다는 생각을 키워 나가서는 안 된다.

**3-4-15]** 논의를 정리하며 한 가지 사례를 생각해 보자. 최근까지도 과학 비평가들은 H. 켈러의 신화를 파괴하려고 힘껏 노력했지만, 그럼에도 그녀의 운명은 여기에서 발전된 전체 사고의 경로를 가장 잘 설명한다. 한 심리학자는 켈러가 농맹아인이 아니었다면 그녀는 결코 그녀에게 주어진 발달과 영향력, 명성을 얻지 못했을 것이라고 완전히 옳게 지적했다. 이것을 어떻게 이해해야 할까? 첫째, 이는 그녀의 심각한 손

상이 엄청난 과보상의 힘을 낳았다는 것을 의미한다. 하지만 이것이 전부가 아니다. 결국 그녀의 보상 기금은 극도로 부족했다. 둘째, 그녀의 손상을 사회적 플러스로 바꾸었던 예외적 행운의 사태 변화가 따르지 않았다면, 그녀는 미국의 한 지방에서 미발달되고 별 볼 일 없는 비교양인으로 남았을 것이다. 하지만 H. 켈러는 센세이션을 일으켰고, 대중 관심의 중심이 되었으며 수백만 미국인에게 유명인, 국민적 영웅, 하나님의 기적으로 떠올랐다. 그녀는 국민적 자부심이자 우상이 되었다. 그녀의 손상은 사회적으로 그녀에게 이로운 것이었고, 이는 열등감을 일으키지 않았다. 그녀는 호화로움과 영광에 둘러싸여 있었으며, 그녀의 강연 여행을 위해 별도의 증기선까지 제공되었다. 그녀의 강연은 온 나라에 큰 화제가 되었다. 그녀에게는 엄청난 사회적 요구가 주어졌다. 사람들은 그녀를 의사, 작가, 설교자로 보고 싶어 했고, 그녀는 그렇게 되었다. 지금은 실제로 그녀에게 속한 것이 무엇이고 무엇이 대중들의 주문으로 그녀에게 일어난 것인지 구별하는 것이 거의 불가능해졌다. 이 사실은 그녀의 문화화에 사회적 요구가 어떤 역할을 했는지를 가장 잘 보여 준다. 켈러는 자신이 다른 환경에서 태어났다면 영원히 어둠 속에 앉아 있었을 것이고 자신의 삶은 외부 세계와의 모든 소통이 차단된 사막이 되었을 것이라고 썼다(1910). 그녀의 역사에서 모든 사람은 육체의 감옥에 갇힌 영혼의 독립적인 힘과 삶에 대한 살아 있는 증거를 보았다. 한 저자는 다음과 같이 쓴다. "헬렌에게 이상적인 외부 영향이 있었더라도, 벽으로 둘러싸였지만 살아 있고 강력한 그녀의 영혼이 외부 영향을 끈질기게 향하지 않았다면 우리는 그녀의 희귀한 책을 볼 수 없었을 것이다"(H. Keller, 1910, p. 8). 저자는 시청각 상실이 단순히 두 구성 요소의 합계가 아니고 "시청각 상실 개념의 본질은 훨씬 더 깊다"(같은 책, p. 6)라고 이해하면서 이 본질을 전통을 따라 그 역사의 종교적-영성적 이해에서 본다. 그러나 H. 켈러의 삶은 전혀 신비한 것을 담고 있지 않다. 그것은 과보상 과정이 전적으로 두 가지 힘—발달과 교육에 대한 사회적 요구와 보존된 정신의 힘—에 의해 결정된다는 것을 분명히 보여 준다. H. 켈러의 발달에 주어진 예외적으로 높은 사회적 주문과 손상의 상황에서 이 주문의 행복한 사회적 실현이 그녀의 운명을 결정했다. 그녀의 손상은 브레이크가 아니었을 뿐만 아니라 원동력이 되었고 발달을 보장했다. 바로 이 때문에 모든 행위를 하나의 인생계획과 그 최종 목표와 연결해서 고려하라고 조언한 아들러가 옳은 것이다(A. Adler, 1927). A. 네이어는 I. 칸트는 우리가 유기체를, 합리적으로 설계된 기계로 간주하면 이해할 수 있음을 믿었다고 한다. 아들러는 개인을, 발달을 향한 구체화된 경향으로 간주하라고 조언한다.

**3-4-16]** 정신적 손상이 있는 어린이의 전통적 문화화에는 스토아적 극기가 티끌만큼도 없다(즉 필연적 행동으로서의 자유에 대한 인식이 없다-K). 그것은 연민과 자선의 경향으로 약화되었고, 그것은 병약함과 심약함의 독소로 오염되었다. 우리의 문화화는 싱겁다. 그것은 학생들의 마음을 움직이지 못한다. 문화화에 소금이 없다. 우리에게는 잘 담금질된 대담한 아이디어가 필요하다. 우리의 이상은 환부를 탈지면으로 덮고 온갖 수단을 통해 상처로부터 보호하는 것이 아니라, 손상을 이겨 내고 과보상할 수 있는 더 넓은 길을 여는 것이다. 이를 위해 우리는 이러한 과정의 사회적 지향을 배울 필요가 있다. 그러나 문화화에 대한 심리학적 논증 속에서, 우리는 동물과 인간 아이의 문화화, 즉 훈련과 진정한 문화화 사이의 구분을 잃어버리기 시작하고 있다. 볼테르는 J. J. 루소를 읽은 후 네발로 걷고 싶었다는 농담을 했다. 이는 어린이에 관한 거의 모든 우리의 새로운 과학이 불러일으키는 바로 그 감정이다. 즉 그것은 종종 네 발 어린이를 조사한다. II. II. 블론스키가 다음과 같이 고백한 것은 주목할 만하다. "나는 이가 없는 어린이를 네발동물의 자세로 세우는 것을 정말 좋아한다. 이것은 언제나 나에게 개인

적으로 매우 많은 것을 말해 준다"(1925, p. 97). 사실 어린이에 대한 과학이 어린이에 대해 아는 것도 오직 이 자세에서뿐이다. A. B. 잘킨트는 이를 유년기에 대한 동물학적 접근이라고 불렀다(1926). 이런 접근이 매우 중요하다는 것은 논쟁의 여지가 없다. 인간을 동물종의 하나로, 고등한 포유류로 연구하는 것은 매우 중요하다. 그러나 이것은 문화화 이론과 실천의 전부도 아니고 심지어 주요한 것도 아니다. 볼테르의 비유적 농담을 이어서 C. Л. 프랑크는 말한다. 루소와는 반대로 괴테의 본성은 "인간의 직립적 자세를 부정하는 것이 아니라 직접적으로 요구한다. 그것은 인간을 단순함과 원시성으로 되돌리는 것이 아니라 인간성의 발달과 복잡성으로 나아가도록 초대한다"(1910, p. 358). 이 두 극단 가운데 여기서 발달한 아이디어는 루소가 아니라 괴테에 가깝다. 조건 반사에 대한 학설이 인간을 수평적으로 그린다면, 과보상 이론은 인간에게 수직을 제공한다.

| 저자본 참고 문헌 |

Шпильрейн(쉬필레인). Профессиональный отбор(직업 선택). 1924.

W. Stern(스턴). Die menschliche Persönlichkeit(인간 인격). 1923.

A. Adler(아들러). Studien über Minderwertigkeit von Organen(기관 열등성에 대한 연구). 1907.

A. Adler(아들러). Über den nervösen Charakter(신경성 성격에 대해). 1922.

A. Adler(아들러). Praxis und Theorie der Individualpsychologie(개인심리학의 실천 과 이론). 1924.

A. Adler(아들러). Heilen und Bilden(치유와 교육). 1914.

A. Adler(아들러). Zeitschrift für Individualpsychologie(개인심리학 저널). 1914-1926.

Отто Рюле(륄레). Психика пролетарского ребенка(프롤레타리아 어린이의 심리). 1926.

Виттельс(비텔스). Фрейд(프로이트). 1924.

Zeitschrift für Individualpsychologie. 1924. No. 5.

Залкинд(잘킨트). Вопросы советской педагогики(소비에트 교육학의 문제). 1926.

W. Stern(스턴). Die differentielle Psychologie(차동 심리학). 1921.

Т. Липпс(립스). Руководство к психологии(심리학 편람). 1907.

Bürklen(뷔르클레인). Blindenpsychologie(맹인심리학). 1924.

Petzeld(페첼트). Concentration bei Blinden(맹인의 집중). 1925.

Павлов(파블로프). 20-летний опыт изуч. высш. нервн. деят(20년간의 고등 신경 활동 실험연구). 1925.

W. White(화이트). Foundations of Psychiatry(정신병리학 기초). 1921.

Новое в рефлексологии. Сб. I(반사학의 새 물결, 1편). 1925.

В. Бехтерев(베흐테레프), Л. Васильев(바실리예프). Рефлексология труда(노 동 반사학). 1926.

Л. С. Выготский(비고츠키). Проблема доминантных реакций(지배반응의 문제). (Сборн.《Проблемы современной психологии[현대 심리학의 문제]》). 1925.

В. Протопопов(프로토포포프). Материалы к изучению реакции сосредоточ ения(집중반응 연구를 위한 자료). (Украинск.《Всник Рефлексолог[반사학 회 보]》, No. 1. 1925)···"

И. Соколянский(소콜랸스키). Про так зване читання з губ глухо-нмими(농 아를 위한 소위 순독법에 관해). (Украинск.《Всник Рефлексолог[반사학 회보]》,

No. 2. 1926).

К. Штумпф(쉬툼프). Явления и психические функции(현상과 정신기능). (Новые идеи в философии[철학의 새로운 아이디어]. No. 4. 1913).

А. Щербина(셰르비나). 《Слепой музыкант[맹인 음악가]》. Короленко(코롤렌코). 1916.

Е. Келлер(켈러). Оптимизм(낙관론). 1910.

Zeitschrift für Individualpsychologie. 1914. B. I. H. 1.

С. Франк(프랑크). Философия и жизнь(철학과 삶). 1910.

П. Блонский(블론스키). Педология(아동학). 1925.

# 제4a장
# 농아 어린이의 사회적 문화화의 원칙

고야, 카프리초 37번 Si sabra mas el discipulo?(과연 학생이 더 현명해질까?), 1799.

고야는 의미 있는 낱말이 아니라 개별 소리를 가르치는 것을 풍자한다.

비고츠키 역시, 독자들에게 티플로-수르도 교육학이 무엇인지 본문에서 설명해야 한다. 이는 유럽의 교사들이 농맹아 교육이라는 말 대신 티플로 교육학, 수르도 교육학이라는 표현을 썼기 때문이다. 우리가 한자(혹은 영어)를 사용하는 것과 유사한 이러한 라틴어 형태소 사용은 새로운 교수 기법이 더 선진적·과학적이라는 인상을 주고, '특수교육'에 붙여진 사회적 낙인을 제거하는 효과가 있었다. 그러나 이는 또한 새로운 방법이 신비롭고 일반 교사들의 능력 밖이라는 인상을 주기도 했다. 이 용어는 오늘날에도 독일과 동유럽에서 널리 사용되지만, 여전히 매우 학문적으로 들린다.

러시아어 선집 판본(4a장)에는 절 번호가 매겨져 있으나 영어 번역본(4b장)에는 절 번호가 없다. 4b장은 비고츠키 생전에 출판된 영문판으로 아마 4a장의 공식 판본이었을 것이다.

# 4a-1

4a-1-1] 농아 아동의 사회적 문화화 체계-나는 이 체계의 원칙에 대해 다룰 것이다-는 이론적 구성일 뿐 아니라 CCCP(소련-K)에서 그리고 특히 PCФCP(러시아 소비에트 연방 사회주의 공화국-K)에서 우리의 눈앞에서 이루어지고 있는 교육학 실천의 실제 사실들을 나타낸다. 사실, 이 체계의 이론적이고 실천적인 발달이 끝나려면 아직 멀었으며, 나는 어떤 결과나 최종 결론보다 오히려 이 방향으로 나아가는 첫걸음의 경험, 사회적인 수르도 교육학의 창조를 향한 과학적 사고와 교육적 창조의 첫 노력을 공유할 수 있다. 그러나 이 체계의 근본 원칙들은 지금 이미 완전하고 명확하게 공식화될 수 있으므로 나는 우리가 고수하는 새로운 방향의 기본 원리를 도입하려는 노력이 어느 정도 성공할 것이라고 기대할 수 있다. 이러한 계획은 세계 수르도 교육학에 대한 개관을 우리의 경험을 통해 보완하려는 욕구뿐 아니라, 내 의견으로는 두 개의 더 중요한 고려 사항에 의해 결정된다.

4a-1-2] 첫 번째는 농아 아동을 양육하는 교육학 이론의 형태나, 청력 결함과 입말의 부재라는 사회적 손상과 연결된 그의 연령 관련 발달 및 신체적 특성에 대해 심리학 이론의 형태로 과학적으로 개발되고 권위 있는 체계가 우리에게 아직 없다는 것이다. 이론 분야와 실천 분야 모두에서 수르도 교육학의 모든 눈부신 성공은 여전히 어느 정도

단편적인 상태로 남아 있으며 이는 균형 잡힌 과학 체계로 전환될 필요가 있다. 따라서 수르도 교육학 체계를 개발할 수 있도록 하는 기본적이고 형성적인 원칙의 측면에서 당면 문제에 접근하려는 모든 시도는, 이 문제의 현대 과학적 상태에 온전히 응답한다고 우리는 생각한다.

4a-1-3] 두 번째 고려 사항은 새로운 체계를 개발하는 과정에서 우리가 농아 아동을 문화화하는 데 가장 중요한 문제인 입말 교수학습을 포함하여 수르도 교육학에서 여러 가지 특정 방법, 기술, 명제 및 법칙을 근본적으로 개정할 필요성을 발견했다는 것이다. 우리가 제시한 원칙을 토대로, 우리는 여러 경로에서 전통적인 농아 교수학습 기술에 비판적으로 접근해야 했을 뿐 아니라 여러 지점에서 그들과 직접적이고 날카로운 갈등을 겪어야 했다. 우리가 볼 때 우리가 수행한 작업에서 가장 주목할 만한 것은 한편으로는 우리의 전제를 바탕으로 도출된 결론과 다른 한편으로는 이 문제에 대한 과학적 연구와 모든 국가의 진보된 교육학적 사고가 나아가는 입장들이 매번 일치한다는 점이다. 이러한 일치는 우리가 취한 입장의 정확성을 또다시 확신시켜 주며, 세계적 경험이 이 분야에 제공하는 모든 진보적이고 살아 있는 내용을 일반화하고 체계화할 수 있게 한다.

4a-1-4] 농아 아동을 사회로 문화화하는 원리를 설명하기 전에 새로운 체계의 초기 과학적 전제를 자세히 설명할 필요가 있다. 이러한 전제는 농아 아동의 심리생리적 특성과 문화화 과정에 관한 것이다. 실명이나 청각 상실 같은 신체적 약점은 어린이가 세상을 바라보는 태도를 바꿀 뿐만 아니라 무엇보다도 타인과의 관계를 변화시킨다. 신체적 손상은 사회적 행동 이상으로 이어진다. 실명과 청각 상실은 그 자체로 생물학적 사실이지 사회적 사실이 아니다. 그러나 교육자는 이러한 사실 자체보다는 그 사회적 영향을 다루어야 한다. 맹인 아동을 교육의 대상으로 삼는다면, 우리는 실명 그 자체보다는 맹인 아동이 사회에 나

왔을 때 발생하는 갈등을 다루어야 한다. 결국, 외부 세계와의 관계는 일반인과는 다른 과정을 밟기 시작하기 때문이다.

**4a-1-5]** 실명이나 실청은 맹인 및 농인 아동에게는 병적인 상태가 아니라 일반적인 상태이며 이 결함은 사회적 경험의 결과 자체로 그들에게 반영된, 간접적이며 이차적인 것으로만 그들에게 느껴진다. 청각의 손상은 그 자체로 무엇을 의미할까? 우리는 실명과 청각 상실이 환경과 조건화된 연결을 형성하는 경로 중 하나가 없다는 것 외에 다른 의미가 아니라는 생각을 이해해야 한다. 생리학에서는 수용체 또는 분석기라고 하고 심리학에서는 지각 기관 또는 외부 감각 기관이라고 하는 이러한 기관-눈과 귀-은 외부 환경 요소를 감지하고 분석하며, 세계를 개별 부분으로, 우리의 합목적적인 반응과 연결되는 개별 자극으로 분해한다. 이 모두는 유기체가 환경에 가장 정확하고 미묘하게 적용하는 데 기여한다.

**4a-1-6]** 러시아 생리학 학파인 И. П. 파블로프 학파에서는 개에 대한 실험을 토대로, 내재한 유전적 반사가 외적이며 무심한(중립적인-K) 자극과 결합하면 후자와 연결되어 주요 자극 없이 새로운 자극만으로도 흥분될 수 있음을 증명했다. 이 새로운 반사는 이전의 무조건반사와 대조적으로 조건반사라고 불린다. 동물의 행동 전체로, 그리고 심지어 인간 행동으로 접근하면서 이 학파는 모든 행동이 무조건적(유전적) 반사와 개인의 개별 경험으로 획득된 조건적 반사로 이루어져 있는 것으로 간주하는 경향을 보인다. 후자는 정확한 의미에서 조건적 반응이 될 것이다. 그들은 개나 인간 유기체가 처한 조건에 전적으로 의지하기 때문이다. 유전적 반응과 조건적 반응 사이의 그러한 구별에서, 러시아 학파와 미국 학파-행동주의-는 완전히 일치한다.

**4a-1-7]** 모든 문화화 과정의 생리학적 본성에 대한 열쇠가 조건반사 학설에 있다는 데 의심의 여지가 없다. 생리학적 관점에서 볼 때, 모

든 문화화 과정은 특정한 조건적 기호와 신호(파블로프의 실험에서 밝혀진 조건반응의 교육과 문화화의 모든 기제에 종속되는 자극)에 대한 조건반사를 개발하는 과정으로 표현될 수 있다. 이 이론으로부터, 우리가 관심 있는 주제와 관련하여 매우 중요한 두 가지 결론을 도출할 수 있다. 동물과 인간의 고등 신경 활동에 관한 객관적 연구에서 근본적으로 가장 중요한 결론 중 하나는 다음을 확립한다. 조건반사는 눈, 귀, 피부 등에서 오는 모든 외부 자극에 대해 길러질 수 있다. 환경의 모든 요소, 세계의 모든 부분, 모든 현상, 모든 기호는 조건자극의 역할을 할 수 있다. 조건반사를 형성하는 과정은 모든 경우에 동일하다. 이는 문화화 과정의 생리적 저층, 즉 문화화의 영향이 어린이 유기체에 도입하는 생리적 변화는 모든 경우에 본질적으로, 그리고 본성적으로 완전히 동일하다는 것을 의미한다. 따라서 빛과 소리 모두 완전히 유사한 생리학적 역할을 할 수 있다. 이 법칙은 손상을 가진 어린이의 교육학에서 가장 중요한 기본적 입장을 담고 있다. 즉, 맹인의 조건반응(점을 만지며 읽기)과 농인의 조건반응(입술 읽기)이라는 문화화의 심리생리적 본질은 일반 어린이와 완전히 동일하기에, 결과적으로 손상 아동의 문화화 과정은 그 본질에서 일반 어린이의 문화화와 동일하다.

**4a-1-8]** 전체적인 차이점은 각 경우(실명, 청각 상실)에 한 지각 기관(분석기)이 다른 기관으로 대체된다는 것이다. 그러나 반응의 질적인 내용은 그것(반응-K)을 문화화하는 전체 기제와 마찬가지로 동일하게 유지된다. 즉, 맹인과 농아의 행동은 심리학적, 교육학적 관점에서 일반인과 완전히 동일할 수 있다. 즉, 맹인과 농인 아동의 문화화는 원칙적으로. 일반 아동을 키우는 것과 다르지 않다. 반응의 총체로서 인간의 행동 자체는 이 경우에도 손상 없이 유지된다. 맹인과 농인은 인간 행동의 모든 충만함을 즉 능동적인 삶을 누릴 수 있다. 그들의 문화화의 모든 특징은 조건적 연결을 형성하는 한 방법을 다른 방법으로 대체한

다는 것으로 환원된다. 반복해서 말한다. 여기서 문화화의 원리와 심리학적 기제는 일반 아동의 경우와 동일하다. 두 번째, 실천적으로 수르도 교육학에서 덜 중요하지 않은 결론은 다음과 같다. 모든 새로운 조건반응은 유전적으로 주어졌거나 이미 사전 경험에서 개발된, 이전의 충분히 강한 반응을 기반으로만 습득될 수 있다. 엄밀히 말하면 문화화는 신체에 그 어떤 새로운 움직임도 부여할 수 없다. 문화화는 신체가 이용할 수 있는 반응을 수정하고 바꾸며 재구성하고 결합할 수 있을 뿐이다. G. 레싱의 올바른 표현에 따르면, "교육은 사람이 자신에게 줄 수 없는 것을 주는 것이 아니다. 그것은 그가 자신에게 줄 수 있는 것을 주되 다만, 더 빠르고 쉽게 주는 것이다"(인용: F. Werner, 1909, p. 18). 교사에게 이는 어린이의 자연스러운 욕망을 모든 교육적 개입의 출발점이자 기초로 삼아야 한다는 요구 사항을 의미한다. 그리고 그 반대도 마찬가지다. 교사는 어린이의 그 욕망이나 타고난 본능도 단순히 억압하거나 금지하거나 취소할 수 없다. E. 손다이크는 이 문제에 대해 다음과 같이 말한다. 나이아가라를 다시 이리 호수로 되돌려 그곳에 저장하는 것은 불가능하다. 그러나 우회 수로를 건설하여 그것이 방앗간과 공장의 바퀴를 돌리도록 하는 것은 가능하다.

**4a-1-9]** 심리학과 교육학에서 손상 아동의 문제는 사회적 문제로 제기되고 이해되어야 한다. 왜냐하면 일반적으로 이차적이고 파생적으로 간주했던, 이전에는 주목받지 못했던 사회적 계기가 실제로는 주요 계기보다 중요한 것으로 판명되기 때문이다. 우리는 이 문제를 사회적 문제로 대담하게 직시해야 한다. 심리적으로 신체적 결함이 사회적 탈구를 의미한다면, 그러한 아동을 교육적으로 양육한다는 것은 탈구되고 부상 입은 기관을 다시 제자리에 놓는 것처럼 그를 삶으로 되돌리는 것을 의미한다. 여기서 교사는 문화화하고자 하는 형태의 자연스러운 소질에 의존해야 한다는 요구 사항을 공식화하면서, 우리는 농아 아

동의 사회 문화화 체계의 출발점, 시작점에 이른다. 이는 바로 취학 전 문화화로, 내가 아는 한, 그 중요성은 여러 나라에서 아직 이론과 실천 모든 면에서 충분히 인식되지 않았다.

# 4a-2

4a-2-1] 취학 전 문화화에서, 고아원에서 미래 교육 활동의 기초, 특히 언어 훈련의 기초가 다져진다. 나는 이 핵심적인 문제에 대해 취학 전 문화화의 근본적인 중요성을 보이고자 한다. 이 유치원 문화화는 우리가 전체 시스템에서 최우선 순위로 삼고 있는 부분이다. 여기서 언어 훈련은 타고난 성향에서 시작한다. 곧 아기의 옹알이, 자연스러운 표정과 몸짓이 언어 능력 발달의 기초가 된다. 언어는 아동의 일반 사회 생활의 일부로 간주된다. 일반적으로 농아 아동에 대한 전통적인 말하기 교육에서는 이러한 타고난 성향이 불리한 외부 환경의 영향을 받아 시들어 버리는 것처럼 매우 빠르게 사라진다. 그 후, 언어가 부재한 발달 시기가 이어지며, 이 시기 아동의 발달에서 말하기와 의식은 결국 분리되어 버리고, 취학 연령에 이르러서야 아동은 특수하게 말하기 교육을 하고 소리를 배우기 시작한다. 이 무렵 보통 아이들의 발달은 상당히 진행되어 천천히 말을 가르치는 것은 부담스럽고 실질적으로 쓸모없는 작업이 된다. 이것이 한 가지 측면이다. 다른 한편으로, 모방과 몸짓의 습관은 이미 매우 견고하므로 입말의 능력으로는 싸울 수 없다. 말하기에 대한 생생한 관심은 사라지고, 인위적인 수단, 예외적으로 엄격하고 때로는 잔인하게 학생의 의식에 호소하는 인위적인 수단을 통해서만 말하기를 가르칠 수 있다. 그러나 학생의 기본적 관심과 습관에

반하는 학생 자신의 의식적 노력에만 의존하는 문화화가 얼마나 신뢰할 수 없는 것인지 누구나 잘 알고 있다.

　고아원으로 번역된 원문 표현은 Детский дом으로 문자 그대로는 '어린이의 집'을 의미한다. 이 시설은 비고츠키가 근무하던 미성년자 사회·법적 보호국спон에서 설립하였고 러시아 혁명과 그에 뒤따른 내전으로 생긴 700만 명의 홈리스, 고아, 거리의 비행 청소년들에게 교육과 공동생활, 그리고 궁극적으로 일자리를 마련해 주기 위한 것이었다. 유네스코가 듀이, 몬테소리, 케르셴슈타이너와 함께 20세기 4명의 위대한 교육자로 간주하는 안톤 마카렌코는 우크라이나의 하르키우 근처에 비행 청소년을 위한 자치식민지와 수용촌을 설립했다. 비고츠키

4a-2-2] 취학 전 고아원에서는 두 살 때부터 아이와 활발한 대화가 시작된다. 전체 단어, 구절, 이름, 명령에 대한 합성적인 입술 읽기와 입말의 반사적이고 무의식적인 모방이 두 가지 주요 방법이다. 여기서 어린 나이부터 자신의 욕망과 생각을 말로 표현하는 습관이 형성된다. 말의 모든 실용적·사회적 기능이 즉각적으로 제공된다. 놀이, 일, 일상생활에서 아이는 자신도 모르는 새에 말을 사용하고, 이해하고, 말에 주의를 기울이며 자신의 삶과 행동을 조직하는 것을 배우므로, 말 없이는 이것이 불가능하게 된다. 2~5세의 어린 아동의 경우는 소리가 구축되거나 완성되지 않는다(의미와 분리하여 개별 음소와 이음을 가르치지 않는다-K). 연습은 각각의 새로운 단어를 준비하기 위한 옹알이와 입술 읽기로 이루어진다. 동시에 호흡, 음성 및 언어 기관이 자연스러운 방식으로 훈련된다. 우리는 (손상 아동들의-K) 잘못된 발음, 비非발음, 개별 소리의 혼합 등을 두려워하지 않는다. 우리는 일반 아동도 올바른 말을 익히기 전에 이 과정을 거친다는 것을 알고 있다. 그러나 아동의 말은 옹알이에서 유기적으로 발달하여 즉시 유의미해지고 자신의 기능을 수행하는 데 적합하게 된다. 어린이가 각 소리를 올바르게 발음하는 법을 배울 때까지 기다렸다가 이후에야 소리를 음절로, 음절을 단어로 엮는 방법을 가르친다면, 우리가 말의 요소로부터 그 종합으로 나아간다면, 어린이로부터 살아 있는 진짜 말을 들을 수 없을 것이다. 통합적인 형

태의 말 활동에서 말의 요소와 그 조합을 익히는 반대의 경로가 언제나 자연스러운 것으로 드러난다. 계통발생적 발달과 개체발생적 발달에서 절은 단어에 앞서고, 단어는 음절에, 음절은 소리에 앞선다. 각각의 절조차 거의 추상화에 가깝다. 말은 문장보다 훨씬 더 큰 전체로서 발생한다. 따라서 아이들에게는—조음이 아닌— 의미 있고 필요하며 삶에 필수적인 말 즉 논리적인 말이 즉각적으로 주어진다.

**4a-2-3]** K. 말리쉬의 체계에서는 초기 언어 학습에서 반사 모방과 자동화의 역할이 강조된다. 그는 말한다. "발음 학습 과정이 더 자동으로 일어날수록 더 많은 결과를 얻을 수 있다. 학습자의 의식적인 태도는 작업을 지체시키기 때문이다. 이는 실제 경험에서 확인된다. 엄마가 처음으로 걷기를 시도하는 아기의 다리를 잡아 세워 아기의 주의를 다리로 이끈다면 이는 자연스러운 학습 과정을 지연시킬 뿐이다. 따라서 처음 발음의 학습에서 의식적인 구성이 있어서는 안 된다"(G. I. 퀼페, 1926, p. 82). 모방의 길은 가장 자연스러운 길이다. 걷기 숙달 과정에서 아기가 필연적으로 잘못된 걷기 단계를 거쳐야 하고 걷는 과정에서만 다리의 올바른 자세를 획득해야 하는 것과 마찬가지로, 말하기를 숙달하는 과정에서 그는 자신만의 고유한, 잘못된 어린이 말의 단계를 거쳐서, 말하는 과정에서 소리의 배치를 획득해야 한다. 말은 소리보다 먼저 이루어져야 한다. 따라서 우리는 어린이 말의 고유한 특성, 형태, 탈선을 우려하기보다 환영하면서 가능한 한 빨리 어린이의 말을 장려하고 발달시키며 정착시키려고 노력한다. 우리가 정상적으로 듣는 어린이의 의성어를 우려하지 않는 것처럼, 우리는 농인 어린이의 의성어를 우려하지 않는다. 그에게 소가 '음매'이고 개가 '멍멍'이라면 이는 그를 앞으로 나아가게 하는 것이며 플러스이다. 동시에 소리에 대한 주의력 발달이 진행된다. 전혀 듣지 못하는 농인의 비율은 낮기 때문이다. 여기서 청각의 잔재나 발화가 사용 및 개발되고 호흡과 목소리가 연습된다.

*K. 말리쉬(Konstantin Malisch, 1860~1925)는 오스트리아 농인 교육자로 당시 지배적이었던 독일식 방법에 반대하여 발음 요소를 분석하는 대신 전체 구절의 자동화를 강조했다. 비고츠키는 런던에 머무는 동안 자신의 부인에게 보낸 러브레터에서 말리쉬의 갑작스러운 죽음을 언급한다. 그는 죽지 말고 "끝까지 기다리자. 그것이 축복이니까"라고 쓴다. 로자 스메코바는 산후 우울증을 앓으면서 자살 충동을 느꼈던 것 같다.

van der Veer, R., Zavershneva, E. To Moscow with Love: Partial Reconstruction of Vygotsky's Trip to London(모스크바에게, 사랑을 담아: 비고츠키의 런던 여정의 부분적 재구성). Integr. psych. behav. 45, 458-474 (2011). https://doi.org/10.1007/s12124-011-9173-8

인구의 약 2%가 완전 청각 상실자이며, 청각장애를 겪는 사람의 수를 고려할 때 농인과 시각장애인(그리고 동성애자)의 비율은 크게 다르지 않다. 이는 무시할 수 없는 인구 비율이다.

**4a-2-4]** 상위 수준에서는 말하기 향상과 강화, 습득한 소리의 연마, 낱말과 구절에서 새로운 것의 도입이 있다. 문법(또는 문해력-K)이 주어지는 것이다. 그러나 그 원칙은 생생한 말하기의 요구 사항과 동일하게 유지된다. 즉 인위적인 발음 수업에서만 발생하는 것이 아니라 어린이의 평생 육성되는 것이라는 점이다. 이는 "농아 어린이의 말은 삶이 일반 어린이에게 말을 창조하는 것과 같은 방식으로 발달해야 한다"(F. Werner, 1909, p. 38)라고 보다 일반적인 형태로 표현했던 M. 힐의 진술과 동일한 요구 사항이다. 우리는 이 원칙을 적용하고자 한다.

**4a-2-5]** 러시아 최초의 농아 어린이 유치원 설립자인 H. A. 라우는 말한다. "농아인의 말 발달 순서는 일반 어린이의 말 발달 단계의 사본이어야 한다. 말 발달의 단계와 국면은 일반 어린이와 동일해야 한다. 차이점은 수단, 방법 및 시간에만 있다. 농아 어린이는 3~4세에 말할

수 있으며 일반 어린이는 이미 그의 생애 첫해에 말한다"(1926, p. 59).

H. A. 라우(Наталия Александровна Рау, 1870~1947)는 남편과 함께 유럽 최초로(그리고 세계에서 두 번째로) 농인 어린이를 위한 유치원을 설립했다. 이 그림에서 어린이는 라우의 목소리 진동을 자신의 목소리 진동과 비교하여 동일한 소리를 내려고 하고 있다.

**4a-2-6]** 미래 말의 기초는 이미 여기에 놓여 있다. 언어는 어린이들 사이의 의사소통 기능을 수행할 뿐만 아니라 사고의 도구이기도 하다. H. A. 라우는 말한다. "합성적 입술 읽기는 구어적 낱말을 통한 생각의 시작이다. 입술 읽기를 할 때 입의 모양과 언어 기관의 움직임을 알아차리면서 어린이는 이미 이 모양을 개념과 밀접하게 연결하고, 개념을 입과 말의 움직임과 밀접하게 연결한다. 예를 들어, 그가 이미 '이리 와!'라는 표현에 익숙하다면, 스스로 가거나 정신적으로 다른 사람을 불러야 할 때 그는 '자신 안에서' 이 구문의 발음을 본다. 이 구문을 발음하는 어린이의 언어 기관의 근육은 완전히 비의지적으로 긴장된다. 점차, 동일한 단어, 구절, 명령을 반복적으로 입술로 읽으면서 아이의 개념과 내적 발음이 강화된다. 그는 아직 구어로 발음할 수는 없지만 이미 정신적으로 말한다. 여기서 미취학 아동과의 우리의 작업에서 가장 가치 있는 것—입말의 낱말로 자기 생각을 이해하고 생각하고 표현하는 습관이 형성된다(같은 책, p. 63). 따라서 살아 있는 말은 그 기능의 모든 다양성을 가지고 즉각적으로 나타나고, 어린이의 삶 안에서 유기적으로 성장하며, 그의 사회적 경험—말은 이 사회적 경험의 가장 중요한 기관이다—의 축을 중심으로 어린이의 삶과 행동을 형성하기 시작한다. 바로 이 때문에 H. A. 라우는 유치원이 아이에게 제공하는 것

을 요약하면서 다음과 같이 올바르게 말한다. "경험에 따르면 농아인을 위한 취학 전 교육은 살아 있는 입말의 견고한 기초이며 농아인을 청각 사회에 진입시키는 유일한 방법이다. 취학 전 문화화를 통해서만 살아 있는 입말의 낱말로, 입말의 낱말을 통해서만 청각의 환경으로"(같은 책, p. 67).

**4a-3-1]** 학교 수준에서 농아 어린이에 대한 입말의 추가 교수학습은 유치원에서 윤곽이 그려진 것과 동일한 원칙과 측면을 이미 계속 발전시키고 있다. 여기서 주요 통합 원칙은 분석적이고 인위적이며 죽은 음성적 방법에 대한 투쟁, 온전한 낱말, 유의미한 구문, 논리적이고 살아 있는 말을 향한 투쟁이다. 우리 학교에서 실행되고 있으며 이 원칙에 부응하는 새롭고 독창적인 방법 중 두 가지만 간략하게 설명하겠다. 모스크바 농아인 연구소의 강사인 II. 골로소프의 방법은 전체 낱말로 입말을 가르치려는 최초이자 독창적인 시도이다. 저자의 기본 생각은 어린이가 배우는 것과 같은 방식으로 농아인에게 말을 가르치려는 것이다. 1910년에 이 방법의 예비 개발이 시작되었고, 1913년에 바르샤바에서 실천적 작업이 시작되었지만, 혁명 기간에야 모스크바에서 이 방법의 이론과 실제가 완성되었다. 핵심은 어린이들이 낱말 일부가 아닌 전체 낱말을 한 번에 획득한다는 사실이다. 낱말은 말에 관한 관심을 유지하고 어린이가 말하기를 배울 것이라는 자신감을 준다. 전체 낱말과 구문을 공부하면서 소리도 함께 습득된다. 경험은 긍정적 결과를 보여 준다. 1923/24 학년도에 10월부터 5월까지 1학년 그룹에서 이 방법으로 공부한 아이들은 22개의 소리를 습득했다. 발음 기술의 기반이 되는 분석적 방법과 대조적으로, 얼굴로 읽기가 주요 자리를 차지한다.

얼굴로 읽기는 인쇄된 글자와 쓰기로 읽는 것과 연계된다. 소리는 별도로 가르치지 않고 전체로, 먼저 단음절 단어, 그다음 전체 구문, 심지어 이야기에서 가르쳐진다.

**4a-3-2]** 골로소프의 방법은 말리쉬의 전체 낱말 방법과 본질적으로 일치한다고—비록 말리쉬의 방법에 전혀 의존하지 않고 독립적이고 독창적인 방식으로 생겨났지만— 우리는 말해야 한다. 이러한 일치는 우리가 올바른 방향으로 나아가고 있음을 시사한다. 말리쉬의 방법은 무엇보다도 살아 있는 말이 필요하다. 의사소통은 논리적 말의 교수학습과 함께 즉시 시작된다. "어린이들은 논리적 의미가 있는 것만, 학생들이 이해하고 환경과 의사소통하는 데 즉시 사용할 수 있는 것만을 배운다"(G. I. 퀼페, 1926, p. 81에서 인용). 얼굴로 읽기, 쓰기, 발음 및 글자 읽기—이 네 가지 말의 교수학습 측면은 여기서 모두 밀접하게 엮이지만, 그럼에도 가장 우선시되는 것은 얼굴로 읽기이다. "만족스러운 발음은 순전히 반사적 방법으로 달성된다"(같은 책). 반면 분석적 방법의 토대에는 각 소리와 이와 관련된 운동 감각의 의식적 분리가 놓여 있다.

**4a-3-3]** 1925년 6월 하이델베르크에서 열린 농아인 교육에 대한 최근 전全 독일 대회를 보고 판단할 때, 고전적 음성 분석 방법의 발상지인 독일에서 탄생한 이 방법은 별다른 본질적 발전을 이루지 못했다. G. 레만은 자신의 보고서에서 초기 구화 교수학습법이 유일하게 바른 방법이라고 선언하는 것은 현재도, 아마도 앞으로도 불가능할 것이라고 지적했다. 그러나 레만은, 말리쉬의 방법으로 농아인에게 전체 구문이 포함된 말을 가르칠 가능성이 입증됐으며 이 방법 덕분에 어린이의 전반적, 언어적 발달이 소리를 가르치는 것보다 더 빨리 진행됨이 입증됐다고 인정했다. 나아가 레만은 학습 초기 단계에서 모방도 허용한다. 새로운 방법의 이점은 엄청나다! 그러나 저자 자신과 비평가 모두 완전한 결론에 도달하지 못하고 그들의 요구 사항을 어중간하게 공식화한다.

"발음의 난이도에 따라 교재를 준비하라. 이와 함께 가능하면 말에 대한 어린이의 요구도 고려하라! 입술을 읽는 법과, 단어와 구문을 읽고 쓰는 법을 어린이에게 동시에 가르치라!"(К. Малиш, 1926, p. 87). 이러한 조건부는 방법의 근본적인 중요성을 훼손하여 방법은 혁명적인 변혁력을 상실하며 단순한 기술技術 개혁으로 전락한다. 말에 대한 어린이의 필요성이 부수적으로 그리고 '가능한 경우'에만 고려되고 자료 구성의 주요 원칙, 즉 말하기 교수학습의 주요 지침이 발음의 어려움으로 남는다면, 만일 발음이 그대로 토대에 있고 쓰기와 함께 입술 읽기가 보조 수단이라면 우리는 훨씬 더 멀리 뒤로 돌아가서 순수한 소리 방법으로 후퇴하거나, 더 정확히는 그 교육학적 전제 조건으로 후퇴하게 된다. 그리고 말리쉬의 비평가인 레만은 이미 이 방법을 사용한 발음의 명확성과 명료성에 대해 직접적이고 공개적으로 우려를 표시하며 "농아 교수학습의 첫 번째 단계에서 말하기 교수학습과 어린이의 정신 발달의 완전한 일치는 불가능하다"라고 인정한다(1926, p. 88). 말은 다시 어린이의 전반적 발달과 분리된다. 이처럼 말리쉬의 방법은 우리를 여정의 중도에 버려둔다.

**4a-3-4]** 그러나 우리는 오직 기술 개혁과 부분적인 개선에 만족할 수 없다. 우리의 원칙은 전체 체계를 완전히 바꾸라고 강제한다. 중간에 멈추지 않고 끝까지 갈 용기가 있어야 한다. И. А.소콜랸스키의 방법은 이것을 시도한다. 이 방법은 주로 입술 읽기를 통해 말을 배우는 것으로 이어진다. 그들은 여기에서 극도로 불분명한 음성의 감각이 아니라 농아인에게 더 생생하고 접근하기 쉬운 화자의 입술에 있는 낱말 이미지에서 나오는 시각적 감각, 칠판에 쓰인 단어에서 나오는 시각적 감각, 그리고 글을 쓸 때 손에서 보이는 운동 감각에 기반을 두려고 노력한다. 세 가지 경우 모두에서 농아인에게는 소리 관계로 선택된 것이 아닌, 전체 구문, 의미 있고 논리적으로 완전한 낱말이 주어진다. 과업은

농아인을 우리의 말에 몰입시키는 것이다. 그는 자신도 전혀 모르는 사이에 기계적으로 논리적 말하기에 익숙해진다. 힘든 노력 끝에 시각적 말하기의 개념에서 논리적 말하기로 옮겨 갈 필요가 없다. 이런 기계성과 반응성이 이 방법의 가장 중요한 차별점이다.

> 기계적, 자동적이라는 표현은 여기서 긍정적인 것으로 다루어진다.

**4a-3-5]** 처음에는 구문이 명령형으로만 제공되며 동작과 연관되어야 한다. "조건반사가 길러진다. 정해진 절차에 따라 이 구문은 먼저 입술 읽기로 직접적인 지시와 함께 즉 자연스러운 모방 동작과 함께 주어진다. "얘들아, 일어서라!" 교사는 무엇을 해야 하는지 손으로 보여 준다. 이것이 2~3번 반복된다. 그런 다음 지시의 조건으로 우리가 말하듯 몸짓 없이 입으로만 동일한 구문을 읽고, 아이들은 요구되는 작업을 수행한다. 이 지시의 조건에서 7~8번 반복하는 것은 반사를 굳건히 하는 데 충분하다. 구문은 견고히 습득된다. 시간이 지남에 따라 어린이가 명령형 구문 목록을 충분히 축적하면 동일한 자료가 현재 및 과거 시제의 서술문 형식으로 다루어질 것이다"(M. H. 코텔니코프, 1926, p. 74). 그러나 가장 훌륭한 점은 이 방법이 훨씬 더 멀리 나아간다는 것이다. 전체 구문이 제시될 뿐만 아니라 동일한 수업에서 평균 12분 이내에 7~10개의 연결 고리로 구성된 전체 연쇄의 일련의 기호-구문이 학습된다. 예를 들어 보자. "아이들아 일어서라! 아이들아 이리로 오너라! 아이들아 손을 들어라! 아이들아 손 내려라! 아이들아 자리로 가라! 아이들아 앉아라!" 입술 읽기로 연쇄가 습득된 후에는 각 고리를 분석한 읽기 검사가 실시되며 각 기호에 대한 어린이의 올바른 반응이 확립된다. 동일한 연쇄가 서면 형식으로 제공된다. 연쇄는 칠판에 적혀 있거나 미리 준비된 포스터가 걸려 있다. 서면 형식으로 연쇄를 습득하려면 3~4번

의 반복이 필요하다(같은 책, pp. 74-75). 입술 읽기로 연쇄를 습득하는 데는 평균 12분이 걸리며, 포스터를 읽는 데는 6~7분이 걸린다! "1~1.5개월이 지나면 아이들은 연결 고리의 개별 낱말을 분리하기 시작하고 이에 따라 새 연결 고리에서 새로운 기호에 반응하는 방법을 추측하기 시작한다. 후속 연쇄는 이전의 연쇄를 기반으로 그 속에 포함된 재료를 반복하고 들어내며 소진하고 발전시킨다"(같은 책, p. 75).

**4a-3-6]** 이 방법에 따르면 매우 빠른 쓰기 숙달에 놀라게 된다. 발음의 기술적 발달은 특별 수업에서 자신만의 방식으로 일어나지만, 언제나 말을 가르치는 주요 활동–매일 2시간이 할당되는 입술 읽기–에 종속된다. 어린이에게서 말과 입술 읽기가 언제 하나로 합쳐지는지 정확히 확립하는 것은 아직 불가능하지만, 정상적으로 들을 수 있는 어린이에게도 발음할 수 있는 것보다 더 많은 것을 이해하는 시기가 있다는 것을 잊지 말자. 이러한 교수학습 방법이 적용되는 농인 어린이는 그러한 말 발달 시기에 오랫동안 머무른다.

**4a-3-7]** 우리가 기술한 방법이 여전히 수년간의 개발과 실험적 검증이 필요하다 해도 어쨌든 한 가지는 이미 확실하다. 이는 미래의 수르도 교육학이 나아갈 방향이다. 논리적으로 일관된 말의 원칙은 의심의 여지 없이 미래에 속한다.

# 4a-4

**4a-4-1]**　우리는 위의 방법이나 어떤 방법이 구원적이고 최종적인 것으로 간주하고자 하는 것은 절대 아니다. 반대로, 우리는 어떤 방법도 그 자체만으로는, 그것이 아무리 어린이의 심리생리적 특성에 부합하더라도, 농아의 입말 발달 문제를 해결할 수 없다고 생각한다. 이 문제를 일반적 문화화 체계 외부에서 해결하는 것은 불가능하다. 말리쉬의 방법이 이에 대한 가장 좋은 예이다. 일단 전통적인 체계 내에 포함되면 그것은 모든 의미를 잃게 된다. 말의 교수학습은 더욱 일반적인 문화화 문제의 해결에 달려 있다. 독일의 음성적 방법이 사라질 운명이라고 말한다면, 그것은 그 자체가 나쁘기 때문이 아니다. 그 자체로는 매우 재치 있는 시도다. 그러나 그것을 실행하기 위해서는 너무나도 잔인해야 하며, 그것은 모방의 기계적 억압과 금지에 기반을 두고 있다. 그것은 발음과 조음의 문화화에는 적합하지만, 말에는 적합하지 않다. 왜냐하면 그것은 죽은, 인위적으로 준비된, 쓸모없는 말을 만들어 내기 때문이다. 이 방법의 가장 강력하고 정직한 옹호자 중 한 명인 F. 베르너는 말한다. "모든 교육 방법 중에서 구화법은 농아인의 본성과 가장 상반된다"(1909, p. 55). 이 방법에 따른 농아인의 교수학습은 어린이의 본성과 모순되게 확립된다. 어린이에게 말을 가르치기 위해서는 그의 본성을 깨뜨려야 한다. 이것이 바로 수르도 교육학의 진정 비극적인

문제이다.

**4a-4-2]** 우리는 농아인의 교수학습이라는 이 핵심적이면서도 특별한 질문이 동시에 사회적 문화화에 대한 일반적인 질문이며 오직 그렇게 해야만 해결될 수 있다는 것을 보여 주기 위해 이 가장 어려운 질문에 관해 고민해 보았다. 농인 아동에게 입말을 가르치고 싶다면 이 질문을 단순히 방법의 특수성에 관한 논의의 차원을 넘어 보다 폭넓게 받아들여야 한다. 이 방법은 훌륭하지만, 학생을 잔인하게 대하고 논리적 말을 줄 수 없다면 이를 포기해야 한다. 해결책은 무엇인가? 물론, 유일한 해결책은 조음 수업의 좁은 틀에서 벗어나 문화화에 대한 전반적인 질문으로 문제를 제기하는 것이다. 칼 자체는 좋지도 나쁘지도 않다. 모든 것은 외과 의사나 강도의 손에 주어진 칼의 용도에 따라 달라진다. 어떤 방법도 그 자체로 좋거나 나쁘지 않다. 일반적인 문화화 체계에서만 각 방법이 정당화되거나 비난을 받는다.

**4a-4-3]** 이전 체계에서는 구화법이 치명적이었지만, 새로운 체계에서는 유익할 수 있다. 어린이에게 말이 필요하고 흥미로우며, 모방은 흥미롭지도 필요하지도 않도록 어린이의 삶을 조직할 필요가 있다. 교수학습은 어린이의 관심사에 따라 이루어져야지 그와 반대 방향으로 이루어져서는 안 된다. 어린이의 본능에서 적이 아닌 동맹을 만들어야 한다. 보편적인 인간의 언어에 대한 필요성을 창출하면 말이 나타날 것이다. 경험이 이를 말해 준다. W. 스턴에 따르면, 전통적인 학교는 어린이를 말에 몰입시킬 수 없을 뿐만 아니라, 학교 내 모든 것이 입말의 필요성을 없애는 방식으로 조직된다. 말은 의사소통과 사고의 필요성에서 탄생한다. 사고와 의사소통은 복잡한 삶의 조건에 적응한 결과로 나타난다. A. 구츠만은 독일의 경험을 평가하면서 농아 학교를 졸업한 대다수는 사회생활의 현상과 요구 사항에 대처할 능력이 부족하다고 올바르게 말한다. 물론 이런 일은 학교 자체가 그들을 생활에서 격리하기

때문에 발생한다.

**4a-4-4]** 전통적인 학교의 가장 중요한 잘못은 농인을 정상적인 환경에서 체계적으로 분리하고, 모든 것이 그의 손상에 맞게 조정되고 모든 것이 손상을 위해 설계되고 모든 것이 결함을 상기시키는 좁고 닫힌 세상에 그를 가두는 것이다. 이 인공 환경은 농아인이 살아가야 하는 일반적인 세계와 여러 면에서 다르다. 특수학교에서는 곰팡내 나는 병원 분위기와 병원 체제가 매우 빠르게 조성된다. 농인들은 그들의 작은 원 안에서 돈다. 이 환경에 있는 모든 것은 손상을 키우고, 농인을 청각 손실에 고정하고 바로 이 지점에서 그에게 트라우마를 입힌다. 여기서는 나중에 어린이가 삶으로 들어가는 데 도움이 될 힘이 발달하지 않을 뿐만 아니라 체계적으로 위축된다. 정신건강과 정상적인 정신은 흩어지고 분열한다. 청각 손실은 트라우마로 변한다. 그러한 학교는 분리주의 심리를 강화한다. 그것은 본질적으로 반사회적이며 반사회성을 조장한다. 유일한 탈출구는 전체 문화화를 근본적으로 개혁하는 것이다.

**4a-4-5]** 러시아 소비에트 연방 사회주의 공화국(РСФСР)의 수르도 교육학의 이러한 해결책은 일반 어린이들을 위한 학교에서의 혁명적 경험 전체를 통해 제안되었다. 위에서 나는 원칙적이고 과학적인 관점에서 일반 어린이와 농인 어린이의 문화화에는 차이가 없다는 테제를 옹호하고자 했다. 따라서 농아인을 위한 우리의 학교는 일반 학교를 지향해야 하며 혁명적 노동 학교의 보편적 이념을 근간으로 해야 한다. 이미 취학 전 교육기관에서 농아 어린이를 대상으로 한 활동은 사회적 문화화의 폭넓은 기반 위에서 이루어진다. 그 중심 이념은 문화화를 사회적 삶의 일부로, 그리고 그 삶에 대한 어린이 참여의 조직으로 간주하는 것이다. 사회 속의, 사회를 통한, 사회를 위한 문화화와 교육-노동 학교의 이론가 중 한 명의 정의에 따르면, 바로 이것이 사회적 문화화의 토대이다. 사회적 환경과 그 구조는 어떤 문화화 체계에서도 최종

적이며 결정적인 요소이다. 사실, 생리학자들은 환경의 구성, 구조, 조건이 조건적 행동 형태의 문화화에서 결정적인 요소라고 말한다. 따라서 학교는 그 자체가 사회적 문화화의 수단이며, 삶의 환경에서 어린이를 조직하는 장소이자 방법임을 인식한다. 그리고 이것이 농아인 문화화의 근본이다. 이는 마치 해변에 서서 수영을 배울 수 없는 것처럼 사회적 삶 밖에서 말을 배우는 것이 불가능하기 때문이다.

**4a-4-6]** 노동은 사회생활이 조직되고 구축되는 중심축이다. 노동 활동은 인간의 사회적 삶과 자연에 대한 연구와 관련이 있다. 노동, 사회, 자연-이 세 주요 물길을 따라 학교의 문화화와 교육 활동이 흘러간다. 나는 여기서 노동 학교의 잘 알려진 모든 아이디어를 되풀이하지는 않겠지만, 노동 문화화는 바로 농아 어린이와 관련하여 모든 막다른 길에서 벗어날 수 있는 길을 제공한다는 점을 지적하지 않을 수 없다. 가장 중요한 것은 노동 문화화가 삶에서 가장 좋은 길이라는 것이다. 그것은 첫해부터 삶으로의 능동적 참여에 대한 보증이다. 따라서 그것은 농아 어린이에게 이와 연결되는 모든 것-의사소통, 말, 의식-을 제공한다.

**4a-4-7]** 신체적으로 농아인은 맹인보다 세상을 이해하고 삶에 적극적으로 참여하는 데 더 적합하다. 일반적으로 그다지 심각하지 않은 일부 균형 장애를 제외하고 농아인은 일반인이 가지고 있는 거의 모든 신체적 반응 가능성을 보유한다. 노동 장치, 인간 기계로서 농아인의 신체는 일반인의 신체와 거의 다르지 않으므로 농아인에게는 신체 발달, 기술 및 노동 능력 습득을 위한 모든 온전한 가능성이 보존된다. 그는 소리와 직접적으로 관련된 극히 일부 영역을 제외하고는 모든 유형의 노동 활동을 수행할 수 있다. 이에도 불구하고 수르도 교육학에서, 좁은 범위의 대체로 쓸모없는 공예품만이 일반적으로 사용된다면, 이에 대한 책임은 농아인의 문화화 문제에 대한 근시안적, 자선적-시설격

리적 접근으로 돌아갈 것이다. 이 문제에 대해 올바른 접근법을 적용하면 바로 여기에서 삶으로의 가장 넓은 문, 일반인들과 협력하여 노동에 참여할 가능성, 고등한 상호 협력의 가능성이 열린다. 기생의 위험을 피한 이 상호 협력은, 사회적 계기 덕분에 모든 농인 교육학의 기초로 복무할 수 있을 것이다.

**4a-4-8]** 노동에 기반한 문화화 작업의 일반적 특징을 H. K. 크룹스카야는 이렇게 정리한다. "사람들의 노동 활동에 초점을 맞추고, 이 각도에서 인간과 자연, 개인과 사회·경제·정치 및 문화, 현재와 과거 사이의 연결과 관계를 연구하는 것은 교육 내용에 일반교육적, 종합기술교육적 특성을 부여한다"(1978, p. 214).

H. K. 크룹스카야(Крупская, 1869~1939)는 교육부 장관이었으며 CПOH(미성년자 사회·법적 보호국)에서 비고츠키의 상관이기도 했다. 스탈린에 대항하다가 공직에서 물러나게 되었으나, 레닌의 부인이었으므로 투옥되지는 않았다. 그녀의 다소 갑작스러운 사망은 독살이라는 의혹을 낳았다.

**4a-4-9]** 종합기술적 노동교육을 기반으로 직업교육이 수립된다. 직업교육은 특정 형태의 노동을 완전히 습득하게 하고 생활과 노동에의 참여를 보장한다. 노동 문화화를 기반으로 아동 집단 조직이 발전하고 형성된다. 이러한 조직의 임무는 아동의 삶을 개선하고자 하는 욕망에 국한되지 않고 훨씬 더 멀리 확장된다. 아동 집단 조직은 아동이 성인 사회의 유기적 구성원으로서 자기 인식을 돕는 문화화 과정으로 변모한다. 우리 학교에서는 어쩌면 세계 최초로 농아 아동의 자기 조직화의 실험이 개발되고 있다. 어린이들은 학교 자치회를 설립하고 위생, 경제,

문화 등 위원회를 설치하여 아동의 생활 전반을 다루고 있다. 이 체계에서 사회성, 사교성, 자율성, 조직력, 공동체적 책임감이 길러지고 강화된다. 끝으로 농아 아동의 사회 문화화 체계는 아동의 공산주의 운동-아동을 노동자 계급의 삶과 성인의 체험 및 투쟁에 포함하는 청년 피오네르단 참여로 정점에 도달한다. 피오네르 운동에서는 세계 속 삶의 심장박동이 울려 퍼진다. 어린이는 그 참여자로서 자신을 인식하는 법을 배운다. 그리고 이 아동의 놀이에서 이 삶에 대한 최종적인 결론을 선언하는 생각과 행동의 싹이 자란다. 새로운 것은 아동의 삶이 처음으로 당대에 도입되었다는 점이다. 나아가, 그의 삶은 미래로 지향된다. 일반적으로 그것은 인류의 과거 역사적 경험에 바탕을 두어 왔었다.

**4a-4-10]** 어린이 피오네르 운동은 상급 단계에서 청년 공산주의 운동으로, 가장 광범위한 사회 정치적 문화화로 변모하고, 농아 아동은 온 국민이 살아 숨 쉬는 것과 똑같이 살아 숨 쉰다. 그의 생각, 열망, 맥박은 수많은 민중의 생각과 맥박과 일치를 이루며 뛴다.

**4a-4-11]** 바로 이 사회 문화화 체계는 혁명이 농인 문화화에 제공한 새롭고 가장 중요한 것이다. 이 체계의 중요성을 이해하려면 이러한 문화화의 확립이 언어, 의식 및 생각의 발달에 얼마나 거대하고 무한한 가능성을 그 안에 포함하고 있는지를 상상하기만 하면 된다. 소련의 농아인 문화화는 자선적 도움 대신 공교육 기관이 감독하고 조직하는 국가 문제로 구축되었다. 물론 우리는 여전히 가난하기에 이 문제에 필요한 자원과 노력을 온전히 여기에 할애할 수 없다. 수년간의 봉쇄, 전쟁, 기근으로 온 나라와 함께 농아 아동도 빈곤에 시달렸다. 오늘날 전체 연합과 함께 농아인을 위한 기관은 성장, 강화 및 부활의 시기를 경험하고 있다. 혁명 초기 몇 년 동안 농인을 위한 문화화 기관의 수는 많이 증가했다. 대중의 자발적인 요구의 시기, 절실한 필요의 시기의 압력으로 점점 더 많은 새로운 기관이 문을 열었다.

**4a-4-12]** 우리는 이 문제에서 어떤 최종 지점이나 극도로 발전된 지점에 도달했다고 전혀 생각하지 않는다. 오히려 우리는 길이 이제 막 시작하는 지점에 있다고 생각한다. 하지만 우리는 옳은 길을 택했고, 우리가 옳은 방향으로 나아가고 있으며, 농아 어린이의 사회적 문화화는 미래에 속해 있다고 믿는다.

# 제4b장

# 러시아 농아 어린이를 위한
# 사회적 교육의 원칙

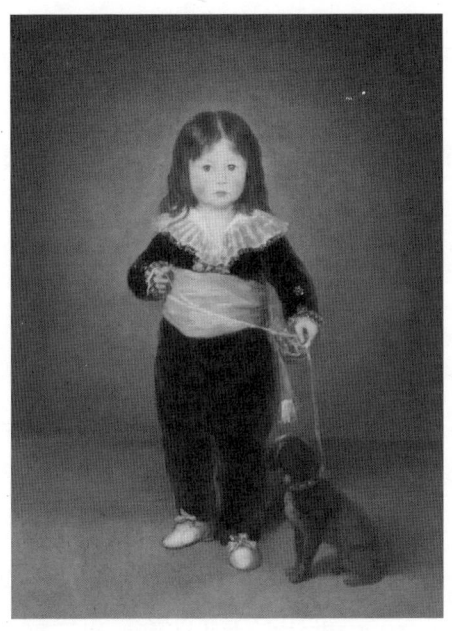

고야, 2세 8개월의 루이 마리야 데 시스투에 이 마르티네즈 초상, 1791.

1791년은 고야 자신이 청력을 잃은 해였다. 그림의 어린이는 어린이다운 신체 비율(성인이 7~8등신인 반면 4등신 정도의 비율)과 어린이다운 눈과 입을 갖고 있다. 고야는 얼굴의 미발달을 둥근 피부 면과 약한 명암 대비를 통해 의도적으로 표현한다(다른 한편 이 어린이가 정말 생후 2년 8개월이 되었다면 옆의 개는 작은 고양이나 큰 쥐의 크기일 것이다).

비고츠키의 최초이자 유일한 국제 학회 발표 원고였던 이 장에서 비고츠키는 이 연령의 농아 어린이에게 입술 읽기나 음성 조음이 아니라 비농인 어린이처럼 자연스러운 옹알이나 재잘거리기를 통해 입말을 가르치자고 주장한다. 흥미롭게도 그 역시 독일식 방법을 처음부터 적용하는 것은 반대한다. 불행히도 당시 유럽을 휩쓸던 반공 테러로 인해 비고츠키의 발표는 금지되었으며 비고츠키 자신도 말을 잃는다.

이 장은 반 데 비어Rene van der Veer와 발시너Jaan Valsiner가 편집한 『The Vygotsky Reader』(1994, Blackwell, pp. 19-26)를 번역한 것이다. 다음은 반 데 비어와 발시너가 pp. 25-26에 덧붙인 미주이다. 본문의 미주 역시 반 데 비어와 발시너의 것이다.

이 장은 다음과 같이 최초 출판되었다.

Vygotsky, L. S. (1925). Principles of social education for deaf and dumb children in Russia(러시아 농아 어린이 사회적 교육의 원칙). *In International Conference on the Education of the Deaf* (pp. 227-237). London: William H. Taylor & Sons.

비고츠키는 러시아 소비에트 연방 사회주의 공화국 인민교육위원회 산하 손상 아동 교육국장이자 모스크바 제2대학교 조교수인 Leo Vygotsky(혹은 Vigotsky) 박사로 소개되었다. 비고츠키의 발표는 그가 유일하게 외국을 여행한 1926년 6월 런던의 학회에서 이루어졌다. 그는 기차와 배를 타고 이동하며 독일과 네덜란드, 프랑스의 연구소들을 방문했던 것으로 보인다. 이 여행의 자세한 내용에 대해서는 아직까지 밝혀진 바 없으며 다만 우리는 그가 베를린의 게슈탈트 학파 동료들과, 암스테르담 및 파리의 손상학자/교육학자들을 만났을 것으로 추측할 뿐이다.

이 원고의 좀 더 긴 러시아어 버전은 러시아어 비고츠키 선집 5권에 실려 있다.

Vygotsky, L. S. (1983). Principy social'nogo vospitanija glukhonemykh detej. In L. S. Vygotsky *Sobranie Sochinenij. Tom 5. Osnovy defectologii* (pp. 101-14). Moscow: Pedagogika 참조.

미주 1~4에 제시된 인물과 참고 문헌 관련 정보 일부는 러시아어판의 주석을 참고하였다.

**4b-1]** 내가 오늘 주로 이야기할 원칙에 입각한, 농아 어린이들의 사회적 교육 체계는 단순한 이론적 구성물일 뿐 아니라, 다양한 교육학적 관찰 분야의 일상생활에서 얻은 실제의 살아 있는 사실들이다. 이러한 사실들은 소련, 특히 러시아 소비에트 연방 사회주의 공화국에서 지속적으로 발달해 오고 있다. 물론, 이 체계의 이론적이고 실천적인 작업이 아직 완료되지 않았음을 이해할 필요가 있으며, 따라서 내가 오늘 이 자리에 있는 이유는 이러한 방향으로 나아가는 첫 단계의 실험들, 즉 농아인의 사회적 교육 체계 창조로 이어질 과학적 사고와 교육적 극복의 첫 시도들을 여러분과 공유하기 위해서라고 말하는 것이 옳을 것이다. 그러나 이 체계의 주요 원칙들은 이미 엄밀하고 명확하게 공식화될 수 있기 때문에, 나는 우리가 벌이고 있는 새로운 운동의 원칙들을 여러분에게 알리려는 나의 노력이 어느 정도 성공하길 바란다.

**4b-2]** 농아 아동의 사회적 교육의 실제 원칙으로 넘어가기 전에, 새로운 체계의 기반이 되는 몇 가지 과학적 원칙을 언급하고자 한다. 이 원칙은 농아 아동의 심리생리적 특성 및 양육 과정과 연관되어 있다. 실명이든 청각 상실이든 모든 신체적 손상은 세계에 대한 아동의 태도, 무엇보다도 그의 동료에 대한 태도를 변화시킨다. 예를 들어, 사회적 영역에서 인간의 기하학적 위치, 삶의 참여자로서 그의 역할과 운명,

그리고 사회적 존재의 모든 기능을 살펴보면, 손상을 가진 인간의 경우 모든 것이 완전히 바뀔 것이라는 결론에 도달하게 된다. 신체적 손상은 사회적 탈구를 유발하여 피할 수 없는 결과를 초래하는데, 이는 탈구된 발목이나 다친 팔이 우리의 움직임을 방해하고 통증과 염증을 유발하는 것과 똑같다. 이는 기관이 정상 작동하지 않고 신체의 정상적인 기능이 방해받는다는 것을 의미한다.

**4b-3]** 심리적, 교육적으로 다루어지던 어린이의 손상 문제는 중요한 사회적 문제로 다루어져야 한다. 지금까지 이 문제는 이차적인 중요성을 가진 것으로 여겨졌다. 이제는 이런 태도를 바꿔서 이 문제에 명확한 사회적 의미를 부여할 필요가 있다.

**4b-4]** 정신적 신체적 결함이 사회적 탈구를 의미한다면, 그런 어린이를 제대로 키우는 것은 탈구된 기관을 제자리에 돌려놓는 것처럼 그가 안전하게 삶에 자리 잡도록 하는 것을 의미한다. 말할 것도 없이 실명과 청각 상실은 생물학적 사실이며 사회적 성격이 전혀 없지만, 교사는 이런 사실들을 그 무엇보다 이 사실들의 사회적 결과로 다루어야 한다. 우리가 교육의 대상으로 맹인 아동을 대할 때, 우리는 실명 자체보다 어린이가 삶에 진입할 때 이로 인해 발생하게 될 갈등을 다루어야 한다. 이 어린이의 주변 환경과의 접촉이 일반 어린이와 비교했을 때 보통의 방식으로 진행되지 않는다는 것은 분명하다. 실명이나 청각 상실은 심리적 사실로는 전혀 불행이 아니지만, 사회적 사실로는 그렇게 된다.

**4b-5]** 이제 나는 농아 아동의 사회적 교육 체계의 출발점이자 첫 번째 단계인 취학 전 교육에 대해 다루고자 한다. 내가 아는 한 이 교육의 중요성은 많은 국가에서 이론적으로나 실천적으로 아직 충분히 인식되지 않았다. 모든 미래 교육의 토대, 특히 언어교육의 토대는 취학 전 교육 중 어린이의 가정에서 놓이고 있다. 바로 이 지점, 즉 체계의 중

심 지점을 논의함으로써 나는 전체 체계에서 가장 두드러진 자리를 차지하는 취학 전 교육의 근본적 중요성을 보여 주고자 한다. 어린이들이 처음 말을 배우는 곳은 가정이며 이 교육은 옹알이와 모방과 같은 자연스러운 충동을 기반으로 한다. 말은 어린이의 일반적인 사회적 삶으로 간주된다. 농아인을 가르치는 오래된 전통적인 방법에서는 이러한 자연스러운 말 충동이 무시되었고, 이러한 불리한 조건하에서 (충동은-K) 점차 사라지곤 했다. 이 단계 뒤에 말이 없는 발달 기간이 이어졌고, 그로 인해 어린이의 말과 의식의 발달은 매우 다른 방향으로 나아갔다. 어린이는 학교생활을 시작할 무렵에야 소리로 말하는 법을 배웠다. 그때쯤 되면 어린이의 전반적인 발달이 너무 진행되어, 어린이는 말을 천천히 배우는 데 전혀 관심을 가질 수 없게 되었고 이 과업을 실질적인 이점이 없는 매우 불쾌한 일로 여겼다. 반면에, 모방 습관은 너무 강해져서 특히 언어에 대한 어린이의 관심이 완전히 사멸된 상황에서는 말이 그(모방-K)에 대항하는 것은 매우 어려워지게 된다. 이러한 상황에서 벗어날 수 있는 유일한 방법은 인위적인 조치, 예외적인 엄격함과 잔인함을 사용하고 학생의 의식에 호소하는 것이었고, 그로 인해 어린이는 성공적으로 말하는 법을 배웠다. 하지만 우리 모두는 학생의 근본적인 관심사와 습관에 반하며 오직 그의 의식적인 노력에만 기반한 방법은 신뢰할 수 없다는 것을 알고 있다.

**4b-6]** 취학 전 고아원에서 어린이들은 2세 때부터 말하는 법을 배운다. 낱말, 구절, 명칭, 명령을 입술로 읽는 종합적 읽기와 입말을 반사적이고 무의식적으로 모방하는 것이 두 가지 기본적인 방법이다. 소원과 생각을 구두로 표현하는 습관은 유년기부터 이곳에서 개발되고 있다. 말은 가장 실용적이고 사회적인 방식으로 곧장 가르쳐진다. 아이가 매일 놀고 일할 때 그는 말하는 법과 들은 단어를 이해하는 법을 무의식적으로 배운다. 어린이는 또한 말에 집중하고, 자신의 삶과 행동을

조직하는 법을 배운다. 이러한 성취는 농인 어린이에게 불가하다. 2세에서 5세 사이의 초기 단계에 다루어야 할 소리가 없는 것이다. 연습은 각각의 새로운 단어에 대한 준비인 어린이의 첫 번째 떠듬거리는 말과 입술 읽기로 구성된다. 이와 동시에 음성, 호흡을 위한 언어 기관도 매우 자연스럽게 작동하고 발달한다. 이러한 연습은 어린이가 실제로 올바른 말을 습득하기 전에 실행된다. 어린이의 말은 옹알이에서 직접 유기적으로 발달하고, 처음부터 이해 가능하며, 적합한 기능을 수행한다. 만일 어린이가 각 소리를 올바르게 발음하는 법을 배울 때까지 기다렸다가 소리를 음절로 구성하고, 음절을 단어로 구성한다면, 즉 말의 요소로부터 종합하는 방향으로 진행한다면 결코 어린이에게서 자연스러운 진정한 말을 들을 수 없을 것이다. 자연적 방법은 그 반대이다. 말의 복합체로부터 단순 요소와 그 요소 간 결합으로 나아가는 것이다. 인간 말과 어린이 옹알이 발달의 역사를 살펴보면 절節이 낱말 앞에 오고, 낱말이 음절 앞에, 음절이 소리 앞에 온다는 것을 알게 될 것이다. 하나의 절조차도 사실상 추상화이다. 말은 하나 이상의 문장으로 구성되므로, 어린이들은 유의미하고 유용하며 사회적으로 필요한 말을 훨씬 더 빨리 배우게 된다. 여기서 말하는 말은 논리적인 말이지 조음이 아니다. 러시아 최초의 농아 어린이 유치원 설립자인 나탈리아 라우는 말한다. "농아인의 언어 발달 순서는 일반 어린이 발달과 동일해야 한다. 말 발달 단계는 동일해야 하며, 수단과 시기에서만 다를 뿐이다. 일반 아동이 1세에 하는 말을 농아 아동은 3~4세에야 할 수 있다."

4b-7] 미래 말의 토대가 취학 전 교육 기간에 여기서 마련된다. 말은 어린이들 간의 교류 수단뿐 아니라 사고의 기구로 작용한다. 나탈리아 라우는 말한다.

"종합적 입술 읽기는 이미 구두 낱말을 통한 생각의 시작이다. 입술을 읽고 입의 모양과 말 기관의 움직임을 관찰할 때, 어린이는 이 모양을 생각과 밀접하게 연결하고, 그 생각을 입과 혀의 움직임과 연관시킨다. 예를 들어, 어린이가 '이리 와'라는 문장에 이미 친숙하다고 가정하자. 스스로 가야 하거나 다른 누군가를 불러야 할 때, 어린이는 그 문장의 발화 자체를 정신적으로 보며, 이 문장을 생성하는 데 중요한 역할을 하는 말 기관의 근육들이 무의식적으로 긴장하게 된다. 입술을 유창하게 읽는 것을 연습한 만큼, 점차적으로 어린이의 생각과 내적인 정신적 발화 또한 강화되며, 말로 발음할 수 없을지라도, 어린이는 이미 정신적으로 말한다. 그 결과로 취학 전 어린이와 함께 한 우리의 작업에서 가장 귀중한 것, 즉 생각을 말로 이해하고, 사고하고, 표현하는 습관이 형성되는 것이다."

따라서 진정한 말이 가진 모든 다양한 기능이 두드러지게 나타난다. 말은 유기적으로 어린이 삶의 일부가 되고 그 사회적 경험을 중심으로 어린이의 삶과 행동을 형성하기 시작하는데, 그 사회적 경험의 주요 기관이 말이다. 따라서 나탈리아 라우의 다음과 같은 요약은 매우 옳다. "경험에 따르면 농아의 취학 전 교육은 자연스러운 입말의 강력한 토대가 되며, 농아인과 일반인 간의 교류의 유일한 수단이다. **취학 전 교육을 통해 자연스러운 구두 낱말로, 구두 낱말을 통해 인간들의 한가운데로.**"[1]

**4b-8]** 학교에서 가르치는 심화 입말 교육은 유치원에서와 같은 원칙으로 진행된다. 근본 원칙 즉 소리 중심의 분석적이고 인공적이며 죽은 교수법에 대한 투쟁은 그대로 남는다. 이는 온전한 낱말, 유의미한 문장, 논리적이고 자연스러운 말을 위한 싸움이다.

**4b-9]** 나는 이 원칙에 기반을 두고 우리 학교에서 실행되고 있는 새롭고 독창적인 방법 중 두 가지에 대해서만 말하고자 한다. 첫 번째

는 모스크바 농아인 연구소 강사인 I. 골로소프의 방법이다. 이는 전체 낱말 방법을 토대로 입말의 교수를 구축하려는 최초이자 독창적인 시도로 간주된다. 저자의 근본적인 아이디어는 우리의 어린아이들이 배우는 것과 같은 방식으로 농아인을 가르치려는 것이다. 이 방법의 예비 작업은 1910년에 시작되었고, 실제 실행은 1913년 바르샤바에서 시작되었으며, 혁명 기간에야 이 방법의 이론과 실제가 모스크바에서 완성되었다. 이 방법의 본질적인 특징은 아이들이 낱말의 일부가 아닌 낱말을 다룬다는 것이다. I. 골로소프는 말한다 "낱말은 말에 대한 그들의 관심을 불러일으키고 말하는 법을 배울 수 있다는 자신감을 갖게 한다." 낱말과 문장을 공부하는 동시에 소리가 다루어진다. 이 방법으로 얻은 결과는 매우 좋았다. 예를 들어, 1923~1924학년도의 10월부터 6월까지 이 방법으로 교육받은 1학년 그룹의 아이들은 22개의 소리를 습득했다.

**4b-10]** 분석적 방법은 발화 기술을 다루는 반면 이 방법(골로소프의 방법-K)의 핵심은 얼굴 읽기이다. 얼굴 읽기는 동일한 자료를 글로 적히거나 인쇄된 형태로 읽는 것과 연결된다. 소리는 별도로 다루어지는 것이 아니라 짧은 낱말(한 음절)로 시작하는 낱말 전체, 문장들 전체, 심지어 짧은 이야기로 연습된다. 이 방법은 본질적으로 말리쉬의 방법과 일치하지만, 독립적이고 독창적인 방식으로 출현했음을 언급하고 싶다. 이러한 일치는 우리가 올바른 방향으로 나아가고 있음을 시사한다고 볼 수 있다.

**4b-11]** 말리쉬도 자연스러운 말하기에 대해 비슷한 견해-말 교육은 논리적인 말하기로부터 곧장 시작해야 한다-를 보인다. 말리쉬는 말한다. "아이들에게 가르쳐야 할 것은 오직 지금 또는 앞으로 삶에 직접적으로 도움이 될 수 있는 것들이다." 얼굴 읽기, 글자 읽기, 쓰기, 발음 등 네 가지 측면이 여기서 모두 밀접하게 연결되어 있지만 얼굴 읽

기가 가장 중요하게 다뤄진다. 말리쉬는 말한다. "만족할 만한 발음은 순전히 자동적으로 얻어지고 있다." 반면, 분석적 방법에서 발음은 각 소리의 의식적인 발화와 그에 연결된 상응하는 감각을 기반으로 한다.[2] 그러나 우리는 기술적인 혁신과 부분적인 개선만으로 만족할 수 없다. 우리의 원칙은 (교육-K) 체계 전반의 전면적 개정을 촉구하고 있다. 우리는 중간에 멈추지 않고 끝까지 나아갈 용기를 갖추어야 한다. 소콜랸스키는 이러한 시도를 자신의 방법으로 하고 있다.[3] 이 방법은 주로 입술 읽기를 통해 말하기의 숙달을 이끈다. 여기서는 상당히 불명확한 음성 감각을 생각의 기초로 선택하지 않고 대신 농아인에게 더 뚜렷하고 친숙한 시각 감각-즉 화자의 입술에 있는 낱말 이미지, 칠판에 쓰인 낱말, 글을 쓸 때 손의 운동 감각과 같은 시각 감각을 선택한다. 이러한 측면에서 농아인에게 지적이고 논리적인 전체 문장이 주어진다. 말하자면, 문제는 농아인을 우리의 말 속으로 '던져 넣어서' 크게 애쓰지 않고 기계적으로 논리적 말하기를 하게끔 만드는 것이다. 이 방법의 가장 큰 특징은 기계적이고 반사적이라는 점이다. 처음에는 문장이 명령형으로만 주어지며, 항상 관련 동작과 함께 주어진다. 조건반사가 발달된다. 허용된 순서에 따라 문장은 먼저 직접적인 지시, 즉 자연스러운 손동작과 함께 입술에서 읽힌다. 즉, 교사는 '얘들아, 일어나!'라고 외치며 어린이들이 어떻게 해야 하는지 손으로 보여 준다. 이 과정은 두세 차례 반복되며 이어서 손동작 없이 입술로만 문장 읽기가 뒤따른다. 이는 조건부 명령을 의미한다. 이 과정을 일고여덟 번 반복하면 어린이는 문장을 익힐 수 있다. 어린이가 명령문을 상당수 이해하게 되면, 동일한 자료가 현재 시제와 과거 시제의 평서문 형태에 사용된다. 그러나 이 방법의 가장 놀라운 특징은 어린이가 하나의 구문만을 배우는 것이 아니라는 점이다. 어린이는 약 12분 만에 여러 가지 기호, 구문 및 일련의 문장 연쇄를 배울 수 있다. 예를 들면 다음과 같다. '얘들아, 일어나!', '얘

들아, 이리 와!', '얘들아, 손 들어!', '얘들아, 손 내려!', '얘들아, 제자리로
가!', '얘들아, 앉아!'.

**4b-12]**  어린이들이 입술 읽기로 문장 연쇄를 숙달하면, 전체 문장
연쇄에서 배운 내용을 실제로 알고 있는지 확인하기 위해서 동일한 문
장을 분리하여 따로 읽게 되는데, 그 결과는 항상 매우 만족스럽다. 동
일한 문장 연쇄가 칠판이나 포스터에 글로 주어진다. 이 연습은 3~4회
반복해야 한다. 어린이들은 입술 읽기로 문장 연쇄를 익히는 데 약 12분
이 걸리고, 포스터 읽기로는 약 6~7분 정도 걸린다. 이어지는 문장 연쇄
는 이전 문장 연쇄를 기반으로 구성된다.

**4b-13]**  이 방법의 가장 두드러진 특징은 어린이들이 쓰는 법을 매
우 빨리 배운다는 것이다. 발음의 기술적 연습은 특별 수업에서 별도로
다루어지지만, 항상 말하기의 기본 수업, 즉 (매일 2시간씩 연습하는) 입
술 읽기에 종속된다. 어린이가 입술을 읽는 것만큼 빨리 말할 수 있게
되는 시기가 언제인지 명시하기는 어렵지만, 우리는 일반 어린이도 말하
기보다 이해하는 능력이 앞서는 시기를 겪는다는 사실을 잊지 말아야
한다.

**4b-14]**  이러한 방법들에 개정과 수정의 여지가 있더라도, 이것이
농아인 교육이 택할 방향이며, 논리적으로 연결된 말 원칙이야말로 미
래의 농아 아동 교육의 지배적 특징이 될 것임에는 의심할 여지가 없
다. 나아가 나는 단 하나의 방법으로는 농아인의 언어교육의 문제를 완
전히 해결할 수 없다고 말하고자 한다. 이 문제에 관한 해결책은 일반적
인 교육 체계 밖에 있을 수 없으며, 이 체계 안에서만 방법들이 비판되
거나 승인될 수 있다. 그러므로, 예를 들어 구화법은 과거의 체계 안에
서는 치명적이었지만, 새로운 체계에서는 이로운 것이 될 수 있다. 어린
이의 삶에서 말이 필요하고 흥미로운 것이 되도록 조직할 필요가 있다.
교수학습은 어린이들에게 매력적인 것이 되어야만 하며 그들과 반목해

서는 안 된다. 어린이들의 흥미를 우리의 동맹으로 만들어야지 적으로 돌려서는 안 된다. 말하고 싶다는 욕망이 생겨나야 한다. 어린이는 말할 필요가 있을 때 말하는 것을 더 배우고자 하는데, 바로 이러한 욕구가 전통적인 학교에서는 완전히 파괴되어 있었다. 이는 농아 어린이를 주변의 환경에서 분리하여 어린이를 특별한 환경, 즉 모든 것이 그의 결함에 맞추어져 있어 그의 흥미의 범위가 매우 좁아지고 비사회적 본능을 고양하는 환경에 두었기 때문이다.

**4b-15]** 이 어려운 처지에서 벗어날 수 있는 유일한 방법은 교육 전체의 근본적 변화이다. 그리고 이 생각은 러시아 소비에트 연방 사회주의 공화국에서 실행에 옮겨졌고, 농아 교육의 문제는 일반 아동을 위한 새로운 일반 노동교육 학교를 토대로 해결되어 왔다. 우리 학교의 토대를 이루는 주요 원칙은 교육이 사회적 삶의 일부로 간주된다는 것이다. 학교는 어린이들이 자신을 둘러싼 삶에 참여하는 기관이다. "어린이들의 양육과 교육은 사회 내에서, 사회를 통해, 사회를 위해 진행되어야 한다." 이는 새로운 노동교육 학교의 이론가 중 한 명이 정의한 사회적 교육의 토대이다[4]. 농아 교육은 동일한 원칙에 기반한다

**4b-16]** 해변에 서서 바라보는 것만으로는 수영을 배울 수 없는 것처럼, 농아인이 일반적인 사회적 삶 밖에서 말을 배우는 것은 전혀 불가능하다. 일, 사회, 자연은 훈련과 교육 활동의 기반이 되는 세 가지 선도적 주제이다. 이러한 실천적 교육은 삶으로 진입하는 가장 좋고 안전한 방법이다. 어린이가 어린 시절부터 삶에 적극적으로 참여하는 데 익숙해지기 때문이다. 이러한 환경에서 자라고 교육받은 농아인은 사교와 대화를 즐기고, 삶에 적극적으로 관심을 가지며, 독립적인 미래를 준비한다.

**4b-17]** 크룹스카야는 말한다. "실제적이고 실무적인 관점에서 인간과 자연, 개인과 사회, 경제, 정치 및 문명, 과거와 현재 간의 연결과 관

계에 대한 연구를 통해, 교과 교육은 일반교육적, 종합기술교육적 본성을 획득한다."[5] 직업 훈련은 이러한 기술적 노동교육을 토대로 한다. 후자를 통해 학생은 노동의 특정 측면과 관련된 마무리 교육을 받고 사회에서 자신의 일을 수행할 수 있게 된다. 아동의 사회 단체 조직은 동일한 원칙에 기반을 두고 있다. 그리고 내가 농아 어린이로 구성된 세계 최초의 자치 운영 실험이 우리 학교에서 이루어지고 있다고 말해도 아마 틀리지 않을 것이다. 어린이는 스스로의 생활을 조직한다. 그들은 위생, 문화 및 기타 위원회가 있는 학교 자치 운영 기구를 가지고 있으며, 이러한 모든 관심사로 그들의 생활 전체를 구성해 간다. 결과적으로 사회적 습관, 의식적 본능, 주도성, 조직 능력, 집단적 책임이 이 체계를 통해 발달하고 강화된다.

**4b-18]** 그런 다음 농아 어린이들은 공산주의 운동, 청년 피오네르단에 참여하게 된다. 피오네르 운동은 교육학적 관점에서 볼 때, 국제적이고 보편적인 정신으로 어린이 놀이를 건설하고 조직하는 실험이다. 이러한 놀이에서 어린이들은 노동 계급의 삶을 직접 접하게 된다. 즉, 성인의 경험과 고충을 배우고 이해하게 된다. 피오네르 운동에서 세계 속 삶의 심장박동이 울려 퍼지며, 어린이는 자신이 세계 속 삶에 참여함을 깨닫는 법을 배운다. 이 어린이 놀이에는 새로운 특징이 하나 더 있다. 보통 놀이가 역사적 과거를 기반으로 하는 반면, 이 놀이는 현재와 미래에 어린이의 관심을 집중시킨다. 이런 식으로 농아 어린이도 일반 어린이와 마찬가지로 삶을 온전히 즐길 수 있다는 점은 분명하다. 바로 이 사회적 교육 체계에 농아인 교육을 위한 혁명으로 얻은 가장 새롭고 중요한 개혁이 담겨 있다.

**4b-19]** 소비에트 연방 사회주의 공화국에서 농아인 교육은 인민 교육부 조직원들이 주도하는 국가 사업이다. 물론 수단과 여력이 아직 부족하여 우리가 원하는 만큼 농아인을 위해 충분히 지원할 수 없다. 우

리는 전쟁, 봉쇄, 굶주림으로 매우 힘든 시기를 겪었고 당연히 다른 사람들과 함께 농아인들도 고통을 겪었다. 전반적으로 상황이 나아졌을 때, 농아인에게 더 많은 보살핌과 관심이 주어졌다. 혁명 전후 연방 영토 내 농아인을 위한 학교의 수와 학생 수를 비교해 보면 혁명 이후로 학교 수와 학생 수가 모두 증가했음을 알 수 있다. 혁명 전에는 51개의 학교에 2,377명의 농아인 학생이 있었고, 1925년 6월 1일경에는 63개의 학교에 3,250명의 학생이 있었다. 전쟁 전 모스크바에는 농아인을 위한 기관이 6개-260명의 학생 수를 가진 3개의 학교기관과 466명의 학생 수를 가진 취학 전 교육기관- 있었다. 1925년 6월 1일까지 우리는 8개의 기관(학생 612명)을 보유했다. 이 중 4개의 기관은 학령기 아동을 위한 것이며(학생 466명) 4개의 기관은 취학 전 아동을 위한 기관이다(학생 147명).

**4b-20]** 나는 우리가 이 문제에서 최종적인 무언가에 도달했다고는 전혀 생각하지 않음을 다시 한번 강조하고자 한다. 오히려 우리는 아직 시작에 불과하다고 생각한다. 그러나 우리는 우리가 선택한 길이 옳다고 생각하며, 미래는 농아인의 사회적 교육에 달려 있다고 생각한다.

1. N. A. 라우(Natalia Aleksandrovna Rau, 1870~1947). 러시아의 농인 교육 전문가. 비고츠키는 다음 책 59쪽을 인용하고 있다.
   Rau, N. A. (1926). Doshkol'noe vospitanie glukhonemykh(농아 어린이의 전학령기 교육). In S. S. Tizanova and P. P. Pochapina (eds.). *Puti vospitanija fizicheski defektivnogo rebenka*(신체적 손상이 있는 어린이를 교육하는 방법). Moscow.
   비고츠키의 발표는 이 책이 출판되기 1년 전에 이루어졌으므로, 그는 이 책이 출간되기 전의 원고 일부를 본 것으로 추정된다.
2. K. 말리쉬(Konstantin Malisch, 1860~1925). 오스트리아의 농아 어린이 교육 전문가. 비고츠키는 다음 책 81쪽을 인용하고 있다.
   Külpe, G. I. (1926). Metod celykh slov i fraz Malisha(말리쉬의 전체 낱말-구문법), In S. S. Tizanova and P. P. Pochapina (eds.). *Puti vospitanija fizicheski defektivnogo rebenka*. Moscow.
3. I. M. 소콜랸스키(Ivan Manas'evich Sokoliansky, 1889~1960). 러시아의 농아인, 맹인 아동 교육 전문가. 1923년 하리코프에서 학생들과 함께 첫 교육 실험을 시작했다. 곧 농아인, 맹인 아동을 위한 새로운 교육 시스템의 창시자로 평가받았다. 그의 가장 뛰어난 제자였던 올가 이바노브나 스코로도호도바(Ol'ga Ivanovna Skorodokhodova)는 서구의 헬렌 켈러만큼이나 소련에서 잘 알려진 인물이었다. 그의 연구는 그의 제자 A. I. 메쉬체리야코프(A. I. Meshcherjakov)가 이어 갔다. 소콜랸스키의 방법에 대한 비고츠키의 설명은 다음 책 74~75쪽을 기반으로 한다.
   Kotel'nikov, M. N. (1926). Na novom puti: (chtenie s gub kak osnova obuchenija glukhonemykh ustnoj rechi) (새로운 길에서: [농아인 발성 교육 기초로서 입술 읽기]). In S. S. Tizanova and P. P. Pochapina (eds.). *Puti vospitanija fizicheski defektivnogo rebenka*. Moscow.
4. 독일의 학교개혁가 G. 케르셴슈타이너(Georg Kerschensteiner, 1854~1932)를 지칭하는 것으로 보인다. 그는 소비에트의 노동 학교 이론가들(예: P. P. 블론스키)에게 매우 잘 알려져 있었고 그들에게 큰 영감을 주었다. 그러나 그의 견해는 부르주아적이고 권위주의적으로 간주되어 크게 인기는 없었다
5. N. K. 크룹스카야(N. K. Krupskaja, 1869~1939). 레닌의 아내. 교육 문제에 큰 관심을 가지고 인민교육위원회에서 큰 역할을 했다. 학교개혁과 보이스카우트에 관한 논문과 팸플릿을 출판했다. 예를 들어 다음 참조.
   Krupskaja, N. K. (1925). *Vospitanie molodozhi v Leninskom dukhe*(레닌 정신에 입각한 청소년 문화화). Moscow: Molodaja Gvardia.
   본문의 인용은 다음 참조.

Krupskaja, N. K. (1978). Sistema narodnogo obrazovanija v RSFSR(러시아 소비에트 연방 사회주의 공화국에서 인민 교육 체계). In N. K. Krupskaja. *Pedagogicheskie Sochinenija. Tom 2*. Moscow, p. 214.

6. 비고츠키 원고에는 러시아와 우크라이나의 농아인 수, 농아인 담당 기관, 농아 어린이가 배웠던 직업 등을 개관하는 네 개의 표가 이어진다.

# 제5장

# 농아 어린이 대상 새로운 언어교육 방법의 실험적 검증(요약)

고야, 카프리초 39번 Asta su Abuelo(조부에 이르기까지), 1799.

고야의 설명이 없다면, 우리는 고야가 우리에게 교사가 교과서보다 더 중요하고, 학교는 둘 중 어느 것보다 더 중요하다는 것을 보여 주고 있다고 생각할 것이다. 비고츠키는 분석 단위와 비교 대상으로서 학교 전체를 강조한다. 이는 오늘날의 교육 실험가들에게 다소 이상하게 보일 것이다. 우리가 교수 '체계'(즉 방법과 기법)를 연구하고 있다면, 학급을 분석 단위와 비교 대상으로 삼는 것이 더 합리적일 것이다. 즉 한 학급에 하나의 실험 체계를 제공하고, 그 학급을 같은 학교와 같은 학년의 다른 학급과 비교하여, 학교 변수(예컨대 학년, 교사의 소양, 사회경제적 지위, 지리적 위치)를 자동으로 통제할 수 있도록 하는 것이다. 이는 세 가지 이유로 비고츠키의 접근법이 아니다. 첫째, 비고츠키는 바로 이러한 학교 변수에 관심이 있다. 학년은 발달 수준을 의미하고, 교사의 소양은 교육적 경험 대 공식적 훈련을 의미하며, 사회경제적 지위는 계급 심리를 의미하고, 지리적 위치는 농촌 대 도시의 생활 방식을 의미한다. 둘째, 비고츠키는 학교가 체계를 결정하는 것이지 그 반대가 아니라고 믿는다. 동일한 교수 방법이라도 다른 학교에서는 매우 다른 효과를 낳을 것이다. 비고츠키의 세 번째 이유는 앞의 두 이유와 농인에게 말을 가르치는 선택이 낳은 논리적 귀결이다. 비고츠키의 실제 목적은 모든 학교 하나하나를 개혁하여, 남학생과 여학생에 함께 교육을 받는 것처럼 농인과 일반인이 함께 교육을 받을 수 있도록 하는 것이다. 고야는 설명한다. 고귀한 당나귀는 자신의 가문을 과시하면서, 당나귀다움이란 교수, 사회경제적 지위, 지리적 위치와 같은 변수에 맡겨서는 안 될 매우 중요한 문제임을 보여 준다.

맹인 아동, 농아 아동 및 정신지체 아동 교육 문제에 대한 국가 학술원 교육학 위원회 보고를 위한 요약 원고, 1925년 5월 25일. 비고츠키가 런던으로 떠나기 한 달 전쯤이다.

5

5-1]  현재 농아 어린이에게 말을 가르치는 일은 전 세계적으로 어떤 위기를 겪고 있다. 다양한 나라에서 집중적으로 최선의 방법을 찾고 있다. 현재로서는 어느 정도 과학적으로 타당하고 모두가 인정할 수 있는 단일 시스템은 존재하지 않는다. 이전의 방법, 특히 독일의 (음성-K) 분석적 방법에 대한 불만이 모두에게 점점 더 명백해지고 있다. 모두가 대안을 찾는 상황 속에서 우리는 실험을 수행해야 한다.

5-2]  러시아에서의 상황은 외국보다 더 열악하다. 수도(레닌그라드-K)에 있는 두세 개의 대규모 학교를 제외하면 특정 시스템이 끝까지 유지되는 곳은 거의 없다. 지역적 창의성을 발휘하려는 강력한 시도가 시작되면서, 각각의 사려 깊은 교사들은 필연적으로 개혁가가 된다. 우리 학교의 (행정적-경제적, 교육학적) 전반적인 취약성 이외에도, 개혁을 수행할 충분히 훈련된 중견 전문가의 부족은 개혁의 과감한 시행을 저해한다. 상급 지도자(위대한 학자나 이론가)도, 중간 관리자(방법전문가, 대학교수, 학교장)도, 하급 실무자(교사 대중)도 없다. 상황이 이러하다.

5-3]  우리는 무엇 때문에 실험을 하게 되는가? 무엇이 이 문제를 피할 수 없이 시급한 과제로 만들며, 학교 전반의 개선을 우선순위에서 밀어내고, 더딘 발전에 대한 특수한 문제를 뒷전으로 미루게 하는가? 여기에는 하나의 중요한 이유가 있다. 농맹아에게 언어를 가르치는 문제

는 그들의 사회적 문화화에서 중심적이고 근본적인 문제이기 때문이다. 어떤 식으로든 이 두 문제를 해결하지 않는다면, 학교 전체를 새로운 원칙에 따라 재구조화하고 재건하는 것은 사실상 불가능하다. 새로운 학교 구조와 새로운 언어교육 시스템은 같은 아이디어로부터 서로 병행하며 유기적으로 발전하면서만 형성될 수 있다. 현재의 방법으로는 사회적 문화화는 불가능하다. 왜냐하면 언어 없이는 사회적 문화화가 실현될 수 없고, 학교에서 가르치는 언어(구두와 모방 언어)는 본질적으로 비사회적 언어이기 때문이다. 그러기에 우리는 말에서 시작해야 한다.

5-4]　이전 시스템의 부족한 점은 무엇인가? 학생은 말하기 교수학습의 전체 과정을 마치기 위해 '이집트식' 노역을 수행해야 한다. 그의 말하기는 그의 발달 속도를 따라갈 수 없다. 그가 습득하는 것은 말이 아니라 발음이고, 어린이는 말이 아니라 조음을 배운다. 결국 그는 필연적으로 자기만의 말을 만들어 낸다. 곧, 모방(표준 수화를 배우지 않은 아이들이 스스로 만들어 내는 몸짓 기반 수화, '가정수화'-K)이다. 사실, 모든 농아인은 모방을 통해 말하는데, 입말은 그들에게 낯선 것이다. 그것(입말-K)은 그들에게 실질적으로 아무런 도움이 되지 않는다. 그것은 그들의 발달이나 형성에 기여하지 못하고, 다른 경험을 축적하거나 사회생활에 참여하는 데에도 도구가 되지 않는다. 더구나 입말은 언어심리학의 기본 명제에 위배된다. 입말은 소리(즉, 자소 또는 음소-K)에서 낱말을, 낱말에서 문장을 만들어 내려고 한다. 따라서 심리학적으로나 교육학적으로 타당성이 없을 뿐만 아니라, 사회적으로 무익하며 실질적으로 생활에서 쓸모가 거의 없다.

5-5]　개혁의 본질은 무엇인가? 좀 더 깊이 살펴보면, 이전 시스템의 단점은 그것을 만든 사람들의 특별한 실수에서 기인한 것이 아니다. 그들은 뛰어난 심리학자였고, 나름대로 훌륭한 교사이기도 했다. 이 시스템 자체의 시대와 문화화 이론에 비추어 볼 때, 그것은 결함이 없

는 시스템이었다. 그것은 학생을 복종하게 했고, 그의 결손에 대해 종교적·도덕적 생각을 주입하였다. 그에게 교회 설교의 이해와 공식 국가 언어의 이해, 그리고 그가 속한 장애인-자선 단체의 관계망 이해를 위한 말을 제공했다. 그것은 어린이가 교회의 언어를 이해하고, 법정이 무엇인지 배우고, 사회의 선행을 존중하는 법을 배워야 한다고 믿었다. 그러면 그는 사회에서 자신의 위치를 올바르게 이해하게 될 것이다. 바로 이것이 구화의 교수학습에서 요구되었다. 모든 특별한 시스템은 그 시대의 사회 교육적 사상과 관계라는 일반적 배경에서만, 그리고 그것과의 연결을 통해서만 이해할 수 있다. 학교가 시스템을 결정하는 것이지, 그 반대가 아니다. 이를 통해 개혁의 본질은 우리 학교의 일반적인 구조에 의해 미리 결정되며, 결코 단순히 특수한 방법의 개혁만으로 환원될 수 없다는 결론이 도출된다. 농아 어린이의 언어 문제는 특수한 방법을 통해서가 아니라, 사회적 문화화의 원칙에 따라 학교를 전반적으로 재조직함으로써 해결될 수 있다. 농아 어린이의 말은 어린이에게 말의 필요성이 나타날 때, 말이 학생의 전체 경험과 전체 삶에 복무할 때만 생겨나며, 이를 위해서 필요한 것은 그의 전체 삶의 재조직이지 방법의 개혁이 아니다. 광범위하게 발달된 사회적 문화화는 언어 문제의 해결에 필요한 토대이다.

**5-6]** 특수한 기법의 역할은 무엇인가? 서술된 관점은 특수한 언어 교수학습 기법의 중요성과 의미를 결코 부정하지 않는다. 오히려 이런 방식으로 문제를 제기할 때만, 그 문제는 기술적 의미를 넘어 근본적인 의미를 획득하게 된다. 새로운 학교 구조는 단순히 언어 교수학습 기술만을 개발해서는 안 된다. 이 기술에 대한 평가는 언제나 근본적으로 교육학적이고 사회적-기법적이어야 한다. 이 두 요소는 서로 분리될 수 없다. 문화화의 사회적 토대가 없다면 어떠한 기법도 농아인에게 말을 가르칠 수 없다. 언어 교수학습 기술 없이는 어린이의 사회적 문화화는

불가능하다. 기술은 사회적 문화화의 도구이므로 이러한 관점에서 평가되어야 한다.

**5-7]** 위와 같은 이유와 우리가 실험을 수행하는 상황의 복잡성 때문에, 우리는 실험을 광범위하게 수행할 수 없다. 우리는 실험을 일부 학교나 심지어 특정 학급에만 한정해야 한다. 모든 실험에는 단 하나의 목적이 있다. 이는 다양한 시스템의 장점과 이들이 우리 문화화의 전반적인 계획에 얼마나 적합하고 부합하는지를 평가하는 것이다. 우리는 서유럽과 미국의 실험 결과를 기다려, 이미 완성된 제안을 적용할 수 없다. 거기서의 실험은 원칙적으로 다른 차원, 다른 학교에서 이루어졌기 때문이다. 우리는 실험으로부터 무엇을 기대하는가? 어린이를 말로 적절하고 쉽게 이끌고, 말을 숙달하도록 해 주는 교수학습 기술에 대한 지침이다. 말의 소리를 준비하도록 하는 것에 대항하여 구절 전체나 낱말을 향한 투쟁, 모방의 은어에 대항하여 입말의 통일성을 향한 투쟁, 죽은 말을 습득하는 수업에 대항하여 삶에서 말 발달의 자연스러운 자극을 향한 투쟁. 이것이 우리가 모색하는 방향이다.

**5-8]** 실험 내용. 가장 흥미로운 현대의 종합적인 언어 교수학습 시스템은 실험적 검증을 받을 필요가 있다. 다음 3년 동안 K. 말리쉬, G. 포르차머, И. A. 소콜랸스키의 방법에 대한 실험적 검증이 이루어져야 한다.

**5-9]** 실험 설계 절차. 우선, 실험은 실험실 준비 단계를 거쳐야 하는데, 이는 반드시 한 사람의 책임하에 맡겨야 한다. 준비는 반드시 다음을 나타내야 한다. 가) 러시아어에 맞게 정확하게 조정된 시스템. 나) 3개년 교수학습 계획의 개발. 다) 교수학습의 기법적·기술적 장치의 공식화. 라) 실험을 수행할 교사 교육. 마) 모든 보조 수단, 재료 및 교보재의 조직.

**5-10]** 실험은 여섯 집단으로 나눠서 실시해야 한다. 각각의 방법당

두 집단(말리쉬 방법, 포르차머 방법, 소콜랸스키 방법 각 두 집단-K)이다. 이 여섯 집단은 유치원과 구어 학습과 유아 초기 언어 단계를 마친 어린이들로 구성해야 한다. 어떤 경우에도 이미 학교에 다녔던 어린이는 이 집단에 들어갈 수 없다. 가장 좋은 방법은 한 학교를 3년간 실험 학교로 운영하고, 그 안에 유치원과 1학년 학급 6개를 여는 것이다. 이런 실험학교 조직이 불가능할 경우, 세 곳의 우수한 지역 학교를 실험 대상으로 선정할 수 있다. 아이들을 모방으로부터 격리하는 것이 매우 바람직하다.

**5-11]** 통제 실험. 동시에, 다른 학교에서는 연령, 준비(즉, 학교 경험-K) 및 건강 상태가 (실험군과-K) 거의 유사한 어린이들의 통제 집단이 조직되어야 한다. 이들은 (실험군과-K) 동일한 지식과 능력을 지닌 교사들에 의해 전통적인 방법으로 언어 교수학습 과정을 거치게 된다.

**5-12]** 실험 결과는 매년 평가되어야 한다. 학교에는 실험을 상세하게 기록하는 기법 위원회가 지속적으로 운영되어야 한다. 학교 작업 일지를 정확하게 기록하는 것이 바람직하다. 전반적인 평가는 다음을 토대로 이루어져야 한다. 가) 어린이의 언어 발달 정도에 대한 물적 증거 나) 그들의 삶에서 언어가 하는 사회적 역할. 다) 교수학습에 소요된 시간과 노력.

**5-13]** 계획을 시행할 때는 다음이 필요하다. 가) 농아인의 언어 문제에 관한 도서관을 조성한다. 나) 방법의 저자, 우크라이나, 덴마크, 독일 및 기타 국가와 협력한다. 다) 실험을 수행하는 데 필요한 물질적 자원을 제공한다.

**5-14]** 실험은 기존 학교의 일반적인 조건에서는 수행될 수 없다. 교육 시스템 전체가 실험에 맞춰 조정되어야 한다.

**5-15]** 러시아 소비에트 연방 사회주의 공화국의 농아인 문화화 문제가 일반적으로 그렇듯 실험에서 결정적인 문제는 손상학의, 전문가

인적 자원 양성에 관한 과학적 연구를 구축하는 일이다. 가장 올바른 방법은 손상학과가 있는 적절한 부즈(вуз, Высшее учебное заведение 한국의 고등교육기관 또는 교육대학교에 해당-K)에 실험 학교를 조직하는 것일 것이다. 부즈에서 거의 실시되지 않는 과학 연구 작업의 조직과, 관련 학과에서의 교육은 어떤 면에서도 만족스럽다고 할 수 없다. 농아인 연구를 위한 과학 센터의 설립, 수르도 교육학 학과의 개혁과 연구 작업의 조직만이 우리가 진행하고 있는 실험을 성장시킬 수 있다. 그렇지 않으면 그것은 필연적으로 원시 수공업으로 전락하여 총체적 불모가 될 운명에 처할 것이다.

# 제6장
# Moral Insanity(도덕적 광기-K)

고야, 카프리초 25번 Si Quebro El Cantaro(그가 물동이를 깼다), 1797~1798.

카프리초 3번과 25번은 신체적 체벌을 반대하는 고야의 목소리이다. 이 두 작품 모두 비행 행동의 원인은 어린이의 환경을 이루는 성인에게서 찾아야 한다고 주장한다.

비고츠키 가족 문서고에서 발견된 수기 원고로, 집필 날짜가 명기되어 있지 않다. 다만 이 글에 인용된 최근 문헌이 1927년인 것으로 볼 때 그 이전에 쓰였다고 볼 수 있다. 이례적으로 제목이 영어로 적혀 있으며 도덕적 광기를 지칭하는 moral insanity는 본문에서도 계속 영어로 표현된다.

비고츠키는 이 글에서 도덕적 광기가 손상이 아니므로 손상학의 연구 대상이 아니라고 주장한다. 따라서 이 글은 비고츠키 손상학을 여는 머리말과 같다.

**6**

6-1]　유럽 대부분의 국가와 미국에서 일어나고 있는 교육 개혁은 주로 심리학적 개념과 이론에 의해 촉진되어 왔다. 비슷한 심리학적 기반에서, 우리 교육학의 또 다른 실제적 문제, 즉 moral insanity(도덕적 광기-K)의 문제에 대한 이론적이고 실천적인 재검토가 서유럽과 미국에서 점차 성숙해지기 시작했다. 도덕적 손상에 대한 영어 명칭은 이러한 상태를 유기체적 질병(문자 그대로는 도덕적 미치광이 또는 정신착란)으로 보는 가장 극단적인 견해를 반영한다. 도덕적 광기라는 개념에는 행동에서 부도덕함을 보이고 일반적으로 받아들여지는 도덕 규범을 위반한 모든 아동이 포함된다. 여기에는 미성년 매춘부, 문제아, 노숙 아동, 방치된 아동 등이 포함된다. 도덕적 정신착란과 윤리적 손상성(그 약한 정도)의 개념의 파산은 한때 모든 관점, 즉 사회학적, 심리학적, 정신병리학적, 교육학적 관점에서 충분히 드러났다.

6-2]　П. П. 블론스키, А. Б. 잘킨트 등의 저작에 따르면 도덕적으로 손상이 있는 어린이는 선천적인 유기체적 결함을 지닌 어린이가 아니라 사회적 궤도에서 탈선한 어린이라는 사실이 밝혀졌다. 도덕적 손상의 이유는 어린이에게서가 아니라 어린이 밖에서-어린이가 성장하고 발달한 사회경제적, 문화적, 교육적 조건에서 찾아야 한다. 어린이 발달에 유리한 다른 조건, 다른 환경에서는 문제아동은 매우 빠르게 도덕적

손상의 면모를 잃고 새로운 길을 걷기 시작한다. 우리에게 도덕적 광기의 문제는 환경의 문제로 제기되고 답해지며, 환경을 개선하는 것이 이 분야에서 문화화 실천의 기초가 되었다. 최근 몇 년 동안 유럽의 과학 및 교육학 사상은 이 문제에 대한 일치된 이해에 도달했다. 제1회 독일 치유 교육학회(1922)에서 발표된, 상당한 아동 자료에 대한 조사를 토대로 한 보고서인 '정신병과 노숙'은 아동 노숙, 범죄 등의 요인과 원인에서 정신병이 미미한 역할을 한다는 결론을 내렸다. 조사 대상 아동 중에서 정신병 자체로 인해 버림받게 될 것으로 예정되거나 운명 지어진 특정군은 발견되지 않았다. 극히 일부의 아동에 대해서만 신중한 유보가 이루어졌다.

> 아동 노숙 또는 아동 유기를 의미하는 детской беспризорности
> 는 내전 이후 거리에 버려졌던 700만 명의 아동을 말한다. 영문판 선
> 집은 이를 'delinquent(비행 아동)'으로 잘못 번역했다.

**6-3]** 같은 학회에서, 순수 이론적 보고서인 '정상 심리학 관점에서 본 의지의 손상에 대하여'에서, 정신 질환으로서의 moral insanity 개념이 처음으로 단호히 거부되었다. 발표자는 의지 부족이 특정한 가치나 판단의 결여, 예컨대 행동 동기의 결여로 표현되는 경우, 그 원인을 선천적인 의지 손상이나 개별 기능의 왜곡에서 찾을 것이 아니라, 필요한 판단을 형성하지 못한 환경과 문화화에서 찾아야 한다고 주장했다. 발표자는 moral insanity를 왜곡된 감정으로 이해하기보다는 훨씬 단순하게, 개인의 덕 교육의 부족으로 이해해야 한다고 지적했다. 발표자의 의견에 따르면, 일반인에게서 나타나는 '동기적 가치' 손실의 모든 사례를 수집했다면, 때때로 이러한 현상이 정신 질환으로 오인되는 일은 없었을 것이다. 어떤 이는 미적 가치에 대해 '면역 상태'이고, 다

른 이는 사회적 가치 등에 대해 그러한 것처럼, 즉 각 개인은 그들만의 moral insanity를 가지고 있다는 것이다. 최근(1927년) 이러한 윤리적 손상에 대한 이해는 널리 퍼진 현대 심리학 경향 중 하나인 구조 심리학의 창시자 중 한 사람인 M. 베르트하이머에 의해 지지되었다. 이 심리학적 흐름은 심리적 삶과 심리적 발달에 대한 전체론적 이해에서 출발한다. 이 관점에 따르면, 심리적 현상은 결코 개별적인 부분이나 구성요소의 단순한 합으로 이루어진 것이 아니며, 언제나 고유한 법칙성과 속성을 가진 단일한 전체로 간주된다. 이러한 전체는 각 부분을 규정하며, 그 반대는 아니다. 이러한 전체의 유형에 따라 각 정신 과정이 구성되며, 이 전체를 형태나 구조Gestalt라고 한다. 따라서 연구를 할 때는 부분이 아니라 전체에서부터 출발해야 한다.

*C. C. 몰로자비(Степан Степанович Моложавый, 1879~1937)는 제2모스크바 주립대학교에서 비고츠키의 동료였다. 비고츠키와 마찬가지로 그도 청소년 비행에 대해 광범위한 연구를 했으며 베르트하이머와 마찬가지로 그는 어린이가 어른보다 환경에 훨씬 더 직접적으로 반응하는 유기체이므로 어린이 내부에서 도덕적 광기나 그것을 구성한다고 생각되는 것을 모색하는 것은 쓸모없는 일이라고 주장했다.

이는 순수하게 부정적인 공식화이다. 환경 속 청소년 비행의 원인에 대한 긍정적 함의는 어린이가 그의 환경으로부터 분리될 수 없다거나(따라서 A. C. 마카렌코[Антон Семенович Макаренко, 1888~1939)]가 시도했던 죄수의 자치 유형지를 설치하는 것은 잘해야 쓸모없고 최악의 경우에는 역효과를 낳는다) 아니면 비행은 환경으로부터의 제거를 통해서만 교정될 수 있다(그렇다면 죄수 자치 유형지는 유일하게 가능한 효과적 처치이다)는 것이다. 유사하게, 비고츠키가 여기서 비판하는 도덕적 광기의 아이디어, 즉 비행 행동이 환경적 요인에 기인하지 않는다는 아이디어는 순수하게 부정적인 공식화이다. 비행 행동의 도덕적 원인에 대한 긍정적 함의는 체벌이 무력하고 무의미하다거나(어린이는 자신의 성격을 마음대로 바꿀 수 없기 때문이다) 아니면 체벌이야말로 유일하게 가능한 효과적 처치라는 것이다(성격이 아닌 행동만이 통제될 수 있기 때문이다).

몰로자비와 비고츠키 둘 다 (그리고 당대의 서구 교육학자들도 뒤늦게) 비행 행동의 원인과 환경 속 성인의 사회적 반응이 개별적 문제라고 생각했다. 이들이 어떻게든 연결되어 있다면 이 연결은 우리가 생각하는 그러한 연결이 아니다. 비행 행동에 대한 사회적 반응은 문제의 일부이며 해결책의 일부가 아니다.

**6-4]** 심리학 연구를 전체론적으로 접근하는 이 이론은 지지자들에게 어린이를 환경과 관련하여 이해할 필요성을 제기했다. 전체론적인 접근 원칙에 따라 어린이를 그가 성장하고 발달하는 환경에서 분리하지 않고 연구해야 한다는 요구가 우리에게 있었음을 상기하자. 특히, 도덕적 손상 아동에 대해서 C. C. 몰로자비 교수와 다른 이들은 비슷한 접근 방식을 취한다. 몰로자비는 특정한 정신병 유형에 속하는 어린이는 무례함, 부주의함, 이기주의, 모든 관심사를 기본적인 욕구 충족으로의 집중, 지력 부족, 활력 부족, 고통스러운 자극에 대한 민감성 저하 등의 모습을 보인다고 말한다. 연구자들은 여기서 아동의 출생부터 그의 비사회적 행동을 결정짓는 윤리적 손상 혹은 moral insanity의 면모를 본다. 그리고 우리가 아동의 행동을 (환경과-K) 분리하여 고려하고, 그것을 이러저러한 '특성'으로 환원하여 이러한 특성으로부터 성격을 구성한다면 이것이 타당해 보인다. 이런 어린이들을 더 나은 다른 환경으로 옮기는 실험은 새로운 환경에서 모든 특성이 완전히 다른 모습을 띠고, 어린이들은 온화하고, 친절하고, 활기차고, 느긋해진다는 것을 보여준다. 종종 우리가 다루는 아동들은 특히 높은 민감성을 가지며, 관찰된 민감성 저하는 방어적 반응, 자기방어, 환경의 고통스러운 영향에 대항한 생물학적 보호막에 불과하다.

**6-5]** 소련의 심리학자와 교육자들은 해외에서 일어나고 있는 도덕

적 손상에 관한 이론의 개정을 만족감을 느끼며 주목하고 있으며 이 문제에 관해 우리의 교육학이 걸어온 길-미성년자의 사회적 법적 보호에 관한 제2차 회의의 결의안(1924)에서 제시된 길-이 옳았다는 또 다른 증거를 본다. 어린이들을 정상적, 도덕적 손상이 있는, 윤리적으로 손상이 있는, 윤리적으로 지체된 등으로 나누는 것은, 우리의 결의안에 명시된 바대로, 용납할 수 없다. 그러나 소련과 해외 교육학 사이의 이러한 교차 지점에 대해 숙고하는 것은, 우리가 오래전부터 도입하여 실행한 결론에 관한 새로운 과학적 확신을 얻기 위함뿐 아니라 우리의 경험을 해외의 경험과 비교하고, 스스로를 다른 사례와 경험들을 통해 시험하기 위함이다. 이는 혁명적 개혁의 공고화와 우리 스스로의 과학적 작업의 구축을 위해 매우 필요하다.

# 제7장

# 어려운 유년기

고야, 시소, 1791.

어린이의 몸무게는 내적 요소로 한쪽 끝에 있고 상대방은 환경적 요소로 다른 한편에 놓여 있다. 제6장은 도덕적 광기의 존재를 부정하고 청소년 비행과 청소년기 정신이상을 선천적이 아닌 환경적 요소로 설명한다. 그러나 이 장은 내적 요소들이 어떤 역할을 하는지 살펴본다. 이 요소들은 선천적은 아니지만 그럼에도 개인적이고 심리적이다. 어린이 자신의 행동과 환경의 작용 사이의 '시소'가 어떻게 발달하는지를 설명하기 위해 비고츠키는 얼핏 보기에 서로 무관한 두 극단을 예시로 든다. 이는 '문화화가 어려운' 어린이와 재능이 있는 어린이다. 이들은 단일한 축에 의해 연결되어 있음이 드러난다. 이 둘 사이의 상호작용은 정적이지 않다. 그것은 (울고 있는 어린이가 시사하듯) 어린이 자신의 행동에 상당히 의존한다.

이 장은 1928년 3월 4일의 강의 속기록이다. 러시아어 선집에서 이 장은 원고 날짜를 알 수 없는 「도덕적 광기」 앞에 배치되었으나, 이 장은 「도덕적 광기」에서 제시된 생각을 발달, 분화시키고 있는 것으로 보인다. 러시아어 선집은 이 속기록이 비고츠키의 문서고에서 발견되었다고 밝힌다. 따라서 비고츠키도 이 원고를 보았을 것이다. 그러나 「도덕적 광기」와 마찬가지로 이 장은 그의 생전에 출간되지 않았다.

**7-0-1]** (다루기-K) 어려운 어린이의 심리는 다양한 측면에서 발전된 가장 실제적인 문제 중 하나이다. '어려운 어린이'나 '문화화하기 어려운 어린이'라는 개념은 매우 광범위하기 때문이다. 여기서 우리는 서로 매우 상이하지만 단지 하나의 부정적 특성을 공유하는 어린이 범주와 사실적으로 만난다. 이들은 모두 문화화의 측면에서 어려움을 보인다. 이 때문에 '어려운 어린이' 혹은 '문화화하기 어려운 어린이'라는 용어는 그 어떤 규정된 심리학적 혹은 교육학적 내용을 나타내지 않는, 비과학적 용어이다. 이렇게 서로 다른 거대한 어린이 집단에 대한 이 일반적 명칭은 실천적 편의를 위해 임의로 제시된 것이다.

**7-0-2]** 이러한 형태의 아동 발달에 대한 과학적 연구는 아직 충분히 진행되지 않아 더 정확한 정의를 내리기 어렵다. 특히 최근에는 어려움의 문제가 어린 시절에만 국한되지 않는다는 점이 올바르게 지적되고 있다. 사실, 우리는 종종 성인의 행동에서 어린이가 겪는 어려움과 유사한 모습을 발견하곤 한다. 우리가 그런 성인들을 문화화하는 것은 아니기에 그들을 문화화기 어렵다고 칭할 수는 없지만, 그럼에도 불구하고 그들은 어려움을 겪는 사람들이다. 이 개념(일상적 개념에 묻힌 과학적 개념을 규명하려는 시도-K)을 설명하기 위해 가정이나 직장, 사회생활에서 어려움을 겪는 성인들의 사례를 언급했다. 심리적 측면에서 볼 때,

우리는 그들에게서도 어린이들과 똑같이 그들의 어려움이나 기타 특성을 나타내는 현상이 있었음을 구체적으로 지적할 수 있었다. 다시 말해, 우리는 어떤 사람의 인격이나 재능의 정도가 사회적 적응, 활동, 행동에 여러 어려움과 부족함을 초래하는 것에 대해 말하고 있다. 이 문제는 점점 확대되고 있으며, 이 분야에서 일하는 미국의 가장 진지한 심리학자들은 이를 심리학적 지식의 특정한 분야로 분류하여 '심리학적 경계선'이라고 부르기로 했다. 이는 이미 정신병리학적 형태로 나타난 신경 활동의 장애가 아니라 지배적인 규범 내에 남아 있으면서도 개인의 올바른 문화화, 사회적 노동, 개인 및 가족생활을 방해하는 가장 심각한 어려움을 드러내는 것을 의미한다.

어떤 사람들은 미완성된 철장을 보면서 고야가 여러 번 방문했던 정신병원 중 하나를 묘사하고 있다고 추측했다. 비고츠키 시대의 정신과 의사(예컨대 프로이트)는 '신경증'이 '정신이상'과 '정상적 기능 작동' 사이의 광대한 영역이라고 생각했다. 이 용어에는 두 가지 문제가 있었다. 첫째, '신경증'은 실제로 전혀 발견된 적이 없는 신경학적 토대를 암시한다. '신경증'은 순수한 기능적 묘사였고 그렇게 남아 있다. 비고츠키는 아직 이것을 몰랐지만, 신경학이 '신경증'을 진단하는 방법이 아니라는 것은 이미 이해하고 있었다. 둘째, 프로이트조차 신경증이 준보편적이라는 것을 발견했다. 다시 말해, 정상인들은 모두 어떤 식으로든 신경증적이기 때문에, 그 범주에는 기능적 토대조차 존재하지 않는다. 편집증적 정신 분열증 환자는 물론 완벽하게 정상적인 사람들도 코로나가 인간에 의해 발생했다(예컨대 우한의 무기 연구소)는 것을 믿을 것이다. 자기애적 인격 장애를 겪는 사람들은 물론 완벽하게 기능하는 사람들조차, 우리가 그다지 중요하지 않은 별 주위를 공전하고 있는 평범한 행성 위에 있는 별로 중요하지 않은 종種들 중 하나일 뿐이라는 것을 받아들이기보다 인간이 우주의 주인임을 믿으려 할 것이다.

고야, 미완성 및 날짜 미상 수묵화.

　따라서 비고츠키가 여기서 인용하고 있는 미국의 정신과 의사와 심리 치료사들(그리고 오늘날 대부분의 정신과 의사와 심리 치료사들)은 정상적 기능과 정신이상 사이, 심리학적으로 '경계선'에 있는 사람들에 대해 말하는 것을 선호하며, '경계선' 범주('경계선 정신이상'을 의미함)는 우리 시대에 '신경증적'이라는 용어로 대체되었다. 그러나 비고츠키가 이 용어를 따옴표로 묶었다는 데 주의하자. 그것은 실제로 비고츠키가 정신질환과 정신건강 사이에 어떤 경계선이 있다고 믿지 않았기 때문이다. 예를 들어, '자폐증'은 스펙트럼이며, 아무리 건강하더라도 모든 사람은 자폐적 계기를, 심지어 정상 기능을 손상시키는 자폐적 계기를 지니고 있다. 예컨대, 이 그림 속에 있는 신사를 보자. 일부 해석에 따르면 신사가 쓰고 있는 모자를 볼 때, 그는 단지 악몽에서 깨어난 것이며, '철장'은 완성되지 않은 침대나 침실용 탁자로 볼 수 있다.

**7-0-3]** 이 주제는 엄청나게 복잡하고 광범위하기 때문에 핵심 의미를 가진 두 가지 기본 지점만을 짚고 넘어가겠다. 이는 어린이의 인격 형성 문제와 재능 문제이다. 어려움이 있는 어린이 대부분은 무엇보다 이 두 가지 영역에서 문제를 보이기 때문이다. 우리는 보통, 재능이 부족하거나 낮아서 학습부진을 겪는 어린이와, 행동의 어떤 태도나 인격적 특성으로 인해 남과 어울리지 않아 문화화 부진을 겪는 어린이를 만나게 된다. 이들은 다루기 어렵고, 학교 규율 등을 따르지 않는다. (다루기-K) 어려운 인격의 문제, 또는 아동 인격 형성의 문제로 돌아가 보자.

**7-1-1]** 최근 심리학에서 인격의 문제는 개정과 재고의 대상이 되고 있다. 이 문제를 전부 다루는 것은 나의 과업이 아니다. 나는 문화화하기 어려운 아동의 문제와 관련된 측면에만 관심이 있다.

**7-1-2]** 오늘날 인격 학설에서 연구자들은 두 가지 반대 방향으로 연구를 수행하고 있다. 일부 심리학자들은 소위 인간의 인격, 더 정확하게는 인간을 지향시키는 기질의 생물학적 토대를 연구한다. 그들은 특정 유형의 행동과 상관관계가 있는 유기체적 시스템 간의 관계를 연구한다. 인체에 대한 지식을 기초로 한 연구의 가장 두드러진 사례로 E. 크레치머의 유명한 학설을 들 수 있다. 다른 연구자들은 인격의 생물학적, 유기체적 토대를 연구하기보다는 어린이가 인격을 발달시켜야 하는 사회적 환경의 다양한 조건에서 인격이 어떻게 발달하는지를 연구한다. 다시 말해서, 이 연구자들은 기질이 아닌 진정한 의미에서의 인격을 다룬다. 그들은 유전을 통해 선천적으로 타고나는 것이 아니라 유전으로 주어진 것을 바탕으로 문화화, 아동 발달, 특정 환경에 대한 적응 과정에서 발달하는 인간 행동의 태도를 연구한다. 우리의 가장 큰 관심사는 두 번째의 유형이다. 앞으로 제시할 바와 같이, 이는 아동의 어려운 인격 형성 혹은 인격 탈선의 문제에 가장 가깝게 다가서기 때문이다.

고야, 카프리초 42번 Tú que no puedes([나를 업을] 수 없는 너), 1799.

각자는 당나귀로 표현된 '캐릭터'를 등에 업어야 한다.

비고츠키 후기 저작(예컨대 『청소년 아동학』 4권 모두)에서는 ЛИЧНОС
ТЬ(리치노스치)가 인격으로 번역되었으나 이 글에서는 원래 독일어 낱
말인 Charakter(러시아 원문에서도 소리 나는 대로 하락테르характер로 표
현됨)가 '인격'으로 번역된다. 이는 여기서 비고츠키가 지칭하는 것이

독일 심리학자들이 유행시킨 일종의 '인격Charakter'이기 때문이다(예컨대 크레치머 같은 이들은 정신적 발달과 신체적 발달을 하나의 '체질'로 연결하려 시도했다). 비고츠키가 여기서 말하듯 '캐릭터' 교육은 인간을 지향시키도록 고안되었으며 어떤 면에서 미국에서 실패한 시도인 인격 교육Character Education이나 우리나라의 2015 개정 교육과정 이후 강조한 인격 교육을 닮은 점이 있다.

후기 저작인 『청소년 아동학』에서 비고츠키는 이러한 사회-행동주의적인 캐릭터 교육의 개념을 자신만의 교육적 목표인 인격 발달, 즉 하락테르가 아닌 리치노스치의 발달로 대체한다. 이제 인격은 더 이상 사회적 행동 형성의 문제가 아니다. '인격 발달'은 다른 개념의 체계(예컨대 직업과 동반자를 포함하는) 속에 포함된 자유로운 심리적 자아개념의 형성을 의미한다. 그러나 이 책에서 우리가 보는 것은 더 초기의 비고츠키다. 여기서 비고츠키는 그는 아직 젊었으며, (세계적으로 선도적인) 최신의 독일 심리학 개념(세계적으로 선도적인)에 비판적으로 반응하며 자신만의 개념을 발달시키는 중이다.

고야 역시 행동주의적으로 형성된 '캐릭터'와 심리적으로 자기-규정된 '인격' 사이의 구분을 발달시키는 중이며, 구분하려 시도하고 있으며, 또한 인격과 직업 사이의 연결을 이해하고 있다. 두 남성 인물은 노동자와 농부의 복장을 하고 있다. 고야는 전형적으로 당나귀를 이용하여 귀족, 사제, 학자를 나타내고 이를 통해 자신의 세계가 뒤집혀 있음을 보인다. 당나귀가 사람 등에 올라타기 때문이다.

**7-1-3]** 현대 심리학자들이 인간 행동에서 다양한 인격의 면모와 태도 형성을 묘사하는 경향이 어떤지 밝히기 위해 구체적인 예로 시작해 보겠다. 어떤 이유로든 청력 손상을 겪은 어린이가 우리 앞에 있다고 가정해 보자. 이 어린이가 주위 환경에 적응하는 데 많은 어려움을 겪을 것임은 쉽게 상상할 수 있다. 다른 어린이들은 놀이 중에 그를 뒷전으로 미루어 둘 것이고, 그는 산책할 때 뒤처지거나 어린이들의 파티나

대화에 적극적으로 참여하지 못하고 소외될 것이다. 간단히 말해, 단순한 유기체적 결함으로 인해 청력이 손상된 이 어린이는 다른 어린이보다 사회적으로 낮은 입장에 놓이게 된다. 우리는 이 어린이가 보통의 어린이보다 사회적 환경에 적응하는 과정에서 더 큰 어려움을 겪을 것임을 말하고 싶다. 이런 상황은 어린이의 인격 형성에 어떤 영향을 미칠까?

**7-1-4]** 나는 어린이의 인격 발달이 다음과 같은 기본 노선을 따른다고 생각한다. 나쁜 청력의 결과로 그는 어려움에 맞닥뜨리게 될 것이다. 따라서 그는 스스로 높아진 민감성, 조심성, 호기심, 주위 사람들에 대한 의심을 발달시킬 것이다. 아마도 그는 일련의 다른 특성들도 발달시킬 텐데, 우리가 이러한 인격 특성이 도중에 만나는 어려움에 대한 어린이의 반동임을 주의 깊게 살펴본다면 그 특성들의 출현을 이해할 수 있다. 자신의 결함 때문에 동료들로부터 조롱의 대상이 된 어린이는 스스로 증가된 의심, 호기심, 경계심을 발달시킬 것이며, 이 모든 복잡한 심리적 상부구조, 즉 태도와 행동 방식의 복잡한 체계는 우리에게 반동, 즉 어린이가 사회적 환경에 대한 적응 과정에서 마주치는 어려움에 대한 대응으로 이해될 수 있다.

**7-1-5]** 우리는 어린이의 그러한 반동적 형성의 세 가지 기본 유형을 지적할 수 있다. 이 중 하나는 정신병학과 연관하여 잘 알려져 있으며, 의학에서는 이를 난청 정신착란이라고 부른다. 이 집단은 다른 집단들과 매우 다르며 정신과 의사들은 오래전부터 이를 구분해 왔다. 난청인에게는 내가 말한 반동적 형성이 일어나기 시작한다. 난청이 시작되는 사람에게는 의심, 불신, 과불안, 경계심이 발달한다. 주위의 각각의 낱말은 농인에게 불안의 원인이 되며, 그는 사람들이 그에 대해 무언가 나쁜 일을 꾸미고 있는 것처럼 느낀다. 그는 불면에 시달리고 사람들이 그를 죽일 것을 두려워하며 사람들이 그에 대해 음모를 꾸민다

고 비난한다. 그가 볼 때 각각의 낯선 얼굴들은 수상하다. 결국 그는 피해망상을 갖게 된다.

**7-1-6]** 이런 인격적 면모는 내가 시작에서 제시했던 것과 동일한 심리적 본성에 따라 나타나는가? 나는 이러한 형성이 주위 환경에 적응하는 어려움에 대한 대응으로 나타난다고 믿는다. 만약 청각 결손이 이 사람을 주위 환경으로부터 배제하지 않고, 그가 주변 사람들과 정상적인 관계를 지속했다면, 이런 특별한 행동은 존재하지 않았을 것이다. 비록 우리가 여기서 반동적 형성을 본다고 말할 권리가 있지만, 의심과 경계는 행동적 태도이며, 환경에 대응하여 작용하기 위한 특정한 방식, 사람이 직면하게 된 어려움에 대응하여 발전된 방식이다. 하지만 이것은 현실로부터 유래하지 않은 허구적인 태도이다. 그와 가까운 이들은 그에게 해를 끼치기를 전혀 바라지 않기 때문이다. 게다가 우리 환자가 어려움에 대응하여 발전시킨 행동 방식은 실제로 어려움을 극복하지 못한다. 어려움 자체는 현실과 불일치하는 생각으로 인해 발생하며, 환자는 이러한 유령에 대항하여 똑같이 유령과 같은 수단을 사용해 싸운다. 현대 심리학자들은 이러한 특정 인격 면모 형성 시스템을 허구적 보상이라고 부르자고 제안한다. 그들은 이와 같은 경계, 의심, 불신의 태도가 사람이 앞에 닥친 어려움으로부터 어떤 식으로든 자신을 보호하려고 할 때 나타나는 보상으로서 생겨난다고 말한다. 내가 처음에 언급한 예를 다시 살펴보면, 난청 아동에게도 상반된 두 가지 인격 발달노선이 가능하다. (실질적 보상이라고 부를 수 있는) 첫 번째는 어느 정도 현실적으로 고려된 어려움에 대한 대응으로 발생한다. 따라서 난청 아동이 더 높은 민감성, 관찰력, 호기심, 주의력, 지능을 발달시켜 다른 아동이 청각적 지각을 통해 인식하는 것을 모호한 신호를 통해 인식하는 법을 배운다면, 그는 아무것도 놓치지 않기 위해 경비초소를 떠나지 않을 것이다. 그는 어려움에 대한 현실적인 고려에서 출발하기 때문이

다. 이는 실질적 보상이라고 불린다. 허구적 보상에 관해서는 이미 언급한 바 있다.

**7-1-7]** 끝으로 마지막 (반동적-K) 형성이다. 이는 매우 다양한 형태를 지닐 수 있다. 여기서 우리는 언급된 두 가지 유형의 보상(허구적 보상과 실질적 보상)과 만나지 않는다. 세 번째 유형은 정의하기 가장 어렵다. 그것은 너무 다양하고 어떤 외적인 통일성도 결여되어 한 단어로 나타내기 어렵다. 그러나 그것을 구성하는 것은 대략 다음과 같다. 어린이가 어떤 취약성을 겪고 있다고 상상해 보자. 어떤 조건하에서는 이런 취약성이 강점이 될 수 있다. 어린이는 자신의 취약성 뒤에 숨을 수 있다. 그는 몸이 약하고 잘 듣지 못한다. 이는 다른 어린이들에 비해 그의 책임성을 약화하고 다른 사람들로부터의 더 많은 보살핌을 이끈다. 어린이는 스스로 병을 키우기 시작한다. 병이 어린이에게 더 많은 관심을 요구할 권리를 주기 때문이다. 이는 그가 자신이 겪고 있는 어려움에 대해 간접적으로 스스로에게 보상을 주는 것과 같다.

**7-1-8]** 어른들은 질병이 내포하는 이점을 알고 있다. 어린이의 책임성이 줄어들고, 그들이 자신을 특별한 위치에 둘 수 있기 때문이다. 어린이가 병으로 인해 곧장 모든 주변 사람들의 관심의 중심이 되는 가족의 경우, 그는 이를 특히 잘 활용한다. 질병으로의 이러한 회피나 자신의 약점을 통한 위장은 실제적인지 아닌지 말하기 어려운 세 번째 유형의 보상을 나타낸다. 그것은 어린이가 특정한 이익을 얻기 때문에 실제적이지만, 그것이 어려움을 없애지 않고 오히려 심화시키기 때문에 허구적이다. 우리는 자신의 결함을 악화시키는 어린이를 염두에 두고 있다. 그의 청력을 검사해 보면 실제보다 훨씬 더 큰 정도의 손상을 보여 주는 경향이 있는데, 이것이 어느 정도 그에게 유리하기 때문이다.

**7-1-9]** 그러나 다른 인격의 반동이 일어날 수도 있다. 어린이는 자신이 처한 사회적 환경(어린이 환경, 부모, 학교)에 대해 공격적인 행동을

통해 대응함으로써 어려움을 보상할 수 있다. 다시 말해, 어린이는 보상의 길을 따르되 이는 다른 유형일 수 있는 것이다. 난청 아동의 구체적 예를 통해 이를 보이겠다. 그는 다른 어린이들에 고양된 과민성과 고집, 공격성을 보일 수 있으며, 자신의 결손으로 인해 빼앗긴 것을 실용적인 수단을 통해 강탈하려 것이다. 난청으로 인해 놀이에서 가장 끝자리를 차지하던 어린이는 더 큰 역할을 하려고 할 것이다. 그는 항상 어린 연령이 아이들에게 끌릴 것이다. 이 보상은 매우 독특하다. 여기서 우리가 임의적으로 권력욕, '독재주의'에 대한 욕망, 고집이라고 부른 인격적 특성, 즉 어린이가 하고자 하는 일과 전혀 충돌하지 않는 것이 제공되더라도, 반드시 자기의 뜻을 관철시키고자 하는 욕구가 발달한다. 어린이 인격 발달을 보여 주는 이 마지막 사례는 어린이가 병으로 후퇴하거나 자신의 취약점을 키우는 이전 사례와 어떤 공통점이 있을까? 어느 정도 이러한 보상은 실제적이다. 왜냐하면 어린이는 결손으로 인해 박탈당한 것을 다른 경로를 통해 성취하기 때문이다. 그러나 동시에 물론 이는 허구적이다. 왜냐하면 유아 집단에서는 완고함과 힘으로 그가 원하는 것을 이루지만, 실제로는 그 앞에 놓여 있는 어려움을 극복하지 못하기 때문이다.

7-1-10] 이러한 예들을 근거로, 어린이 인격 발달은 보상 반응, 즉 어린이가 자신이 직면한 문제를 극복하려고 노력하는 반동의 기제를 기반으로 한다고 말할 수 있을 것이다. 이러한 반동은 우리가 말했던 실제적, 허구적, 평균적 보상의 세 가지 형태를 취할 것이다. 주어진 예들로 볼 때, 우리는 문제아의 심리 영역으로 들어갔음이 완전히 분명하다. 실제적 보상의 경우에서조차 인격의 문화화에서 거대한 어려움들을 직면하게 될 것이기 때문이다. 증폭된 지성과 다른 긍정적인 특성들을 발달시킨 어린이는 또한 보상되지 못한 양상들의 영향 아래 단점들을 발달시키며, 그의 불운으로 인해 초래된 자신의 지위의 실제적 하락

을 극복하려고 노력할 것이다. 이것은 아마 실패할 것이며 상당한 범위에서 성공적이지 못한 과정이 될 수도 있다. 하지만 그것을 질병이라고 부를 수 없는데 이는 건강으로 이끌기 때문이다. 그렇다고 그것을 건강이라고 부를 수도 없는데 그것이 병적으로 실현되기 때문이다.

**7-1-11]** 어린이가 주변 환경에 내재된 어려움에 직면하면, 그는 자신의 인격 형성에 영향을 주게 될 다루기 힘든 현상에 부딪히게 된다. 그렇게 되면 모순된 인격을 지닌 어린이가 형성되고, 그의 정신적 특성이 뒤섞여 실제로 그에게 무슨 일이 일어나고 있는지 확실히 말할 수 없게 된다. 여러분은 "무슨 말을 해야 할지 모르겠어, 그 아이는 완전히 통제 불능이었고 감당이 안 되었는데 이제는 아무리 칭찬해도 모자라" 또는 그 반대로 "전에는 훌륭했지만, 지금은 감당이 안 돼"라고 말하게 된다.

**7-1-12]** 이것을 다른 보상 사례들과 함께 고려하면, 여러분은 말 그대로 어려운 어린이를 마주하게 된다. 즉, 여러분은 교육자가 지속적으로 싸워야 하는 모든 인격적 면모를 마주하게 될 것이며, 이 투쟁은 우리가 필요로 하는 특수한 태도의 정상적 전개를 방해하는 요소가 된다.

**7-2-1]** 어린이의 인격적 어려움에 대해 이러한 심리학적 이해가 권장하는 대응 방법에 대해 간략하게 논의하겠다. 어려운 어린이 문화화를 위한 이 새로운 시스템은 어디에도 구체화되지 않았고, 나름의 최종적 결론도 선언하지 않았으며, 어디에서도 선진 시스템으로 발전하지 못했지만, 우리나라를 포함한 여러 나라에서 이러한 시도가 이루어지고 있다. 나는 그런 어린이의 문화화의 토대에 놓여야 하는 심리학적 원칙을 여러분에게 설명하고자 한다. 빈의 교육자 A. 프리드먼은 이 원리를 '변증법적 (교수-K)기법'이라고 부른다. 즉, 원하는 결과를 얻기 위해서 직접적인 목표와 반대되는 무언가를 해야 하는 접근 방식이다. 프리드먼은 불안하고 흥분하기 쉬운 어린이의 이야기를 들려준다. 이 어린이의 신경성 발작은 주위 사람들을 두려움과 복종에 빠지게 만든다. 수업 중에 그는 배낭을 들고 창가로 달려가서 "창밖으로 던져 버릴 거야!"라고 소리친다. 교사는 말한다. "마음대로 해." 아이는 당황해서 멈춘다. 이 교사의 설명처럼, 교사가 겉으로는 어린이에게 양보하면서 그보다 우위를 점하고 제압하기 때문이다. 교사는 아이가 배낭을 창밖으로 던져 버리고 싶어 하는 것은 수업에 지쳐서가 아니라, 교사를 놀라게 하고 싶어 하기 때문임을 알고 있다. 교사는 마치 어린이에게 굴복하듯 답함으로써 곧장 이런 반응을 뿌리째 차단하고 어린이를 난처한

처지에 빠뜨린다. 이런 모든 문화화의 사례와 방법은 어린이의 이런저런 반응이나 태도의 심리적 근원을 이해하면서, 그의 결함에 외적으로 적응하여 그보다 우위를 점하고 제압하기 위해 양보한다는 목적에서 고안 된 것이다. 이것이 프리드먼이 '변증법적 기법'의 원칙이라고 부른 것이다. 우리가 어린이의 특정 반응을 직접적 탄압하여 억압하는 것을 지양할 때 항상 이 원칙을 적용한다.

**7-2-2]** 우리가 다양한 어려움의 원인을 이해하기 시작하고, 나쁜 인격의 면모로 이어지는 어려움의 현상이 아닌 근원을 파악하기 시작한다면, 우리는 결점을 좋은 인격의 면모로 전환하기 위해 이(결점-K)를 활용할 것이다. 이러한 행위의 총체는 변증법적 기법의 원칙이라고 불릴 것이다. 예를 들어, 아동 집단에 방해꾼, 어린이들의 작업을 방해하고 규율을 어기는 어린이가 있다면, 여러분은 다음과 같은 방법으로 이 어린이에게 영향을 미치려 노력한다. 그에게 학급의 조직자 역할을 맡기고, 그를 집단의 리더로 세우면, 집단은 상대적으로 더 행복해질 것이다. 상대적이라는 것은 만약 여러분이 제때에 이 리더를 장악하지 못한다면, 이런 시도가 매우 위험할 수도 있다는 의미이다. 하지만 프리드먼이 말했듯이 가장 좋은 방법은 도둑을 세워 둬서 헛간을 지키는 것이다. 하지만 집단 내에서 어떤 위치를 차지하려고 노력하며 이를 수업 방해로 표출하는 어린이를 여러분이 그런 위치에 세우지 않는다면, 그의 감정은 다른 곳으로 표출될 것이다. 만약 여러분이 독재자의 완강함으로 그를 제압한다면, 그는 여러분에게 이로운 방향으로 나아갈 것이다. 이 경우, 어린이의 태도가 바뀌거나 혹은 약점과 부정적인 면모가 플러스로, 긍정적인 인격 면모의 발달을 이끌 수 있는 것으로 바뀌게 된다.

**7-2-3]** 첫 번째 문제를 마무리하며, 나는 어려운 어린이가 얼마나 강렬한 심리학적 흥미를 제시하는지, 여기에 어떠한 플러스와 마이너스

가 얽혀 있는지, 여기서 어떻게 하나의 모순이 다른 모순을 정복하는지, 또한 어린이가 마주치는 하나의 동일한 난관이 어떻게 인격의 긍정적 또는 부정적 측면의 형성에 기여하는지 지적하고자 했다.

**7-2-4]** 오래된 관찰에 따르면, 이 경우 유치한 거짓말이나 고집 등에 직면하더라도, 문화화가 어려운 아이들은 종종 머리가 좋다. 이 모든 심리적 에너지와 행동 성향이 다양한 발달 경로에서 벗어나 다른 경로로 전환될 수 없다는 것은 받아들이기 어렵다. 나는 이 문제가 매우 쉽다고 말할 수는 없다. 즉, 실질적으로 모든 것을 바꾸고, 여러분이 단번에 어린이의 모든 발달을 좌에서 우로 혹은 그 반대로 향하게 할 어떤 수단을 이론적으로 찾아내는 것으로 해결할 수 없다는 것이다. 사실 이 문제는 무한히 어렵다. 왜냐하면 발달이 잘못된 길로 들어섰다면, 우연적인 것을 포함한 일련의 모든 유기적·외적 힘과 상황이 바로 그 방향으로 발달을 촉진하기 때문이다. 발달이 목적을 지향하도록 만드는 것은 대단히 복잡하고 어렵다. 여기에는 매우 깊고 매혹적인 영향이 필요하다. 큰 저항을 보이지 않는 어린이에 대해 말할 때는, 어느 정도 외적인 수단이 종종 매우 효과적임이 드러난다. 그러나 그 자체로 훌륭한 이 모든 수단이, 여러분이 어린이의 지독한 저항을 만날 때는 무력한 것임이 드러난다. 그런 저항은 엄청난 힘을 보여 준다. 왜냐하면 어린이가 고집이 센 것은 그가 고집이 세길 원하기 때문이 아니라, 그의 인격 발달을 결정했던 특정한 원인이 맨 처음부터 이 고집을 키워 왔기 때문이다. 그런 어린이를 다시 문화화하는 것은 매우 길고 복잡한 과업이며, 그에 대한 접근으로 우리는 가장 일반적인 수단만을 실천적으로 찾기 시작하고 있다.

**7-3-1]** 어려운 문화화와 매우 밀접하게 관련된 또 다른 심리학적 문제, 즉 재능의 문제에 대해 생각해 보자. 다양한 인격적 결함으로 인해 문화화에 어려움을 겪는 어린이들이 있는가 하면, 다양한 재능의 손상으로 인해 교수학습에 어려움을 나타내는 어린이들도 있다. 즉 심리적 발달의 일반 기금의 부족으로 인해 어린이가 학교에서 공부하거나, 다른 어린이들은 습득하는 지식을 습득하지 못하는 것이다. 물론 나는 문제를 가장 거친 형태로만 제시하며 혼합된 경우는 생략한다. 학습부진 아동이 문화화하기 어려운 아동일 수도 있기 때문이다. 나는 경계적 사례와 여기서 제시된 주제에 속하지 않는 사례는 생략하겠다. 재능의 문제 역시 수정의 대상이지만 인격의 문제보다 훨씬 더 심각한 고려가 필요하다. 인격에 대한 학설에서, 고대 심리학 시대부터 알려진 두 가지 기본 노선 즉 인격과 유기체의 특성을 연결하는 학설이나 문화화의 사회적 조건과 연결하는 학설을 본다면, 재능의 문제에서 현대 심리학은 진정한 의미에서 혁명을 일으킨다.

**7-3-2]** 재능의 문제를 체계적으로 제시하는 것은 매우 어렵다. 인격 문제의 경우처럼, 다시 한번 문제의 한 측면에 대해서만 언급하고자 한다. 재능이 단일한 것인지, 아니면 복수의 다양한 형태로 존재하는지의 문제는 학습부진 어린이의 문화화 및 발달 문제와 직접적으로 연관되

어 있다. 이 문제는 다음과 같다. 재능이 단일하고 동질적이며 전체적이고 동종同種인 측면의 요인 또는 기능을 나타내는가, 아니면 이 일반적인 이름 아래에 여러 다른 형태가 감추어져 있는가. 이 질문은 여러 단계를 거쳐 왔고, 재능에 대한 학설의 역사에서 이 장만큼 광범위한 장은 거의 없다.

**7-3-3]** 나는 어려운 어린이의 문제와 직접적으로 연결된 재능의 문제의 일부에 좀 더 머무르고자 한다. 모든 심리학적 연구는 재능은 단일 기능이 아니라 여러 기능과 요소가 결합하여 하나의 더 일반적인 기능으로 융합된 것임을 지적한다. 이에 따라, 재능을 형성된 기능으로 이해하는 우리의 관점이 성립된다. 특히, '저능 유년기'의 정의는 우리가 재능을 이해하는 방식이 아주 정밀하지 않음을 보여 준다. 우리는 부정적 특성을 띠는 어린이를 '저능 아동'이라고 부르고, 학교에서 규율이나 교수학습을 받아들이는 데 어려움을 겪는 어린이를 학습부진아라고 부른다. 어떤 기능, 이를테면 주의력을 측정한 결과, 지체 아동이 일반 아동보다 주의력이 부족하다고 밝혀졌다. 우리는 이 지체 아동에게 부족한 것을 말했지, 그들에게 있는 것을 말하지 않았다.

**7-3-4]** 어떤 하나의 기능에 결함이 있는 어린이라 하더라도, 일반 아동에게는 없는 다른 보완적 능력을 갖추고 있음이 밝혀졌다. 따라서 정신박약 아동을 단순히 정신박약으로 규정하려는 심리학자는 없어야 한다는 O. 립만의 주장은 매우 타당하다. 심리학자가 그렇게 해서는 안 되는 이유는(아동을 결함의 관점에서만 바라보아서는 안 되는 이유는-K) 현대 의사가 환자를 그의 질병의 정도로만 규정할 수 없는 것과 마찬가지다. 의사가 아동을 진찰할 때, 그는 부정적인 요소만 평가하는 것이 아니라, 그의 신체적 상태를 보완하는 긍정적 건강의 측면 역시 함께 평가한다. 마찬가지로 심리학자 역시 아동의 (발달-K) 지체를 분화하고 그것이 무엇으로 구성되어 있는지 살펴야 한다.

**7-3-5]** 현대 심리학자들에 의해 연구된 어린이들의 지체와 발달의 조합의 기본 형태를 지적하고자 한다. 다만, 앞으로 언급할 형태들만으로 결코 이 문제가 완전히 설명되지는 않는다는 점을 유의해야 한다. 이(형태-K)는 현재 지체 아동의 심리 문제가 어떤 난관에 봉착했는지, 그리고 특정한 지체 아동에게 무엇이 부족한지 지적하는 데 그치며, 이 문제를 해결하는 것이 얼마나 어려운지 보여 줘야 한다.

**7-3-6]** 이 문제를 숙고하면서, 우선 어린이의 운동 결함 형태를 구분하는 것이 매우 큰 중요성을 지녔음을 언급해야 한다. 여러 저자가 이런 특별한 형태의 아동 지체를 관찰하기 시작했고, 이를 운동 저능, 운동 백치 등으로 다르게 불렀다. 하지만 무엇이라고 부르든 그 본질은 분명 같다. 우리 앞의 어린이는 운동 장치에는 명백한 총체적 손상이 없으나, 운동 특성에서 지체를 보인다. 이는 두 가지 다른 방법으로 연구할 수 있다. 하나는 개발된 척도를 사용하여 6, 7, 8, 10세에 어떤 유형의 운동 지연이 나타나는지 확인하고 지체를 2~3년 또는 그 이상으로 규정하는 방법이고, 다른 하나는 정신적 재능 측면을 Г. И. 로솔리모의 척도와 비교하여 어린이에게 왼손과 오른손의 협응력이 부족하다고–왜냐하면 어린이가 손 움직임을 조합하는 데 어려움을 보이므로– 평가하는 방법이다. 지적 지체나 운동 지체가 개별적이라는 기존의 생각은 깨졌다. 대부분의 경우 두 지체가 함께 나타나지만, 때로는 매우 자주 운동 지체가 지적 지체를 동반하지 않고, 반대로 지적 지체가 반드시 운동 지체를 동반하지 않는 경우도 있다.

죄수가 쓰고 있는 '바보 모자'는 정신지체를 상징하기 위해 사용되지만, 이 경우(스페인 종교재판에서 제기된 사건)에는 아마도 비도덕적 행동에 대한 고발일 것이다.

끝에서 두 번째 문장은 다음과 같다. "Сломалось прежнее представление о том, что может быть либо интеллектуальная, либо

고야, 카프리초 23번 Aquellas polbos(저 먼지 얼룩들), 1797~1799.

моторная отсталость"는 문자 그대로 번역하면 "지적 지체가 있든지 아니면 운동 지체가 있을 수 있다는 기존의 관념은 깨졌다"라는 의미이다. 영문판 번역자(Knox와 Stevens)는 '구분'이라는 낱말을 삽입하여 이를 다소 느슨하게 "정신지체와 운동 지체 간의 이전 구분은 무너졌다"라고 번역했다. 그러나 구분이 전혀 없다면, 그 둘이 함께 일어난다고 하든 둘 중 하나가 있을 것이라고 하든 아무 의미가 없다.

걷기, 말하기, 심지어 신발끈 묶기에도 문제가 있는 어린이들 집단을 상상해 보자. 이러한 지체는 환경 조건에 의해 야기된 행동 지체일 수 있으며, 환경을 바꿈으로써 해결될 수 있을 것이다. 예를 들어 우리는 어린이들이 걸어 들어갈 수 있는 공원을 짓고, 더 많은 이야기를 나눌 수 있도록 학급 규모를 줄이거나, 어린이들이 교실에 들어갈 때 신발을 벗고 나올 때 다시 신게 할 수 있을 것이다. 그러나 이러한 지체는 또한 뇌 손상이나 퇴행성 운동 신경 질환에 의해 야기된 신경학적 지체일 수도 있다. 이 경우 운동 지체는 정신지체와 연결될 수 있다. 비고츠키가 말한 바와 같이 이 둘은 함께 진행되며 함께 치료해야 한다.

깨진 것은 운동 지체와 정신지체가 언제나 둘 중 하나라는 기존의 관념이다.

'인격'과 '재능'에 관한 절 모두에서, 비고츠키가 오늘날 우리가 여전히 사용하고 있는(예컨대 '낮은 지능'이나 '높은 IQ'에 대해 말할 때) 일반적 지능이라는 개념을 비판하고 있다는 것에 주목하자. 이 점에서 비고츠키는 가장 초기 학자 중 하나였지만, 최초는 아니었다. Г. И. 로솔리모 (Григорий Иванович Россолимо, 1860~1928)는 의지, 주의, 이해, 지각, 상상력을 평가하기 위한 설문지를 기반으로 '심리적 프로파일' 시스템을 만들었다. 그는 심지어 시각적 기억, 언어적 기억, 수적 기억을 구분했다. 그는 의사이자 극작가인 안톤 체호프의 급우이자 친한 친구였으며, 체호프 또한 자신의 희곡에서 다양한 유형의 능력들을 뛰어나게 구분했다. 로솔리모와 체호프는 모두 마음이 본성상 사회적이기 때문에, 우리가 사회에서 발견하는 사회적 노동 분업을 반영하지 않을 수 없다고 믿었다.

고야의 그림은 스페인 종교재판에 회부되었다. 그림의 전체 제목은 "저 먼지 얼룩들이 이 진창을 만든다"였으며, 그것은 (올바르게도) 죄수가 아니라 종교재판을 가리키는 것으로 해석되었다.

**7-3-7]** 독일의 쿠르델렌이 최근에 실시한 연구는 대다수의 저능 아동들이 또래에 뒤처지지 않는 운동적 재능을 가지고 있음을 보여 주었다. 이 사실은 아동 지체 이론과 어린이들과의 실천적 작업에서 거대하고 원칙적인 중요성을 지닌다. 만약 발달의 두 연결 고리가 서로 독립적으로 진행될 수 있다면, '지체'라는 말은 추가적인 세분화가 필요하다는 점이 분명해진다. 이것이 첫 번째다. 두 번째로, 연구 결과에 따르면 하나의 발달적 고리는 다른 고리를 보상하는 중심적 고리가 될 수 있다. 즉, 어린이가 이미 숙달한 능력을 더 강화시킬 수 있는 것이다. 상황에 따라서, 어린이의 운동적 관계가 강하게 발달할 수도 있고, 반대로 지

적 발달 측면에서, 인지적 능력이 향상될 수도 있다. 이것은 재능에 대한 심리학 이론에서 대단히 중요한 사실이다. 많은 자료가 증명하듯, 이는 한 영역에서 향상된 발달을 향하는 경향은 어린이가 어려움을 겪는 다른 분야에서의 결손 가능성을 전제한다는 주장을 뒷받침한다. 이 사실은 통계적으로 증명된다. 비록 여기서 구체적인 수치들을 다루지 않는다고 해도, 제시된 사실에 대한 심리학적 중요성은 전혀 줄어들지 않는다. 중요한 것은 이러한 관계가 가능하며, 지체 아동의 운동성 발달이 긍정적인 결과로 이어진다는 것이다. 바로 이 토대에서 우리는 대중(일반-K) 학교에서 배울 수 없는 어린이들의 90퍼센트가 어째서 노동을 수행할 수 있는지- 그리고 치우癡愚를 위한 기초적인 형태가 아닌, 더 복잡한 형태의 노동에 참여할 수 있는지 설명할 수 있다.

**7-3-8]** 또한 우리는 (단순히 지적 지체와 운동 지체를 구분할 뿐 아니라-K) 지적 지체 자체도 구별할 수 있다. 따라서 경미한 지적 지체에 대해서도 말할 수 있다. 여기서 지체 자체와 그 보상 과정은 각각 독립적으로 진행될 수 있으며 심지어 하나가 다른 것의 반反테제로 변하여 한 고리가 다른, 손상된 고리의 보상을 나타낸다. 이것을 실행 지성이라 부를 수 있다.

얀 후스트 학파의 알려지지 않은 네덜란드 작가가 그린 「아기 그리스도에 대한 경배(The Adoration of the Christ Child)」의 일부, 1450년에서 1515년 사이로 추정.

이 그림에서 왼쪽의 천사는 다운 증후군처럼 보인다. 다운 증후군은 21번 염색체가 셋인 유전적 돌연변이다. J. L. 다운John Langdon Down은 1862년에 이 증후군에 이름을 붙이면서, 턱이 작고 콧등이 납작하다는 이유로 '몽골로이드', 즉 아시아인이라고 설명했다. 1965년까지 '몽골로이드'는 세계보건기구가 지적 장애에 대한 정의로 사용한 일반적인 용어였다.

다운 증후군 환자는 전형적으로 어느 정도의 지적 장애가 있다(IQ 검사 결과 20~50점 사이). 비고츠키가 **7-3-6**에서 언급했듯이, 이 장애는 운동 장애와 함께 나타날 수 있다. 다운 증후군이 있는 사람은 일반적으로 근육 긴장도가 낮다('저긴장아 증후군', 일반 아동처럼 빨리 근육을 긴장시키지 못한다). 하지만 다운 증후군이 있는 아이들은 보상할 수 있다. 미국의 경우 일부는 고등학교를 졸업하고, 약 20%는 유급 일자리를 얻는다. 다운 증후군이 있는 이들은 다양한 감정과 사회적 경험을 겪는다. 일부 재능 있는 음악가, 배우, 패션모델도 있다. 우리가 지적 문제와 운동 문제를 구별하는 것처럼, 지적 문제에도 여러 종류가 있으며, 그만큼의 다양한 보상 유형도 있다.

이는 비고츠키가 지적했던 반테제(혹은 모순)를 이끈다. 장애인으로 간주되는 이가 과보상을 통해 특별한 재능을 보이는 것이다. 이러한 모순은 비고츠키가 설명하는 두 부분, 즉 '어려운 인격'과 '어려운 재능'의 연결 고리이다.

비고츠키는 우리의 정신적 능력은 기능적으로 문화적이기 때문에 역사적 기원이 있다고 말한다. 이런 이유로 지적 장애는 어떤 직업에서는 다른 직업보다 훨씬 더 큰 장애로 작용하지만, 한 가지 정신 기능이 다른 기능을 보상하는 데 활용될 수 있다. 예를 들어, 글자에 대한 기억력이 약한 아이는 (중국 아이들이 읽는 법을 배울 때 하는 것처럼) 순전히 시각적 기억을 사용하여 보상할 수 있다. 다운 증후군이 있는 사람들은 대체로 적극적으로 말하는 것보다 말을 이해하는 데 더 능숙하며 풍부한 감정적 삶을 영위한다. 얼굴 특징에 대한 지각, 주의 및 기억은 인간에게 고도로 발달된 능력이다. 이 500년 된 그림에서도 우리가 다운 증후군을 인식할 수 있게 해 주는 얼굴에 대한 이러한 선택적 지각, 주의 및 기억은 우리의 정신 기능이 사회적·문화적 필요에 따라 어떻게 보상하고 발달하는지를 보여 주는 한 가지 사례이다.

7-3-9] 현대 심리학자들은 동물과 아동이 합리적 행위를 수행할 수 있는 능력을 조건적으로 실행 지성이라고 부른다. W. 쾰러의 유인원 연구는, 합목적적인 행위를 수행하는 능력이 반드시 논리적 판단력과 연결되는 것은 아니라는 사실을 보여 주었다. (그의-K) 관찰에 따르면, 이론적으로는 심각하게 지체되어 보이는 어린이라 할지라도, 실행 지성과 실천적 행위에서는 상당히 앞서 있을 수 있음이 드러난다. 즉, 그는 실행적인 합목적적 행위의 영역에서, 자신의 이론적 발달 수준을 훨씬 넘어선 성취를 보였다. 리프만은 쾰러의 기법을 치우에 적용했으며, 그 결과 광범위한 지적 지체에도 불구하고, 그들의 실행적 추론 능력이 지적 추론 능력보다 훨씬 높다는 사실을 발견했다. 실험에 참여한 그룹의 모든 어린이가 합리적인 행위 능력을 보여 주었다. 리프만은 매우 흥미로운 실험을 설계했다. 그는 피험자들에게 동일한 문제를 행동으로 먼저 해결한 뒤, 이를 이론적으로 해결하도록 요청했다. 과업은 움직이는 받침대 위의 대상을 취하는 것이었다(예: 회전초밥의 경우와 같이 접시 위의 사과가 피험자 앞쪽으로 다가왔다가 다시 멀어지는 상황에서 사과를 집는 것-K). 피험자가 물체에 접근하여 그것을 잡으려고 시도했을 때의 결과와 그가 추론하기 시작했을 때의 추론의 성격은 달랐다. 피험자는 이론적으로는 퍼즐을 해결할 수 없었지만, 실행적으로는 완벽하게 해결했다. 지적 지체 아동의 지능 연구는 오래전부터, 어린이가 실행에서 이론보다 훨씬 더 기민하다는 것을 보여 주었다. 즉, 그는 합목적적으로 행위할 수 있으며, 머리보다 손으로 훨씬 더 잘 '생각'한다. 일부 연구에서는 실행 지성과 이론적 지성이 상호 반비례 관계일 가능성을 시사했다.

즉, 바로 어린이의 추상적 사고의 결손으로 인해 실행 지성이 강하게 발달하고 또 그 반대도 마찬가지라는 것이다.

7-3-10] 그녀는 언어적 과제에 대해 완전한 무이해와 생각 능력의 부재로 반응했다. 예컨대 이 소녀는 다음과 같은 말을 듣는다. "이모가 나보다 키가 크고, 삼촌이 이모보다 더 키가 크다. 삼촌은 나보다 키가 큰가, 그렇지 않은가?" 소녀는 대답한다. "모르죠. 제가 본 적이 없는데 삼촌이 더 큰지 아닌지 어떻게 알 수 있겠어요." 그리고 그녀는 모든 질문에 같은 방식으로 대답한다. 그녀는 자신의 눈으로 보지 못했기 때문에 아무 말도 할 수 없다. 그녀는 두 개의 언어적 명제를 토대로, 똑같이 언어적 방법으로 세 번째 명제를 도출할 수 있다는 점을 생각하지 않는다. 이는 그녀에게 불가능하다. 어린이는 문화적 발달과 언어적 사고 발달이 지연되어 있다. 그러나 외적으로 저능인 것으로 보여도—추론 능력이 부족하고, 터무니없는 대답을 하며, 간단한 사고 조작도 수행하기를 거부한다 해도— 실제로는 저능이 아니다. 우리가 그 소녀가 실천적인 자료에 근거하여 결론을 도출할 수 없다고 생각한다면 심각한 실수를 범하는 것이 될 것이다.

7-3-11] 요약하자면, 어린이 재능과 학습부진, 손상성과 같은 부정적인 측면을 이해하는 영역에서 오래된 관념에 대한 근본적인 수정이 현재 일어나고 있다.

7-3-12] 재능을 단일 기능으로 보는 낡은 관념은 사라지고, 개별 형태의 기능적 복합이라는 새로운 주장이 그 자리를 대신하고 있다. 이런 이유로 나는 저능성에 대해 연구할 때 어떤 심리학적 연구 형태를 선택해야 하는지 지적하면서 이 논의를 끝내는 것이 가장 옳다고 생각한다. 이전에는 교사의 의견에 따라 정신지체로 보이는 어린이가 상담소에 보내졌고 대개 그 어린이가 해야 할 일을 하지 못하는지, 가장 단순한 주변 조건에도 대응하지 못하는지를 확인하고 결론이 내려졌을

것이다.

현대 심리학이 지금 제시하는 첫 번째 요구는, 절대 그 어린이의 특징적 결점만을 지적해서는 안 된다는 것이다. 이것만으로는 이 어린이가 가진 긍정적인 면에 대해 전혀 말해 주지 못하기 때문이다. 어린이가 특정 지식이 없다, 예컨대 달력에 대한 개념이 없다고 해 보자. 그러나 우리는 어린이가 무엇을 가졌는지는 전혀 알지 못한다. 이제 연구는 현대 의학이 결핵을 이중적으로 분류하는 것처럼, 지체 어린이의 특성도 반드시 이중적이어야 한다는 사실로 귀결된다. 즉, 한편으로는 질병의 발달 단계를 특징짓고, 다른 한편으로는 그 과정의 보상 정도를 지적해야 한다. 지표 1, 2, 3은 질병의 심각성을 나타내고, A, B, C는 질병의 보상을 나타낸다. 자료의 조합을 통해서만 사람의 질병에 대한 완전한 표상을 얻을 수 있다. 왜냐하면 다른 사람보다 질병 피해가 심한 사람이더라도 보상 역시 클 수 있기 때문이다. 결핵의 3단계에 있으나, 보상으로 노동 능력이 확인되어 충분히 노동할 수 있는 사람이 있는 반면, 질환의 질병 진행은 훨씬 덜하지만, 보상 또한 작아서, 질병 발달이 더 치명적일 수도 있다.

7-3-13】 비일반 아동을 연구할 때 손상에 대한 보상의 정도를 나타내지 않고, 결함을 상쇄하는 행동 형태의 작업이 어떤 경로를 따라 나아가는지 보여 주지 않으며, 어린이가 당면한 어려움을 보상하기 위해 어떠한 시도를 하는지 보여 주지 않는다면 이 손상이 심리학자에게 알려 주는 것은 아무것도 없다. 이런 이중적 특성은 거의 모든 현장에서 일반적인 현상이 되었다. 사실, 우리는 손상과 보상에서 최소한 세 가지 특징을 다루고 있다. 어린이들을 주의 깊게 연구해 본 사람이라면 지체 아동에게 예컨대 기억력과 같은 특정 기능이 상당히 우수한 경우가 얼마나 많은지 알 것이다. 그러나 문제는 이 기능을 사용할 수 있는 능력이 미약하다는 것이다. 이 대화에서 언급된 원시적 소녀도 마찬가

지다. 그 소녀는 훌륭하게 추론한다. 그녀의 추론에는 완전한 삼단논법이 포함되어 있지만, 그것을 특정한 언어적 추론 연쇄에 포함시킬 수 없다는 점은 그녀를 심각한 지체인으로 보이게 한다.

**7-3-15]**  우리는 기억의 유기체적 기초 자체는 매우 높거나 아니면 평균 수준보다 크게 떨어지지 않고 혹은, 오히려 이를 능가하지만, 이 (기억-K) 능력을 소환하고 활용해서 더 높은 문화적 과정을 수행해 내는 능력은 미미한 것으로 판명된 유형을 종종 만나기도 한다. 읽지는 못하지만 시각적 기억이 매우 발달하여 다음과 같은 실험을 수행할 수 있는 것으로 밝혀진 심각한 지체를 보여 주는 어린이의 사례가 있다. 그 어린이 앞에는 상당히 많은 수의 얼굴과 이름이 적힌 카드가 놓여 있다. 각각의 (얼굴-K) 이미지 앞에는 이름 카드가 놓인다. 이후 카드가 뒤섞이고, 어린이는 기술된 낱말을 기준으로 (과업의-K) 요구에 맞게 카드를 다시 배열했다.

그러나 엄청난 시각적 기억력에도 불구하고 이 어린이는 읽는 법을 배울 수 없었다. 글자를 기억하고 습득하거나, 글자를 소리와 연결하는 등의 능력이 없었기 때문이다. 그의 습득 능력은 미미했다. 요즘 교육에서는 실행 지성, 실행적 데이터 및 이를 활용하는 방법이라는 두세 가지 특성을 (지체에-K) 부여하는 새로운 아이디어가 등장했다. 한마디로, 정신박약에 대한 일반적인 정의를 내리는 대신, 첫째 정신박약이 어떻게 표현되는지, 둘째 어린이 스스로 이 현상과 어떻게 싸우려고 하는지, 셋째 학교는 이런저런 어린이가 겪고 있는 결손과 투쟁하기 위해 어떤 경로를 취해야 하는지 규정하려 시도하는 것이다.

**7-3-16]**  새로운 연구 접근법이 제시하는 교육학적 결론은 무엇인가? 이를 특수학교에서의 구체적 교육 사례를 통해 보여 주고자 한다. 우리는 정신박약 아동에게서 추상적 사고의 발달이 부족하다는 점을 잘 알고 있으며, 따라서 이들의 교수학습은 시각적-설명적 수단에 의존

한다. 그러나 시각적-설명적 교수학습은 그러한 어린이에게 (눈앞에 보이는 것만 이해하는-K) 시각적 사고를 발달시킬 뿐, 그의 인지적 한계를 더욱 고착시킨다. 현대 교육학자 누구도 시각적-설명적 교수학습법이 특수학교에서 기본적 위치를 차지할 수 있다는 것에 대해 반대하지 않는다. 그러나 어린이의 정신적 약점을 참작할 때, 시각적 자료를 토대로 특정 수준의 추상적 사고의 기초를 형성하는 것이 필수적이다. 즉, 정신지체 아동의 전반적 발달노선을 앞으로 나아가게 해야 한다. 현대 교육학에서는 (심지어 혁신적 교육학을 가장 적게 선호하는 국가에서도) 다음과 같은 원칙의 길을 닦아 나가기 시작하고 있다. 특수학교에서는 어린이의 사고력을 발달시키고, 사회적 개념을 형성하도록 해야 하며, 이 모든 과정은 반드시 시각적-설명적 자료를 기반으로 이루어져야 한다.

7-3-17] 따라서 지금까지 보고된 내용으로부터 실천적인 결론을 요약하면 다음과 같다. 새로운 관행과 오래된 관행 사이의 전체적인 차이는 새로운 관행이 오래된 명제를 부정하는 데 있는 것이 아니라, 그보다 더 나아간다는 데 있다. 예전에는 어린이의 어려움을 단지 결함의 체계로만 이해했지만, 현대 심리학은 이러한 마이너스 뒤에 숨겨진 것이 무엇인지를 지적하려 한다. 만약 예전의 문화화가 단점에 굴복하고 이를 수용하는 경향이 있었다면, 오늘날에는 어린이의 결함을 감안하여, 이를 정복하기 위해, 즉 어린이를 문화화하거나 교수학습하기 어렵게 만드는 손상을 극복하기 위해 양보한다.

# 제8장
# 어려운 아동의 발달과 그에 대한 연구

고야, 유령의 모습, 1801.

이 그림은 고야가 집 벽에 그림을 그리며 외롭게 지내던 검은 그림 시기의 작품이 아니다. 그는 친한 친구에게 줄 선물로 빠르게 이 그림을 그렸다. 이 작품은 서문에서 소개된 거인 그림과 분명한 연관을 맺는다. 이 작품 역시 모호하다. 거대한 유령의 모습이 우리인지 아니면 도망가는 작은 사람들이 우리인지 분명치 않다. 이 작품 역시 배경과 전경을 뒤집어서 볼 수 있다.

시각적으로 나타나는 모습, 현상과 환경의 관계는 형태주의에서 핵심적 문제였으며 비고츠키에게서도 그랬다. 그러나 형태주의와 비고츠키는 이 문제를 매우 다르게 해결한다. 형태주의는 거대한 모습과 환경의 관계를 강조한다. 환경은 언제나 배경이다. 그러나 비고츠키는 이 둘을 결합하는 세 번째 요소, 소위 '우리'를 도입한다. 이는 유령의 모습에 대한 사회문화적 청중이다. 이 사회문화적 청중이야말로 배경과 전경이 위치를 바꾸도록 해 준다.

여기서 제시되는 21개의 테제는 잘킨트가 편집한 『Основные проб лемы педологии в СССР(소련 교육학의 기본 문제)』(1928)에서 출판되었다. 이 책은 제1차 전全 소비에트 교육학학회에 제출된 논문과 발표의 모음집이었다.

**8-1]** 정의와 분류. 행동과 발달이 표준에서 벗어나 있어 문화화 측면에서 일반 어린이 대중과 구별되는 어린이 집단, 즉 넓은 의미의 어려운 아이들의 집단에서는 두 가지 주요 유형을 구분해야 한다. 1) 어떤 유기체적 손상으로 인해 행동이 표준에서 벗어난 어린이 유형(신체적 손상이 있는 어린이들 - 맹인, 농아, 농맹아, 불구 등; 유기체적 결함으로 인한 정신지체나 정신박약), 2) 기능 붕괴로 인해 행동이 표준에서 벗어난 어린이 유형(본래의 좁은 의미에서 어려운 아이들 - 무법자, 성격 결함을 가진 어린이들, 사이코패스).

문화화 측면에서 예외적인 어린이의 세 번째 유형은 표준 이상의 (재능이 있는) 영재 어린이들로 구성되며, 이들을 일반적인 어린이 대중으로부터 구분하는 문제는 최근에 제기되기는 했으나 진지한 문제이다. 소위 표준적인(대중적인, 평균적인) 어린이와 모든 유형의 문화화하기 어려운 아동 사이에는 이행적 형태가 존재한다. 즉 문화화의 어려움이 결합되거나 혼합된 형태들이 존재한다.

**8-2]** 어려운 아동, 정신지체 어린이의 구분은 원칙적으로 문화화와 교수학습 과정에서 이루어져야 한다. 일반 학교에 다니지 않는, 심각한 유기체적 결함(실명, 백치, 심각한 형태의 치우 등)을 가진 어린이처럼 완전히 뚜렷한 경우 외에도, 일반 학교에 다니는 학생 중에서도 특별한 학

습을 필요로 하는 개별 어린이를 교육의 과정에서 구분해야 한다. 전통적인 기법 도구(비네-시몬 척도 등)를 지침적 수단으로 사용하는 것은 가능하고 필요하지만, 그런 연구에 기초해 아동학적 진단을 내리는 것은 위험할 것이다. 이러한 수단은 다만 특수한 연구 대상이 되는 어린이를 구분할 뿐이다. 이에 대한 기법은 후에 설명하겠다.

비네-시몬 검사는 최초의 일반 지능 검사였다. 애초에 A. 비네는 이 검사를 전후 프랑스 학교의 교실에, 나이와 무관하게 유사한 능력이 있는 어린이들을 배치하는 용도로 고안했다. 후에 그는 이 검사가 백치, 치우, 저능, 일반 아동을 분류하는 과학적 토대의 확립을 위해 사용될 수 있음을 발견했다. 이후 미국 심리학자들은 이를 백인이 다른 인종보다 우월하다는 근거로 오용하였고, 전쟁 중 '지적 능력이 낮은' 병사들에게 위험한 임무를 맡겼다. 아래는 6세의 정상 지능을 검사하는 문제 중 하나이다. 그림 중 매력적인 인물 두 명과 추한 인물 한 명을 고르라는 문제이다.

**8-3]** 일반 대중에서 구분되는 어린이의 분류는 유기체적 형태와 기능적 형태의 차이를 기준으로 이루어져야 한다. 현재 문제 상황에서 정신지체 아동은 세 가지 등급(저능, 치우, 백치)으로 구분하는 것이 옳을 것이다. 구별된 어린이의 분류 원칙은 개별 증상이나 손상에 따른 분류

가 아니라 발달 및 행동 유형에 따른, 어린이 인격의 일반적이고 전체적인 특징에 따른 분류여야 한다.

**8-4]**  정신지체 아동 연구의 기본 원칙은 모든 손상이 보상을 촉진하는 자극을 만들어 낸다는 명제이다. 따라서 정신지체 아동에 대한 역동적 연구는 손상 정도와 심각성을 파악하는 데 국한될 수 없으며, 반드시 어린이의 발달과 행동의 보상(대체, 중첩, 평탄화) 과정을 함께 고려해야 한다. 일부 저자가 제안한 보상(손상에 대한 유기체적 반응)의 3단계 명칭을 사용하는 것이 적절할 것이다.

1단계 보상

2단계 과소보상

3단계 미보상손상(tbc분류 참조)

결함에 대한 정의는 아동학자에게 아직 무엇도 말해 주지 않는다(참조: 바인만, K. 번바움, L. 린드보르스키, W. 스턴, W. 엘리아스버그, 피르시, 페이센 외 다수).

---

고야가 이 카프리초의 일부 판본에 포함시킨, 제목에 대한 한 가지 해석은 다음과 같다. 두 연인이 똑같이 기만적이고 서로를 부리려고 하지만 한 사람은 돈에 대한 욕망을 숨기고, 다른 한 사람은 자신의 가난을 숨긴다는 것이다. 하지만 이 설명이 유일하게 가능한 것도 아니고, 유일하게 가능한 분류도 아니다.

이상하게도, 비고츠키의 테제 4에 나타나는 'tbc'라는 글자는 저자 본에서 키릴 문자가 아닌 로마자로 등장하며, 그 어디에도 이에 대한 설명이 없다. 러시아어로 'tbc'에 대한 명확한 설명이 없고, 영어로는 '계속될 것to be continued' 또는 '확인될 것to be confirmed' 또는 심지어 '치료 기반 분류treatment-based classification'를 의미할 수 있으나, 이 중 어느 것도, 심지어 마지막조차 적합하지 않은 것 같다. 여기에는 '분류'라는 단어가 반복되며 어쨌든 이는 현대 의학에서 허리 통증에 적용되는 용어이다.

고야, 카프리초 5번 Tal para qual(같은 것끼리), 1799.

그러나 맥락을 살펴보면 'tbc'는 '이것을 초기 분류와 'to the beginning classification 비교하라'와 같은 의미임을 추측할 수 있다. 비고츠키가 이 21개 테제를 교실 수업 과정에서 어떻게든 두드러지는 어린이에 대한 일종의 치료 기반 분류로 시작했다는 점을 떠올려 보자. 한편으로 맹인, 청각장애, 정신박약을 유발하는 유기체적 어려움이 있다. 이것들은 유기체적으로 치료되어야 한다(수술을 통해 또는 어떤 장기나 정신기능을 보상하기 위해 다른 장기나 정신 기능을 사용하여). 다른 한편으로, 범죄, 성격 결함 및 정신병적 행동을 유발하는 법적 및 도덕적 어려움이 있다. 비고츠키 시대의 '사이코패스'는 오늘날 '사이코지만 괜찮아'에서 발견되는 의미, 즉 '이상해도 괜찮다'(당신이 멋진 외모라는 '달란트'가 있는 한!)는 것을 가리키지 않았음에 유의해

야 한다. 비고츠키에게 '사이코패스'
는 약한 공감, 자신의 고통에 대한
무관심, 죄책감이나 수치심의 부족,
남을 부리면서 기만하는 행동, 그리
고 그 결과 안정적인 성적 관계를 형
성할 수 없는 등의 뚜렷한 행동 양
상을 의미한다. 이러한 법적 및 도덕
적 어려움은 어떤 종류의 행동 훈련
을 통해 치료된다(때로는 이것이 지금
은 현재 역逆심리학이라고 불리는 프리
드먼의 '방법론적 변증법'을 포함하더라

도). 마지막으로, 교육적 치료(예: 특별 음악 레슨)를 받아야 하는 영재
어린이도 있다.

이제 비고츠키는 독일의 여러 아동학자 집단을 인용한다. 저자본은
이 아동학 저자들에 대한 출판물을 제공하지 않지만, 러시아 선집은
린드보르스키(『The Will』, 1919), 스턴(『Differential Psychology』, 1921),
엘리아스버그(『The Psychology of Abstraction』, 1925)의 출판물을 역사
적 순서로 제공한다. 나머지 다른 이름에는 참고 문헌이 없지만 아마
도 대체로 당시의 독일 아동학자일 것이다.

이들은 이러한 모든 어려움(즉, 유기체적, 법적/도덕적/윤리적, 영재적 어
려움)이 아들러의 보상 개념을 사용하여 재분류될 수 있다는 것에 동
의한다. 즉, 일부는 보상된다(맹인 아동은 청력이 민감해지고, 범죄자는 강
간과 살인을 억제하고, 음악적 재능이 있는 아동은 피아노를 배운다), 일부는
과소보상되거나 보상이 덜 된다(맹인 아동은 여전히 읽지 못하고, 범죄자
는 강간은 범하지 않지만 여전히 착취적이고 기만적인 성적 행동에 관여하고,
영재 아동은 집중하지 못한다). 다른 일부는 보상이 필요하지 않도록 탈
보상된다(맹인 아동은 점자를 배우고, 범죄자는 사고와 행동에서 완전히 회
복되고, 영재 아동은 연습 시간을 사랑하는 법을 배운다).

고야의 판화 중 일부 사본에서 고야는 제목을 다른 방식으로 해석

한다. 두 노부인은 '문화화하기 어려운' 커플을 분류하거나, 연구하거나, 치유하려고 하지 않는다. 두 노부인의 표정을 보면 그들은 관음주의자로, 간접적으로 방탕함을 즐기고 있다. 따라서 '같은 것끼리'는 네 사람뿐 아니라 예술가, 심지어 우리 모두를 가리킨다.

**8-5]** 정신지체 아동을 연구할 때 특히 중요한 것은 그의 운동 영역이다. 운동 지체, 운동 저능성, 운동 유치증(T. 헬러, 듀프레, F. 홈부르거), 운동 백치는 모든 유형의 정신지체와 매우 다양한 정도로 결합될 수 있으며, 이는 아동의 발달과 행동의 독특한 모습을 보여 준다. 이는 정신지체의 경우에 나타나지 않을 수도 있고, 반대로 지적 손상이 없는 경우에 나타날 수도 있다. 정신지체 아동 연구에서 아동 발달과 행동의 정신운동적 통일의 원리(F. 슐츠)는 반드시 이중적 특성(지적 특성과 운동 특성)을 요구한다. 운동 지체 자체는 결핍에 광범위한 보상을 가능하게 하며(홈부르거, 나돌레츠니, T. 헬러), 이는 테제 4에서 언급한 모든 것과 전적으로 관련된다. 고등 기능과 비교적 독립적이고 무관하며, 쉽게 실행될 수 있는 운동 재능은 종종 지적 손상의 보상과 행동 보정의 중심 영역이 된다. H. И. 오제레츠키 박사의 측정 척도는 어린이 운동 재능 조사의 연구와 실천 작업에서 시작점으로 사용될 수 있다.

테제 5는 지적 저능과 운동 저능이 서로 연결되어 있으면서도 구별된다는 것을 강조한다. 이는 추상 지성이 실행 지성과 연결되어 있으면서도 구별되는 것과 마찬가지다(아래 테제 6 참조). 지적 저능과 운동 저능은 테제 4에서 제시된 세 가지 보상 범주가 똑같이 양쪽에 적용된다는 점에서 연결되어 있다. 어느 것이든 보상, 과소보상, 탈보상이 가능하다. 그러나 이 둘은 서로 독립적으로 변할 수 있다는 점에서 구분된다. 운동 저능과 지적 저능이 함께 있을 수도 있지만(다운 증후군의 경우처럼), 지적 저능 없이도 심한 운동 저능이 있을 수도 있고(파킨슨병의 경우처럼) 운동 저능 없이도 심한 지적 저능이 있을 수 있다. 이러한 주장을 뒷받침하기 위해 비고츠키는 광범위한 연구 결과를 인용한다.

＊T. 헬러(Theodor Heller, 1859~1938)는 아동 치매를 처음으로 기술하고, 최초의 정성적 검사 방법(한국에서 백일 잔치 때 하는 돌잡이 의식처럼, 쟁반에서 물건을 고르는 것에 기반한)을 고안했다. 그는 나치의 장애인 학살을 규탄했으며 항의의 표시로 자살했다. 자세한 내용은 『역사와 발달 Ⅱ』 9-135 참조.

＊E. 듀프레(Ernest Dupré, 1862~1921)는 운동 저능을 처음으로 기술하고 이를 지적 저능과 구분한 프랑스의 신경학자이다.

＊A. 홈부르거(August Homburger, 1873~1930) 는 하이델베르크대학교에서 가르치며, 아동 상 담을 창시한 독일의 아동 정신과 의사이다. 그 는 할트로스(Haltlose, '마음대로의', 즉 '불안정한') 아동 인격 전문가였다.

비고츠키는 할트로스 증후군에 관한 1912년 책, 『Anomale Kinder(비정상 아동)』를 저술한 L. 숄츠(Ludwig Scholz, 1868~1918)를 언급하는 것으로 보인다. 사실 그가 묘사하고 있는 것은 그렇게 비정 상으로 보이지 않는다. 이상한 것은 아마도 그것이 그가 현상을 묘사 한 방식일 것이다.

"이 사람들의 본질은 … 바람에 날리는 나뭇잎처럼 자신이 무언가 에 휩쓸리는 것을 허용하는 외부의 영향을 받는 장난감! … 영원한 것 은 아무것도 없다. 한 시간 동안 그들은 행복하고 흥분하고, 온 세상이 삶의 기쁨의 화려함 속에서 그들에게 열려 있지만, 다음 한 시간은 이 낙관주의를 버리고 미래는 이제 암울하고 온통 잿빛으로 보인다. … 동정과 혐오가 빠르게 서로 자리를 바꾸고, 어제 숭배했던 것이 오늘 은 불타고, 영원한 충성을 바친다는 모든 맹세에도 불구하고 가장 친 한 친구가 하룻밤 만에 깊은 혐오를 받는 적으로 변한다."

\*M. 나돌레츠니(Max Nadoleczny, 1874~1940)는 말더듬이를 연구한 언어 치료사였다. 그는 말을 더듬는 것을 인지 저능이 아닌 운동 저능으로 보았지만, 비고츠키가 말하듯이 보상, 과소보상, 탈보상 유형은 지적 저능과 운동 저능 모두에 적용된다.

\*Н. И. 오제레츠키(Николай Иванович Озерецкий, 1893~1955)는 소련 정신과 의사로 아동 청소년 정신의학의 전문가였으며 진단기준 목록을 개발했다.

테제 6에서 비고츠키는 운동 능력과 실행 지성을 구분할 것이다. 이러한 구분은 파악하기 매우 어렵지만, 고등정신기능이 사회-문화적 기원이 있다는 비고츠키의 핵심 아이디어를 이해하는 열쇠이다. 우리가 『청소년 아동학』에서 보았듯이, 실행 지성은 고등정신기능이며, 화이트칼라 노동과 블루칼라 노동을 엄격하게 구분하는 것에 반대하는 경향을 보이는 문화적 기원이 있는 반면, 운동 능력은 주로 개인 훈련의 문제이며 사회적 분리를 강화하는 경향이 있다.

**8-6]**  실행 지성, 즉 합리적이고 합목적적으로 행동하는 능력(praktische, naturliche, Intelligenz)은 비록 운동 재능과 밀접하게 연관되어 있지만, 정신지체 아동을 연구할 때는 그 심리적 본성상 고유한 연구 분야로 구분되어야 한다. O. 립만이나 W. 스턴을 이 연구의 출발점으로 삼을 수 있으며, W. 쾰러와 립만이 제시한 원칙도 의심의 여지 없이 이 연구의 근간이 된다. 실행 지성은 다른 형태의 지적 활동과 상대적으로 독립적인 특수한 질적 유형의 지적 행동을 보여 주며, 다양한 정도로 다른 형태의 지능과 결합될 수 있어서 매번 어린이의 발달과 행

동에 대한 독특한 그림을 만들어 낸다. 이는 보상의 적용점, 다른 지적 손상을 평탄화하는 수단이 될 수 있다. 이러한 사실을 고려하지 않으면 발달의 전체적인 그림은 불완전하고 때로 부정확해질 수 있다.

비고츠키는 당시 많은 학자처럼 매우 새로운 과학 분과에서 여러 학술적 직책(대부분 무보수)-손상학, 아동학, 심리공학(진로적성 선별학)-을 감당했다. 여기서 그는 운동 능력과 실행 지성을 구분한다. 그가 말하듯 그 둘은 겉으로 보기에 비슷하다. W. 쾰러는 침팬지가 상자를 쌓아서, 또는 막대기를 연결하여 천장에 매달린 과일에 닿는 것을 보며 그것이 운동 능력인지 실행 지성인지 구분하지 못했다. 하지만 운동 능력의 근원이 신경근적인 반면, 실행 지성은 문화, 사회적이다. 즉 하나는 자기 신체의 물리적 속성을 사용하는 것이고, 다른 하나는 도구와 기호를 사용하는 것이다.

*O. 립만(Otto Lipmann, 1880~1933)은 W. 스턴과 함께 『응용심리학 저널』을 편찬했으며, 노동심리학의 창시자이다. 그는 테일러주의(H. 포드를 부자로 만든 분업 체제)를 신랄하게 비판했으며, 노동에 대해서는 직업학교 방식보다는 종합기술적polytechnic 방식을 강력하게 지지했다. '작업 능력'과 '작업 의지'에 대한 그의 구분은 비고츠키의 운동 능력과 실행 지성을 명확하게 구분해 주는 사례이다.

이 새로운 경험 과학-손상학, 아동학, 심리공학-이 살아남지 못했다는 점에 주목하자. 그들은 대부분 심리학 위기의 희생자로 초기에 사라졌는데, 그 까닭은 일반 심리학의 방법론을 확립할 수 없었기 때문이다(『심리학 위기의 역사적 의미』 참조).

8-7] 가장 고등한 지적 활동 유형(보통 정신박약으로 인해 타격을 받

는)은 때때로 이론적·지식론적 유형 등으로 불리며, 논리적 사고 형태, 개념-언어를 토대로 발생하며 인간 문화의 후기 역사적 성취와 사회 심리학의 산물로 이루어진다-의 사용을 기반으로 한다. 문화적 인간의 특징인 이런 사고는 특정한 문화적 기호의 도구적 사용으로 환원되며, 도구적 방법을 사용하여 연구될 수 있다. 여기서 출발점은 N.아흐가 창안하고 A. 바헤르가 정신지체 아동 연구에 적용한 개념 형성에 대한 실험 연구의 기법이 될 수 있다. 이 기법은 개념 발달상 어린이가 도달한 정도를 규정할 수 있게 해 준다.

**8-8]** 정신지체아 연구는 손상에 대한 양적 규정이 아니라, 주로 질적 검사에 기반해야 한다. 그러한 어린이에 대한 연구 과업은 개별 기능들이 도달한 양적 수준이 아니라, 행동 발달 유형을 결정하는 데 있다. 지능 자체는 통일된 전체적인 어떤 것을 나타내는 것이 아니라, 서로 다른 질적 유형의 행동과 활동 형태에 대한 개념이다. 즉 한 형태 영역에서의 손상은 다른 영역의 발달로 대신할 수 있다(O. 리프만, Л. 린드보르스키, H. 보겐). 지적 활동의 요소 수는 증가하며, 그와 함께 손상의 다양성과 그 대체 가능성도 증가한다(Л. 린드보르스키).

**8-9]** 위에서 언급한, 정신지체아 연구의 모든 형태와 그러한 연구에 일반적으로 사용되는 다른 모든 방법-그 보조적 가치는 부인할 수 없다-은 아동의 문화화 과정에 대한 장기간 연구를 배경으로 해서만 과학적 적용이 가능하다. 결국 우리는 손상 그 자체가 아니라, 이런저런 손상을 가진 어린이를 연구해야 한다. 따라서 환경과 상호작용하는 어린이 인격의 총체적 연구가 모든 연구의 기초에 놓여야 한다. 교육적 관찰을 통한 데이터는 특정한 구조틀(예: C. C. 몰로자비의 구조틀)에 따른 체계적인 관찰, 자연적 실험 또는 교육적 실험을 통해 얻은 데이터로 보완될 수 있다. 어린이의 정서적·의지적 측면과 그 외의 측면, 그리고 그의 사회적 행동의 일반적인 유형(주제 선율)을 알아야만 우리는 그의

정신적 손상에 올바르게 접근할 수 있다.

**8-10]** 모든 유기체적 손상은 어린이의 행동에서 그의 사회적 지위의 저하로 실현된다. 정신지체아를 연구할 때 이러한 이차적인 심리적 형성(열등감 등)을 고려해야 한다. 손상의 역학(보상, 기능의 실행 가능성, 변화 능력)은 바로 그의 사회심리적 복합성(교육 가능성 계수)에 의해 결정된다.

**8-11]** 문화화하기 어려운 아동. 진정한 의미에서의 문화화하기 어려운 아동에는 행동과 발달 측면에서 규범에서 벗어난 기능적인 경우가 포함되어야 한다. 이 같은 경우 본질은 주로 어린이 환경 사이 또는 어린이 인격의 다양한 측면과 계층 사이에서 발생하는 심리적 갈등에서 찾을 수 있다. 따라서 문화화하기 어려운 아동에 대한 연구는 항상 기본적 갈등에 관한 탐구에서 시작되어야 한다.

**8-12]** 우선, 문화화하기 어려운 아동에 대한 연구 기법의 개발에서 W. 그룰레가 제안하고 적용한 구분 방식을 출발점으로 삼을 수 있다. 그는 다음과 같이 구분한다. 1) 환경의 외상적 영향으로 인해 문화화가 어려운 경우(Milieu-M), 2) 아동 발달에서 내적-심리적 요인으로 인한 경우(Anlage-A), 3) 혼합된 경우(MA). 이는 다시 어떤 요인이 지배적 의미를 갖는지에 따라 두 부류(Ma와 Am)로 나뉜다. 그룰레에 따르면, 내적-심리적 요인(A)이 반드시 병리적 성향을 의미하지는 않는다.

이 문단에서 비고츠키는 H. W. 그룰레(Hans Walter Gruhle, 1880~1958)를 인용한다. 그룰레는 형태주의자인 정신과 의사였다. 그는 독일 정신의학의 토대를 놓은 E. 크레펠린의 제자였고 사회학자 M. 베버와 그의 아내의 가까운 친구였다. 그는 하이델베르크대학교에서 교편을 잡았다. 폴그틀랜더에 대해서는 알려진 바가 없다.

비고츠키 연구에서 수정주의적 경향성은 비고츠키가 독일 형태주의에서 받은 영향을 심하게 강조하고, 비고츠키 자신과 친했던 형태주의자(예컨대 레빈)들에 대해서조차 비고츠키가 비판적이었다는 사실을 더욱 심하게 외면한다. 예컨대 야스니츠키는 비고츠키가 유물론을 고수하고 독일 관념론을 반대하는 바람에 '실패한 형태주의자'가 되었다고 주장한다.

그러나 여기서 비고츠키가 형태주의에 진 빚은 매우 분명하다. 두 개의 요소(하나는 환경에 가깝고 다른 하나는 유기체에 가깝다)로 이루어진 단위로의 분석법은 바로 이 문단에서 나온 것이다. 비고츠키는 환경 요소와 소질 요소(이 둘은 하나가 지배적이 되고 다른 하나가 지배를 받는 관계를 지속적으로 교체한다)로 이루어진 단위를 확립하는 이 방법을 계속해서 정교화해 나간다.

비고츠키는 이 아이디어를 이용하여 다음을 분석한다. 낱말의 의미 속 생각 요소와 말 요소의 발달 분석, 놀이 속 행동과 의미 관계의 분석, 그리고 물론 가장 중요하게는 아동학 연구 전체에 걸친 연령기 속 안정적 시기(중심발달노선인 환경이 다음발달영역을 위한 재료를 공급하는 시기)와 위기적 시기(발달노선이 변경되어 중심이 주변이 되고 주변이 중심이 되는 시기. 종종 어린이가 발달이 일어나는 장소일 뿐 아니라 원천이 되는 시기이다)의 행동과 인지 사이의 관계.

**8-13]** 그룰레, 폴그틀랜더 등이 제안한 어려운 아동의 분류는 어려운 아동의 연구에서 경험적 구조틀로 사용될 수 있다.

**8-14]** 문화화의 어려움을 형성하는 각각의 갈등은 아동 발달 역사의 독특하고 개인적이며 고유한 조건에 뿌리를 두고 있기 때문에, 문화화하기 어려운 아동의 연구에는 개별적-심리적 방법과 관점이 사용되어야 한다. 보통 갈등은 어린이 정신의 심층에서 일어나는 과정-종종 무의식에 뿌리를 둔-으로 인해 발생하므로, 문화화하기 어려운 아동의 연구에는 정신에 깊이 침투하는 방법, 아동 심리의 내밀한 측면을 고려하게 해 주는 방법이 사용되어야 한다. 그러나 고전적 형태의 정신 분

석법은 어려운 아동의 연구에 적합하지 않다.

**8-15]** '개인심리학' 협회가 개발한 어려운 아동 연구 구조틀은 문화화하기 어려운 아동의 근본적인 갈등을 연구하는 초기 수단으로 사용될 수 있다. 이 틀을 여러 면에서 바꾸고 확대해서 우리의 문화화하기 어려운 아동 집단 특성에 맞게 적용하는 것이 필요할 것이다. 문화화하기 어려운 아동의 연구를 위해서는 C. C. 몰로자비의 구조틀을 일부 수정하는 것이 필요할 것이다. 그의 구조틀이 이 과업에 대해 갖는 가치는 행동과 환경을 연관시키는 방법이다. 어려운 아동 연구라는 특별한 과업을 위해서는 이 구조틀의 변형을 만드는 것이 필요할 것이다. 의지, 감정적 측면, 환상, 인격 등을 연구하기 위한 검사는 보조적, 방향 설정적 도구로 활용될 수 있다(H. 로르샤흐, 부란, 도네이).

\*H. 로르샤흐(Hermann Rorschach, 1884~1922)는 E. 블로일러의 제자로 로르샤흐 잉크 반점 테스트를 개발했다. 이는 MMPI나 MBTI를 제외하면 가장 많은 심리학 실험의 토대가 되었다. 이러한 테스트의 숙명이 그렇듯 로르샤흐의 테스트 역시 유사 과학이라는 비판에 당면했다. 결과 해석이 주관적이기 때문이다. 그는 원래 잉크 반점을 일러스트로 이용하는 데 관심을 가진 미술 대학 학생이었다.

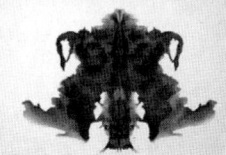

**로르샤흐의 잉크 반점 중 하나.**

**8-16]** 문화화하기 어려운 아동에 대한 연구는 그 어떤 아동 유형의 연구보다 문화화 과정에서의 장기적인 관찰, 교육학적 실험, 그리고 창

의성, 놀이를 비롯한 아동 행동의 모든 측면의 산물에 대한 연구를 토대로 해야 한다.

**8-17]** 재능 아동의 선발은 아동학적 고려, 즉 그들의 발달 속도, 특히 학교 교수학습의 빠른 속도에 좌우된다. 실험의 형태로, 과학적 수단을 통해 그러한 선발 시도가 이루어져야 할 것이다. 모든 경우에서, 적어도 이론적으로는 재능 아동의 독특한 발달 유형에 관한 문제는 특별한 교수학습(음악 등)과 연결하여 설정되어야 할 것이다.

**8-18]** 이행적, 결합적 형태의 존재에 특별한 주의를 기울여야 한다. 왜냐하면 이행적 사례에서는 아동 발달 유형의 저하나 어려움의 광범위한 예방이 가능하지만, 혼합적 형태(문화화하기 어려운 정신지체아 등)는 특히 복잡한 연구 및 조사 방법을 요구하기 때문이다. 이러한 형태에 대한 연구의 정확성을 보장하는 것은 아동에 대한 전체적인 접근 방식으로, (개별 기능의-K) 붕괴나 행동의 결함뿐 아니라 아동 발달 전체의 주선율, 유기체적 손상에 대한 보상, 손상으로 인한 2차 심리적 합병증, 사회심리적 갈등, 발달의 역동(변화 능력) 등을 고려하는 것이다. 이행적 형태의 정신지체의 경우, 교육학적 실험을 사용하는 것이 가장 정확하다. 이런 어린이들은 학교 내 특수학급에 배치된다.

**8-19]** 특수학교 후보자를 선별하고, 개별 문화화 기관 유형에 따라 이들을 배치하며, 그들의 문화화 방향 등을 결정짓기 위한 어려운 아동과 지체아의 연구는 심리학, 손상학 그리고 치유 교육학 분야의 문제에 대한 지식을 갖춘 전문가에 의해 수행되어야 한다. 오직 아동학자, 교사, 의사 간 협력이 이루어질 때만 성공을 보장할 수 있다.

**8-20]** 어려운 아동과 지체아에 대한 올바른 연구를 위해, 그리고 개별 학교와 아동학자의 실제 작업의 지침을 위해서는 독일, 오스트리아 및 기타 국가에서 그 목적을 훌륭하게 정당화한 아동학 상담실 Heilpadagog, Beratungsstelle을 조직하는 것이 극히 중요할 것이다. 이러

한 상담실은 정신지체 아동과 어려운 아동에 대한 연구 센터가 되어야 한다.

**8-21]** 이 문제에 대한 과학적 연구 작업을 조직하고 올바르게 방향 지으며, 이를 같은 종류의 실천적 조사 작업과 긴밀하게 연결하는 것이 절대적으로 필요하다. 유럽 국가들이 어려운 아동과 정신지체아들의 연구와 문화화에 성공할 수 있었던 것은 오직 이 두 유형의 작업의 긴밀한 연계 덕분이다. 과학적 연구 작업의 기본 과업은 지체아와 어려운 아동의 표준화 및 진단을 위한 원칙과 방법을 정립하는 것이다.

# 제9장
# 맹인 아동

고야, 춤추는 여인과 기타리스트, 연도 미상.

고야의 그림과 판화에서 기타리스트는 대개 맹인이었지만, 이 미공개 수묵화에서의 기타리스트는 젊은 여인에게 시선을 고정하고 있고, 무용수는 아무런 초점 없이 허공을 응시하고 있다.

비고츠키는 맹인들이 사회적 소수자로서 자신의 세계뿐만 아니라 사회적 다수자의 세계도 이해하지만, 비맹인들은 사회적 다수자로서 대개 사회적 소수자의 세계를 이해하지 못한다고 지적한다. 이는 이런저런 지각적 장애가 있는 사람들뿐 아니라 성적, 인종적, 심리적 소수자들도 마찬가지다. 일부 사회적 소수자(예: 이민자, 청각장애인)의 경우, 이는 다중 언어 사용, 나아가 다중 문화 적응으로 이어진다. 그러나 비고츠키는 맹인들이 다른 비맹인들과 일상적인 대화가 가능하기 때문에 이러한 변화가 나타나지 않는다고 주장한다. 또, 비고츠키는 아들러의 주장과는 달리 보상이 항상 성공적인 것은 아니라고 지적하며, 맹인이 완전한 평등을 (사회적 소수자로서가 아니라 단결된 노동계급의 필수적인 구성원으로서) 달성할 수 있는 것은 오직 물질적, 구체적, 사회적인 측면에 의해서라고 주장한다. 점자와 같은 기호 기반 보상은 맹인이 이러한 평등을 달성할 수 있도록 완전히 자유롭게 해 주지만, 다른 형태의 보상은 단지 다양한 도구를 사용하여 신체적 결함을 보완하려는 시도에 불과하다.

기타리스트와 댄서는 모두 맹인이지만, 의지적인 주의력이 부족한 것은 오직 더 어린 쪽이다.

비고츠키 가족 서고에서 발견된 수기 원고로 정확한 연도는 알 수 없다. 러시아어 선집(1983)이 최초 출판이다. 본문에 나오는 가장 늦은 참고 문헌 연도가 1928년(Kretschmer, 1928, 문단 **5-2**)이므로 최소한 그 이후에 저술된 것으로 추정할 수 있다.

"그들(맹인-Л.비고츠키)은 시력이 있는 사람들에게는 없는 특징을 발달시켰다. 비맹인과의 접촉이 전혀 없이 맹인들 사이에서만 배타적으로 의사소통이 이루어질 경우 독특한 인간 유형이 나타날 수 있다고 상정해야 한다."

Bürklen, K. (1924). Blinden-psychologie(맹인 심리학. c. 3), J. A. Barth: Leipzig.

*K. 뷔르클렌(Karl Bürklen, 1869~1956)은 1910년에서 1924년까지 빈 근처 푸커스도르프에 있는 니더외스터라이히주州 맹인 연구소 소장을 역임했다. 그는 시력이 있는 사람들을 위한 점자 안내서를 저술했고, 이는 1917년에 W. 스턴과 O. 립만에 의해 출간되었다. 1934년에는 비고츠키의 지시로 그의 『맹인 심리학』의 러시아어판이 출간되었다.

**9-1-1]** 특수한 사례나 세부 사항을 제외하고 본다면, 우리는 매우 오래전부터 오늘에 이르기까지 단일한 노선의 형태로 이어져 온 맹인의 심리에 대한 과학적 관점의 발달을 상정할 수 있다. 이는 때로는 그릇된 아이디어의 안개 속에 사라지기도 하고 때로는 과학의 새로운 개별 성취와 함께 다시 나타났다. 나침반이 북쪽을 가리키듯 이 노선은 진실을 가리키며, 이 기본 노선으로부터의 이탈 각도를 통해, 모든 역사적 오류를-그것이 이 노선과 갖는 편차로- 평가할 수 있게 해 준다.

**9-1-2]** 본질적으로, 맹인에 관한 과학은 진실을 향해 나아가는 한, 모두 인류가 수천 년 동안 탐구해 온 하나의 핵심 아이디어의 전개로 귀결된다. 왜냐하면 그것은 맹인에 대한 아이디어일 뿐만 아니라 일반적인 인간의 심리적 본질에 대한 아이디어이기도 하기 때문이다. 모든 지식에서 그렇듯 맹인의 심리학에서도 착각은 여러 방면에서 일어나지만 진실에 도달하는 경로는 오직 하나이다. 이 아이디어는 실명이 단순히 시력의 부재(단순히 개별 기관의 손상)가 아니며, 그것이 유기체의 에너지와 인격에서 모든 것을 근본적으로 재구조화한다는 것으로 귀결된다.

**9-1-3]** 실명은 새롭고 고유한 인격 유형을 창조하면서, 삶에 새로운 정신적 힘을 불러일으키고, (기존-K) 기능의 일반적 방향을 바꾸며, 인

간 정신을 창조적이고 유기적으로 재창조하고 형성한다. 그 결과, 실명은 단지 손상이나 마이너스, 약점으로 치부할 것이 아니라, 어떤 의미에서는 역량, 플러스, 힘이 발현되는 원천이 되기도 한다(이것이 아무리 낯설고 모순되게 들릴지라도!)

**9-1-4]** 이 아이디어는 세 가지 주요 단계를 거쳤으며, 이를 비교하면 그 발달 방향과 경향이 명확히 드러난다. 첫 번째는 신비주의 시대, 두 번째는 소박한 생물학적 시대, 세 번째는 현대적 – 즉 과학적 또는 사회심리학적 시대로 명명될 수 있다.

**9-2-1]** 첫 번째 시대는 고대, 중세 그리고 현대사의 상당 부분을 포괄한다. 오늘날까지도 이 시대의 잔재는 맹인에 대한 대중적 시각, 전설, 민담, 속담에서 찾아볼 수 있다. 실명은 무엇보다도 깊은 불행으로서 미신적인 두려움으로 그러나 경외심을 더하여 다루어졌다. 맹인을 무력하고, 무방비적이며, 버림받은 존재로 보는 시각과 함께, 맹인에게는 고차원의 신비로운 영혼의 힘이 발달하며 그는 잃어버린 물리적 시각 대신 영적인 지식과 비전에 접근할 수 있다는 일반적인 믿음이 나타난다. 오늘날에도 많은 이들이 영적인 빛을 향한 맹인들의 갈망에 대해 이야기한다. 비록 종교적으로 생각하는 사람들의 두려움과 오해로 인해 왜곡되기는 했지만 분명 이 말에도 어느 정도 진실의 낱알이 있다. 전설에 따르면 민중 지혜의 수호자, 음유시인, 예언가는 종종 맹인이었다. 호머는 맹인이었다.

데모크리토스는 철학에 온전히 헌신하기 위해 스스로 눈을 멀게 했다고 전해진다. 이것이 사실이 아닐지라도 어쨌든 이는 그럴듯하게 여겨지는 그러한 전설의 가능성 자체가 시각 상실을 통해 철학적 재능이 강화될 수 있다는, 눈멂에 대한 견해를 증명함을 보여 준다. 맹인, 나병 환자, 자식 없는 사람을 죽은 사람과 동일시하는 탈무드에서 맹인에 대해 말할 때 완곡어법을 사용하여 '빛이 풍부한 사람(즉, 빛에 의해 눈이 먼자-K)'이라고 한 것은 흥미롭다. 다음과 같은 독일의 속담과 전통 지혜의 격언에는 같은 관점의 흔적이 보존되어 있다. "장님은 모든 것을 보고 싶어 한다" 또는 "솔로몬은 장님에게서 지혜를 찾았다. 왜냐하면 그들은 자신이 걷는 땅을 공부하지 않고는 한 걸음도 내딛지 않기 때문이다." O. 바네체크(1919)는 사가, 민담, 전설 속의 맹인에 관한 연구에서 민속 예술에 맹인을 다른 사람과는 다른 영적인 지식을 타고난, 깨우친 내면의 시야를 가진 사람으로 보는 관점이 존재함을 보여 주었다.

O. 바네체크(Ottokar Wanecek, 1881~1978)는 T. 헬러의 제자였고 종교적 영감을 받은 '치유 교육학'의 추종자였다. 바네체크는 맹인들의 영적 삶을 주제로 박사학위 논문을 썼다. 푸커스도르프와 빈에서 맹인 교사로 일했다. 그는 맹인에게 프랑스어나 영어보다 에스페란토를 가르쳐야 한다고 주장했다(비고츠키 역시 에스페란토에 대한 관심이 높았다).

뷔르클린은 『Zeitschrift für das österreich Blindenwesen(오스트리아 맹인을 위한 학회지)』에 발표된 그의 논문 다섯 편을 열거한다.

- Untersuchungen über die Lesbarkeit der Brailleschen Punktschriftzeichen(점자의 가독성에 대한 연구). Blfr, 1915.
- Über den Gebrauch der Farbennamen bei den Blinden(맹인의 색 명칭 사용에 대해). 1917.
- Der Blinde in der Sage, im Märchen und in der Legende(신화, 동화, 전설에서의 맹인). 1919.
- Provozierte Aufmerksamkeitsmimik bei Blinden(유발된 주의에 대한 맹인의 표현). 1919.
- Die Beliebtheit und Unbeliebtheit der Lehrfächer bei den blinden Schülern(맹인 학생들의 선호, 비선호 교과). Blfr, 1923.

비고츠키는 세 번째 연구를 연급하는 것으로 보인다.

**9-2-2]** 가치의 재평가를 가져온 기독교는 본질적으로 이 아이디어의 도덕적 내용만 바꾸었을 뿐, 본질 자체는 바꾸지 않고 남겨 두었다. 당연히 맹인을 포함하는 '여기 있는 마지막 사람들'은 '저기서 첫 번째 사람'이 될 것을 약속받았다("먼저 된 자가 나중 되고, 나중 된 자가 먼저 되리라", 『마태복음』 20: 16-K). 중세 시대에 이것은 맹인 철학의 가장 중요한 교리였으며, 그들은 온갖 고난과 고통 속에서도 영적 가치를 보았다. 교회 현관은 맹인들에게만 온전히 주어졌다. 이는 세속적 삶의 빈곤과 신과의 가까움을 동시에 나타냈다. 그들은 허약한 신체에 고귀한 영혼이 산다고 말하곤 했다. 다시 한번 실명 속에서 그 어떤 신비로운 이차적 측면, 어떤 영적 가치, 어떤 긍정적 의미가 드러났다. 맹인 심리의 발달에서 이 단계는 신비적 단계라고 불려야 한다. 이는 단지 그것이 종교적 사상과 신념으로 물들어 있었기 때문이거나, 맹인이 온갖 방법을 통해 신-유대교 현자들이 말했듯 보는 이에게 보이지 않고 볼 수 없는 이에게 보이는-에게 더 가까이 다가갔기 때문이 아니다.

**9-2-3]** 사실, 맹인에게 부여된 능력은 영혼의 초감각적 힘으로 여겨졌다. 이러한 능력과 맹인의 관계는 신비롭고 기적적이며 이해할 수 없는 것처럼 보였다. 이러한 견해는 경험이나 맹인 자신의 증언 혹은, 맹인과 그의 사회적 역할에 대한 과학적 연구에서 나온 것이 아니다. 그것은 영혼과 육체에 대한 학설과, 육체가 없는 영혼에 대한 믿음에서 나온 것이다. 역사가 이 철학을 완전히 파괴하고 과학이 그 파산을 남김없이 폭로했음에도 불구하고 그 가장 깊은 바닥에 진실의 한 조각이 숨겨져 있었다.

**9-3-1]** 계몽주의 시대(18세기)에 이르러서야 실명에 대한 이해에서 새로운 시대가 열렸다. 과학이 신비주의를 대체했고, 경험과 연구가 편견을 대체했다. 우리가 다루는 문제에서 이 시대의 가장 큰 역사적 의의는 심리학에 대한 새로운 이해가 (그 직접적인 결과로) 맹인을 위한 문화화와 교육을 창출하여, 그들을 사회적 삶에 진입시키고 문화로의 관문을 열어 주었다는 것이다.

**9-3-2]** 이론적 측면(수준-K)에서, 새로운 이해는 대리 감각 기관에 대한 학설 속에 표현되어 있다(**3-4-4** 글상자 참조-K). 이 견해에 따르면, 지각 기능 중 하나의 상실이나 특정 기관의 결함은 다른 감각 기관들의 고양된 기능과 발달로써 보상된다. 마치 쌍으로 된 기관-예컨대, 신장이나 폐 중 하나가 없거나 손상되면, 남은 건강한 기관이 발달하고 확장되어 손상된 기능의 일부를 떠맡음으로써 이를 보상하는 것과 같이, 시각의 손상은 청각, 촉각, 그리고 그 외 남아 있는 감각의 강화된 발달을 일으킨다.

맹인은 보통을 능가하는 촉각 예민성을 갖는다는 전체 신화가 만들어졌다. 사람들은, 한 손으로 무언가를 빼앗지만 다른 손으로는 그것을 되돌려 주면서 자신의 창조물을 보살피는 자애로운 자연의 현명함에 대해 말했다. 모든 맹인은, 오직 맹인이라는 사실로 인해 맹인 음악가,

즉 탁월하고 뛰어난 청력을 지닌 사람으로 간주되었고, 볼 수 있는 사람들에게는 존재하지 않는 새롭고 특별한 육감六感이 맹인에게서 발견되었다. 이러한 신화는 맹인의 삶을 실제로 관찰한 사실에 바탕을 두었으나, 잘못 해석되어 결국 인식하기 힘든 지경으로 왜곡되었다. K. 뷔르클렌은 이러한 생각을 다양한 방식으로 전개한 여러 저자(H. A. 프리케, L. 바흐코, 스투키, H. W. 로테문트, J. W. 클라인 등)의 견해를 취합하였다(K. Bürklen, 1924). 그러나 연구는 곧이어 이 이론의 파산을 발견했다.

그들은 맹인에게 촉각과 청각 기능이 보통을 능가하여 발달하지 않는다는 것이 논쟁의 여지 없이 확립된 사실임을 지적했으며, 오히려 반대로 맹인의 발달에서 이러한 기능은 시력이 있는 사람보다 흔히 더 저하됨을 지적했고 끝으로, 우리가 일반적인 촉각 기능보다 고양된 기능을 마주치는 경우 이러한 현상은 발달의 이차적, 의존적, 파생적, 결과이지 그 원인이 아니라는 점을 지적했다. 이러한 (감각 기능의 향상-K) 현상은 시각 결손에 대한 직접적이고 생리학적 보상(예컨대, 신장의 확장처럼)으로 발생하는 것이 아니라, 사회적·심리적 보상이라는 매우 복잡하고 매개된 경로를 통해 나타나는 것으로서, 이는 상실된 기능을 직접 대체하거나 결손된 기관의 자리를 대신하지 않는다.

비고츠키가 인용한 모든 참고 문헌은 스투키를 제외하고는 카를 뷔르클렌의 책 『Blinden-psychologie(맹인 심리학)』에 포함된 것이다.

Fricke, H. A., De caecis eruditis(교육받은 맹인에 대해). Leipzig, 1715. Deutsche Übersetzung in Jahresber. des Blindenerziehungsinstitutes Wien 1890(빈 맹인 연구소 라틴어판 연감의 독일어 번역).

Baczko, L., Über mich selbst und meine Schicksalsgenossen, die Blinden(나 자신과 동료 맹인들에 대해). Leipzig, 1807.

Rotermund, H. W., Nachrichten von einigen Blindgeborenen.(선천적 맹인들의 보고서). Bremen, 1815.

Klein, J. W., Lehrbuch zum Unterrichte der Blinden(맹인교육 지도서). Wien, 1819.–Briefwechsel zwischen zwei gebildeten Blinden. In "Geschichte des Blindenunterrichtes"(맹인 교육의 역사). Vienna, 1837.

**9-3-3]** 따라서 그 어떤 대리 감각 기관에 대한 논의도 있을 수 없다. 루사르디는 손가락은 맹인이 실제로 보는 법을 가르칠 수 없다는 점을 옳게 지적했다. E. 빈더는 아피아를 따라 감각 기관의 기능이 한 기관에서 다른 기관으로 전이되지 않으며 감각 기관의 대체를 뜻하는 '대리 감각'이라는 표현이 생리학에서 잘못 사용되고 있음을 보여 주었다. 이러한 신조를 반박하는 데 결정적으로 중요한 것은, E. 플뤼거의 생리학 기록보관소에서 출판되어 그 신조의 파산을 입증한 피스바흐의 연구였다. 이 논쟁은 실험심리학을 통해 해결되었다. 실험심리학은 이 이론의 기초가 되는 사실을 올바르게 이해할 수 있는 길을 제시했다.

＊E. F. W. 플뤼거(Eduard Friedrich Wilhelm Pflüger, 1829~1910)는 근육 수축이 전기 자극의 결과임을 입증한 독일의 생리학자이다. 그는 세계에서 가장 오래된 생리학 저널인 『플뤼거 기록보관소Pflügers Archive』를 출판했다(이 저널은 여전히 Springer에서 독일어로 출판되고 있다).

영문판 선집은 비고츠키가 참고 문헌을 제공하지 않는다고 다소 짜증스럽게 언급한다. 그러나 사실 이것들은 모두 다음에 대한 참조이다.

Bürklen, K. (1924). Blinden-psychologie(맹인 심리학). Barth: Leipzig.

Appia, Dr., Über die psychologische Wechselbeziehung der Sinne nebst An-wendung auf die Erziehung der Blinden(감각의 심리적 상호관계와 시각장애인 교육에 대한 응용에 관하여). Blfr, 1881.

Binder, W., Das Sinnenvikariat(감각의 대리). In Ber, 1885.

Lusardi, Psychologische und metaphysische Erfahrungen rücksichtlich blinder Kinder(심리학과 형이상학. 시각장애인 어린이에 대한 경험). Erfurt.

E. 피슈바흐Erich Fischbach는 생리학과 물리화학 분야의 중요한 교과서를 쓴 뮌헨의 생리학자이다.

**9-3-4]** E. 모이만은 하나의 감각이 손상되면 모든 감각의 기능이 저하된다는 피슈바흐의 명제를 반박했다. 그는 실제로는 지각 기능에 대한 나름의 대체가 있다고 주장했다(E. 모이만, 1911). W. 분트는 생리적 기능 영역에서의 대체는 운동과 적응의 특별한 사례라는 결론을 내렸다. 결과적으로, 대체는 눈의 생리적 기능을 다른 기관에서 직접적으로 대신한다는 뜻으로 이해되어서는 안 되며, 그보다는 모든 정신적 활동의 복잡한 재구성으로서 이해되어야 한다. 이는 한 기능의 붕괴로 인해 일어나며 연합, 기억, 주의를 통해 손상된 기능을 대신하여 감각에 새로운 균형 유형의 창조와 발달을 지향한다.

E. 모이만(Ernst Meumann, 1862~1915)과 W. 분트(Wilhelm Wundt, 1832~1920)는 경험 심리학의 공동 창시자이다. 두 사람 다 연합주의자였다. 그들에게 생각은 유사한 아이디어의 근접에 의해 일어난다. 이는 하나의 아이디어(혹은 지각적 표상)가 다른 것으로 대체될 수 있음을 의미한다. 그러나 비고츠키는 연상, 기억, 주의 그리고 무엇보다 상상과 창조와 같은 기능들은 서로 구별되는 기능들이므로 하나가 다른 것을 완전히 대체할 수 없다고 믿는다. 그러나 이 기능들은 보상을 통해 연결될 수 있다.

**9-3-5]** 그러나 이 소박한 생물학적 개념이 잘못된 것으로 밝혀지고, 다른 이론에 자리를 내주게 되었을지라도, 그것은 여전히 실명에 대한 과학적 진실을 획득하는 길에서 거대한 진전을 이루었다. 그것은 과학적 관찰을 통한 측정과 실험의 기준을 통해 실명이 단순한 손상이나 결핍이 아니라, 생명과 활동에 새로운 힘과 새로운 기능을 불러일으키고, 일종의 창조적이고 건설적인 유기적 작업을 수행한다는 사실에 처음으로 다가섰다. 하지만 그 이론은 이 작업이 무엇으로 이루어져 있는지는 보여 줄 수 없었다. 진실을 향한 이러한 발걸음의 실제적 의의가 얼마나 거대하고 위대한지는, 이 시기에 맹인에 대한 문화화와 교육이 확립되었다는 사실로 판단할 수 있다. 점자 한 점이 수천의 자선가보다 맹인을 위해 더 많은 일을 했으며, 읽고 쓸 수 있는 능력은 '여섯 번째 감각'이나 촉각과 청각의 정교함보다 더 중요한 것으로 판명되었다. 맹인 교육의 창시자인 V. 아위의 기념비에는 맹인 아동에게 건네는 말이 적혀 있다. "여러분은 교육과 노동에서 빛을 찾을 것이다." 아위는 지식과 노동에서 맹인의 비극에 대한 해결책을 찾았고, 우리가 지금 따르고 있는 길을 제시했다. 아위의 시대는 맹인에게 교육을 제공했으며, 우리 시대는 그들에게 일거리를 제공해야 한다.

> *V. 아위(Valentin Haüy, 1745~1822)는 뛰어난 언어학자로서, 고대 그리스어와 히브리어를 포함하여 10개 언어를 구사했으며, 루이 16세의 통역으로 일했다. 어느 날 그가 점심을 먹으러 콩코르드 광장에 있는 한 카페에 들렀을 때, 큰 골판지 안경이 달린 바보 모자를 쓰고 조롱을 당하며 악기를 연주하는 맹인 무리를 보게 되었다. 이 광경을 보고 그는 맹인이 돈을새김 글자를 읽는 법을 배울 수 있는 학교를 설립하기로 마음먹고, 최초로 맹인 학교를 세웠다. 그의 학생 중 한 명이 점자를 발명한 루이 브라유였다.

파리의 앵발리드 호텔에 있는 발랑탱 아위 기념비.

9-4-1] 최근 과학은 맹인 심리학에 대한 진실에 접근하여 그것을 파악하기 시작했다. 개인심리학, 즉 인격의 사회심리학 방법을 개발한 빈의 정신과 의사 A. 아들러의 학파는 인격의 발달과 형성 과정에서 유기체적 손상의 중요성과 심리적 역할을 지적했다. 어떤 기관이 형태학적 또는 기능적으로 불충분하여 제 역할을 온전히 감당할 수 없을 경우, 중추신경계와 심리적 기관이 그 기관의 손상된 기능을 보상하는 과업을 맡게 된다. 그들은 약하고 위협받는 기관들을 보조하기 위해, 쇠약한 기관이나 기능 위에 정신적 상부구조를 형성한다.

비고츠키의 '상부구조'라는 용어를 일종의 비유—목발이나 지팡이, 심지어 안내견에 비견될 수 있는 '심리적 도구'—로 볼 수 있을 것이다. 그러나 이것이 단지 비유라면 그리 좋은 비유는 아니다. 이 그림에서 고야가 지적하듯 실제 목발조차도 손상을 별로 보상하지 못하며, 심리적 목발은 더 말할 것도 없다. 게다가 약한 토대 위에 높은 상부구조를 세울 수 없다.

여기서 '상부구조'는 비유가 아니라 마르크스주의에서 차용한 기술적 용어이다. 『정치경제학 비판 요강』(1859)에서 마르크스는 생산력과 생산관계(즉, 사회의 경제적 토대)가 법, 윤리를 비롯하여 사실상 시민사회 전체(즉, 이데올로기적 상부구조)를 결정한다고 썼다. 맹인에게 보상을 제공하는 것은 심리적 도구도, 심지어 실제 도구도 아니다. 노동자

고야, 이런 식으로 유용한 사람들이 끝난다, 1814~1824.

가 단순하고 특정 기술에 국한된 수공업에서 벗어나 현대 기계를 다룰 수 있게 해 주는 것은 문해라는 상부구조이다. 오늘날 농맹아인이나 정신박약 노동자조차 대형언어모델, 즉 소위 인공지능을 사용할 수 있게 해 주는 것은 바로 컴퓨터 문해력이다.

그러나 그러한 상부구조가 세워지기 위해서는 과학적·기술적 토대를 넘어서는 사회경제적 토대도 준비되어야 한다. 고야는 종종 동일한 판화 작품에 다른 제목을 붙이곤 했다. 위 판화와 매우 유사한 다른 작품에 그는 '여전히 배우는 중', '그는 일을 할 수 없으므로', '그가 가진 것은 의지뿐' 같은 제목을 붙였다. 하지만 이 판화에서 스페인어 제목은 '이런 식으로 유용한 사람이 끝난다'라는 의미를 지닌다.

**9-4-2]** 외부 환경과 접촉할 때, 결함이 있는 기관이나 기능이 제 과업을 다하지 못해 갈등이 발생하고, 이로 인해 질병과 사망의 위험 가능성이 증가한다. 이러한 갈등은 과보상의 가능성과 자극을 증대시킨다. 이처럼 손상은 개인의 심리적 발달의 시작점이자 주요 원동력이 된다. 투쟁이 유기체의 승리로 끝나면, 그 유기체는 손상으로 인해 발생한 어려움을 극복할 뿐 아니라 자기 발달의 더 높은 단계에 종속되어 결함에서 재능을, 손상에서 능력을, 약점에서 강점을, 무가치에서 뛰어난 가치를 창조하게 된다. 선천적 맹인이었던 N. 손더슨이 그렇게 기하학 교과서를 편찬하였다(A. 아들러, 1927). 시각 손상으로 인한 그의 정신적 힘과 과보상 경향은 얼마나 거대한 압박을 받았을까. 그는 실명으로 인한 공간적 제약에 대처할 뿐 아니라 인간이 과학적 사고와 기하학적 구성을 통해서만 접근할 수 있는 가장 고등한 형태의 공간을 지배해야만 했을 것이다. 이 과정의 정도가 훨씬 낮은 수준에서도 기본 법칙은 동일하게 유지된다. 아들러가 회화 학교에서 비일반적 시력을 가진 학생이 70%에 달하는 것을 발견했고, 연극 예술 학교에서도 동일한 비율의 언어적 손상이 있는 학생을 발견한 점은 흥미로운 일이다(A. 아들러, Heilen und Bilder[치유와 이미지], 1914, p. 21). 그림 그리는 소명과 능력은 눈의 손상에서 생겨났고, 예술적 재능은 언어 기관의 손상을 극복하는 데서 생겨났다.

> 영문판 선집 편역자들은 아들러의 저서에서 위의 언급을 찾을 수 없었다고 한다. 그러나 1911년 출간된 아들러의 원본을 보면 비고츠키가 언급한 대로 그 내용이 정확하게 나온다. 영문판 선집 편역자들이 러시아어나 영어 번역본을 확인한 것으로 짐작할 수 있다. 이는 A. 블런든의 주장과 달리 비고츠키가 독일어를 읽을 수 있었다는 증거이기도 하다.

**9-4-3]** 그러나 행복한 결과가 손상을 극복하려는 투쟁의 유일하거나 심지어 가장 흔한 결과도 절대 아니다. 모든 질병이 반드시 긍정적으로 결말이 나고, 모든 손상이 행복하게 재능으로 바뀔 것이라는 믿음은 순진하다. 하나의 투쟁은 두 가지 결과를 낳는다. 두 번째 결말은 과보상의 실패, 무력감의 전면적 승리, 반사회적 행동, 자기 약점으로부터 방어적 태도의 형성, 존재 목표를 허구적으로 설정하는 도구로 그 약점의 전환, 본질적으로는 광기, 개인의 일반적인 심리적 삶의 불가능성- 즉, 질병과 신경증으로의 도피이다. 이 양극단 가운데 성공과 실패, 재능과 신경증 사이의 방대하고도 매우 다양한 형태의 단계들이 최소에서 최대로 존재한다. 극단적 지점들의 존재는 이 현상 자체의 경계를 나타내는 동시에 그 본질과 본성에 대한 극단적 표현을 제공한다.

**9-4-4]** 실명은 맹인 아동이 삶으로 진입하는 것을 어렵게 한다. 이 노선을 따라 갈등이 격화된다. 실제로 손상은 사회적 혼란으로 실현된다. 실명은 맹인을 특정한, 어려운 사회적 위치에 놓이게 한다. 맹인이 자신의 위치를 평가한 결과로 열등감, 불안감, 연약함이 나타난다. 정신적 장치의 반응으로 과보상을 향한 경향이 발달한다.

**9-4-5]** 그들은 사회적으로 완숙한 인격을 형성하고, 사회적 삶에서 입지 획득을 지향한다. 그들은 갈등 극복을 목표로 하며, 그러기에 단순히 촉각이나 청각 등을 발달시키는 것이 아니라, 전인격을 그 가장 깊숙한 핵심에서부터 남김 없이 점령한다(즉, 단일 감각이 아니라 전인격을 재구성하려 한다-K). 그들은 시각을 대체하려는 것이 아니라, 신체적 손상의 결과인 사회적 갈등과 심리적 불안정을 극복하고 과보상하려는 것이다. 이것이 새로운 관점의 핵심이다.

**9-4-6]** 예전에는 맹인 아동의 모든 삶과 발달이 실명의 노선을 따라갈 것으로 생각했다. 하지만 새로운 법칙은 그것이 이 노선과 반대로 나아갈 것이라 말한다. 실명이라는 사실에서 곧장, 즉 이 사실에 의해

직접 결정된 것으로, 맹인의 인격심리를 이해하길 원하는 사람은 천연두 예방접종에서 단지 질병만을 보는 사람과 마찬가지로 그것을 잘못 이해하는 것이다. 천연두 예방접종이 질병에 대한 예방접종임은 사실이지만, 본질적으로 그것은 과건강에 대한 예방접종이다. 맹인에 대한 모든 특정한 심리 관찰은 이 법칙에 비추어 볼 때, 발달의 주요 노선, 단일한 삶의 계획, 최종 목표, 즉 아들러가 표현한 것처럼 '제5막'과의 관계에서 설명된다. 개인의 심리적 현상과 과정은 과거와 연관해서가 아니라 미래에 방향을 맞추어 이해되어야 한다. 맹인의 모든 특성을 충분히 이해하려면 그의 심리에 내재한 경향, 즉 미래의 맹아를 밝혀내야 한다. 본질적으로 과학에서 변증법적 사고의 일반적인 요구 사항은 다음과 같다. 어떤 현상을 완전히 밝히려면 그것을 그것의 과거와 미래와 관련지어 고찰할 필요가 있다. 바로 이것이 아들러가 심리학에 가져온 미래의 관점이다.

9-5-1]  맹인이 끊임없이 어둠 속에 잠겨 있는 것처럼 느낄 것이라는 일반적인 생각과는 달리, 심리학자들은 그들이 실명을 전혀 체감하지 못한다는 사실에 오랫동안 주목해 왔다. 고등교육을 받은 맹인인 A. B. 비릴레프의 훌륭한 표현에 따르면 맹인은 눈을 가린 일반인과 같은 방식으로 빛을 보지 못하는 것이 아니다. 맹인은 시력이 있는 사람이 손으로 빛을 보지 못하는 것과 마찬가지로 빛을 보지 못한다. 그는 시력을 잃었다는 것을 직접 감지하거나 느끼지 못한다. A. M. 셰르비나는 증언한다. "나는 신체적 결함을 직접 느낄 수 없다"(1916, p. 10). 맹인의 정신적 기반은 B. Г. 코롤렌코가 유명한 소설 『맹인 음악가』에서 묘사한, '빛에 대한 본능적인 유기체적 갈망'이나 '어둠의 베일로부터 자유로워지고자 하는' 욕망이 아니다. 맹인에게 빛을 볼 수 있는 능력은 본능적-유기체적 의미가 아니라 실천적이고 실용적인 의미를 지닌다. 즉 맹인은 자신의 손상을 간접적으로만, 반영적으로만, 사회적 결과를 통해서만 느낀다. 시력이 있는 사람이 맹인의 정신에서 실명이나 그에 따른 정신적 그림자, 투사, 반영을 발견할 것이라고 가정하는 것은 순진한 오류일 것이다. 그의 정신에는 실명을 극복하려는 경향(과보상으로의 욕망), 사회적 위치를 점유하려는 시도 외에는 아무것도 없다.

9-5-2]  예를 들어 거의 모든 연구자는 맹인에게서, 비맹인보다 일반

적으로 더 높은 기억 발달을 만나게 된다는 것에 동의한다. E. 크레치머(1928)의 최근 비교 연구는 맹인의 언어적, 기계적, 합리적 기억력이 더 뛰어나다는 것을 보여 주었다. A. 페첼트는 여러 연구를 통해 확인된 동일한 사실을 인용한다(A. 페첼트, 1925). 뷔르클렌은 한 지점-일반적으로 시력이 있는 사람보다 맹인의 기억이 특히 강하게 발달한다는 주장-에 동의하는 많은 저자의 견해를 모았다(K. 뷔르클렌, 1924). 아들러는 다음과 같이 질문할 것이다. 왜 맹인에게서 기억이 고도로 발달할까? 즉, 이러한 과잉 발달은 무엇 때문에 발생하며, 이는 개인 행동에서 어떤 기능을 수행하며, 어떤 필요를 충족시키는가?

페첼트(A. Petzelt)에 대해서는 **3-4-4** 참조.

**9-5-3]** 맹인은 고양된 기억 발달의 경향이 있다고 말하는 것이 더 정확할 것이다. 그러나 이러한 발달이 실제로 이루어지는지 여부는 많은 복잡한 전제 조건들에 달려 있다. 맹인의 정신에 의심의 여지 없이 확립되는 이러한 경향은 보상이라는 관점에서 보면 충분히 설명 가능해진다. 맹인은 사회생활에서 입지를 차지하기 위해 자신의 모든 기능을 보상적으로 발달시킬 수밖에 없다. 맹인의 기억은 실명으로 인해 생긴 열등감을 보상하려는 이러한 경향의 압력 아래 발달한다. 이는 기억이, 이 과정의 최종 목표에 의해 결정되는 매우 독특한 방식으로 발달한다는 사실에서 확인할 수 있다.

**9-5-4]** 맹인의 주의력에 대해서는 서로 다른, 모순되는 자료가 있다. 어떤 저자들(K. 슈툼프 등)은 맹인의 고양된 주의 활동을 보는 경향이 있다. 다른 이들(슈뢰더, F. 제크)과 주로 맹인을 지도하는 교사들은 수업 중 학생들의 행동을 관찰한 결과, 맹인의 주의력이 시력을 가진 이들보다 덜 발달했다고 주장한다. 그러나 맹인과 시력을 가진 이의 정

신 기능 발달 비교 문제를 양적 문제로 제기하는 것은 잘못이다. 우리는 양적인 차이가 아니라, 어떤 동일한 활동에서 맹인과 보는 이 사이에 나타나는 질적·기능적 차이에 대해 물어야 한다. 맹인의 주의는 어떤 방향으로 발달하는가? 이것이 우리가 해야 할 질문이다. 그리고 여기, 질적 특성의 확립에 모두가 동의한다. 맹인이 특별한 방식으로 기억을 발달시키는 경향이 있듯, 그는 주의도 특별한 방식으로 발달시키는 경향이 있다. 더 바르게 말한다면, 실명에 대한 보상을 향한 공통된 경향이 두 과정을 지배하며 이 둘 모두에 하나의 방향을 제공한다. 맹인의 주의의 독특함은-시각장에 동시에, 곧장 나타나서 다양한 동시적 자극들의 경쟁으로 인해 주의의 빠른 교체와 분산을 일으키는 시각적 감각과 달리- 의식의 장에 순차적으로 나타나는 청각과 촉각 자극에 대한 특별한 집중력에 있다. K. 슈툼프에 따르면 우리가 주의를 집중하고 싶을 때 우리는 눈을 감고 인위적으로 실명하게 된다(1913). 한편 맹인의 주의에는 이와는 반대되고 균형을 이루는 제한적인 특징이 있다. 주변 환경을 완전히 잊을 정도로 한 대상에 완전히 집중하거나, (시력이 있는 사람들에게서 만나게 되는) 대상에 완전히 몰두하는 일은 맹인에게는 일어날 수 없다. 맹인은 어떤 상황에서든 귀를 통해 외부 세계와 어느 정도 접촉을 유지해야 하기 때문에 항상 어느 정도까지는 집중력을 희생하면서 청각적 주의를 분산시켜야 한다(같은 책).

여기에 제시된 사변적 견해는 비고츠키가 아니라 슈툼프의 견해이다.

9-5-5] 맹인 심리학의 각 장에서 지금까지 우리가 기억과 주의를 예시로 지적한 것과 동일한 내용을 보여 줄 수 있을 것이다. 맹인의 감정, 느낌, 환상, 사고 및 기타 정신 과정은 모두 실명을 보상하려는 하나

의 일반적인 경향을 따른다. 아들러는 이러한 목표 지향적 삶의 태도의 통일성을 삶의 주선율-단일한 삶의 계획이라고 부른다. 이는 표면적으로는 단편적인 사건과 시기에서 무의식적으로 실현되고 이들을 공통적인 실로 물들여 인격에 대한 전기 작가의 토대로 복무한다. "시간의 흐름에 따라 모든 정신적 기능은 이 선택된 방향으로 진행되기 때문에 모든 정신적 과정은 전형적인 표현을 얻게 되어, 규정된 삶의 계획을 포괄하고 윤곽을 그리는 전술적 기법, 열망, 능력의 총합이 형성되기에 이른다. 우리는 이것을 인격이라고 부른다"(O. 륄레, 1926, p. 12). 성격 발달을 인간에게 선천적으로 내재되어 있는 기본적인 생물학적 유형의 수동적인 전개에 불과한 것으로 본 크레치머의 이론과 달리, 아들러의 학설은 성격과 개성의 구조를 과거의 수동적인 전개가 아닌 미래에 대한 적극적인 적응에서 도출하고 설명한다. 이로부터 다음과 같은 맹인 심리학의 기본 규칙이 나온다. 전체는 부분들로부터 설명될 수 없으며, 각 부분은 전체로부터 해석된다. 맹인 심리학은 개별적 특성, 부분적 편차, 특정 기능의 단일 징후들의 총합으로 구성될 수 없으며, 오히려 이러한 특성과 편차 자체는 오직 우리가 단일하고 전체적인 삶의 계획, 즉 맹인의 삶의 주선율에서 출발하여 각 특성과 개별적 징후가 이 전체 속에서-그리고 이 전체 즉 다른 모든 징후와 관련하여- 차지하는 위치와 중요성을 결정할 때만 이해될 수 있다.

**9-5-6]** 지금까지 과학은 맹인의 인격을 전체적으로 연구하고 그의 삶의 주선율을 밝히려는 시도를 거의 하지 않았다. 연구자들은 대체로 문제에 요약적으로 접근하며 개별적 사실들만 연구했다. 이러한 종합적 시도 중 가장 성공적인 사례로는 앞서 언급한 A. 페첼트의 연구가 있다. 맹인에게서 이동의 자유 제한과 공간에 대한 무력감이 가장 먼저 나타나며, 이는 농아와 달리 그 사람을 즉시 맹인으로 인식하게 만든다. 그 대신 맹인의 다른 힘과 능력은 우리가 농아에게서는 볼 수 없을 정도

로 완벽하게 기능할 수 있다. 맹인 인격의 가장 큰 특징은 공간에 대한 상대적 무력함과 말을 통한 비맹인들과의 충분하고 완벽하게 적절한 의사소통과 상호 이해의 가능성 사이의 모순이며(A. 페첼트), 이는 손상과 보상이라는 심리학적 도식에 완벽하게 들어맞는다. 이 예는 심리학의 기본적인 변증법적 법칙이 유기체적으로 주어진 결핍과 정신적 열망 사이에 확립한 대립의 특수한 사례이다. 실명에 대한 보상의 원천은 촉각의 발달이나 청력의 섬세함이 아니라 말, 즉 사회적 경험의 이용과 비맹인들과의 소통이다. 페첼트는 맹인들이 섬세한 청력 덕분에 안개 속에서도 온갖 위험을 감지할 것이기 때문에, 배에서 조타수로 일해야 한다는 안과의사 M. 뒤푸르의 의견을 조롱 섞인 어조로 인용한다. 페첼트(1925)는 청력이나 다른 개별 기능의 발달로 실명에 대한 보상을 진지하게 추구하는 것은 불가능하다고 주장했다. 맹인의 공간적 표상과 우리 시각의 본성에 대한 심리적 분석에 기반하여, 실명에 대한 보상의 주요 원동력−비맹인들의 사회적 경험에 대한 말을 통한 접근−은 그 발달에서 실명의 본성 자체에 내재한, 자연적 한계가 없다는 결론에 도달한다. 맹인이 실명 때문에 알 수 없는 것이 있는지 그는 질문하며, 맹인의 심리학과 교육학 전체에 엄청나게 원칙적인 의미를 갖는 결론에 도달한다. 맹인이 아는 능력은 모든 것을 아는 능력이며, 그의 이해는 기본적으로 모든 것을 이해하는 능력이다(같은 책). 이는 맹인 앞에 사회적 가치를 최대한으로 획득할 기회가 열린다는 것을 의미한다.

> 고야가 살던 시대에는 교수형에 처해진 사람의 치아에 마법의 힘이 있다고 믿었고, 가난한 사람은 이 여인처럼 점을 치려고 그이를 찾아다녔다.
>
> 이 문단의 시작에서 비고츠키는 뒤푸르의 '맹인 선장'이라는 생각을 거부했는데, 2014년 세월호 참사를 떠올린다면 이에 동의할 수밖에 없다. 하지만 문단 끝에서 비고츠키는 맹인은 무엇이든 다 알 수 있으며

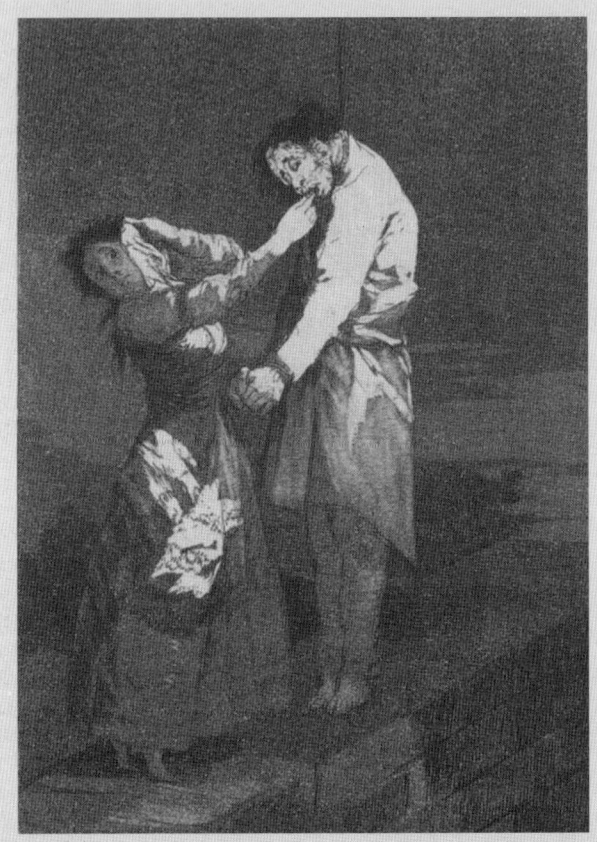

고야, 카프리초 12번 A caza de dientes(이를 찾아서, 1799).

어떠한 사회적 지위도 획득할 수 있는 능력이 있다는 페첼트의 견해를 받아들였다. 이것은 모순이 아닌가? 비고츠키는 비맹인에게 허락되지 않은 환시를 보는 능력이 있어 맹인 점술가나 선지자, 예언자가 될 수 있다는 고대의 신비주의로 되돌아간 것인가? 비고츠키가 9-3-5에서 언급한 것처럼, 맹인에게는 브라유 점자 하나가 수천 명의 자선가들보다—이에 우리가 덧붙이자면, 수천 년의 신비주의보다— 더 많은 일을 했다. 만약, 보상을 본질적으로 도구 기반으로 본다면, 보상 장치가 할 수 있는 것에는 명확한 한계가 있다. 지팡이는 공간에 대한 무력감을 극복할 수 있지만, 안개 속에서 위험한 바위를 감지하거나 세찬 물살 가운데 배를 조정할 수는 없다. 그러나 점자는 기호 기반의 보상 형태이다. 문해력으로 맹인은 공간에 관한 지식뿐 아니라 진보된 형태의 컴퓨터 보조 항해를 포함한 모든 형태의 인간 노동에 필요한 지식에 접근한다.

하지만, 진짜 모순은 여기에 있다. 비고츠키는 이 진짜 모순을 역설적인 '목표 기반 반사', 즉 자극보다 먼저 오는 반응(아래 **9-6-3** 참조)에서 제시할 것이다. 한편, 비고츠키는 (노동에서, 즉 사회에서) 완전한 평등의 근간은 그저 조건반사라고 주장한다. 다른 한편으로 문해력은 개의 침 분비처럼 종이나 부저로 학습되지 않으며, 더욱 일반적으로, 기호 기반의 보상 형태는 생리적 자극에 대한 적응적, 비례적 반응이 아니다. 점자 하나는 교수형에 처한 자의 치아 같은 마법을 부리는 도구나 부적이 아니다.

*M. 뒤푸르(Marc Dufour, 1843~1910)는 스위스의 안과 의사이자 로잔대학교 교수였으며, 죽은 자신의 딸의 이름을 딴 시각장애인 연구소를 설립했다. 그는 망막 박리가 근시 때문이라고 여긴 최초의 사람이었다. 그는 많은 논문을 썼으며, 그중 오늘날 가장 잘 알려진 것은 밀톤의 실명에 대한 짧은 주석이다.

Dufour, M., Milton's blindness(밀톤의 실명). Ophthalmoscope. 1909; 7: 599-600.

K. 뷔르클렌은 또한 다음을 인용한다.

Dufour, Dr., Psychologische Studien über die Blindheit(실명에 대한 심리적 연구). Blfr, 1895.

**9-5-7]** 맹인과 농인의 심리 및 발달 가능성을 비교하는 것은 매우 유익하다. 순전히 유기체적인 관점에서 보면, 청각 상실은 실명보다 작은 손상이다. 눈이 먼 동물은 듣지 못하는 동물보다 더 무력할 것이다.

자연 세계는 귀보다는 눈을 통해 우리에게 다가온다. 우리의 세계는 청각적 현상보다는 시각적 현상으로 더 많이 조직되어 있다. 청각 상실로 인해 생물학적으로 중요한 기능이 손상을 겪는 경우는 거의 없다. 실명과 함께 공간적 지향과 이동의 자유 즉 가장 중요한 동물적 기능이 감소한다.

**9-5-8]** 그러므로 생물학적 관점에서 볼 때, 맹인은 농인보다 더 많은 것을 잃은 셈이다. 그러나 인위적, 사회적, 기술적 기능이 가장 중요해진 인간에게 청각 상실이 실명보다 훨씬 더 큰 결함으로 간주된다. 청각 상실은 언어 상실을 일으키고, 말을 빼앗아 인간을 고립시키고, 말에 기반한 사회적 접촉에서 배제시킨다. 농인은 유기체이자 신체로서 맹인보다 더 큰 발달 기회를 갖게 되지만, 맹인은 인격으로서, 사회적 단위로서 헤아릴 수 없을 만큼 더 유리한 위치에 있다. 즉, 말을 할 수 있고, 이 때문에 사회적으로 성취할 가능성이 있다. 따라서 맹인 심리의 주선율은 사회적 보상을 통해, 비맹인의 경험에 익숙해짐을 통해, 말을 통해 그 손상을 극복하도록 교정된다. 낱말은 실명을 이겨 낸다.

**9-6-1]** 이제 우리는 에피그래프에서 제기된 근본적인 질문으로 돌아갈 수 있다. 과연 과학적 관점에서 맹인은 하나의 특수한 인간 유형을 대표하는가? 그렇지 않다면, 그의 인격에 나타나는 모든 특성의 경계와 범위, 의미는 무엇인가? 맹인은 어떠한 자격이나 위치로 사회문화적 삶에 참여하는가? 이 질문에 관해 우리는 앞서 논의한 모든 내용을 통해 본질적으로 이미 답변했다. 그 핵심은 이미 제사의 제한 조건에 내포되었다. 만약 보상 과정이 비맹인과의 소통이나 사회적 삶에 대한 적응의 요구로 이끌리지 않았다면, 맹인이 오직 맹인들 사이에서만 살아간다면—오직 그러한 경우에만 맹인은 하나의 특수한 인간 유형으로 발달할 것이다.

**9-6-2]** 맹인 아동의 발달이 지향하는 최종 목표 지점에도, 발달의 힘을 작용하게 하는 기제 자체에도 맹인 아동과 비맹인 아동 간의 원칙적인 어떠한 차이점도 없다. 이것이 맹인 심리학과 교육학의 가장 중요한 명제이다. 모든 어린이는 그가 자라고 있는 어른의 사회에서 상대적인 유기체적 열등성(부적합성-K)을 부여받는다. 이로 인해 우리는 아동기 전체를 불확실성의 연령기, 저가치의 연령기로 생각할 수 있고, 모든 발달은 보상의 방식으로 이러한 상태를 극복하려고 하는 것으로 볼 수 있다. 따라서 발달의 최종 지점—사회적 지위의 획득—과 전체 발달 과

정은 맹인 아동과 비맹인 아동 둘 다에게 같은 것이다.

**9-6-3]** 심리학자와 생리학자 모두 심리적 행위와 반사의 변증법적 성격을 인식한다. 이는 고등한 신경, 심리적 활동의 공통된 유형이다. 장애물을 이겨 내고 극복하겠다는 필요는 고양된 에너지와 힘을 일으킨다. 삶의 기능을 방해하는 어떠한 장애도 겪지 않고 완벽하게 적응한 존재를 상상해 보자. 그러한 존재는 필연적으로 발전할 수 없고, 기능을 증가시키거나 전진할 수 없을 것이다. 무엇이 그러한 추진을 추동하겠는가? 따라서 광범위한 발달 가능성의 원천은 바로 유년기의 부적응에 있다. 이러한 현상은 가장 낮은 것에서 높은 것까지 모든 행동 형태에 가장 기본적이고 일반적이어서 어떤 식으로도 맹인들의 정신의 예외적인 속성이나 그들의 특성으로 간주될 수 없다. 반대로 오히려, 맹인들의 행동에서 이러한 과정이 더욱 활발하게 발달한 것은 일반 법칙의 특수한 사례이다. 이미 본능적인, 즉 가장 단순한 행동 형태에서, 맹인들의 정신의 기본적 특성으로 위에서 설명된 두 특징을 모두 접하게 된다. 바로 심리적 행위의 목표 지향적 성격과, 장애물이 있는 상황에서 그것의 성장이다. 따라서 미래로의 지향은 맹인 정신에만 예외적으로 속하는 것이 아니라, 일반적인 행동 형태라 할 수 있다.

**9-6-4]** И. П. 파블로프는 가장 초보적인 조건(반사-K) 연결을 연구하면서 이 사실을 우연히 발견하고는 그것을 목표 반사라 명명하고 묘사했다. 이렇게 역설적으로 보이는 표현을 통해 그는 두 가지 계기를 지적하고자 한다. 1) 이러한 과정은 반사 작용의 유형에 따라(즉 자극에 대한 반응으로만-K) 전개된다. 2) 그것은 미래를 향하며(즉 그것은 현재의 자극 없이 발생한다-K), 그것과의 연결을 통해서 이해될 수 있다.

**9-6-5]** 맹인과 비맹인이 모두 최종 지점과 그에 이르는 발달 경로를 공유한다는 점뿐만 아니라, 이러한 발달의 내용이 나오는 주요 원천이 둘 모두에게 동일하게 언어라는 점을 덧붙이고자 한다. 우리는 실명

의 결과를 극복하는 도구는 언어, 즉 말의 사용이라는 페첼트의 의견을 이미 위에서 인용한 바 있다. 그는 또한 말을 사용하는 과정이 맹인과 비맹인 모두에게 근본적으로 동일하다는 것을 확립했다. 그는 이를 통해 F. 히트슈만의 대리 표상 이론을 설명했다. 그는 말한다. "빨간색은 맹인과 비맹인 모두에게 동일한 의미 관계가 있다 - 비록 이것이 맹인에게 지각의 대상이 아닌 의미의 대상이 될 수 있더라도. 그의 이해에 따르면 검은색과 흰색은 비맹인에게와 동일하게 상반되며 그들의 대상 관계로서의 의미도 역시 적지 않다. … 가상을 허용한다면 맹인의 세계에서만 (만들어진-K) 맹인의 언어는 (비맹인의 언어와-K) 완전히 다를 것이다. 맹인이 만든 언어는 우리의 언어와 거의 닮지 않을 것이라는 뒤프루의 말은 옳다. 그러나 우리는 그의 다음과 같은 말에는 동의할 수 없다. '본질적으로 맹인은 한 언어로 생각하고 다른 언어로 말한다는 것을 나는 보았다'"(A. 페첼트, 1925).

비고츠키는 F. 히트슈만(Friedrich Hitschmann, 1866~1894)을 인용하고 있다. 그는 시인, 소설가, 수필 작가이자 스스로 실명을 직접 경험한(3세에 실명했다) 맹인의 교사였다. 그는 귀류법을 통해 지각의 대리 이론을 논박하고(그는 이 이론에 따르면 미각만을 가진 사람도 오감을 가진 사람만큼 충만한 정신적 삶을 살 것이라고 지적한다) 자신의 대리 표상 이론으로 맞섰다. 그는 색, 형태를 비롯한 시각적 현상에 대해 맹인이 알고 있는 방식은, 런던에 가 본 적이 없는 비맹인이 런던에 대해 알고 있는 것과 유사하다고 말한다. '청춘의 화창한 나날들'과 같은 표현은 먼저 비유적으로(시적 표현으로) 이해되며 이후에야 문자적으로(맑은 날을 지칭하는 표현으로) 이해된다. 이는 비맹인들이 (일상적 개념이 아닌) 과학적 개념을 획득하는 방식과 유사하다.

**9-6-6]** 따라서 보상의 주요 원천은 맹인과 비맹인 모두에게 동일하

다는 것이 다시 밝혀졌다. 조건반사 학설의 관점에서 맹인 아동 문화화의 과정을 고려하면서 우리는 한때 다음과 같은 결론에 도달했다. 생리학적 측면에서 맹인 아동과 비맹인 아동을 문화화하는 것 사이에는 원칙상 차이가 없다. 이런 일치는 우리에게 놀라운 일이 아니다. 왜냐하면 우리는 행동의 생리학적 토대가 심리적 상부구조와 동일한 구조를 보일 것이라고 미리 예상했어야 하기 때문이다. 따라서 우리는 두 개의 상이한 종착점에서 우리는 동일한 지점으로 나아간다(즉, 보상에 대한 아들러와 파블로프의 분석은 모두 맹인과 비맹인 사이에 근본적인 차이가 없다고 결론을 내린다-K).

**9-6-7]** (보상에 대한-K) 생리적 자료와 심리적 자료의 일치는, 우리 기본 결론의 정당성을 더욱 강하게 확신하게끔 한다. 우리는 이를 다음과 같이 공식화할 수 있다. 맹인은 유기체적 결핍으로서의 설명으로 인해 보상 과정을 자극받으며, 이는 맹인의 심리에서 일련의 특성들을 형성하게 하고, 기본적 삶의 과제라는 시각에서 모든 나머지, 부분적인 기능들을 재구성하게 된다. 맹인의 심리적 장치 내 개별 기능에는 종종 비맹인에 비해 두드러지는 고유한 특성들이 있다. (한편-K) 맹인의 삶에서 일반 유형으로부터의 일탈과 고유성을 형성하고 축적하는 이러한 생물학적 과정은 그 자체로서 맹인의 세계에서 필연적으로 고유한 인간 본성의 창조로 이어질 것이다. (그러나-K) 비맹인의 사회적 요구라는 압력 아래, 과보상 과정과 언어 사용이라는 동일한 요소들이 맹인과 비맹인 모두에게 작용하며, 이 고유성들의 전체 발달은 맹인의 인격 구조가 전체적으로 규정된 일반적 사회 유형에 도달하려는 경향을 띠게 한다. 부분적 일탈의 경우에, 우리는 전체적으로 보았을 때 일반적 인격 유형을 얻을 수 있다. 이 사실을 정립한 공로는 스턴(W. Stern, 1921)에게 있다. 그는 보상 학설을 받아들여, 어떻게 약점으로부터 강점이 태어나고, 결핍으로부터 성취가 이루어지는지 설명했다. 맹인의 경우, 촉각을

통한 식별 능력은 보상에 의해 정교해지는데, 이는 신경의 민감도가 실제로 증가하기 때문이 아니라, 오히려 차이를 관찰하고 평가하며 이해하는 훈련을 통해 이루어진다. 이와 마찬가지로, 정신 영역에서도 어떤 하나의 특정 특성이 가치가 저하되는 경우, 다른 특성의 집중적 발달에 의해 부분적으로, 또는 완전히 대체될 수 있다. 예를 들어, 기억력이 약한 경우에는 이해 작용을 재조직하여 이를 관찰과 회상의 기능에 봉사하도록 함으로써 균형을 맞출 수 있다. 의지의 약함이나 자발성의 부족은 피암시성이나 모방 경향 등으로 보상될 수 있다. 유사한 관점이 의학에서도 점차 힘을 얻고 있다. 건강과 질병의 유일한 기준은 유기체 전체의 기능이 합목적적으로 기능하는가 여부이며, 부분적 일탈은 그것이 다른 기능에 의해 보상되느냐 그렇지 않으냐에 따라 평가된다. "비정상성에 대한 미시적으로 정제된 분석"에 반대하여, 스턴은 다음과 같이 주장한다. 개별 기능이 정상에서 크게 일탈할 수 있지만, 그럼에도 인격이나 유기체는 전체적으로 여전히 온전하게 정상일 수 있다. 손상을 지닌 어린이가 반드시 손상 아동은 아니다. 보상의 결과, 즉 어린이 전체적 인격의 최종 형성에 따라 그의 손상성과 정상성의 정도가 결정된다.

**9-6-8]** K. 뷔르클렌은 맹인의 두 가지 기본 유형을 묘사한다. 하나는 그의 능력을 다하여 맹인과 비맹인을 구별 짓는 차이를 줄이고 없애기 위해 분투한다. 다른 하나는 이와 대조적으로 그 차이를 강조하고 맹인의 체험에 상응하는 특별한 형태의 인격에 대한 인식을 요구한다. 스턴은 이러한 대비는 심리적 본성 또한 가지고 있다고 믿는다. 두 맹인은 아마도 두 가지 다른 유형에 속한다(K. 뷔르클렌, 1924). 두 유형은 우리가 이해하기로는 보상의 두 가지 극단적인 결과 즉 이 기본 과정의 성공과 실패를 나타낸다. 이 과정은 그 자체로, 빈약한 결과와 관계없이, 맹인 심리에만 고유한 어떠한 예외도 포함하고 있지 않다는 것을 우리는 이미 말한 바 있다. 우리는 다만 현대 심리공학이, 반복훈련

(연습-K)과 같이 모든 형태의 활동과 발달에서 초보적이고 기본적인 기능을 보상의 특별한 경우로 간주한다는 점을 첨언하겠다. 따라서 맹인의 정신에 이러한 과정이 존재하고 우세함에 근거하여 그를 특별한 인간 유형으로 분류하는 것은, 맹인에게 있는 이러한 일반적 과정을 특징짓는 심오한 특성들에 대해 눈을 감는 것과 똑같은 잘못이다. V. 슈타인버그는 널리 통용되는 맹인들의 다음과 같은 슬로건을 올바르게 반박한다. "우리는 맹인이 아니다. 우리는 다만 볼 수 없을 뿐이다"(K. 뷔르클렌, 1924, p. 8).

**9-6-9]** 모든 기능, 모든 특성은 맹인의 특수한 발달 조건 속에서 재구성된다. 모든 차이를 한 지점으로 환원하는 것은 불가능하다. 그러나 동시에, 맹인과 비맹인의 인격 전체는 같은 유형에 속할 수 있다. 비맹인이 맹인의 세계를 이해하는 것보다 맹인이 비맹인의 세계를 더 잘 이해한다고 말하는 것이 옳을 것이다. 맹인이 발달 과정에서 일반인의 유형에 근접하지 않는다면, 그러한 이해는 불가능했을 것이다. 질문이 생겨난다. 두 가지 유형의 맹인이 존재하는 이유를 어떻게 설명할 수 있을까? 이는 유기체적 이유에서인가, 심리적 이유에서인가? 이는 위 명제와 모순되는 것이 아닌가, 아니면 적어도 본질적인 제한이나 수정을 내포하고 있지 않은가? 셰르비나가 잘 묘사했듯이, 어떤 맹인들의 경우 손상이 유기체적으로 보상되어 마치 "두 번째 천성이 창조된 것 같다"(1916, p. 10). 그들은 실명으로 인한 모든 어려움에도 불구하고, 어떠한 개인적 이익을 위해서도 포기할 수 없는 독특한 매력을 삶 속에서 발견한다. 이는 맹인의 정신적 상부구조가 그 저가치성을 조화롭게 보상해 인격의 기반이 되었다는 것을 의미한다. 그것을 거부하는 것은 자신의 자아를 거부하는 것과 같다. 이러한 예시는 보상 학설을 완전히 확증한다. 보상의 실패에 대한 사례와 관련하여 여기서는 심리적 문제가 사회적인 문제로 넘어간다. 과연 인류 대다수의 건강한 어린이들은

심리생리학적 구조에 따라 그들이 도달할 수 있고, 도달했어야 할 모든 것을 이루는가?

비고츠키는 그의 맹인 친구이자 동료인 셰르비나가 어떤 맹인도 (심지어 시력을 얻는 대가로도) 포기하지 않을 '제2의 본성'을 묘사했다고 언급한다. 마찬가지로, 많은 동성애자는 이성애자와의 완전한 평등을 대가로도 자신들의 제2의 문화를 포기하지 않을 것이다. 어떤 사람들에게는 이것이 신체적·성적 소수자들이 실제로 다른 종류의 사람이라는 것을 암시하는 것일지도 모른다. 이는 맹인과 같은 신체적 소수자가 그들만의 문화를 구성하고, 심지어 그들만의 특별한 인간 본성을 가지고 있음을 시사하는 것이 아닐까? 비고츠키는 비맹인들조차 자신의 인격에 대해 이런 감정을 느낀다고 말한다. 아들러가 말했듯이, 손상은 보편적인 범주이며, 특히 '유년기'라는 일시적인 사회적 열세의 위치에 놓인 이들에게는 더욱 그러하다. 단순히 맹인뿐 아니라 영재, 심지어 정상적인 아이들도 학습 장애를 보상해야 한다.

9-7-1] 우리의 검토는 끝났다. 우리는 해변에 이르렀다. 맹인의 심리를 어느 정도 충분히 밝히는 것은 우리의 과업이 아니었다. 우리는 단지 문제의 중심점, 즉 그들 심리의 모든 실타래가 얽힌 매듭을 간략히 묘사하고 싶었을 뿐이다. 우리는 보상이라는 과학적 관념에서 이 매듭을 찾았다. 이 문제에 대한 과학적 개념과 전前과학적 개념을 구분 짓는 것은 무엇인가? 고대 세계와 기독교가 실명 문제에 대한 해결책을 영혼의 신비로운 힘에서 찾았고, 소박한 생물학적 이론은 그것을 자동적인 유기체적 보상에서 찾았다면, 같은 생각에 대한 과학적 표현은 실명을 해결하는 문제를 사회적이고 심리적인 문제로 공식화한다. 표면적으로 볼 때 보상 개념은 고통과 신체적 약함이 긍정적 역할을 한다고 보는 중세의 기독교적 관점으로 우리를 되돌리는 것으로 보이기 쉽다. 실상은 이보다 더 반대되는 두 이론을 제시하는 것이 불가능하다. 새로운 학설은 실명 자체나 손상을 긍정적으로 평가하는 것이 아니라, 그 속에 내재된 힘, 그것을 극복할 수 있는 원천, 발달에 대한 동기를 긍정적으로 평가한다. 단순한 약점이 아니라, 강점으로 가는 길로서의 약점이 여기서 긍정적 신호로 지적된다. 사람과 마찬가지로 생각도 그 행위를 통해 가장 잘 이해할 수 있다. 과학적 이론은 그것이 가져오는 실제 결과에 따라 판단되어야 한다.

**9-7-2]** 위에서 논의된 모든 이론의 실제적인 측면은 무엇일까? 페첼트가 옳게 지적했듯이, 실명의 이론적 재평가는 실제로는 호메로스, 티레시아스, 오이디푸스를 맹인 발달의 무궁성과 무한함을 보여 주는 살아 있는 증거로 만들었다. 고대 세계는 위대한 맹인의 관념과 실제 유형을 창조했다. 반면 중세 시대는 실명을 폄하하는 관념을 맹인 돌봄의 실천으로 구체화했다. "Verehrt–ernahrt(처음에는 존중되고, 다음에는 [단순히] 부양된다-K)"라는 올바른 독일어 표현처럼, 고대는 맹인을 존경했고, 중세는 맹인을 먹여 돌봤다. 둘 다 前과학적 사고방식이 단편적인 맹인 문화화의 개념을 넘어설 수 없음을 표현한 것이었다. 이는 실명을 강점이나 약점으로 인식했지만, 실명이 둘 다라는 사실, 즉 강점으로 이끄는 약점이라는 생각은 그 시대에는 낯선 것이었다.

**9-7-3]** 실명 문제에 대한 과학적 접근의 시작은 실제로 모든 맹인을 위한 체계적인 문화화를 이루려는 시도로 두드러졌다. 이는 맹인의 역사에서 위대한 시기였다. 그러나 "맹인의 남은 감각의 생생함에 대해 질적인 질문을 제기하고 이런 의미에서 이를 실험적으로 연구할 수 있었다는 사실 자체는, 고대와 중세에 내재되어 있던 문제 상태와 원칙적으로 동일한 특성(즉, 결함 측정의 심리학, '부족'에 대한 양적 이론, 비맹인과의 부당한 비교-K)을 나타낸다"라고 했던 페첼트는 옳았다(A. Petzelt, 1925, p. 30). 같은 시기에 뒤푸르는 맹인을 조타수로 만들 것을 권고했다. 그 시대는 고대와 중세의 단편성을 극복하고, 처음으로 맹인에 대한 두 개의 생각—이로부터 맹인의 문화화에 대한 필요성(약점에서 비롯된다)과 가능성(강점에서 비롯된다)이 나타났다—을 통합하고자 했다. 그러나 당시에는 이 둘을 변증법적으로 통합할 수 없었고, 강점과 약점 간의 연결은 순전히 기계적인 것이었다.

**9-7-4]** 마침내 우리 시대는 실명 문제를 사회심리학적 문제로 이해하게 되었으며, 실명과 그에 따른 결과에 맞서 싸우기 위한 세 가지 유

형의 실천 도구를 갖추게 되었다. 물론, 우리 시대에도 실명을 직접적으로 극복할 수 있으리라는 생각이 아직도 종종 고개를 든다. 사람들은 맹인이 시력을 회복한다는 고대의 약속을 놓지 못하고 있다. 불과 얼마 전까지만 해도 우리는 과학이 시력을 회복시켜 줄 수 있으리라는 거짓된 희망이 재부상하는 장면을 지켜보았다. 본질적으로, 그러한 실현 불가능한 희망의 섬광 가운데 머나먼 고대의 낡은 흔적과 기적에 대한 갈망이 되살아난다. 하지만 이러한 사고방식은 더 이상 우리 시대의 새로운 언어가 아니다. 앞서 말했듯이 우리 시대에는 사회적 예방, 사회적 문화화, 맹인의 사회적 노동이라는 세 가지 유형의 도구('세 마리의 고래'-K)가 있다. 바로 이들이 맹인에 대한 현대 과학을 떠받치는 세 개의 실천적 기둥이다. 과학은 이 모든 세 가지 형태의 투쟁을 완수하여, 과거 시대들이 이 방향으로 쌓아 올린 건강한 유산을 계승하여 완성해내야 한다. 실명 예방의 아이디어는 대중들에게 심어져야 한다. 고립적-시설격리적 맹인 문화화를 근절하고 특수학교와 일반 학교의 경계를 없애는 것도 필요하다. 맹인 아동의 문화화는 일반적 발달이 가능한 아동의 문화화로 조직되어야 한다. 문화화는 맹인을 일반적이고 사회적으로 완전한 사람으로 만들어야 하며, 맹인에 부착된 '손상된'이라는 낱말과 개념을 완전히 지워야 한다. 끝으로, 현대 과학은 맹인에게 사회 노동권을 보장해야 한다. 다만, 이는 (지금까지 길러진) 굴욕적이고 자선적-시설격리적 형태가 아니라 노동의 진정한 본질에 부합하는 형태, 즉 개인에게 필요한 사회적 지위를 창출할 수 있는 유일한 형태여야 한다. 그렇다면 이제 분명해지지 않는가? 이처럼 실명이 제기하는 세 가지 과제는 본질적으로 사회적 성격의 과업이며, 그것은 오직 새로운 사회만이 최종적으로 해결할 수 있는 문제이다. 새로운 사회는 새로운 유형의 실명을 만들어 낸다. 지금 소련에서는 새로운 사회의 초석이 놓이고 있으며, 이는 이 새로운 유형의 첫 면모가 형성되고 있음을 의미한다.

전통적으로 러시아인들은 평평한 세계가 바닷속 세 마리의 고래 등 위에 놓여 있다고 믿었다. 차르에 대항한 1917년 2월 혁명은 세 마리의 실천적 고래를 받침대로 삼았다. 이는 빵, 토지, 평화였다. 레닌은 4월에 러시아로 돌아오면서 이 세 마리의 고래를 다음과 같이 재진술했다. 노동자를 위한 공장, 농민을 위한 토지, 인민을 위한 평화. 이는 10월 혁명에서 소비에트가 집권할 수 있게 해 준 실천적 수단이었고 비고츠키가 여기서 지칭하는 것도 이 세 마리의 고래이다.

비고츠키는 불운한 예언자로 보일 수 있다. 그는 맹인들을 볼 수 있게 해 줄 의학적 기술에 대해 너무 비관적이고, 실명을 예방하고 맹인의 이익을 보장하며 생리적 소수자들에게 동등한 기회를 제공할 수 있는 사회의 능력에 대해 너무 낙관적으로 보인다. 그러나 이 글이 저술된 후 경과한 한 세기 동안 실명에 대항하여 이루어진 진보는 오직 이 세 마리의 고래를 받침으로 한다.

중국에서 사상충증은 사회적 예방과 (한국에서 수입한 방제제로 오직 최근에야) 먹파리의 박멸을 통해 처음으로 사라졌다. 실명과 장애에 대한 사회적 교육은 맹인들이 점자와 휴대폰을 사용할 수 있고 지하철 시설 사용에 대한 권리 주장을 위해 시위를 조직하고 실행할 수 있는 서울과 같은 곳에서는 성공적이었다. 그러나 맹인에 대한 돌봄이, 비고츠키가 '자선가들'(예컨대 테레사 수녀와 같은 선교사들)이라고 칭한 이들에게 맡겨져 버린 캘커타에서의 사회적 교육은 서울에 훨씬 못 미친다. 세계적으로 여전히 실명과 교육 및 소득 수준 사이에는 강한 부적 상관성이 있다. 하

지만 이러한 부적 상관성은 맹인에게 사회적 노동 기회를 제공하는 사회에서는 상대적으로 약한 반면, 맹인들이 저임금 노동에 종속된 남아시아와 같은 위계적, 신분제 사회에서는 훨씬 강하다. 전통적으로 인도인들은 세계가 거대한 거북이를 딛고 서 있는 네 마리 코끼리 등 위에 놓인 산이라고 믿어 왔다.

Ulldemolins AR, Lansingh VC, Valencia LG, Carter MJ, Eckert KA. Social inequalities in blindness and visual impairment: a review of social determinants(실명과 시력 손상에 대한 사회적 불평등: 사회적 결정 요인에 대한 검토). *Indian Journal of Ophthalmology*. 2012 Sep-Oct; 60(5): 368-75. doi: 10.4103/0301-4738.100529.

# 제10장
# 어린이 성격의 역동에 관한 문제

고야, 아트로포스 또는 Las parcas(운명들), 1821~1823.

이 그림은 고야가 죽음에 직면했을 때 '농아원' 벽에 그렸던 매우 제한된 색채의 그림인 '검은 그림들' 중 하나이다. 고야는 세 운명을 보여 준다. 하나는 왼쪽에서 소년의 생명선을 만들고, 또 하나는 산출된 길이를 측정하고(중앙), 다른 하나는 그것을 짧게 자르기 위해 가위를 준비한다. 측정하는 사람과 자르는 사람 사이에서 손을 등 뒤로 한 사람(고야 자신이다)은 죽음을 응시하고 있다. 그는 내재적 목적론, 즉 전체로서 생명선을 완성하는 것은 비극적인 생물학적 최종 상태의 '제5막'일 뿐이라는 운명론적 원리를 보여 준다. 우리가 보게 될 것처럼, 비고츠키는 목적론을 거부하지 않는다. 하지만 그의 목적론은 내재적이거나 운명적이지 않으며, 분명 좁은 의미의 생물학적인 것도 아니다. 고야는 이 그림을 완성한 후 5년을 더 살고 프랑스에서 사망했다. 그는 비록 죽었지만, 그가 누구에게도 보여 주지 않으려 했던 검은 그림들은 적어도 2세기 이상 그보다 더 오래 살아남았다.

이 원고는 서로 다른 여러 판본이 존재한다. 예를 들면,

a) 러시아어 선집판(대폭 편집됨)
b) 러시아어 위키소스판(대체로 신뢰할 수 있는 편)
c) 다양한 교육 관련 웹사이트 http://az.lib.ru/w/wygotskij_l_s/
   text_1928_k_voprosu_o_dinamike.shtml

저자 생전에 출판된 마지막 판본을 기준으로 삼는 것이 일반적 관행
이다. 이 기준에 따르면 러시아어 위키소스(b)를 선택해야 하지만, 원본
을 찾을 수 없기에 이 판본이 선집판(a)을 바탕으로 하지 않았다고 확
신할 수 없다. 여러 판본을 비교한 끝에, 러시아 전자도서관(모스크바 국
립심리교육대학교, MGPPU)에서 제공하는 판본을 사용하기로 결정했다.
(링크: https://psychlib.ru/mgppu/VVd-1928/VVd-099.htm#$p99)

이 판본은 저자 생전에 출판된 것으로 보인다(아래 1~5 참조). 그러나
이 판본이 저자 생전에 출판된 마지막 판본인지는 확실하지 않다. 이
판본은 가장 초기 판본 중 하나일 가능성이 있다.

이 원고에는 몇 가지 사소한 차이가 있는데, 이는 이 판본이 아마도 비고츠키 자신이 그 당시에 재직 중이던 모스크바 국립사범대학교에서 강의할 때 실제로 사용했을 가능성을 시사한다.

1. 저자는 L. S. 비고츠키 교수로 표기되어 있다.

2. 외국 저자들의 이름이 키릴 문자가 아니라 로마자로 표기되어 있다(우리는 비고츠키가 때때로 이런 방식을 사용했다는 사실을 알고 있으며, 일반적으로 편집자들은 이를 키릴 문자로 바꾸는 경향이 있음도 알고 있다).

3. 이 판본에는 이탤릭체가 상당히 자주 사용되어 있으며, 이러한 단어들은 비고츠키가 강의 중에 해당 부분을 강조했다는 점을 암시한다(이 원고는 속기록일 가능성도 있다). 이러한 이탤릭체는 다른 판본에 없다.

4. 말미에 참고 문헌 목록이 포함되어 있는데, 이는 저자 명의로 된 『청소년 교육학』에서 나타나는 방식과 유사하며, 해당작 역시 1928년에 모스크바 국립사범대학교에서 출판되었다.

5. 마지막에는 오류 목록표가 첨부되었는데, 이는 인쇄본의 저자 교정이거나 속기 원고에 대한 저자의 수정일 가능성이 있다(편집자 개입은 이런 표 형식은 드물게 나타난다).

# 10-1

**10-1-1]** 일반적으로 심리학 이론과 교육학적 실천은 성격의 문제 설정 자체가 어린이의 성격, 발달, 그리고 성격 형성 과정에 대한 학설에 어떤 입지도 허용하지 않는 방식으로 성격 문제에 접근해 왔다. 이 문제에 **정적으로** 접근했고, 성격은 안정되고 일정한 값, 언제나 동일하고, 현재적이며 주어진 값으로 여겨졌다. 성격은 과정이 아닌 상태로, 생성이 아닌 존재로 이해되었다.

> 헤겔의 논리학에 대한 언급에 주목하자. 여기서 '존재being'는 관념의 첫 번째 상태이고 '생성becoming'은 진정한 자기-의식적 상태이다.

**10-1-2]** 리보는 이러한 전통적 관점의 고전적 공식을 제시했다. 그는 성격 개념 구성의 필요충분조건으로 통일성과 안정성이라는 두 가지 조건을 제시했다. 여기서 그가 의미한 것은 시간에 따른 통일성이었다. 리보에 따르면, 성격의 진정한 징후는 그것이 어린 시절부터 나타나 평생 변함없이 유지된다는 것이다. 진정한 성격은 타고나는 것이다(참고 문헌 1, p. 576).

> 참고 문헌 1에 대한 인용 출처는 장 말미에 제공된다. 이는 리보가 아닌 포이어이다. 포이어, G. (1924). 『성격 심리학』. 조르주 뒤마가 편집

한 『Traité de psychologie(심리학 개론)』에서 발췌한 것으로, 비고츠키가 『심리학 위기의 역사적 의미』에서 여러 차례 인용한 자료이다. G. 포이어(Georges Poyer, 1884~1958)는 소르본대학교 병리심리학 교수였다. G. 뒤마의 심리학 개론에 포함된 글에서 포이어는 인격이 유전이라는 리보의 견해를 지지한다. 리보의 증거는 음악가 집안, 화가 집안, 시인 혈통이 다수 존재한다는 것이었다.

**10-1-3]**  최근, 성격에 대한 정적인 관점은 크레치머의 이론에서 완전하게 표현되었다. 이 이론에서 성격은 신체 구조와 연결되어 신체 체질과 함께 심리적 체질로 간주된다. 신체 구조와 성격 모두, 궁극적으로 선천적인 내분비계에 의해 결정된다. 크레치머는 두 가지 크고 복잡한 생물형을 구분하는데, 이로부터 (가장 다양한 혼합 정도를 보이는) 매우 다양한 정상적인 기질의 유형들이 구성된다(참고 문헌 2, p. 196). 분열성 성격 유형과 조울성 성격 유형은 이 두 가지 기본 유형과 연결되어 있다.

비고츠키가 인용한 것은 크레치머의 1922년 저서 『Medizinische Psychologie(의학 심리학)』의 러시아어 번역본이다. 참고 문헌은 다음과 같다.

Э. Кречмер. Медицинская психология(의학 심리학). 1927.

크레치머는 친파시스트 심리학자로서 그가 인간 정신은 본질적으로 교육이 아닌 신체 유형에 의해 결정된다고 가르친 것은 놀라운 일이 아니다. 신체 유형은 훈련이 가능하지만, 격렬한 운동을 강조하면서 인종적으로 '허약한'(유대인, 아시아인 등) 사람들을 배제하는 신체 훈련을 암시한다. 어쩌면 이 책은 '군사 심리학'이라고 불렸어야 했을지도 모른다.

**10-1-4]**  A. 잘킨트가 바르게 지적했듯 이 학설은 아동학과 심리학에 강한 압력을 행사하고 있다(참고 문헌 3, p. 174).

> 비고츠키는 두 개의 참고 문헌을 제시한다.
>
> A. Залкинд. A. 잘킨트
>
> 1) Вопросы советской педагогики(소비에트 교육학의 문제). 1926.
>
> 2) Организм и внушение(유기체와 피암시성). 1927.
>
> 잘킨트는 오늘날 우리가 폴리페서라고 부를 만한 인물이었다. 이 호칭이 암시하듯 잘킨트는 관심 분야가 다소 절충적이었는데, 그중에는 프로이트와 비교적 가까운 심리학도 포함되어 있었으며, 최면(피암시성)에 대한 관심도 있었다. 또한 그는 파블로프와 가까운 심리학에도 관심을 보였고, 조건반사에 몰두하기도 했다.

**10-1-5]**  크레치머 관점의 아동학으로의 계승, 발전 또는 더 정확히는 전환은 П. 블론스키에게서 찾아볼 수 있다. 그는 말한다. "크레치머의 장점 중 하나는 신체 구조와 성격 사이에 연관성을 확립한 것이다. (…) 나는 더 나아가 기질은 개인 간의 차이일 뿐만 아니라 연령 간의 차이이기도 하다고 주장한다. 특히 젖니가 있는 유년기의 고유한 특징은 조울성 기질이다(참고 문헌 4, p. 182). 청소년은 이 조울성 기질을 분열증적 기질로 대체한다(참고 문헌 4, p. 227). 정적 성격 개념이 아동학으로 전환될 때 일어나는 변화는 내분비계에 의해 치명적으로 결정되는 단일 성격 유형 대신, 한 유형이 다른 유형으로 연속적으로 대체된다는 사실로만 나타난다(*-K).

> *"크레치머의 도식은 성격적 특성의 연령 구분에는 적합하지 않다. 그렇다고 우리가 각 발달 단계를 지배하는 구체적인 내용을 파악하지

말아야 하는 것은 아니다. 이 구체적인 내용은 현재의 어떤 성격적 체계에도 포함되어 있지는 않다. 더욱이 환경의 영향으로 매우 가변적이기 때문에, 현재의 과학 수준을 고려할 때, 이 체계에 엄격한 '통행권'을 붙여주는 것은 위험한 일이다"(편집자 주).

이 각주는 러시아어 선집에서 비고츠키의 텍스트의 일부로 재수록되었다. 비고츠키가 크레치머의 도식을 사용하여 연령기 구분을 논한 것을 볼 때(예: 3세의 위기는 '조울성'이고 13세의 위기는 '분열성'이다), 편집자가 비고츠키가 아니거나 비고츠키가 수 년 후 크레치머의 도식에 대한 생각을 바꾼 것으로 보인다. 어쨌든 이 노트를 비고츠키의 텍스트에 포함해서는 안 될 것이다.

비고츠키는 블론스키의 1925년 교과서를 인용하고 있다.

П. Блонский. Педология(아동학).

**10-1-6]** 리보가 공표한 안정성의 원칙은 여기서 신성불가침으로 남아 있다. 성격 유형은 확립된 체질로서가 아니라 특정 연령 단계에 고정되어 있다. 하지만 어린이가 지속적으로 겪는 일련의 안정된 유형들은 여전히 정적인 유형이며 역동적인 유형들이 아니다.

**10-1-7]** 그리고 이는 두 학설(즉 성격의 안정성에 대한 리보의 학설과 신체 유형과 안정된 특성을 가진 연령대의 연합에 대한 크레치머/블론스키의 학설-K)의 기본 특징이며, 사실 대부분의 성격학 학설의 기본 특징이기도 하다. A. 잘킨트는 이 특징을 정당하게 "성격 접근법의 절대적인 생물학적 정적주의靜的主義"(참고 문헌 3, p. 177)라고 불렀다. 그는 (두 개의 정적인 생물학적 접근 방식의-K) 이러한 특징을 다음과 같이 공식화한다. "인간의 성격 발달은 인간이 선천적으로 타고난 기본적인 생물학적 유형의 수동적인 전개일 뿐이다"(참고 문헌 3, p. 174)

비고츠키는 잘킨트의 저서 『Вопросы советской педагогики
(소비에트 교육학의 문제)』(1926)를 언급하고 있는 것으로 보인다. 왜냐하
면 그가 위에서 인용한 잘킨트의 다른 저술인 『Организм и внушен
ие(유기체와 피암시성)』(1927)은 너무 짧기 때문이다.

**10-1-8]** 이 관점의 부족함은 역동적인 관점에 비해 모든 정적인 관
점이 그렇듯이 발달의 기원과 경로에 대한 질문을 해결할 힘이 없고,
연구 중인 현상에 대한 진정한 본질을 알지 못한 채 경험적 데이터의
기술, 수집, 일반화, 분류에만 국한된다는 점이다. 마르크스는 "만약 현
상의 형태와 사물의 본질이 직접적으로 일치한다면 모든 과학은 불필
요할 것이다"라고 썼다(참고 문헌 5, p. 346). 따라서 '사물의 나타나는 형
태'에만 만족하는 관점, 즉 '본질'에 대한 분석 없이 경험적 자료에만 의
존하는 관점은 과학적 관점이 아니다.

현상의 형식과 그 본질이 직접적으로 일치한다면 모든 과학은 잉여
적일 것이다.
Capital(자본론), Volume 3, Chapter 48, p. 956.
비고츠키의 참고 문헌은 러시아어 번역본(1909)이다.
5. К. Маркс. Капитал(자본론), Т. III. ч. II, 1909.

**10-1-9]** 이런 종류의 이론은 언제나 결론에서 출발하는 치명적 오
류로 시작된다. 따라서 히포크라테스에서 크레치머에 이르는 성격론은,
성격이라는 주제의 핵심 문제로서 분류를 붙들고 애쓰나 그 노력은 헛
되다. 분류는 여러 범주로 나뉜 현상의 본질적인 특징에 근거할 때만,
즉 현상의 본질에 대한 지식을 먼저 전제로 해야만 과학적으로 타당하
고 생산적일 수 있다. 그렇지 않다면, 분류는 필연적으로 단지 경험적
자료의 교조주의적 배열에 머물게 될 것이다. 실제로 대부분 성격 분류

체계가 이와 같은 한계를 띤다. 그러나 '사물의 본질'은 사물의 변증법이며 이는 역동 속에서, 즉 운동, 변화, 형성, 해체의 과정, 기원과 발달의 탐구 가운데 드러나는 것이다.

> 러시아어 선집 주석은 히포크라테스(기원전 460~370년경?)가 의학의 아버지이며, 철학적 유물론자였음을 긍정적으로 언급하고 있다. 그러나 비고츠키가 짚어낸 핵심은, 히포크라테스의 성격 이론이 생물학적이며 결정론적이라는 데 있다. 히포크라테스와 그의 뒤를 이은 갈렌은 성격 유형이 네 가지 고정된 체액에 대응된다고 보았다.
> 네 가지 유형은 다음과 같다.
> 1. 다혈질: 쾌락을 추구하고 사교적인 성향
> 2. 담즙질: 야망 있고 리더십 있는 성향
> 3. 우울질: 분석적이고 사실에 충실한 성향
> 4. 점액질: 차분하고 사려 깊은 성향

**10-1-10]** 성격학은-역사적인 것이든 현대적인 것이든- 다윈 이전의 생물학의 상태를 회상시킨다. 과학적 사고는 엄청나게 다양한 식물과 동물 형태를 고려하고 정리하여 체계화하고 의미를 부여하려고 노력했지만, 이 다양성을 이해하는 열쇠가 없었다. 그것은 이(다양성-K)를 사실로, 주어진 것으로, 모든 존재의 창조에 대한 반박할 수 없는 증거로 받아들였다. 생물학의 열쇠는 진화, 즉 생명 형태의 자연적 발달이라는 개념에서 드러났다. 생물학이 **종의 기원**으로 시작했듯이, 심리학도 **개인의 기원**으로 시작해야 한다.

**10-1-11]** 개인의 기원에 대한 열쇠는 조건반사다. 다윈이 우리에게 종의 생물학을 주었다면, 파블로프는 개인의 생물학, 성격의 생물학을 준다. 조건화된 반사의 기제는 인격의 역동성을 밝혀낸다. 그것은 인격이 유기체를 토대로 어떻게 개인의 삶의 외적 조건을 통해 창조된 복잡

한 상부구조로서 나타나는지를 보여 준다. 바로 이 학설이 선천론과 경험론 사이의(즉, 본성과 양육 사이의, 리보/크레치머/블론스키와 왓슨/손다이크/잘킨트 두 편 사이의-K) 오랜 논쟁을 마침내 종결시킨다. 그것은 인격의 모든 것이 타고난, 선천적 토대 위에 세워지며 동시에 그 안의 모든 것이 초-유기적, 조건적 다시 말해 사회적임을 보여 준다.

**10-1-12]** 하지만 조건반사 학설은 단순히 하나님의 것을 하나님께, 카이사르의 것을 카이사르에게 드리는 것이 아니다. 이는 발달을 움직이는 역동적·촉진적 계기, 변화를 일으키는 계기가 바로 유전적 경험을 재편성하는 조건에 놓여 있음을 보여 준다. 선천적 반응은 재료일 뿐이며, 그 운명은 그것이 반드시 출현하도록 하는 형성 조건에 달려 있다. 이를 기초로 무한히 다양하고 상이한 것들이, 어쩌면 모든 것이 창조될 수 있다.

**10-1-13]** 강한 전류의 파괴적이고 고통스러운 자극에 대한 조건화된 타액 반사보다 인간 본성의 거의 절대적인 재교육 가능성의 증거를 더 잘 보여 주는 사례를 찾는 것은 거의 불가능하다. 상응 조건에서, 즉 고통스러운 자극을 받는 동안 먹이를 주면, 개는 그로 인한 화상과 상처에 대해 긍정적인 반응을 보이기 시작한다. 주관적 심리학의 언어로는 이를 즐거운 기대라고 하고, 객관적 심리학의 언어로는 음식 반사라 불린다. 개는 고통으로부터 자신을 방어할 뿐 아니라, 고통에 손을 뻗는다.

**10-1-14]** Ж. 본이 보고한 바에 따르면, 이 실험에 참여했던 셰링턴은 이렇게 외쳤다. "이제 나는 순교자들이 불 속으로 올라갔을 때 느꼈던 기쁨을 이해한다"(참고 문헌 6, p. 155).

> 고야의 그리스도는 '기쁨에 찬 기대'를 전혀 품고 있지 않은 듯하다. 오히려 복음서에서는 그리스도가 "내가 목마르다"와 "하나님, 나의 하

고야, 십자가 위의 그리스도, 1780.

나님, 어찌하여 나를 버리셨나이까"라고 말씀했다고 전한다. 이 말씀은 그리스어로 기록되어 있지만(그리스도는 아람어로 말했다), 다른 순교자들과 근대의 사티(사망한 남편을 화장할 때 함께 죽게 되는 인도의 과부)들의 죽음에 대해 우리가 알고 있는 사실과 일치한다. 대부분은 고통 속에서 풀어달라는 비명을 지르며 죽는다.

셰링턴은 파블로프의 실험이 인간에게 적용될 수 있는지에 대해 회의적이었다. 화형대에 오른 순교자들의 기쁨에 대한 셰링턴의 발언은 비꼬는 뜻이었으며, 파블로프가 자신의 실험 결과를 고통의 깊이를 이해하는 존재들에게 적용할 수 있는가에 대해 비판적으로 생각해야 한다는 의도를 담은 것이었다. 하지만 비고츠키는 파블로프의 실험실을 방문한 셰링턴의 이야기를 간접적으로 듣고, 이를 환자들이 종종 부상 부위를 마취 없이 외과의에게 맡긴다는 제임스의 발언과 연결한다. 따라서 비고츠키는 셰링턴의 아이러니를 간과하고 있다.

비고츠키의 참고 문헌 6은 Ж. Bon(아마도 샤를 귀스타브 르 봉)이 아니라, 베흐테레프 실험실에서 일했던 반사주의자 프롤로프를 말하는 것임에 유의해야 한다. 비고츠키는 『심리학 위기의 역사적 의미』에서 프롤로프를 인용한 바 있다. 프롤로프는 반사학과 프로이트의 정신분석을 접목했다(『심리학 위기의 역사적 의미』 **7-35** 참조).

6. Ю. Фролов(프롤로프). Физиологическая природа инстинкта (본능의 생리학적 특성). 1925.

**10-1-15]** 따라서 사회적 요인들(즉, 조건화-K)을 통해 생물학적인 것은 사회적인 것으로, 생물학적이고 유기적인 것은 개인적인 것으로, '자연적인 것', '절대적인 것', 무조건적인 것은 조건적인 것으로 바뀐다. 이것이 바로 심리학의 고유한 재료이다. 셰링턴은 개에게 전기 자극을 주는 실험에서 심리학에 대한 광대한 전망-인간 정신의 가장 고등한 형태의 기원을 밝힐 수 있는 열쇠-을 보았다. 그는 본질적으로, 우리 주제에 비추어 다음과 같이 번역 및 해석할 수 있는 말을 했다. 형장에 기쁘게 오르는 순교자의 성격을 이해하려면, 이 성격이 어떤 **조건** 가운데 필연적으로 생겨났는지 질문해야 한다. 무엇이 그 순교자로 하여금 기뻐하게 하는지, 그리고 그 기쁨이 어떤 역사, 즉 역동성, 조건성(혹은 조성성)을 지니는지를 물어야 한다. 성격은 조건화된 것이다(또는 조성된 것이다). 이것이 그 역동적 공식이다.

10-1-16]　정적으로 보면, 성격은 인격과 행동의 어떤 기본적 특징의 합과 같다. 이는 인격의 횡단면, 변하지 않는 인격의 지위, 인격의 현재 상태를 의미한다. 성격을 역동적으로 이해한다는 것은, 성격을 사회적 환경 속에서 개인의 기본적 목표 설정의 언어로 번역하고, 장애물을 극복하기 위한 투쟁 속에서, 성격의 **출현과 전개의 필연성** 속에서, 성격 발달의 내적 논리 속에서 성격을 이해하는 것을 의미한다.

**10-2-1]** 성격 발달의 논리는, 본질적으로, 다른 모든 발달의 논리와 같다. 발달하는 모든 것은 필요에 의해 그렇게 된다. 베르그송의 철학에서 말하는 어떤 내적인 '생명 충동'에 의해 완성되거나 전진하는 것은 아무것도 없다. 만약 성격이 그것을 발달로 추동하고 나아가게 하는 필요성의 압력 없이 발달했다면 그것은 기적일 것이다. 성격 발달을 추동하는 힘은 어떤 필요성 안에 내재하는가?

H. 베르그송(Henri Bergson, 1859~1941)은 프랑스의 철학자이자 심리학자였으며, 후설과 하이데거가 독일에서 집필하고 있었던 『존재와 시간』에 관심이 있었다. 후설과 하이데거는 둘 다 게슈탈트 심리학자들이었고 따라서 일원론자들이었던 반면, 베르그송은 이원론자였고, 데카르트의 제자였으며 최종적으로는 독실한 가톨릭 신자였다. 그는 '존속', '직관', '생명의 충동'의 현상학적 이론을 발달시켰다. 비고츠키는 그 이론이 생명론적이라고 말한다. 우리는 시간 안에 살고 있지만 사실상 시간을 알지 못한다. 우리가 가진 생명력 덕분에 시간의 본질을 직관할 수 있다. 생명력은 데카르트 이론의 불멸의 영혼처럼, 변하거나 발전하지 않는다. 바로 이것을 이유로 비고츠키는 그 이론이 성격을 설명할 수 없다고 말한다.

베르그송은 1927년에 노벨 문학상을 받았다. 노벨 철학상이 없었기 때문이다. 베르그송은 가톨릭 신자였지만, 독일이 프랑스를 침공했을 때 그의 유대인 혈통을 고수하며 자신을 수용소에 보내라고 맞섰다(그러나 그들은 감히 그러지 못했다). 베르그송은 윌리엄 제임스에게 큰 영향을 끼쳤으며, 궁극적으로 질 들뢰즈와 포스트 모더니스트들에게 영향을 미쳤다. 그가 더욱 즉각적인 영향을 끼친 것은 아내의 사촌 동생인 마르셀 프루스트였다(프루스트는 베르그송의 결혼식에서 들러리를 섰다). 어쩌면 그는 프루스트를 통해 자신의 노벨상에 대한 자격을 얻었는지 모르겠다.

**10-2-2]** 이 질문에 대한 답은 단 **하나**이다. 모든 인간 삶에 근본적이고 결정적으로 필요한 바로 **그** 필요성, 즉 역사적 사회적 환경 속에서 살아가면서 이 환경이 제시하는 적응 요구에 따라 모든 유기체적 기능을 재구축해야 하는 필요성이다. 인간 유기체는 특정한 사회적 단위로서만 존재하고 기능할 수 있다. 사회 전체 속에서 특정한 지점을 차지할 때만, 사회적 배경막(즉, 연극의 배경을 형성하는 휘장-K) 속에서 자신의 자리를 찾아야만, 사회생활의 논리에 따라 특정 위치를 차지할 때만, 인간은 발달하며 살아갈 수 있다.

**10-2-3]** 이러한 입장은 아들러의 개인심리학(즉, 인격의 사회심리학) 체계의 출발점으로 여겨진다. A. 잘킨트가 올바르게 지적했듯이, 아들러의 학설, 특히 성격 학설은 '진정으로 혁명적인 성격학적 조류'이다. 이 학설과 마르크스주의 철학의 관계에 대한 질문은 여기서 다루지 않겠다. 이는 복잡하고 논란의 여지가 있는 문제이며, 무엇보다도 특별하고 구체적인 연구가 필요하다(*-K). 그러나-이 체계의 철학적 토대가 구성상 복잡하거나 혼합적일지라도-이 체계의 주요 명제에 객관적인 과학적 비중을 부여하는 두 가지의 본질적으로 논란의 여지가 없는 계기가

있다. 첫째는 이 학설의 변증법적 성격이다. 두 번째는 인격심리학의 사회적 기초이다.

> *미상의 편집자 주: A. 아들러의 기본적인 철학적 입장이 형이상학적 요소로 왜곡되었다. 아들러의 실천에서만 성격학적 관심이 드러난다.

**10-2-4]**  아들러는 선천적 손상으로 난관이나 장애에 부딪힌 부적합 기관이나 기능은 스스로가 적응해야 하는 외부 세계와의 갈등, 투쟁을 필연적으로 겪어야 한다는 사실에 주목했다. 이러한 투쟁은 질병률과 사망률의 증가로 이어지지만, 동시에 과잉 보상의 기회도 증가시킨다(참고 문헌 7, p. 12). 신장이나 폐처럼 한 쌍으로 된 장기 중 한쪽이 손상되거나 제거되면 다른 한쪽 장기가 그 기능을 수행하면서 보상적으로 발달하듯이, 중추신경계는 쌍을 이루지 않는 부적합 기관의 보상을 떠맡아 기관의 작업을 정교화하고 완성한다. 정신 장치는 그러한 기관 위에 그 작업을 용이하게 하고 향상시키는 더 고등한 기능의 정신적 상부구조를 만든다. 아들러는 말한다. "기관 손상에 대한 느낌은 개인에게 자기 정신을 발달시키는 지속적인 자극이 된다"(참고 문헌 8, p. 10).

> 비고츠키의 참고 문헌은 다음과 같다.
>
> 7. A. Adler, Über den nevrösen Charakter(신경증적 성격에 관하여). 1922.
>
> 8. O. Рюлле, Психика пролетарского ребенка(프롤레타리아 아동의 정신). 1926.
>
> 참고 문헌 8은 오토 륄레Otto Ruhle의 『Seele des proletarischen Kindes(프롤레타리아 아동의 영혼)』(Dresden: Verlag am anderen Ufer, 1925)의 러시아어 번역본이다.

바이마르공화국 자료집(Kaes et al., pp. 203-205)에 게재된 짧은 발췌문의 영어 번역은 다음을 참조할 것.
https://www.marxists.org/archive/ruhle/1925/proletarian-child.htm

**10-2-5]** 손상으로 인해 개인에게 생기는 열등감 또는 열등의식은 자신의 사회적 위치에 대한 평가이며, 이는 정신 발달의 주요 추동 체계가 된다. 보상을 위한 노력은 "예감과 예견의 심리 현상과, 기억, 직관, 주의력, 감수성, 관심 같은 이 현상의 작용적 사실들, 즉 모든 보조적 정신적 계기들을 증대된 정도로 발전시키면서"(-K) 작용한다(참고 문헌 8, p. 11).

**10-2-6]** 아들러는 말한다. "유기체적으로 주어진 결손과 욕망, 환상, 낱말과 같은 정신적 보상을 위한 노력 사이의 이러한 모순은 너무나 포괄적이어서, 이를 통해 **유기체적 결손이 주관적인 열등감을 매개로 보상과 과잉 보상을 향한 정신적 갈망으로 변증법적으로 변형된다는 기본적인 심리학 법칙**을 도출할 수 있다"(참고 문헌 9, p. 57).

비고츠키가 인용하는 참고 문헌은 다음과 같다.
Adler, A. (1920). Praxis und Theorie der Individual-psychologie (개인심리학의 실천과 이론). Munich and Wiesbaden, J. F. Bergmann.

**10-2-7]** 따라서 개인심리학은 성격이 정신 발달, 일반적으로는 유기체적 저층과 반드시 직접적으로 연결된다는 것을 부정한다(*-K). 그것(개인심리학-K)은 인간의 심리 발달이 "인간의 사회적 삶의 절대적 논리와 관련된 위치"를 차지하려는 시도에서 비롯된다고 본다. 개인의 심리적 삶 전체는 하나의 과업, 즉 인간 사회의 내재적 논리와 사회적 존

재의 요구에 따라 특정한 위치를 확보하는 것을 목표로 하는 투쟁적 태도의 변화이다. 그것은 사회적 적응의 요구라는 객관적 필요성에 의해 궁극적으로 결정되는, 일련의 계획된—비록 무의식적일지라도—행동으로 전개된다. 유기체적이고 선천적인 원인이 작용한다면— 아들러처럼 강력하게 그 역할과 작용을 지적한 이는 없다— 이(원인-K)는 **그 자체로**, 직접적으로 작용하는 것이 아니라, 그로 인해 일어난 열등감을 통해 즉 특정한 사회적 위치**로** 간접 작용한다. 아들러는 말한다. 이러한 위치의 왜곡을 극명하게 보여 주는 사례로, 신경증은 "뇌의 세포 구조나 체액의 영향에서 비롯되는 것이 아니라, 유년기에서의 어려운 위치에 뿌리내린 열등감에서 비롯된다. 우리는 신경증에 대한 유기체적 소인을 부인하며, 심리적 위치 형성에 열등한 기관이 관여한다는 점을 다른 모든 저자들보다 더 명확히 지적했다"(*-K)(참고 문헌 7, VII).

*미상의 편집자 주: 저자의 아들러 해석은 완전히 정확하지는 않다. '보상'의 자극이 되는 '선천적 결손'은 매번 발달 태세를 방향 짓는 유기체적 저층임이 드러난다.

*미상의 편집자 주: 그러나 '심리적 위치'의 전개—그 형성뿐 아니라—는 세포와 체액의 영향[신경증적 재료의 개인적 차이, 신경증적 성격의 발달 속도 등]을 크게 받아 이루어진다. '보상'과 '과보상'의 관념은 성격학에서 매우 중요하지만, 성격의 모든 문제를 설명하지는 못한다.

*표에서 알 수 있듯이, MGPPU 버전에는 편집자가 삽입한 두 개의 주석이 있다. 첫 번째 주석은 첫 문장의 с органическим субстратом ("유기체적 저층과") 다음에 나온다. 편집자는 '선천적 부적합성'이 유기체적 기질이며 그것이 보상과 모든 미래의 발달을 '지시'하고 '안내'한다고 말하면서, 아들러에 대한 비고츠키의 해석에 반대한다. 첫째, 비고츠키가 말하는 것은 성격과 유기체적 기질 사이에는 어떤 필연적이거나 강제적인 연관성이 없다는 것이다. 보상은 필연적이지도, 강제적

이지도 않다. 예를 들어, 동성애는 끔찍한 사회적 결함이었기 때문에, 거의 언제나 어떤 종류의 보상이 뒤따랐지만, 이제는 더 이상 그렇지 않다. 둘째, 어떤 보상이 성공하는 경우와 실패하는 경우가 있다. 따라서 비고츠키가 말하듯, 성격과 유기체적 기질 사이에는 어떤 필연적이거나 강제적인 연관성이 존재하지 않는다. 우리의 '성격'이 모국어에 크게 의존하고, 우리 모국어가 유기체적 기질에 거의 의존하지 않는다는 사실만 생각해도, 우리는 여기서 편집자가 아니라 비고츠키가 옳다는 것을 알 수 있다.

문단 맨 마지막의 두 번째 주석도 사실상 유사하다. 편집자는 '세포와 체액의 영향'(즉, 내분비샘과 그 분비물)이 '성격'의 창조(속류 유물론적인 히포크라테스의 관점)뿐 아니라 그 발달(미묘하지만 여전히 정적인 크레치머와 블론스키의 관점)에도 본질적임을 상기함으로써 비고츠키를 '수정'하려 한다. 다시 한번 편집자는 비고츠키의 요점을 간과하고 있다. 인간은 환경을 매개로 선택을 할 수 있기 때문에, 내분비샘과 그 분비물 그리고 '성격' 사이에는 어떤 직접적, 강제적, 필연적인 연관성이 없다. 내분비 장애로 고통을 겪는 사람들이 수술, 화학 요법, 행동 치료, 그리고 자신의 고등심리기능을 통해 장애를 조절할 수 있는 경우가 얼마나 많은지 생각해 보기만 하면, 우리는 다시 한번 편집자가 아니라 비고츠키가 옳다는 것을 알 수 있다.

어쨌든 이 두 주석은 편집자가 비고츠키가 아님을 보여 준다. 물론 이것이 이 원고가 저자본이 아니라는 뜻은 아니다. MGPPU에서 번호가 제대로 매겨지지 않고 두 주석 모두 '*'로 표시되어 있다는 것은 이 삽입이 그다지 최근에 이루어진 것이 아님을 시사한다. 만약 편집자가 비고츠키의 상사였다면, 최종 결정권은 비고츠키가 아니라 편집자가 쥐었을 것이다.

**10-2-8]** 아들러는 이 학설을 가장 심오한 의미에서의 위치 심리학이라고 타당하게 명명한다. 이는 기질 심리학과 대조되는 개념이다. 전

자는 심리 발달에서 개인의 사회적 위치에 초점을 맞추고, 후자는 유기체적 기질, 즉 소질에 초점을 둔다. 여기서 성격의 개념은 최초의 의미로 돌아간다. 그리스어에서 성격은 주조를 의미한다. 성격은 개인의 사회적 주조이다. 이는 사회적 위치를 얻기 위한 투쟁에서 개인이 보이는 단호하고 결정화結晶化된 전형적인 행동이다. 그것은 삶의 주요 노선, 주선율, 무의식적인 삶의 계획, 모든 심리적 행위와 기능의 통일된 삶의 방향이 쌓여 만들어진 것이다.

**10-2-9]** 이런 점에서 심리학자는 개인의 과거뿐 아니라 미래와 관련하여 각각의 심리적 행위와 전체 인간 성격을 이해해야 한다. 우리는 이를 우리 행동의 최종 방향이라고 칭할 수 있다. 마치 움직임의 한순간을 묘사하는 영화의 한 프레임이 후속 순간 없이, 전체 움직임 밖에서는 이해될 수 없는 것과 같이, 총알이 날아가는 경로, 즉 탄도가 종착점이나 조준에 따라 결정되는 것과 같이, 우리는 모든 행동과 성격적 특성에 대해서도 그것들이 무엇을 향하고 있는지, 어디를 조준하고 있는지, 무엇으로 변할지, 무엇에 끌리게 될 것인지를 질문해야 한다.

**10-2-10]** 본질적으로, 이처럼 심리 현상을 과거뿐 아니라 미래로부터 이해하는 것은 변증법적 요구-현상을 끊임없는 운동 가운데 이해하고, 현상에서 그것의 경향과, 현재에 의해 결정된 미래를 드러내라-외에 **아무것도 의미하지 않는다.** 마치 역사 영역에서 우리가 자본주의 체제를 그 발전 경향과, 그 심층에서 성숙 중인 미래 체제와의 필연적 연관성에서 벗어난 정적 관점으로 파악하려 한다면 결코 그 본질을 온전히 이해할 수 없듯, 심리학 영역에서도 우리가 인간의 인격을 그 발현과 행위 등의 총합으로, 즉 이 인격의 통합적 삶의 계획, 인격의 주선율(삶의 맥락을 드러내는 하나의 축-K)-이는 인간 삶의 역사를 산발적이고 이질적인 여러 에피소드의 집합으로부터 일관되고 통합된 전기적 과정으로 전환시킨다(*-K)- 없이 정적으로 이해하려 한다면, 결코 완전한

이해에 이르지 못한다.

**10-2-11]**　이에 대해 아들러는 다음과 같이 말한다. "다시 말해, 사람의 심리적 삶은 마치 훌륭한 시인이 쓴 희곡의 배우처럼 자신의 제5막을 향해 노력한다"(참고 문헌 9, p. 3).

**10-3-1]** 하지만 제5막을 향한 이러한 노력은 인간 기술의 어떤 놀라운 특이성은 아니다. 본질적으로 모든 동물의 본능은 자신의 제5막을 향해 나아가고, 결정적인 순간, 종착점을 향하며, 피날레로 이끌린다. 동물의 그 어떤 본능적 행동도 우리가 그 결말, '목표', 그것이 향하는 지점을 모르면 이해하거나 해석할 수 없다. 성교 전 동물의 행동을 상상해 보자. 그것은 전체 과정으로서만 이해될 수 있으며, 최종적 행위, 최후의 고리-이 사슬의 모든 이전 고리는 이 최후의 고리를 향한다-에서 시작할 때만 이해될 수 있다. 먹이를 기다리며 몰래 움직이는 호랑이의 모든 움직임은 이 희곡의 제5막, 즉 호랑이가 먹이를 잡아먹는 장면을 염두에 두지 않는다면 완전히 무의미할 것이다.

**10-3-2]** 우리가 진화의 사다리를 따라 더 내려가 가장 낮은 유기체적 기능에까지 도달한다면, 우리는 어디서나 이와 동일한 특성을, 즉 생물학적 반응의 최종적 성격과 궁극적 경향을 발견할 수 있다. 동물의 이빨이 음식을 부수고 간다면, 이는 유기체가 이 음식을 소화하고 흡수한다는 사실, 즉 소화와 영양 공급의 전 과정과 연결해서만 이해될 수 있을 것이다. 대개 유기체의 내재적 목적론이라고 임시적으로 불리는 방법론적 원리-우리는 이에 따라 살아 있는 몸의 일부를 기관으로 보고, 그 활동을 유기체 전체와 관련해서만 자신의 의미와 뜻을 획득하는

유기체적 기능으로 간주한다-는 본질적으로 같은 생각을 일반 생물학적으로 표현한 것이다.

**10-3-3]** 셰링턴은 동일한 원리를 단순 반사에 적용했다. 그는 말한다. "생리학자는 반사 반응의 목적을 알지 못하면 그 반사 반응을 진정으로 이해할 수 없으며, 정상적인 기능의 모든 유기체적 복합체를 전체로서 고려하여 반사 반응을 고려함으로써만, 즉 전체로서의 유기체 개념과 연관해서만 반사 반응의 목적을 알 수 있다"(참고 문헌 10, pp. 24-25). 이처럼 심리적 행위의 최종적인 특징, 이 행위의 미래를 향한 지향은 이미 가장 기본적인 행동 형태에서 나타난다. 앞서 살펴본 바와 같이, 그 어떤 본능적인 행동도 미래의 전망을 고려하지 않고서는 완전히 이해될 수 없다. 이러한 근본적인 사실은 학술원 회원 파블로프가 '목표 반사'라는 탁월한 용어로 확립하였다.

> 이 문단의 참고 문헌은 셰링턴이나 파블로프가 아니라 당대 교과서로 널리 사용된 화이트의 저서이다.
>
> 화이트의 셰링턴 인용 역시 리터가 저술한 교과서에서 간접 인용한 것이다.
>
> Ritter, W. E. (1919). The Unity of the Organism or the Organismal Conception of Life(유기체의 통합성 혹은 생명의 유기체적 개념). Badger: Boston.

**10-3-4]** '동물이 태어날 때부터 갖는 가장 단순하고 기본적인 신경계 활동'을 연구하면서 학술원 회원 파블로프는 특수한 무조건반사, 즉 목표 반사가 확립되어야 한다는 결론에 이르렀다. 언뜻 보기에 역설적인 이 용어를 통해 파블로프는 이 반사의 고유성을 표현한다. 즉, '목표' 달성을 지향하여 미래를 통해서만 이해될 수 있다는 점과, 동시에 이런 유형의 활동이 어떤 예외적인 것이 아니라 가장 흔한 반사라는 것이다.

**10-3-5]**  바로 이러한 이유로 파블로프는 이 경우 본능이라는 용어를 대체하고 '반사'라는 용어를 선호한다. "그 용어 안에는 더욱 명확한 결정론의 개념이, 즉 자극과 효과, 원인과 결과 사이의 논박 불가능한 연결이 포함되어 있다"(참고 문헌 11, p. 204). 파블로프는 말한다. "목표 반사는 막대한 그리고 생체적으로 중요한 의미를 지니며, 우리 각자에게 있어 생명 에너지의 기본 형태이다. … 모든 생명, 그것의 모든 진보, 모든 문화는 목표 반사에 의해 이루어진다. 다시 말해, 이는 목표 반사가 삶에 설정한 이러저러한 목표를 추구하는 사람에 의해서만 이루어진다"(참고 문헌 11, pp. 206-207).

> 참고 문헌 11은 다음을 지칭한다.
> 11. И. Павлов(파블로프). 20-летний опыт изучения высш. нервн. Деятельности(고등 신경 활동 연구 20년의 경험). 1923.
>
> 죽어가는 남자가 탐욕스러운 친족에게서 돈을 숨긴다. 마지막 행위는 그의 전 생애에 비추어 볼 때 의미가 있는 것일까, 없는 것일까?
>
> 러시아 선집 편집자들은 이 문단에서 파블로프의 직접 인용문을 삭제했지만, 이는 고등심리기능을 '신경 활동'으로 환원하는 '심층반사학'(파블로프의 제목이 암시하듯)과, '고도심리학'('문화·역사 심리학'이 시사하듯 고등심리기능을 문화·역사적 환경에 대한 적응으로 설명) 사이를 조화시키려는 비고츠키의 시도에 필수적이다. 궁극적으로 '하향적' 관점과 '상향적' 관점 둘 다 필요하며, 둘 다 언어 및 기타 의미 체계의 면밀한 연구를 통해 제공될 수 있다. 파블로프의 '신경 활동'에서 '신경'이라는 단어보다 '활동'이라는 단어가 중요했던 레온티예프에게 이것은 관념론이었다. 그러나 만약 그렇다면, 신경 활동을 무시하고 '돈'이라는 의미 체계를 통해 고등사회기능을 환경 적응으로 설명하는 마르크스주의도 관념론의 한 형태일 것이다.
>
> 마르크스에게는 최종 제5막이 없다-유전자가 우리 몸을 이용해 자신을 무한히 복제하듯, 자본은 우리 몸을 이용해 자신을 무한히 복제한다.

고야, 카프리초 30번 Porque esconderlos?(왜 감추는가?), 1799.

**10-3-6]**　아들러가 행동의 미래 지향성 개념을 설명하기 위해 파블로프의 조건 신호 반사의 확립 실험을 인용한 것은 흥미롭다(참고 문헌 9, p. 154). 그리고 파블로프가 보상 이론과 유사한 목표 반사의 기제를 지적한 것도 마찬가지로 흥미롭다. "목표 반사의 완전하고 정확하며 생산적인 발현을 위해서는 일정한 긴장이 필요하다. 이 반사의 가장 뛰어난 구현체인 앵글로색슨은 이를 잘 알고 있으며, 그래서 목표를 달성하기 위한 주요 조건이 무엇인가라는 질문에 예상치 못한 방식으로, 러시

아인의 눈과 귀에는 믿기 어렵게, 장애물의 존재라고 답한다. 그는 마치 다음과 같이 말하는 것이다. "장애물에 반응하여 목표 반사가 긴장되게 하면, 아무리 달성하기 어렵더라도 목표를 달성할 수 있다"(참고 문헌 11, p. 207). 파블로프는 이 반사를 "인생에서 가장 중요한 요소"로, 특히 문화화라는 가장 근본적인 영역에서 가장 중요한 요소로 본다.

파블로프의 인용문에 관한 설명은 **3-4-6** 글상자 참조.

**10-3-7]** 장애물의 존재로 인한 목표 반사의 형성 기제는 파블로프와 아들러 이전에 심리학에서 확립되었다. 립스는 이를 '댐의 법칙'이라고 부르며, 정신 활동의 일반적인 법칙으로 보았다. **"만약 정신적 사건의 자연스러운 흐름이 중단, 억제되거나 이 흐름의 어느 지점에 이질적 요소가 유입된다면, 정신적 사건의 흐름에 중단, 지체 또는 교란이 발생하는 곳에 댐Stauung이 나타난다"**(참고 문헌 12, p. 127). 에너지는 이 지점에 집중되고 증가하여 지체를 극복할 수 있다. 에너지는 또한 우회로를 취할 수도 있다. "이것은 다른 많은 것들 중에서도 손실되거나 심지어 단순히 손상된 것에 대한 더 높은"(sic-K) 평가를 포함한다(참고 문헌 12, p. 128). 여기에는 이미 과잉 보상이라는 개념 전체가 포함되어 있다.

> 댐은 강을 막아 무거운 수차의 관성을 극복하도록 환경을 재조직화한 것이다. 헤겔(그리고 뒤이어 마르크스와 비고츠키)은 인간의 이성이 물리적으로 강하지 않으나 지적으로 영민하다고 말한다. 자연의 힘을 직접 극복할 수는 없으나, 하나의 힘이 다른 힘을 극복할 수 있도록 환경을 재조직한다는 것이다.
> 1928년은 소련에서 위기의 시기였다. 트로츠키, 라덱, 카메네프, 지노비예프와 같은 유대계들은 공산당에서 축출되었으며 스탈린은 권

J. 반 로이스달(Jacob van Ruisdael), 강가의 초가지붕 물레방아, 1653.

력을 잡아 나라를 극우로(1926~1928년 부하린의 주도하에) 통치했다. 그러나 부하린의 농민 부유 정책이 국가의 공장을 가동할 만큼 생산력을 창출하지 못한다고 판단한 스탈린은 갑자기 다시 좌익 노선으로 (1928~1932년, 제1차 5개년 계획하에) 급선회한다.

1928년은 비고츠키에게도 위기의 시기였다. 그는 공산당원이 아니었으나 유대인이었다. 프로이트와 아들러는 유대인이었으며 아들러는 카메네프와 마찬가지로 트로츠키와 혼맥으로 이어져 있었다. 이 텍스트 전반에 걸쳐 편집자가 (오탈자를 수정하는 것보다) 비고츠키의 프로이트와 아들러에 대한 태도를 '수정'하는 데 몰두하는 것은 아마도 이 때문일 것이다.

인용문 중에 나타나는 인용부호는 오식이며(립스 원전의 오식이 아닌 비고츠키 텍스트의 오식이다), 립스의 이름은 반복적으로 리페Липпе로 오기되어 있다. 텍스트 말미의 참고 문헌 목록에서 알 수 있듯 비고츠키의 실제 참고 문헌은 다음과 같다. 인용 출처는 T. 립스의 『Leitfaden der psycholgie(심리학 편람)』(W. Engelmann Verlag: Leipzig)의 러시아어 번역본이다.

12. Липпс. Руководствокпсихологии. 1907.

첫 번째 인용문은 독일어 원전의 109쪽에서 직접 가져온 것이지만 두 번째 인용문은 직접인용이 아니라 재진술이다. 립스는 '정체'나 '심리적 지체(정신적 교통정체)'를 유발할 수 있는 것들의 사례를 열거하는데, 그중 하나는 음표가 빠진 채 연주된 음악을 듣는 것이다.

립스는 상향 진행 음이 낙관적으로 들리고 하향 진행 음이 비관적으로 들리는 이유에 대해 심리학적으로 설명했으며, 이로 인해 오늘날 기억되고 있다. 그러나 이는 사실이 아니다. 현대 음악은 우리 생각보다 훨씬 더 언어와 가까우며 상향 억양이 특별히 낙관적이거나 하향 억양이 특별히 비관적인 것은 아니다. 그러나 정신적 교통지체에 대한 립스의 통찰-이는 환경에는 수많은 자극이 존재하지만 유기체 내에는 훨씬 적은 반응이 존재한다는 단순한 관찰에서 처음 시작되었다-은 비고츠키가 지적하듯 일반법칙의 중요성을 갖는다. 문제는 인간이 환경의 어떤 부분에 반응하기로 결정하는지, 그리고 특히 어떻게 한 자극을 통해 다른 자극을 극복하는지를 알아내는 것이었다.

물론 인간은 이성을 이용해 환경의 한 부분을 재조직해 다른 부분을 극복하는 유일한 동물은 아니다. 비버는 강둑을 막아 댐을 만들어 물고기를 양식한다. 이 행동도 조건반사의 연쇄로, 심지어 무조건반사로도 설명 가능하다. 그러나 반 로이스달의 그림은 강에 댐이 세워져서 빵을 만들기 위한 밀가루를 빻는 운동 에너지를 생성하는 방식만을 보여 주는 것이 아니다. 그림에는 방앗간의 지붕을 잇기 위해 갈대를 자르는 젊은이의 모습도 있다. 또한 그림 자체의 구조화와 산출을 설명하는 문제도 있다. 이 모두가 '개별' 유기체의 '목표 반사'로 설명될 수 있을까?

**10-3-8]** 립스는 이 법칙에 보편적 의미를 부여했다. 그는 **모든** 열망을 일반적으로 '댐 현상'으로 여겼다. 립스는 희극과 비극의 인상뿐만 아니라 **사고** 과정까지도 이 법칙의 작용으로 설명했다. 장애물이 발생할 때 "모든 합목적적 활동은 필연적으로 선행하는 무목적적 또는 자동적인 사건의 경로를 따라 이루어진다".

**10-3-9]** 난관, 정체, 장애를 통해서만 다른 정신 과정을 위한 '목표'가 가능해진다. 자동적으로 작동하는 어떤 한 기능이 붕괴되는 중단점은 이 지점을 향하는 다른 기능들의 '목표'가 되며, 그 때문에 목적을 가진 활동이라는 외양을 띠게 된다. 이렇듯 '목표'는 사전에 주어지며, 본질적으로 외형적 목표일 뿐이지만, 실제로는 모든 발달의 근원이다.

영문판 선집에서 이 문단에는 긴 주석이 달려 있다. 이는 러시아어 선집이나 MGPPU에는 없는 것으로 볼 때 1993년에 R. 리버 혹은 A. 카튼이 쓴 것으로 보인다.

행동은 추동력 혹은 심리적 에너지가 보존되어 다시 방향 설정되는 것으로 설명될 수 있다는 생각에 대해 광범위한 논의가 있었다. 이 생각을 다양한 철학적 관점에서 탐구한 지지자들 사이의 논쟁에도 불구하고 이 주제에 대한 비고츠키의 마르크스주의적 접근은 20세기 초의 시대정신 속에서 마르크스주의가 만연했음을 드러낸다. 프로이트적 기제의 목록(전치, 억제, 억압, 승화 등)은 립스의 'Stauung(댐)'이 다시 방향 설정되는 방식에 대한 상세한 설명으로 간주될 수도 있다. 프로이트와 파블로프의 접근법 사이의 관련성은 후에 본능에 대해 연구한 학자들 사이에서 지적되었다(예컨대 Lorenz, K. On aggression[공격성에 대해], New York, Harcourt Brace Jovanovich, 1966 참조). 흥미롭게도 비고츠키는 아들러의 공식이 상당 부분 프로이트로부터 파생되었음을 인정하지 않는다. 대신 이 이론들은 그들이 본질적으로 파블로프와 연결되어 있음을(비록 비고츠키는 아들러의 견해가 온전한 마르크스주의인지 여부를 질문하고는[이 장 2절] 그렇기도 하고 아니기도 하다는 결론

[이 장의 결론장 참조]을 내리기는 하지만) 보여 주는 맥락에서 제시된다. 이 문단에서 비고츠키는 파블로프나 그와 비슷한 체계의 공식이 얼마나 목적론적인지 (비록 그는 목적론을 자신이 회피하는 관념론과 연결 짓지만) 매우 뚜렷이 보여 준다. 이 장의 말미에서 프로이트의 치료적 야망을 간과하면서 비고츠키는 이 목적론이 프로이트 체계에서 가능할 것임을 부정한다. 낙관적 마르크스주의자이자 교육자인 비고츠키는 이 글의 전반에 걸쳐 환경적 조절의 자유와 손상 보완에 대한 최대 가능성을 제공하는 이론을 선호한다(편집자 주).

불행히도 리버나 카튼도 소비에트 편집자들(이들은 **10-2-10** 주석에서 '삶의 계획'을 '과정의 결과'로 대체하면서 비고츠키를 '수정'하려 했다)과 마찬가지로 그리 통찰력있는 독자는 아니었다. 반 데 비어와 야스니츠키가 『Revisionist Revolution in Vygotsky Studies(비고츠키 연구에서 수정주의적 혁명)』(Routledge, 2022)에서 저술한 바와는 달리, 마르크스주의는 '20세기 초의 시대정신 속에서 만연한' 일종의 '위장복'이 아니었다. 비고츠키가 **10-1-10**에서 명확히 설명하듯 그의 '성격학'의 목적/계획은 개인 즉 인격과 성격의 역사의 기원을 확립하는 것으로 이는 다윈이 종의 역사를 확립한 것과 일맥상통하는, 심지어 비견할 만한 것이다. 프로이트와 파블로프가 제시하는 개인의 기원에 대한 비고츠키의 비판은 그들의 목적론이 아니라 결정론에 대한 것이었다.

프로이트나 파블로프에게는 사적유물론의 관점이 없었으나 다윈과 마르크스에게는 있었다. 그러나 그들의 관점은 모두 (최소한) 세 가지 방면에서 목적론적이었다. 첫째, 이들은 모두 먼 미래에 놓여 있는 목적에 대한 (자연선택이나 계급투쟁을 통한) 적응을 포함한다. 둘째, 이들은 모두 현재를 통해 과거를 설명하려 했다(인간의 해부는 원숭이 해부의 열쇠이다). 끝으로 미래에 대한 이들의 태도는 결정론적이 아니라 개연적으로, 확실한 현재로부터 가능한 미래를 고려한다. 목적론은 '관념론적'이거나 결정론적이지 않으며 미래의 목적은 언제나 (불변의 관념이 아닌) 물질적 제반 환경의 변화에 의존한다.

**10-3-10]** 그러나 역동적 이론은 목표 반사의 존재, 즉 정신의 최종 지향성이라는 사실을 언급하는 것에 국한될 수 없다. 역동적 이론은 목표 반사가 어떻게 발생하는지, 미래를 지향하는 행동 형태의 인과적 조건과 결정 요인이 무엇인지 알고자 한다. 이 질문에 대한 답은 파블로프의 공식, 즉 장애물의 존재에 있다. 파블로프 이전 심리학이 입증했듯이, 장애물의 존재는 목표를 **달성**하기 위한 주요 조건일 뿐만 아니라, 목표의 **출현**과 **존재** 자체를 위한 필수적인 조건이다.

**10-3-11]** 이처럼 성격의 역동 이론이 바탕으로 하는 두 가지 기본적인 심리학적 명제-미래를 통한 심리적 태도의 설명, 정신 발달에서 보상의 원리-는 서로 내적으로 연결되어 있음이 드러난다. 즉, 하나는 본질적으로 다른 하나의 역동적 연속으로(즉, 미래에 대한 심리적 지향이 장애물에 부딪힐 때마다-K) 작용한다. 장애물의 존재는 심리적 행위에 '목표'를 만든다. 즉, 정신의 발달에 미래의 전망을 도입하는 것이다. 그러나 이 '목표'의 존재는 보상으로의 욕망을 자극하게 된다. 이(미래를 지향하는 심리적 태도와 보상을 추구하는 노력-K)는 동일한 심리 역동적 과정 속의 두 계기이다.

**10-3-12]** 그러면 여기서 전개된 견해의 내적 논리를 완전히 이해하기 위해 다음을 지적하도록 하자. 우리가 의존하는 세 번째 기본 입장, 즉 발달 과정의 사회적 조성의 원칙 역시 나머지 두 가지와 내적으로 연결되어 있으며, 인과적 계열에서는, 모든 것을 결정하는 첫 번째의 계기를, 그러나 역인과적 또는 목표 지향적 계열에서는 동일한 단일 과정 즉 **필연성으로부터의 발달**의 최종 또는 최후의 계기를 구성한다. 어린이가 성장하는 사회적 조건은 동시에 어린이의 부적응 영역 전체-이로부터 어린이 발달의 창조적 힘이 유래한다-를 구성한다. 어린이를 발달로 떠미는 장애물의 존재는 어린이가 진입해야 하는 사회적 환경의 조건에 뿌리를 두고 있다. 반면에 어린이의 전체 발달은 필요한 사회적

수준을 달성하는 방향을 향한다. 여기에 시작과 끝, 알파와 오메가가 있다.

**10-3-13]**  이 과정의 세 가지 계기는 시간 순서에 따라 다음과 같이 묘사될 수 있다. 1) 사회문화적 환경에 대한 어린이의 부적응은 그의 성장 경로에 강력한 장애물을 만든다(발달의 사회적 조성성 원리). 2) 이러한 장애물은 보상적 발달의 자극제가 되어 발달의 목표점이 되고 전체 과정을 지휘한다(미래 전망의 원리). 3) 장애물의 존재는 기능 향상을 고양하고 촉진하여 장애물의 극복으로 즉 적응으로 이끈다(보상의 원리). 개인과 환경의 관계가 과정의 시작(1)과 끝(3)에 있다는 사실은 이 과정을 폐쇄적이고 순환적인 형태로 만들어 이를 직접적인(인과적인) 측면과 역방향의(목표적인) 측면에서 고찰할 수 있게 한다. 부적응으로부터 적응이 태어난다. W. 스턴은 어떻게 약점에서 강점이, 결손에서 능력이 나타나는지를 바로 이 생각이 설명해 준다고 지적하며 이 생각을 다음과 같이 공식화한다. "나를 파괴하지 못하는 것은 나를 더 강하게 만든다"(참고 문헌 13, p. 145).

고야, Yo lo vi(나는 그것을 보았다), '전쟁의 참사'에서, 1810~1814.

이 작품은 프랑스 군대가 저지른 잔혹한 행위를 직접 목격한 그의 경험을 바탕으로 한 판화이며, 오늘날 그의 카프리초(글상자 **3-1-7** 참조)보다 더 유명하다.

비고츠키의 참고 문헌은 다음과 같다.

13. W. Stern. Die menschliche Persönlichkeit(인간의 인격). 1923. Was mich nicht umbringt, macht mich stärker("나를 죽이지 못하는 것은 나를 더 강하게 한다")는 사실 이 책의 145쪽에, 분트 이론과 아들러 이론의 설명 사이에 있지만, 이 구문은 원래 니체의 우상의 황혼 중 '격언과 화살' 부문의 8번째 경구이다. 나치는 이를 즐겨 인용했는데, 그 원문이 '전쟁이라는 인생의 학교로부터'로 시작하기 때문이다. 일부 저자들은 비고츠키가 니체의 영향을 받았다고 한다. 물론 독일어를 읽고 쓸 줄 아는 사람으로서 비고츠키는 헤겔, 칸트, 마르크스와 함께 단연코 니체를 읽었을 것이다. 그러나 그가 이 널리 알려진 경구를 스턴에게서 인용한 것으로 보아 그가 니체의 열정적인 독자는 아니었을 것이다.

고야는 결국 나폴레옹이 세운 왕이 통치하는 스페인을 위해 부역했다(고야는 외국 군대에 의해서라도 사회 개혁을 해야 한다고 믿었다). 하지만 고야는 자신이 본 것을 절대 잊지도 용서하지도 않았으며, 그의 판화 중 단 한 장도 그 잔혹 행위들을 정당화하지 않았다. 고야는 결코 강간이 여성을 강하게 만든다거나 자식을 살해하는 것이 그 부모를 강인하게 한다고 생각하지 않았다. 여기서도 우리는 한편으로 니체, 스턴, 아들러의 맹목적인 낙관론과, 다른 한편으로는 비고츠키가 손상학에서 교육학으로 발달시킨 현실론 사이의 심각한 모순을 발견하게 된다.

**10-4-1]** 그러나 우리가 약함에서 힘이, 결핍에서 능력이 어떻게 생겨나는지 안다면, 우리는 어린이 재능의 문제에 대한 열쇠를 손에 쥐게 된다. 역동적인 재능 이론은 당연히 미래의 문제이다. 지금까지는 물론이고 지금도 여전히 이 문제는 순전히 정적인 방식으로 해결되어 왔다. 연구자는 사실로서, 주어진 것으로서 어린이 재능성에 접근하고, 단 하나의 질문만을 던진다. (재능이-K) 얼마큼인가? 그는 재능의 요소가 아니라 점수에만 관심이 있다. 역동적인 어린이 성격 이론은 플러스와 마이너스 재능, 즉 어린이의 소질과 손상에 대한 새로운 변증법적 학설의 창조를 위한 전제 조건을 제공한다.

> 고갱과의 언쟁 후 고흐가 자신의 귀를 잘랐을 때, 남아 있는 귀의 크기는 그의 손상에 대해 아무것도 말해 주지 않으며, 더 나아가 그의 재능에 대해서도 전혀 말해 주지 않는다.
>
> плюс-и минус-одаренности("플러스와 마이너스 재능")이라는 용어를 사용함으로써, 비고츠키는 자신이 비판하고 있는 양적 관점으로 되돌아가고 있는 것처럼 보인다. 우리가 영재성을 하나의 단일한 것으로 생각할지라도, 결국 '플러스'와 '마이너스'는 양적 연산이다. '플러스와 마이너스 재능'은 단지 재능이 더 많거나 더 적거나 하는 문제로 보인다(그리고 '손상'은 재능의 정도가 '0'인 것과 같다. 이는 거짓말이나 지어내

반 고흐, 귀에 붕대를 감은 자화상, 1889.

기를 하지 못하며 심지어 목적 없이는 아무 일도 할 수 없는 파킨슨병 환자에 대해 비고츠키와 카시러가 말하는 '0도'의 상상력과 유사하다).

그렇지 않다. 첫째, 비고츠키가 실제로 의미하는 것은 사실 детской талантливости и дефективности, 즉 '어린이의 소질과 어린이의 손상'이다. 이들은 대립되는 개념이 아니라 각각 독립적인 두 가지이다. 둘째, 비고츠키와 아들러는 재능과 손상을 산술적 수치라기보다는 역동적인 것으로 본다. 즉 재능은 변증법적으로 부정의 부정(손상의 부정적 수용에 대한 부정)을 통해 나타난다. 셋째, 가장 중요한 점은 '어린이의 재능과 어린이의 손상'이 평가 도구(예컨대 청력 검사, 시력 검사표, IQ 검사)가 아니라 사회적 목표에 의해 정의된다는 것이다. 재능 그리고/또는 능력의 질적 차이는 양적 차이에서 비롯되지만 결코 양적 차이로 환원될 수 없다.

반 고흐의 털모자를 통해, 우리는 아를에 있던 그의 집이 얼마나 추웠을지 짐작할 수 있다. 한쪽의 빈 이젤과 다른 한쪽의 아름다운 일본 판화는 그가 그리고자 했던 이상과 실제 작품의 큰 간극을 보여준다.

**10-4-2]** 이전의 원자론적이고 양적인 관점은 곧바로 스스로의 완전한 이론적 파산을 드러낸다. "'기억력이 나쁜' 사람을 상상해 보자. 그가 이것을 알고 있으며, 연구가 무의미 음절에 대한 나쁜 기억력

을 드러냈다고 상정해 보자. 심리학에서 확립된 usus(용법-K)−이제는 abusus(오용-K)라고 불려야 한다−에 따르면, 이 사람은 유전이나 질병으로 인해 기억 능력의 결손을 겪는다는 결론을 내려야 한다. 엄밀히 말하면, 일반적으로 이 연구 방법에서는 결론에 전제에서 이미 표현된 내용이−예를 들어, 이 경우 누군가 기억력이 좋지 않거나, 단어를 몇 개 기억하지 못한다면, 그는 기억력이 좋지 않다− 포함된다. … 질문은 다음과 같이 해야 한다. 기억력이 약한 목적은 무엇인가? 이것은 무엇을 위해 필요한가? 우리는 전체 개인에 대한 밀접한 지식으로부터만 이 목표를 알 수 있으므로, 부분에 대한 우리의 이해는 전체에 대한 이해에서 비롯된다"(참고 문헌 9, p. 3).

러시아어 선집의 편집과는 달리 이 문장은 대부분 아들러의 다음 저서를 직접 인용한 것이다.

9. A. Adler, Praxis u. Theorie d. Individualpsychologie(개인심리학의 실천과 이론). 1924.

**10-4-3]** 역동적인 관점을 통해 우리는 재능과 손상을 동일한 보상 과정의 두 가지 다른 결과로 간주할 수 있다. 물론, 어떤 손상이나 결핍이 있다는 사실만으로 과보상이 이루어지거나 손상이 재능으로 전환되는 데 충분하다고 가정하는 것은 과학적 근거가 전혀 없는 낙관주의일 것이다. 과보상 과정이 일어나는 유기체 내적, 외적 조건과 무관하게, 과보상이 모든 손상을 장점으로 전환시킨다면 이는 생물학적 과정이 아니라 마법 같은 과정일 것이다. 이런 생각을 터무니없는 지경까지 끌고 가서 모든 손상이 더 높은 발달을 보장한다고 하는 것보다 더 왜곡되고 거짓된 시각을 제시할 수는 없다. 만약 그랬다면 삶은 아주 쉬운 일이었을 것이다.

**10-4-4]** 그러나 실제로 과보상은 하나의 투쟁이며, 모든 투쟁이 그러하듯이 그것은 극단적으로 반대되는 두 결과-승리 또는 패배-로 귀결될 수 있다. 또, 모든 투쟁이 그러하듯 그 결과는 대립하는 양쪽 힘의 관계에 좌우된다. 이 경우 결과는 손상의 크기와 보상 자원의 풍부함, 곧 유기체의 예비군 병력에 달려 있다.

**10-4-5]** 보상이 성공하면 우리 앞에는 아이의 재능, 소질, 전적인 혹은 심지어 과보상된 발달의 모습이 펼쳐진다. 보상이 성공하지 못하면 우리 앞에는 저하된, 온전치 않은, 지연된, 왜곡된 발달이 나타난다. 이 과정의 한 극단은 천재성에, 다른 극단은 신경증에 맞닿아 있다. 신경증, 질병으로의 도피, 심리적 위치의 완전한 비사회성은-삶의 계획 전체를 잘못된 길로 인도하고 어린이의 주선율과 성격을 왜곡하는- 허구적 목표를 증언한다. 실패한 보상은 질병을 이용한 방어적 투쟁으로 바뀌고, 패배자는 자신의 약점을 이용해 자신을 방어한다.

**10-4-6]** 이 두 극단적인 사례 사이에 최소에서 최대까지 가능한 모든 수준의 보상이 존재한다. 이는 우리가 가장 자주 언급하고, 실제적으로 접하는 어린이 재능의 모습이며, 우리에게 매우 익숙한 모습이다. 역동적인 접근 방식이 지닌 참신함은 재능과 그 특별한 유형에 대한 양적 평가에 대한 변화보다는, 오히려 이 평가에 자체적 가치를 부여하지 않는다는 데 있다. 손상 **자체**는 전체 발달에 대해 아무런 이야기도 해주지 못한다. 어떤 손상을 가진 어린이는 바로 손상 아동이 아니다. 손상과 더불어 그 극복을 위한 자극이 주어진다.

**10-4-7]** 언어적 결함이 있었던 데모스테네스는 그리스에서 가장 위대한 연설가가 되었다. 그는 자신의 타고난 손상을 의도적으로 악화시키고 장애물을 강화하고 증가시킴으로써 자신의 위대한 예술을 터득했다고 전해진다. 그는 입에 자갈을 가득 물고, 귀가 먹을 듯한 파도 소리를 목소리로 이겨 내려 노력하며 연설 연습을 했다. se non è vero è ben trovato. 이탈리아 속담처럼, "사실이 아닐지라도, 딱 맞아떨어진다." 완벽함에 이르는 길은 어려움의 극복을 거친다. 기능의 난관은 그것을 개선하려는 동기가 된다. per aspera ad astra(거친 바위를 넘어 별로-K).

**10-4-8]** 선천적 맹인인 손더슨은 기하학 교과서를 집필했다. 농맹인 헬렌 켈러는 유명한 작가이자 낙관주의의 전도사가 되었다. 카미유 데뮐랭은 말 더듬이이자 동시에 뛰어난 연설가였다. 청력 손상으로 고통을 겪다가 나중에 귀가 먹은 베토벤이 위대한 작곡가가 된 것은 우연이 아니다. 전신불수였던 스틸리초와 토르스텐손은, 번개같이 빠른 부대 이동 속도로 유명한, 위대한 장군이 되었다.

손더슨에 대해서는 **9-4-2**, 데뮐랭에 대해서는 **3-1-7** 글상자 참조.

*F. 스틸리초(Flavius Stilicho, 서기 359~408)는 반달족과 로마인 사이의 혼혈 장군으로, 부하들의 반란으로 아들과 함께 추방당할 때까지 북아프리카와 유럽에서 로마 제국을 위해 싸웠다. 하지만 그 이전에, 적어도 그가 참수당하기 전까지는, 그가 불수가 되었다는 기록은 없다.

*L. 토르스텐손(Lennart Torstenson, 1603~1651)은 스웨덴의 구스타부스 아돌푸스 휘하에서 복무했다. 그는 스웨덴이 유럽을 정복하고 복음을 전파하려던 '30년 전쟁'에서 포로로 잡혔다. 그는 감옥에서 전신불수가 되었다. 포로 교환으로 풀려난 그는, 들것에 실려 자신의 부대를 따라다녀야 했지만, 적들을 공포에 떨게 했던 스웨덴의 장군으로 이름을 떨쳤다. 그는 불수로 인해 여러 차례 제대를 요청했고, 결국 제대가 승인된 후 다섯 명의 아이를 두었다.

10-5-1] 내적 모순은 유기체적 결핍과 정신적 보상 사이의 대립에 대한 아들러의 임의적 명명인 '정신 물리학적 대조'의 노선을 따라 성격의 전체 발달을 지휘한다(*-K). 어린이가 "근시라면 모든 것을 보고 싶어 하고, 비일반적인 청력을 갖고 있다면 모든 것을 듣고 싶어 하며, 말하기의 어려움이나 말더듬을 겪는다면 항상 말하고 싶어 한다. … 날고 싶어 하는 욕구는 이미 점프하는 데 큰 어려움을 겪는 아이들에게 가장 두드러질 것이다"(참고 문헌 9, p. 57). 이러한 "유기체적으로 주어진 결핍과 욕망, 환상, 꿈 사이의 모순 즉 보상을 향한 정신적 열망"에 모든 문화화의 출발점과 원동력이 있다.

> *아들러가 정신적 보상에 대해 논할 때는 항상 이것을 에너지 기금의 전환, (대뇌 자극의 영향하에 있는) 유기체의 전환으로 이해해야 한다(MGPPU 편집자 주).
>
> 편집자의 주석은 아들러의 이해나 비고츠키의 의도와 전혀 무관하다. 아들러에게 보상은 열등감에 대한 반응이고 비고츠키에게 보상은 사회적 부정의에 반응하는 행동 방식 중 하나이다. 에너지 기금, 유기체, '대뇌 자극' 등은 이와 아무 상관이 없다.

10-5-2] 이러한 이해에서 성격은 특정한 의미를 획득하며, 그에 대

한 나름의 설명을 가지게 된다. 프로이트는 성격학적 삼위일체(깔끔함, 인색함, 완고함)와 항문적 에로티시즘과의 관련성에 대해 잘 알려진 테제를 제시했다. 또 다른 테제는 다음과 같다. "요실금으로 고통받는 사람들은 지나치게 강한 열정이 있다는 특징이 있다"(참고 문헌 14, p. 23). "이러한 현상의 연결에 대한 내적 필연성"은 이 이론의 저자조차도 완전히 명확히 하거나 이해하기는 어렵다(참고 문헌 14, p. 20). 우리는 다음과 같이 질문할 권리가 있다. 이러한 성격적 특성은 미래의 삶 전체에 어떤 의미를 지닐까? 이 삼위일체와 항문적 에로티시즘 사이에는 어떤 관련이 있을까? 왜 이 특성은 행동의 **전체 삶**을 규정하는가? 이 특성이 퇴화하지 않게 돕는 것은 무엇이며 이 특성을 키우는 것은 무엇일까? 이 특성이 성격의 심리적 기능 체계에 필요한 이유는 무엇일까?

고야, 카프리초 69번 Sopia(퓌어라), 1799.

고야는 어른이-종종 나체로-소아 에로티시즘으로 장난치는 카프리초를 여러 편 남겼다.

비고츠키는 여전히 널리 회자되는 프로이트의 이론을 인용하고 있다. 그에 따르면 성인의 항문기적 성격은 유아 초기-아이의 성적 쾌감 추구 대상이 (수유기의) 입에서 (배변 훈련기의) 항문으로 이동할 때-에 이미 형성된다고 한다. 세 가지 고착은 다음과 같다. 지나친 질서정연함Ordentlich-엄격한 배변 훈련 때문에 형성된다. 검약성sparsam-배변을 억제해 항문 자극을 즐기는 습관에서 비롯된다. 경직성eigensinnig-프로이트가 '배설물로 부적절한 행위를 하는 것'이라 일컬은 경험 때문에 생기며,

배설과 위생에 대한 집착과 강박을 낳는다. 프로이트는 지나친 질서정연함ordenlich, 검약성sparsam, 경직성eigesinning이라는 세 성향이 꾸준히 결합된 사람은 선천적으로 매우 강한 항문적 에로티시즘—예컨대 항문 자위나 항문 성교 등을 추구하려는 충동—을 타고난 사람이라고 단언한다. 비고츠키가 말했듯 그 이론은 상당히 공상적이며, 프로이트 자신에게조차 완전히 신빙성이 있는 것은 아니다. 적어도 고야의 마녀 그림들은 성격론적 의도로 그려진 것이 아니었다—고야는 마녀의 존재를 믿지 않았다.

프로이트, S. (1908). 성격과 항문 에로티즘. J. Strachey(편역). 프로이트 전집(제9권, pp. 169~175). 런던: 호가스 프레스.

이 연관성의 내적인 필연성은, 물론, 나 자신에게조차도 분명하지 않다. 그러나 나는 그것을 이해하는 데 도움이 될 만한 몇 가지 제안을 할 수 있다. 청결, 질서정연함, 신뢰성은, 불결하고 불쾌하며 몸의 일부여서는 안 됨에 관한 관심에 맞서는 반동형성의 인상을 정확히 준다. (더러움이란 제자리에 안 있는 물질이다.) 고집스러움이 배변 욕구와 연결된다는 점을 이해하기가 쉽지 않을지도 모른다. 하지만 아기도 배변할지 말지 스스로 고집부리는 것을 떠올려 보라. (⋯) 또 항문을 쓰다듬도록 유혹하는 몸짓은 고대와 마찬가지로 오늘날에도 무례한 도전이나 경멸의 표시로 쓰이는데, 이는 억압으로 가려진 은밀한 애정 표현이 본래 의미였음을 시사한다. (⋯) 마지막으로, 얼핏 보면 전혀 다른 듯한 돈에 대한 집착과 배변에 대한 집착이 사실상 가장 긴밀하게 얽혀 있다는 점은 주목할 만하다.

**10-5-3]** 반대로, 어린이의 청력 부족(청력 감소)에서 비롯된 **예민함,** 의심, 불안, 호기심 등과 같이, 손상을 보상하고 그 위에 심리적 보호의 상부구조를 만들려 하는 기능들이 어떻게 반응 형성과 과잉 보상을 통해 발달하는지 드러나게 된다면, 우리에게 성격의 **논리,** 그 사회심리학적 법칙성이 의미 있고 이해 가능해지게 된다. 프로이트에게 성격의 특

징은 "자신의 변함없이 존재하는 원초적 충동의 존재"를 드러낸다(참고 문헌 14, p. 23). 성격은 **먼 과거**에 뿌리를 둔다. 아들러에게 성격은 **미래**를 향한다.

"저자가 여기서 가장 용납할 수 없고 반동적인 프로이트의 성격론적 입장을 아들러의 친생식적 접근과 대조하여 제시한 한 것은 매우 옳다"(MGPPU 편집자 주).

이는 편집자의 희망 사항이다. 사실, 비고츠키는 프로이트를 용납할 수 없거나 반동적이라고 부르지 않았다. 이는 비고츠키의 프로이트에 대한 과학적 비판과는 전혀 무관한 속물적이고 정치적이며 선동적인 기회주의를 시사한다. 또한 아들러의 접근법에는 "친생식적"(즉, 아기의 생산에 초점을 맞추는)을 암시하는 부분이 전혀 없다.

그러나 프로이트는 자신의 이론에 대한 의구심에도 불구하고 처음부터 끝까지 결정론적인 명제를 고수한다. 서두에서 프로이트는 그가 말하는 항문 파지적 사람(질서 있는 사람, 검소한 사람, 완고한 사람)은 "항문 부위의 성감대가 매우 강한 성적 체질을 타고난다"라고 말하며, 결론에서 이러한 성격적 특징이 항문 성교를 하는 동성애자들에게 특히 강하다고 추측한다. 이어서 그는 다른 성격적 특징들도 이런 방식으로 쉽게 "설명"될 수 있다고 주장한다.

"우리는 일반적으로 다른 성격 복합체들 역시 특정 성감대의 자극과 연관성을 보이는지 여부를 고려해야 한다. 현재 나는 단지 이전에 야뇨증으로 고통받았던 사람들의 강렬한 '불타는' 야망에 대해서 알고 있을 뿐이다. 어쨌든 우리는 본능적 구성 요소로부터 최종 형태의 성격이 형성되는 방식을 다음과 같이 공식화할 수 있다. 영구적인 성격 특성은 원래 본능의 변하지 않은 연장이거나, 그 본능의 승화이거나, 또는 그에 대한 반동적 형성인 것이다."

**10-5-4]** 꿈의 해석에서처럼, 프로이트는 어제의 잔해와 먼 유년기

의 체험을 출발점으로 삼지만, 아들러는 꿈을 군사 정찰 임무, 미래를 탐색하고 미래의 행동을 준비한다는 관점에서 시작한다. 바로 인격의 구조 학설, 성격 학설에서 (아들러의-K) 새로운 이론은 심리학자에게 대단히 가치 있는 **미래의 관점**을 도입한다. 그것은 보수적이고, 과거지향적인 이론의 속박으로부터 우리를 해방시킨다. 사실상, 프로이트에게 있어 인간은 수레에 묶인 죄인처럼 과거에 묶여 있다. 그의 인생 전체가 유아기의 기초적인 성적 조합에서부터 결정되며, 모든 것은 유년기 갈등을 제거하는 것으로 전적으로 환원된다. 어째서 그다음에 일어나는 모든 갈등, 외상, 경험들이 전체 인생의 기둥과 핵심을 이루는 유아기의 것들 위에만 쌓이는지에 대해서는 이해 불가능한 채로 남겨져 있다.

**10-5-5]** 새로운 이해에 따르면, 미래에 대한 혁명적 전망은 인격의 발달과 삶을 단일한 과정으로, 즉 사회적 존재의 요구에 의해 윤곽이 그려진 최종 지점, 피날레를 향하여 객관적인 필연성을 가지고 **나아가려고 노력하는** 과정으로 이해할 수 있게 해 준다.

**10-5-6]** 현대 심리학 사상 중에 교육학, 문화화 이론과 실제에 이 사상만큼 엄청난 의미를 지닌 사상은 없다(*-K). 미래에 대한 심리학적 전망은 문화화의 이론적 가능성이다. 어린이는 본성상 어른들의 사회에서 항상 자신이 열등하다고 느낀다. 그의 위치는 처음부터 그가 연약함, 불안감, 어려움을 키워나갈 밑바탕이 된다. 아이는 태어나서 수년 동안 독립적인 존재에 적응하지 못하고, 이러한 적응 불가능성, 즉 유년기의 곤궁함이 그의 발달의 근원이 된다. 기능 곤란은 신체 장기의 선천적 결손과 같은 방식으로 작용한다. 즉, 열등감과 과보상에 대한 욕구를 만들어 낸다. 따라서 어린 시절은 열등감과 과보상의 전형, 즉 사회 전체와의 관계에서 위치를 획득하는 시기이다. 이러한 정복 과정에서 생물학적 유형으로서의 인간은 사회적 유형으로서의 인간으로 변형된다. 동물적 유기체가 인간적 개인이 된다. 이러한 자연적 과정에 대한

사회적 숙달을 문화화라고 부른다. 어린이의 발달과 형성의 가장 자연스러운 과정에 (어린이의 발달노선과 교차하는) 사회적 존재라는 요구에 의해 결정되는 미래에 대한 전망이 포함되지 않는다면 문화화는 불가능할 것이다.

10-5-7] 문화화에서 통일된 계획의 가능성 자체, 그것(문화화-K)의 미래를 향한 태세는 문화화가 숙달하고자 하는 발달 과정 자체에 그런 계획이 존재함을 증명한다. 본질적으로 이것은 오직 한 **가지**를 의미한다. 바로 어린이의 발달과 형성은 **사회적으로 지향된** 과정이라는 것이다. 륄레는 이러한 삶의 노선에 대해 이렇게 말한다. "이것은 그(어린이)의 아르망드(원문 그대로, 아리아드네-K)의 실이며, 그를 목표로 이끌어 간다. 시간이 지남에 따라 모든 정신 기능이 선택된 방향으로 흐르고, 모든 정신 과정이 고유한 표현을 갖게 되면서, 정해진 삶의 계획을 포괄하고 윤곽을 그리는 전술적 기법, 열망, 그리고 역량의 총합이 형성된다. 이것이 바로 우리가 성격이라고 부르는 것이다"(참고 문헌 8, p. 12).

아리아드네를 아르망드로 표기한 오류는 마지막 정오표에 기록되어 있다. 크레타 왕의 딸이었던 아리아드네는 테세우스가 미노타우로스에 맞서기 위해 미궁으로 들어갔을 때 그에게 실타래를 주어 그가 미궁에서 빠져나올 수 있게 도와주었다.

테세우스와 아리아드네(기원전 7세기, 크레타).

**10-5-8]** 이 경로를 통해 아동학의 많은 중대한 발견이 이루어졌다. K. 그로스는 S. 홀과 생물발생론에 반대하며, 고전이 된 그의 뛰어난 연구에서, 놀이가 동물과 인간 어린이에게서 나타나는 자연스러운 자기문화화의 기본 형태로서, 과거와의 연관이 아니라 미래 지향성으로 이해되고 설명될 수 있음을 보여 주었다. 그는 이렇게 묻는다. "홀의 이론으로 어린 호랑이가 먹이로 장난치는 것을 설명할 수 있을까?"(참고 문헌 15, p. 767). 이 한 문장에 미래로부터 설명이라는 전체 사상이 담겨 있다. 그로스에게 놀이는 "복잡한 삶의 과제를 수행할 때 선천적 반응이 불충분한 상태", 즉 부적응에서 비롯된다. 유년기는 "생존에 필요한ー 그러나 선천적 반응으로부터는 직접 발달하지 않는ー 적응을 획득하는 생물학적 시기이다." 곧 결핍을 보상하는 시기이다. 따라서 놀이는 어린이의 자연스러운 자기문화화이며 미래를 위한 연습인 셈이다(참고 문헌 15, p. 71).

**10-5-9]** 최근, 연습의 심리적 본질에 대한 새로운 관점-이는 본질적으로 그로스의 아이디어를 더욱 발전시킨 것이다-이 제시되고 점차 더 많은 지지를 얻고 있다. 이 관점에 따르면, 연습은-이는 발달 및 문화화 과정, 그리고 인격 개발 과정에서 가장 중요한 기능이다- 일반적으로 과보상의 과정이다(참고 문헌 16, p. 17)(\*-K)

> \*결코 과보상 하나와만 관련된 것은 아니다.-편집자 주.

**10-5-10]** 그로스의 놀이 이론과 새로운 연습 이론에 비추어 볼 때만 어린이 운동이 지닌 교육적 의미와 문화화적 뜻을 진정으로 이해하고 평가할 수 있다. 아동학적 관점에서 어린이 운동은 세계적인 규모에서 대규모 아동에 의한 **놀이의** 합리화, 조직화 경험으로 간주되어야 한다. 혁명적 시대의 놀이(즉, 직접적인 정치적 환경과 연결된 놀이-K)는 모든 놀이와 마찬가지로 아동을 미래에 대비시키고 미래 행동의 기본 노선을 정립한다(\*-K). 인격 발달이 선천적인 최초 충동의 수동적 전개라면, 이러한 놀이의 아이디어와 실천 자체가 불가능했을 것이다. 인간의 삶 전체를 어린 시절부터 하나의 연속된 실로 의식적으로 확장하고 역사가 풀어낸 단일 노선을 따라 이끌어 간다는 아이디어는 성격이 타고나는 것이 아니라 창조된다는 조건에서만 유지될 수 있다.

> \*"저자는 어린이 운동 전체를 놀이로 환원하는 오류를 범하고 있다. 어린이 운동은 어린이의 감정적 내용에서 출발하는 동시에 가장 선명하고 사회적으로 강력한 놀이와 노동의 종합이다."-편집자 주.

편집자는 각주에서 비고츠키를 질책한다. 어린이 운동은 피오네르 단이나 보이스카우트와 같은 청소년 단체 활동을 의미한다. 당시 소련에서는 교육적 목적을 제외하고는 아동 노동이 불법이었다. 편집자는 아이들이 미래의 직업(예: 전쟁 게임이나 소꿉놀이)을 '역할 놀이'를 하는 것을 의미한다고 보았다. 이는 분명 '강력한 종합'이지만, 놀이는 현실적인 반면 노동은 완전히 상상적이며, 순전히 상상적인 것이 발달의 중심 노선을 형성한다는 생각은 다소 이상주의적인 것이다.

비고츠키가 '국제적' 놀이, 즉 놀이가 다른 나라에서도 동일한 형태로 나타난다는 경험적 사실을 강조한 것에 주목하자. 동시에 '혁명적' 놀이, 즉 당시 소련의 특정 놀이 형태가 직접적인 역사적 조건의 영향을 받았다는 경험적 사실을 언급한 것에 주목하자. 이것은 모순이 아니다. 예전 유치원 어린이들은 우체부 놀이를 하며 놀았지만 요즘 어린이들은 배민놀이, 택배놀이를 하며 역할놀이를 한다. 역할은 다양화되었으나 놀이의 규칙은 유사하다.

**10-5-11]** 전개가 아니라 개발—이것이 성격 출현의 과정에 대한 정확한 용어이다. 바로 이 관점이 사회적 양상에서의 인격을 이해하는 열쇠를, 그 계급적 성격을—관습적, 은유적 의미에서가 아니라 인격의 생물학적 구조에 찍힌 계급적 각인에 대한 실재적, 구체적 의미에서— 이해하는 열쇠를 제공한다. A. 잘킨트는 정적인 이론의 근본적 단점은 그러한 이론들이 다음과 같은 사실에 대해 빠지는 모순, 즉 각 사람은 다만 생물학적일 뿐 아닌 역사적 통합체이며 그의 성격 안에 역사적 모습들을 내포하고 있다는 사실을 마주할 때의 모순에 있다고 지적한다. "계급적 지위(착취자 또는 피착취자의 위치), 역사적 시대(혁명, 반동)가 하나의 유형이나 또 다른 유형의 성격으로 이끌 수 있는가?"(참고 문헌 3, p. 178). 이 질문은 성격을 이해하는 두 가지 방식을 가르는 경계를 명확하게 긋는다. 하나는 성격을 생물학적 운명으로 본다. 그러면 "시대와

계급은 … 이러한 개인의 '순환적', '분열적'인 생물학적 압력 아래에 불가항력적인 편향성을 갖게 된다([종교-K]개혁, 프랑스 혁명)". 다른 하나는 성격을 인격의 역사적 형태로 보는 것이다.

그렇다면 위대한 잠자는 거인은 누굴까? 의식을 잃은 그리스도 같은 개인인가, 아니면 혁명의 깃발로 그의 머리칼을 이루고, 그의 입에서 쏟아져 나와 그를 깨우려 애쓰는 양심적인 사회적 대중인가?

비고츠키는 잘킨트를 인용하고 있는데, 잘킨트는 제1차 세계대전 이전에는 아들러의 개인심리학을 추종했으나 그 뒤로 훨씬 더 비판적인 입장으로 돌아섰다.

고야, 위대한 잠자는 거인, 1824~1828.

이름이 시사하듯이, '개인심리학'은 일종의 방법론적 개인주의이다. 아들러는 정신과 의사였고, 그의 환자들은 분석 단위로서 각각 개별 사례로 제시되었다. 방법론적 개인주의자들에 따르면, 개인은 자유의지를 지니고 있으며, 바로 그 때문에 프로테스탄트 종교개혁이나 프랑스 혁명과 같은 역사적 사건들은 오직 거꾸로, 즉 목적론적으로만 이해될 수 있다. 예컨대 종교개혁은 마르틴 루터가 내린 일련의 선택들이 낳은 결과였고, 이는 그의 정서적 순환—곧 고양기(자신이 하느님께 특별히 선택되어 구원받았다고 느낄 때)와 우울기(구원이 개인의 노력으로는, 그리고 결코, 얻어질 수 없다고 느낄 때)—을 그대로 반영한다. 마찬가지로 프랑스 혁명의 향방도 로베스피에르와 뒤이은 나폴레옹 같은 인물들이 내린 선택의 결과였으며, 그들의 분열성 성격을 반영한 것이었다. 방법론적 개인주의라는 개념은 오늘날에도 여전히 매우 중요하다. 아들러의 아동 지도 클리닉에서 일했던 칼 포퍼는 바로 이 개념을 토대로 역사주의 비판을 세웠으며, 비고츠키 연구에서는 르네 반 데 비어와 나탈리 뷸 같은 학자들이 이를 대표한다.

고야는 프랑스 혁명기를 직접 겪으면서 그 분열성 성격을 매우 구체적으로 이해했다. 한편으로 혁명은 스페인에 절실한 개혁을 가져왔지만, 다른 한편으로는 대규모의 잔혹성을 수반했다. 때로 고야는 그 잔혹성을 강조하기도 한다(10-3-13 글상자 참조). 그러나 고야에게ー그리고 잘킨트와 비고츠키에게도ー 이 역사적 시기의 분열적 특성은 개인의 선택이 낳은 결과가 아니라, 오히려 그 선택을 일으킨 원인이었다. 즉, '인물의 각성'은 사회적 운동의 산물이지 그 반대가 아니다.

**10-5-12]** 첫 번째 관점은, 성격을 출생의 순간에 준비되고 형성된 특징들의 집합체로 간주한, 콩페레의 유명한 명제에서 표현되었다. 그는 말한다. "역설에 빠지지 않고, 나중에 부지런해질 어린이는 이러한 성향을 젖병을 잡고 쥐는 방식으로 드러낸다고 말할 수 있다"(참고 문헌 18, p. 261). 다시 말해, 성격은 사람과 함께 태어나며, 이미 신생아가 젖병을 잡고 쥐는 방식으로 주어진다.

비고츠키의 참고 문헌은 비고츠키가 편집한 라주르스키와 네차예프의 교과서에서 가져온 것이다.

18. Сб. 《Душевная жизнь детей》("어린이의 영적 생활") под ред, 라주르스키와 나차예프. Изд,《Польза》, 1.

*J-G. 콩페레(Jules-Gabriel Compayré, 1843~1913)는 남부 프랑스 출신의 교육자이자 온건파 정치인이었다. 그는 루소, 페스탈로치, 헤르바르트와 같은 소위 '위대한 교육자'들에 대한 책으로 유명하다.

**10-5-13]** 이와 대조적으로 K. 그로스는 놀이가 우리를 유전적 본성으로부터 '획득된' 새로운 인간 본성으로 이끈다는 점에서 "혹은 옛 표현을 변형된 의미로 여기서 사용한다면— 인간을 옛 아담에서 새로운 아담으로 이끈다"라는 점에서 엄청난 생물학적 의미를 본다(참고 문헌 15, p. 72). 하지만 성격은 새로운 아담이며, 인간의 새로운 두 번째 본성이다.

고야, 올리브 산 위의 그리스도, 1819.

성 바울에게 그리스도는 '두 번째 아담'(신이 직접 만든 인간)이었다. 새로운 아담은 원래의 아담이 실패한 지점을 이어 나가 그가 초래한 죽음을 대신해 생명을 가져올 이였다. 고야의 그림에서 천사는 그리스도에서 생명선(마지막 장)을 건네고 있으며 그리스도는 결국 그것을 받아들인다.

10-6-1] 아들러의 학설은 종종-특히 독일과 오스트리아 사회민주주의 계열에서- 마르크스의 학설과 연결된다. C.(원문대로) 뤼레는 이렇게 썼다. "프로이트는 오늘날까지 자신의 가르침이 지배 계급의 이익에 도움이 되도록 모든 노력을 기울였다. 이와 대조적으로 A. 아들러의 개인심리학은 본질적으로 혁명적이며, 그 결론은 마르크스의 혁명적 사회학의 결론과 완전히 일치한다." 따라서 그는 자신의 저서에서 "마르크스와 아들러의 종합을 추구한다"(*-K)(참고 문헌 8, p. 5). 다른 저자들은 계급투쟁의 심리학을 전개하는 데 동일한 학설을 적용한다. 그들은 모두 "개인심리학과 마르크스주의는 양립할 수 없는 것이 아니라, 오히려 서로를 심화시키고 비옥하게 할 수 있다"(참고 문헌 19, p. 19)라는 것에서 출발한다.

> *"물론 여기서 중요한 점은 '마르크스와 아들러의 종합'이나 아들러주의에 의한 마르크스주의의 '심화'가 아니라, 마르크스주의적 교육사상이 아들러의 성격론에서 가치 있는 것을 어떻게 활용하느냐에 있다. 사회생물학적 관점에서 볼 때 아들러의 사상에서 형이상학을 제거한다면 그의 사상은 실제로 많은 것을 제시한다."-편집자 주.
>
> C. (sic) 뤼레는 물론 O. 뤼레의 오식이다. 이러한 오식은 이 원고가 그리 주의깊은 청자가 아닌 속기사에 의한 속기록임을 시사한다. 이는

**10-6-2]**  최근 몇 해 사이, 이 심리학적 경향은-특히 그중에서도
응용·실천적 교육학 분야에서- 독일과 오스트리아의 사회주의적 문
화화 이론 및 실천에 커다란 영향을 드러낸다. 교육학이야말로 이 심리
학적 학설의 가장 핵심적인 영역을 이룬다. 카니츠는, 이 학설이 환경과
문화화의 중요성을 전면에 부각시키기 때문에 사회주의 노동운동에 대
단히 중요한 의의를 지닌다고 썼다. "이 학설은 '우리의 사회적 존재가
우리의 의식을 결정한다'라는 마르크스의 말에 대한 심리학적 근거를
제공한다"(참고 문헌 20, p.165). 특히, 그는 이 학설에서 도출되는 실천적
결론, 즉 문화화에 대한 그 이론의 적용은 자본주의 체제나 그 문화적
환경과 충돌하게 된다는 점을 강조한다. "한마디로, **실천에 옮겨진 개인
심리학은 자본주의 사회 질서의 틀을 뒤흔든다.** 이 경향의 모든 부르주
아 심리학자(즉, 아들러를 따르면서도 사회주의자가 아닌 심리학자-K)는 언
젠가 어디선가에서 자기만의 다마스쿠스를 체험하게 될 것이다(참고 문
헌 20, p.164). 1925년 베를린에서 열린 개인심리학 학회에서 저자(O. F.
카니츠-K)는 다음과 같은 테제를 내놓았다. "개인심리학은 대중의 세계
관에", 곧 사회주의에 "뿌리를 둬야만 대중 속으로 파고들 수 있을 것이
다"(참고 문헌 20, p.164).

제국의 궁전을 인수하여 학습의 전당으로 탈바꿈시켰다. 유대인이었기에 나치가 오스트리아를 점령했을 때 국외로 망명해야 했으나, 1938년 제자들과 함께하기 위해 귀환하여 끝내 부헨발트 강제수용소에서 희생되었다.

**10-6-3]**　이미 말했듯이, 개인심리학과 마르크스주의의 상호관계라는 매우 복잡하고 논란의 여지가 많은 문제는 한편에 제쳐 두겠다. 그러나 우리는 이 문제의 사실적 상황을 명확히 밝히기 위해 이 학설 내에 양극단의 경향이 존재한다는 점을 지적하는 것이 필요하다고 생각한다.

**10-6-4]**　아들러의 학설은 혼합적이고 복잡한 철학적 토대에 기초하고 있다. 한편으로 그는 막스 아들러에 동의하며, 다른 누구보다 마르크스의 사상이 개인심리학에 중요한 의미를 가질 수 있다고 주장한다(참고 문헌 21, p. 223). 반면에 그는 베르그송, 스턴, 그리고 다른 관념론자들의 사상을 열렬히 수용하며, 그의 사상 중 많은 부분이 그들의 철학적 주요 관점과 일치한다는 점에 주목한다. 모든 공평성을 기하며, 아들러는 자신의 의도나 과제에 개인심리학과 철학 사이의 관계를 확

립하는 것이 포함되지 않는다고 말한다(참고 문헌 21, p. 221). 막스 아들러가 이 이론에 지식론적 토대를 부여하려 하며 "이 학설의 각 요소들은 순전히 경험적인 방식으로 발견된 연결로 이어진다"(참고 문헌 21, p. 213). 즉 이 이론은 철학적으로 일관된 나름의 방법론이 **전혀 없다**고 한 말은 옳다.

비고츠키는 M. 아들러Max Adler를 인용하고 있다. 그는 빈대학교 교수이자 카니츠가 이끄는 쇤부른 궁전의 진보 교사 그룹의 일원이었다. 아들러는 매우 흔한 유대계 이름으로 막스 아들러와 알프레드 아들러는 (비록 이 둘은 서로 알고 있었으나) 인척 관계는 아니다. M. 아들러는 레닌과 마르크스 모두에 대해 비판적이었으므로 그의 이름은 러시아어 선집에 나타나지 않는다.

**10-6-5]** 바로 이런 연유로 그것은 가장 양립할 수 없는 성격의 철학적 요소들을 흡수했다. 모든 현대 심리학은 위기를 겪고 있으며 그 의미는 하나가 아닌, 지금까지도 여전히 함께 발달되어 온 두 개의 심리학이 있다는 사실에 포함된다. 이는 자연과학적, 유물론적 심리학과 관념론적, 목적론적 심리학이다. 이 (후자-K) 아이디어는 현대 심리학에서 브렌타노, 뮌스터베르크, 딜타이, 후설, 나토르프 외 다른 많은 이들의 연구로 실현되었다.

**10-6-6]** 아들러의 심리학은, 현대 심리학의 모든 것과 마찬가지로, 전혀 양립할수 없는 이 두 개의 극단적인 과학 체계의 기초와 원리를

미분화된 형태로 포함한다. 이로부터 이 경향 내부에 방법론적 투쟁이 발생하고 이 체계 **혹은** 저 체계의 도움을 통해 그것을 방법론적으로 공식화하려는 시도가 나타난다.

**10-6-7]** 학회지의 같은 호에서 O. 크라우스는 브렌타노의 두 가지 심리학에 대한 아이디어를 발전시켜 개인심리학은 유전적, 즉 자연과학적, 유물론적 심리학이라는 명제를 제시하고(참고 문헌 21, p. 257), A. 노이어는 이 심리학이 자연과학의 유물론적 관점과 근본적으로 모순된다는 생각을 옹호한다(참고 문헌 21, p. 261).

> *O. 크라우스(Oskar Kraus, 1872~1942)는 체코의 철학자이다. F. 브렌타노의 제자였으며 '욕구'와 '가치' 같은 개념을 종교적인 반 유물론적 관점으로 이론화했다. 오늘날에는 아인슈타인의 상대성 이론에 대한 비판으로 가장 널리 알려져 있다(그는 빛이 일정한 속도를 갖는다는 사실을 믿지 않았다).
>
> *A. 노이어(Alexander Neuer, 1883~1941)는 오스트리아의 정신의학자였다. 그는 A. 아들러의 동료이자 부부 상담가였다. 그는 현대의 결혼이 공유된 신경증(오늘날의 용어로는 병리적 상호의존성)의 증상이라고 주장했다. 파리의 수용소에서 사망했다.

# | 참고 문헌 |

1. D. Poyer. La psychologie des caractères(성격 심리학). Traité de psychologie par g. Dumas. T. II.-1924.

2. Э. Кречмер. Медицинская психология(의학심리학). 1927.

3. А. Залкинд. 1) Вопросы советской педагогики(소비에트 교육학의 문제), 1926. 2)《Организм и внушение(유기체와 피암시성)》, 1927 г.

4. П. Блонский. Педология(아동학). 1925.

5. К. Маркс. Капитал(자본론). Т. III. ч. II, 1909.

6. Ю. Фролов. Физиологическая природа инстинкта(본능의 생리학적 특성). 1925.

7. A. Adler. Über den nevrösen Charakter(신경증적 성격에 관하여). 1922.

8. О. Рюлле. Психика пролетарского ребенка(프롤레타리아 아동의 정신). 1926.

9. A. Adler. Praxis u. Theorie d. Individualpsychologie(개인심리학의 실천과 이론). 1924.

10. W. White. Foundations of Psychiatry(정신의학의 기초). 1921.

11. И. Павлов. 20-летний опыт изучения высш. нервн. деятельности. (고등 신경활동 연구에 관한 20년의 경험). 1923.

12. Липпс. Руководство к психологии(심리학 편람). 1907.

13. W. Stern. Die menschliche Persönlichkeit(인간의 성격). 1923.

14. З. Фрейд. Характер и анальная эротика(성격과 항문 에로티시즘).《Психол. и психоан.библиотека》, вып. V. 1923.

15. К. Гроос. Душевная жизнь ребенка(아동의 정신적 삶). 1916.

16. И. Шпильрейн. Профессион. отбор(직업의 선택). 1925.

17. Fr. Van Raalte.《La loi Adler》et l'exercice('아들러의 법'과 운동).《Ztschr. f. Individualpsych》, No. 1. 1926.

18. Сб.《Душевная жизнь детей》'아동의 정신적 삶' 선집 под ред. Лазурского и Нечаева. Изд.《Польза》.

10. Intern. Zeitschrift f. Individualpsychologie(국제 개인심리학 저널). B. I. H. 1, 1914.

20. O. F. Kanitz. Volkst indiv.-psych. Literatur(민속 개인-심리학, 문학).《Die Sozialist. Erziehung》, No. 7/8, 1926.

21. Intern. Ztschr. für Individualpsychologie(국제 개인심리학 저널), No. 5, 1925.

# 제11장

# 정신지체아 및 신체 손상아와 함께하기 위한 기초

고야, 책을 보고 있는 두 어린이, 1824~1825.

고야는 자연스럽게 나타나는 근접발달영역을 보여 준다. 좀 더 큰 학령기 어린이는 글을 떼지 못한 더 작은 어린이에게 '이상적 형태'를 제공한다. 종종 우리는 이상적 형태를 제공하는 데 사용되는 특수한 테크닉을 강조한다. 물론 이런 교수학습 기법들은 농맹아 어린이나 신체 손상 어린이를 가르칠 때 분명 중요한 요인이다. 그러나 이 장에서 비고츠키가 경험이 적은 부모와 교사들을 위해 쓴 백과사전 원고에서 강조하듯 근접발달영역은 보편적인 동시에 개별 아동에 대해 완전히 구체적이다. 이는 손상 아동과 일반 아동 사이의 축을 형성한다. 우리는 고야의 그림에서 '일반적'인 어린이는 더 작은 아이가 아닌 더 큰 아이임을 확신할 수 있는가?

『교육학 백과(Педагогической энциклопедии』(1928)에 실린 원고
이다.

# 11

## 11-1] 손상과 보상

　모든 손상, 즉 모든 신체적 결손은 유기체에게 이 손상을 극복하라는, 결손을 메우라는, 자신이 입은 손실을 보상하라는 과업을 제시한다. 이런 식으로, 손상의 영향은 항상 이중적이고 모순적이다. 한편으로 그것은 유기체를 약화시키고, 그 활동성을 훼손하여 마이너스가 된다. 다른 한편으로, 그것이 유기체의 활동을 방해하고 혼란케 한다는 바로 그 이유 때문에 그것은 유기체의 다른 기능들을 강화하여 발달하게 하는 자극으로서 기능한다. 그것은 결손을 보상하고 어려움을 극복할 수 있는 활동을 강화시키도록 유기체를 추동하고 몰아붙인다. 다음은 유기체의 생물학과 심리학에 동등하게 적용되는 일반적인 법칙이다. 손상의 마이너스는 보상이라는 플러스로 바뀐다. 즉, 결손이 고양된 발달과 행동성의 자극으로 나타난다. 두 가지 기본적 형태의 보상이 구분된다. 직접적, 유기체적인 것과 간접적, 정신적인 것. 예를 들어, 신장이나 폐 등이 하나 제거되었을 때, 한 쌍 중 남아 있는 다른 기관이 이를 보상하기 위해 발달하여 병든 기관의 기능을 떠맡는다. 직접적 보상이 불가능한 곳에서는 중추신경계와 인간 심리 기제가 그 과제를 맡아, 병들거나 손실된 기관 위에 상위 기능으로부터 보호적 상부구조를 만들어 내어서 그 기관의 작동을 보장한다.

A. 아들러의 의견으로는 기관 손상이 주는 느낌이 개인에게 심리적 발달을 향한 멈추지 않는 충동으로 작용한다. 이런저런 신체적 손상을 가진 어린이의 문화화는 일반적으로 간접적, 심리적 보상에 의존한다. 실명이나 실청 등의 결손에 대한 직접적, 유기체적 보상은 불가능하기 때문이다.

> 이 글은 백과사전에 실린 글이므로 비고츠키는 매우 협소한 (그리고 본질적으로 심리 치료적인) 보상 개념을 고수하고 있다. 그러나 물론 오늘날에는 실명과 실청에 대한 직접적(수술), 간접적(사회적 능동주의) 형태의 보상이 완전히 가능하다.

## 11-2] 손상의 세 가지 주요 유형

모든 손상은 그것이 중추신경계 및 아동의 정신 기관과 맺는 관계라는 관점에서 고려되어야 한다. 신경계 활동은 서로 다른 기능을 수행하는 세 가지 별도의 기관으로 구분된다. 즉 지각 기관(감각 기관과 연결된), 반응 또는 작동 기관(신체, 근육, 분비샘의 작동 기관과 연결된), 그리고 중추신경계이다. 이 세 가지 기관 중 하나의 결손은 아동의 발달과 문화화에 각기 다른 방식으로 영향을 미친다. 따라서 이러한 세 가지 기본 유형의 손상을 구분하는 것이 필요하다. 지각 기관의 부상 또는 결손(실명, 실청, 시력-청력상실), 반응 기관 또는 작용 기관의 일부 부상 또는 결손(불구자), 그리고 중추신경계의 결손 또는 부상(정신박약). 손상의 유형뿐만 아니라 세 가지 경우 모두 보상 유형도 다를 것이다.

## 11-3] 손상을 지닌 어린이 문화화의 정신생리학적 토대

Г. Я. 트로신은 말한다. "본질적으로 일반 어린이와 비일반 어린이 사이에는 차이가 없다. 둘 다 사람이고, 둘 다 어린이이며, 둘의 발달은 하나의 법칙에 따라 진행된다. 차이는 발달 방식에 있을 뿐이다"(1915, p.

XIII). 모든 문화화는 종국에는 어떤 새로운 행동 형태의 확립, 조건화된 반응이나 조건반사의 산출로 귀착된다. 생리학적 측면에서 손상이 있는 어린이의 문화화와 일반 어린이 문화화 사이에는 원칙적으로 어떤 차이도 존재하지 않는다. 교육학에 가장 중요한 현대 실험 생리학의 명제 중 하나는, 조건화된 행동 형태(조건반사)가 다양한 감각 기관과 원칙적으로 동일한 방식으로 묶여 있다는 것이다. 조건반사는 귀처럼 눈에서도, 피부처럼 귀에서도 훈련될 수 있다. 맹인은 글자를 보는 것이 중요한 것이 아니라, 읽을 줄 아는 것이 중요하다. 맹인이 우리가 읽는 것과 완전히 똑같은 방식으로 읽고, 일반 아동과 똑같은 방식으로 읽는 법을 배운다는 것은 중요하다. 따라서 맹인, 농인, 정신지체인을 일반인과 동일한 척도로 측정해서는 안 된다는 쿠르트만의 공식은 정반대로 대체되어야 한다. 즉 맹인, 농아인 등의 어린이에게는 심리학적, 교육학적 관점에서 일반 어린이와 똑같은 척도로 접근해야 하고, 접근할 수 있다. 하지만 손상이 있는 어린이의 발달과 문화화의 방법은 일반 어린이와 본질적으로 다르며, 그에 따라 손상을 가진 어린이의 교수학습 기법은, 이 과정의 심리적 본성이 일반 어린이의 교수학습과 절대적 원리적으로 동일함에도, 언제나 심오한 독창성에 의해 구별될 것이다. 눈으로 읽는 것과 손가락으로 읽는 것은 원리적으로 동일하지만, 기법적으로는 서로 심오하게 구별된다. 이는 손상이 있는 어린이의 문화화와 교수학습을 위해 특수한 체계(수르도 교육학과 티플로 교육학, 즉 맹인과 농아 어린이의 교육학 등)를 창조할 필요성을 불러일으킨다. 모든 문화화와 양육 과정의 내용은 절대적으로 동일함에도 상징성, 방법, 기법, 형식적 기능에는 차이가 있다는 것이 특수교육의 기본 원리이다.

## 11-4] 손상 아동 문화화의 사회-심리학적 토대

모든 신체적 결손은 인간과 물리적 세계와의 관계를 바꿀 뿐 아니라 타인과의 관계에서도 드러난다. 손상 아동은 무엇보다, 다른 아동들이 갖는 일반적인 관계가 아닌 예외적인 관계가 형성되는 고유한 아동이다. 그의 불운은 무엇보다 그의 사회적 위치, 환경에 대한 사회적 태도를 바꾼다. 사람들과의 모든 연결, 사회적 환경에서 인간의 위치를 규정하는 모든 계기, 삶의 참여자로서 그의 역할과 운명, 사회적 존재의 모든 기능이 재편성된다. 신체적 손상은, 말하자면, 사회적 탈구를 일으킨다. 손상 자체는 아직 비극이 아니다. 그것은 비극의 출현에 대한 구실과 이유일 뿐이다. A. M. 셰르비나는 말한다. "비탄과 한숨은 맹인의 삶의 과정에 수반된다. 이처럼 천천히 그러나 확실하게 거대한 파괴적 작업이 일어난다"(1916, p. 39). 유기체적 손상(실명, 실청 등) 자체는 생물학적 사실이다. 그러나 교육자들은 이 사실 자체보다는 그 사회적 결과를 다루어야 한다. 우리 앞에 문화화의 대상으로 맹인 아동이 주어지면 여기서는 실명보다는 이 어린이가 삶에 진입하면서 만나게 되는 갈등을 다루어야 한다. 따라서 손상 아동의 문화화는 사회적 문화화이다. 마찬가지로, 손상의 영향으로 이 어린이에게 일어나는 보상 과정은 근본적으로 결손의 유기체적 보충의 노선(이는 불가능하다)이 아니라 손상에 대한 심리적 극복, 치환, 평탄화의 노선 – 사회적 온전함의 획득 혹은 이것으로 접근하는 노선을 따라 지향된다. 손상은, 위에서 말한 것처럼 다만 마이너스, 결손, 연약함일 뿐 아니라 플러스, 힘과 능력의 원천이자 보상으로의 자극이다. 손상과 함께 정반대되는 방향으로의 심리적 경향이 주어지며 이 손상의 극복을 위한 힘이 주어진다. 과학은 손상 아동의 문화화를 위한 경로를 가리킨다. 모든 문화화 과정은 손상의 보상을 향하는 자연스러운 경향의 노선에 따라 건설해야 한다는 것이다.

## 11-5] 맹인 아동에 대한 문화화 및 교수학습의 심리적 기초

맹인 아동의 내, 외적 발달의 기본적 특징은 다음과 같다. 공간 지각과 표상이 심각하게 손상되어 있다. 자유로운 이동이 제한되어 있다. 공간에 대해 무력하다. 맹인 아동의, 시각을 제외한 다른 모든 능력과 역량은 온전히 그 기능을 발휘할 수 있다. A. 페첼트는 맹인 아동의 가장 두드러진 특징적 고유성을 공간적 관계에서의 상대적 무력함과, 언어를 통해 비맹인들과 온전하고 완전히 적합한 의사소통 및 상호 이해가 가능하다는 사실 사이의 모순에서 본다. 바로 말, 그리고 말을 바탕으로 한 비맹인과의 소통이 맹인 아동에게서 보상의 기본 수단이 된다. 한 어린이가 자기 스스로 방치되어, 자기만의 경험의 울타리에 갇힌 채 사회적 경험에 포함되지 않는다면, 맹인 아동은 비맹인과 근본적으로 다른, 비맹인이 사는 세계의 삶에 전혀 적응하지 못하는 완전히 독특한 존재로 발달하게 될 것이다. K. 뷔르클렌은 맹인에 관해 말한다. "그들은 비맹인에게서는 찾아볼 수 없는 특성을 발달시킨다. 맹인이 맹인끼리만 배타적으로 교류하고 비맹인과의 전혀 소통하지 않는 경우에, 하나의 고유한 인간 종種이 생겨날 수도 있다고 가정해야 한다." 말이 실명을 압도한다. 따라서 다른 감각(청각, 촉각 등)의 발달이나 극도의 강화와 예민화, 즉 남은 감각으로 상실된 시각을 유기체적으로 직접 보상하는 것이-대리감각 이론이 가정했던 바와 달리- 맹인 아동 문화화의 기본 과제가 아니다. 과제는 언어를 통해 맹인 아동을 비맹인의 사회적 경험 안으로 끌어들이고, 어린이를 비맹인의 노동과 사회생활에 적응시키며, 그가 직접적으로 획득할 수 없는 즉각적 시각 인상과 공간 경험을 지식과 이해를 통해 보상하는 데 있다. 맹인 아동의 신체적 문화화, 그의 운동 발달, 그리고 청각·촉각의 사용 역시 막대한 중요성을 지닌다.

## 11-6] 농인 아동에 대한 문화화 및 교수학습의 심리적 기초

농인 아동은 맹인 아동보다 신체적으로 훨씬 더 적응력이 뛰어나다. 세상은 인간 의식에서 주로 시각적 현상으로 표상된다. 소리는 자연 체계에서 미미한 역할을 할 뿐이다. 생물학적 측면에서 청각 상실은 시각 상실보다 비할 수 없이 작은 결손이어야 한다. 이는 실제로도 그렇기 때문에 실청한 동물은 아마도 실명한 동물보다 덜 무력할 것이다. 하지만 인간은 그렇지 않다. 농인은 말을 상실하면서 맹인보다 인간의 사회적 삶에서 더 강하게 배제된다. 농인 아동에 대한 상세한 심리학적 연구를 수행한 R. 린드너는 오래된 견해의 확증에 도달했다. 즉, 말을 상실한 농아 아동은 정신 발달 측면에서 유인원 수준을 그리 크게 넘어서지 못한다는 것이다. 농아 아동의 언어 교수학습은 입술 읽기, 즉 아동이 말의 광학적(시각적-K) 모습을 지각하고 이해하는 능력에 기반한다. 우리에게 말이 다양한 소리의 조합으로 구성되는 것과 마찬가지로, 농인 아동에게 말은 다양한 시각적 형태, 낱말과 절을 구성하는 말의 움직임으로 이루어진다. 우리는 농인 아동에게 단어를 발음하도록 가르칠 수 있는데, 이는 말을 못하는 것이 언어 기관, 뇌의 언어 중추 또는 신경 전달 경로의 결함이 아니라, 청력 부재와 주변 환경에서 구어를 배울 기회 부족에 기인하기 때문이다. 화자의 말 동작을 모방함으로써 농인 아동은 구어를 매우 잘 배우고 발달시킬 수 있기 때문에, 예를 들어, 영국 교육학자와 심리학자들은 이러한 구어 교수학습을 받은 아동을 (말 못하는 상태가 극복되었기 때문에) 농아가 아니라 농인이라고 부르도록 제안했다. 구어와 더불어, 소위 농아인의 손가락 알파벳이 있는데, 여기서 각 글자는 특별한 관습적 몸짓으로 표시된다. 농아 아동의 발달 기회는 다양하다.

### 11-7] 농맹아 어린이의 문화화

농맹아 어린이의 문화화는 훨씬 큰 어려움을 나타내며, 맹인이나 농인 아동의 문화화보다 더 큰 장애물과 마주치게 된다. 그러나 청각-시력 상실에도 불구하고 신경계의 폐쇄 장치(즉 반사궁 이론에 따르면 뇌의 자극-반응 반사궁의 완성-K)나 정신 기구는 손상되지 않았을 수 있기 때문에, 그런 어린이들은 여전히 무한한 발달과 문화화의 가능성을 지닌다. 두 명의 농맹인, 헬렌 켈러와 로라 브리지먼의 이름은 누구나 알고 있으며, 그들은 문화화와 교수학습을 통해 높은 수준의 정신 발달을 이루었다. 심지어 헬렌 켈러는 유명한 작가이자 낙관주의의 전도사가 되었다. 로라 브리지먼에 관한 정보는 더 적지만, 더 믿을 수 있고 과학적으로 정확하다. 그녀는 언어, 읽기, 쓰기, 기초 산술, 지리학, 자연사에 능통했다

농맹아 어린이의 문화화의 토대는 말을 가르치는 데 있다. 말을 가져야만 비로소 그는 사회적 존재, 즉 진정한 의미의 인간이 될 수 있다. 이러한 어린이는 촉각을 통해 주변 사람들과의 접촉을 확립한다. 즉 그는 촉각을 통해 농(맹-K?)아인의 손 알파벳 기호를 지각하거나(지화술) 맹인을 위한 점자 활자의 돌출된 글자를 지각한다. 그는 그렇게 말을 이해하고 읽는 법을 배운다. 그러한 어린이는 손 알파벳의 도움을 받거나, 모방을 통해 배운 입말을 사용하여 말을 할 수 있다. 사실 이러한 교수학습은 농인 어린이의 교수학습과 비교하여 훨씬 많은 난관에 직면한다. 농맹아는 대화 상대의 발음 운동을 보지 못하고 모방을 위해 오로지 촉각의 인도에만 따라야 하기 때문이다.

### 11-8] 불구

불구 아동은 맹농인 아동보다 일반 유형의 아동에 훨씬 더 가까우며 문화화에서 이들보다 훨씬 더 적은 특수성을 필요로 한다. 문화화에서 불구와 연결된 어려움은 대부분 외적 특성(학교에 걸어갈 수 없음, 쓸 수 없음, 학업을 할 수 없음 등)을 띤다. 내적 위험은 난관, 즉 환경 내에서 불구 아동의 예외적 입지로 인해 만들어진 특수한 사회-심리적 위치의 영향으로 정신적 균형을 잃을 가능성이다. 따라서 문화화의 과제는 이러한 열등감, 절망감 등의 출현을 방지하는 것이다.

### 11-9] 질환이 있는 아동

아동의 손상은 질환에 의한 경우가 매우 흔하다. 예컨대, 간질 아동, 정신병적(정서행동장애-K) 아동 등이 그러하다. 여기서 문화화는 치료와

결합되어 치유 교육학의 한 영역을 이루어야 한다. 의사와 교사는 공동의 노력으로 이러한 과제를 감당할 수 있다. 치료적 조치와 문화화적 조치 사이에 뚜렷한 경계선을 긋는 것이 불가능한 경우가 매우 흔하다. 그리고 현대 정신의학은, 심리 치료, 즉 심리적 방법을 사용하는 치료를—성인을 치료할 때조차— 점점 문화화와 가깝게 결합하기 시작하고 있다. 정신의학은 여러 심리적 방법들을 갖추고 있으며 그 본질은 환자 인격의 재문화화에 놓여 있다. 이처럼 질환이 있는 아동의 치료는 그의 문화화로 용해된다.

## 11-10] 정신지체 아동

정신지체라는 용어는 일반적으로 발달이 평균 수준보다 뒤처져 있으며, 학교의 교수학습에서 다른 어린이 집단과 보조를 맞추지 못하는 모습을 보이는 어린이 집단 전체를 지칭한다. 사실, 지체 아동 집단은 구성이 복잡한데, 지체의 원인과 본질이 완전히 다를 수 있기 때문이다. 어떤 경우든, 우리는 두 가지 유형의 지체 아동을 구분해야 한다. 이는 질병으로 인한 지체 아동과 유기체적 손상으로 인한 지체 아동이다. 첫 번째 유형에는 본질적으로 손상 아동이 아닌 질환 아동이 포함된다. 지체는 질병(주로 신경계나 정신계의)의 결과이며, 치료 후 사라질 수 있다. 정신박약으로 표현되는 지속적인 유기체적 손상을 지닌 두 번째 유형만이 손상의 종류를 구성한다. 일반적으로 정신지체는 세 가지 정도로 나뉘며, 이러한 유형의 어린이는 세 집단으로 나뉜다. 백치는 발달 수준이 2세 어린이 수준을 넘지 못하며, 도구와 기구를 사용할 수 없고, 말을 배우는 것이 거의 불가능하다. 치우는 2~7세 어린이 수준을 넘지 못하고, 가장 간단한 유형의 작업은 배울 수 있으나 독립적으로 작업할 수 없다. 끝으로, 가장 가벼운 정도의 정신박약을 가진 정박 혹은 노둔은 학습자료에 대한 비교적 풍부한 교수학습과 습득이 가능하지만, 낮은 고등 기능 활동과 느린 발달 속도를 보이며, 평생 아동의 지능(12세 아동)의 특징을 유지하며 보조 학교에서 특수한 문화화를 필요로 한다.

이러한 어린이의 문화화는 맹농인에 비해 가장 큰 어려움을 보인다. 정신지체 어린이의 중추 기구는 파손되었으며 보상 기금은 빈약하고 발달 가능성은 일반 아동보다 종종 훨씬 제한된다. 농맹인 아동의 문화화가 상징과 교수학습 방법의 고유성으로 특징지어진다면 정신박약 아동의 문화화는 교육 활동 내용 자체의 질적 변화를 필요로 한다.

## 11-11] 손상 아동과 일반 아동

손상으로 인해 야기된 보상의 과정은 손상 자체의 심각성, 보상의 기금, 즉 결함을 보상하는 데 사용될 신체의 나머지 기관들과 기능들의 풍부함, 마지막으로, 문화화, 즉 이 과정에 주어지는 이런저런 의식적 방향성에 따라 다른 결과를 이끌 수 있다. 만약 보상이 실패한다면, 우리는 보통 심각하게 병들고, 명백하게 비일반적이며, 극단적으로 손상이 있는 어린이를 마주하게 된다. 만약, 보상이 성공하면 이는 보상 기능의 발달과 재능의 발견을 이끌 수도 있다. 가장 일반적으로 우리가 관찰할 수 있는 것은 평균적 수준의 보상, 특정한 사회적 인격 유형에 어느 정도 근접하는 모습이다. 이러한 경우, 우리는 사회적으로 온전하고, 노동 능력을 갖춘 일반적인 어린이를 마주하게 된다.

# 제12장
# 초록과 노트

고야, 닭싸움-말과 기수, 1791~1792.

고야가 제작한 명랑한 태피스트리용 디자인 중 하나이다. 비고츠키가 기술하듯 놀이 중인 어린이 들은 키가 한 뼘은 더 커 보인다. 그러나 놀이에 참여하지 않고 있는 어린이를 주목하자. 이 마지막 장에서 비고츠키는 지적 손상을 가진 어린이가 지체된 것이 아니라 오히려 성인기를 향해 너무 앞 으로 진전해 있다고 말한다. 비고츠키가 이 책의 여러 곳에서 제시한 주장을 토대로 우리는 이러 한 진전이 생물학적 운명도 사회문화적 운명도 아니라고 말할 수 있다. 그러나 그것은 분명 놀이의 기회 감소와 연관되어 있다.

# 12

## 12-1] '학회의 결과' 중

이 다섯 문단은 『Народное просвещение(『민중 교육』)』(1928, 2호)에 실린 글이다. 비고츠키 영문판 선집(296~297쪽)에도 실려 있다. 제목의 '학회'는 1927년 12월에서 1928년 1월 사이에 모스크바에서 열린 제1차 교육학 학회를 지칭한다. 1928년 초에 최초 출간되었다.

**12-1-1]** 문화화가 어렵고 손상이 있는 유년기의 문제는 학회의 연구에서 큰 부분을 차지했다. 학회는, 제출된 자료에 기반하여, 지난 10년간 발달한, 문화화가 어려운 어린이에 대한 교육학적 작업과 어린이에 대한 교육학적 연구가 문화화가 어려운 어린이들의 기원과 본질에 대한 새로운 관점의 올바름과 유용성을 보여 주었다는 결론을 내렸다. 이 일관된 마르크스주의적 관점은, 교육적 측면에서 어린이 '어려움'의 원인이 되는 특정 비율의 생물학적 결손의 경우와 혼합적 형태를 제외하고는, 아동의 방임과 문화화의 어려움을 일차적으로 사회-경제적 요인의 결과로 간주한다. 문화화의 어려움의 사회-경제적 요인에 대한 일련의 가치 있는 연구들은 상당수의 사례에서 바로 이러한 조건이 어린이 '어려움'의 주요 원인이며, 이 원인을 제거하면 어려움 자체도 제거된

다는 것을 보여 주었다. 연구는 재문화화, 즉 문화화가 어려운 어린이에게 교육적 영향을 미치는 광범위한 가능성을 열어 주었으며, 모든 문화화 실천의 토대를 놓았다. 또한 생물학적 연구는 생물학적 원인으로 인한 어린이 문화화 어려움의 형태와의 투쟁에 가치 있는 자료를 제공했다. 객관적인 조건으로 인해, 어려운 유년기 심리학은, 새로운 관점에서 수집되고 처리된, 충분한 양의 자체 자료를 아직 축적하지 못했으며, 교육학은 오직 일반 심리학적 명제와 방법에만 의존해야 한다. 이 분야의 추가적 진전, 진지한 과학적 연구 작업의 확립, 어려운 어린이와 그 '어려움'의 사회적 근원을 연구하는 심층적 방법론의 창조-바로 이것이 학회에서 지적된 시급한 과업이다. 학회는 과학적 발전이 필요한 일련의 구체적 문제를 제시했다. 그것은 문화화가 어려운 어린이와 일반 학교 내에서 함께 하는 문제, 문화화가 어려운 어린이들을 위한 기관에서의 집단 노동과 조직의 문제, 그리고 어려운 어린이의 연구 방법론의 문제이다.

'방임(거리방치, Беспризорность)'은 집이 없는 어린이의 상태를 의미하지만, 19세기 후반에 그것은 문학의 한 형태, 회화의 한 장르, 그리고 당연히 범죄와 아동 매춘의 주요 원천 등의 좀 더 일반적인 개념이 되었다. 비고츠키는 나르콤프로스(Нарк

노동학교에 다니는 거리의 어린이들을 보여 주는 1930년 10코페이카 우표.

омпрос, 인민교육부)와 노동학교에서 근무했으며, 이 기관들은 세계대전, 혁명, 내전, 그리고 기근으로 인해 가족이 없는 700만 명의 어린이 문제를 다루는 데 주로 관심이 있었다.

**12-1-2]** 지난 10년간 정신지체와 신체 손상에 대한 심리학 분야에

서 광범위한 과학적, 실무적 작업이 수행되었다. 이 분야의 주요 문제에 대한 근본적 수정은, 이전의 협소한 생물학적인 손상 해석과는 대조적으로 정신지체 및 신체 손상 아동의 전체 발달이 사회 생물학적으로 조성된다는 원칙을 제시했다.

**12-1-3]** 많은 노력 덕분에 우리 특수학교는, 이 분야 전문가들의 일반적인 의견으로는, 혁명 이전에는 도달하지 못했던 수준까지 올라갈 수 있었다. 이런 관점에서 볼 때 정신지체와 신체 손상으로 인한 심리적 문제를 재조명한 결과는 특수학교의 교육적 실천을 근본적으로 바꿀 수 있는 토대를 제공했다. 혁명 이전의 특수학교에서 이루어졌던 주변 생활로부터의 고립, 손상을 중심으로 한 모든 교육 활동은 거부되었다.

**12-1-4]** 특수학교는 소비에트 교육학의 주류에 편입되어, 특수교육의 일반 원칙을 토대로 재편되었다. 이 학교는 특수 피오네르(청년 피오네르단에 편입된 재활 노숙 아동들-K) 활동, 노동 훈련을 기반으로 운영된다.

1926년의 20코페이카 우표는 새로운 청년 피오네르가 된 노숙 아동을 보여 준다('피오네르'는 소련판 보이스카우트에 해당했지만, 야영이나 '잼버리' 대신 공장 근로와 노동 훈련에 참여하곤 했다).

**12-1-5]** 그러나 여기에서도 다른 모든 분야와 마찬가지로 학회의 주의, 즉 의사결정의 무게 중심은 결과가 아니라 전망, 과거보다는 미래, 이미 이루어진 일이 아닌 앞으로 해야 할 일에 쏠려 있다. 문화화의 어려움에 대한 예방의 문제 즉 그것의 방지와 어린이들을 둘러싼 모든 문

화화 작업, 환경, 생활양식의 교육적 개선의 문제, 정신지체 아동과 신체적 손상 아동의 보건 진료 문제, 어려운 아동의 표준화와 진단을 위한 원칙과 방법의 수립, 어려운 어린이들의 문화화를 위한 대규모 기관의 작업에 전문 심리학자들의 참여, 어려운 아동의 문화화를 위한 교육학적, 치료 교육학적 실천을 위한 심리학적 기반의 확립-이것이 학회가 제시한 우리 심리학의 미래 과업의 요약 목록이다. 이러한 과업의 거대함에 비하면, 지금까지 이룬 성과는 전체 과정의 작은 조각에 불과해 보이고 대부분은 미래에 이루어질 일이다. 그러나 학회가 평가한 바와 같이 우리의 모든 심리학적 작업에서 과거 전체는 오직 거대한 미래에 대한 접근법의 의미만을 지닌다.

## 12-2]  정신지체 아동의 교수학습 방법(보고서 초록)

> 1928년 전 러시아 보조학교 학회 보고서의 초록. 비고츠키 선집(러시아어 선집 1983, 325~326쪽; 영문판 선집 1993, 295~296쪽)에서 최초로 출판되었다.

**12-2-1]**  A. 비네 척도, Г. И. 로솔리모의 프로파일 등 전통적인 연구 방법들은 아동 발달에 대해 오롯이 양적 개념에 기반을 두고 있다. 본질적으로 그것은 아동을 부정적으로 특성화하는 데 국한된다. 이 두 가지 계기(즉, 양적 측면과 부정적 측면 모두-K)는 실제적으로 일반 학교에 적합하지 않은 아동을 제외시키는 부정적인 과업에 부합하는 것이다. 이러한 방법은 특정 유형의 아동에 대한 긍정적인 특성을 부여하고 그 아동의 질적 독특성을 포착할 수 없기 때문에, 아동 발달 과정에 대한 현대 과학적 견해와 비일반 아동을 위한 특수한 문화화의 요구 모두에 정면으로 위배된다.

**12-2-2]**  어린이 발달에 대한 현대의 과학적 개념은, 표면적으로는

반대이지만 내적으로는 상호의존적인, 두 가지 방향으로 나아간다. 한 편으로는 심리적 기능들을 분해하고 그 질적 고유성과 발달의 상대적 독립성을 밝히는 방향(운동 재능, 실행 재능 등에 관한 학설)이고, 다른 한 편으로는 이러한 기능들을 역동적으로 결합하여 어린이 인격의 통합성을 드러내고 인격의 개별적 측면의 발달 사이의 복잡한 구조적, 기능적 연관을 밝히는 방향이다.

**12-2-3]** 이러한 명제를 기반으로 하고 문화화 계획의 기초가 될 수 있는 아동의 긍정적 특성화를 과제로 삼는 연구 체계는 세 가지 주요 원칙 위에 세워진다. 1) 사실의 수집과 해석의 분리 원칙, 2) 개별 기능 연구 방법의 최대 전문화 원칙, 3) 진단 목적으로 연구 중에 얻은 데이터의 역동적, 유형학적 해석 원칙.

## 12-3] 어린이의 문화적 발달의 이상異像

> 1928년 학회에서 비고츠키가 발표한 내용이다. 1929년까지는 출판되지 않았고 출판 연도도 1930년으로 오기되어 있다. 영문판 선집(296쪽), 러시아어 선집(326~327쪽)에 실려 있다.

**12-3-1]** 문화적 발달 과정에서 어린이는 문화적 경험의 내용뿐 아니라 문화적 행동과 사고의 방법과 수단도 습득한다. 그는 인류가 역사적 발달 과정에서 창조한 특수한 문화적 수단-예컨대 언어, 산술적 기호 등-을 숙달한다. 어린이는 이러저러한 심리적 조작을 수행하기 위한 수단으로 특정 기호를 기능적으로 사용하기 시작한다. 이처럼 초보적이고 원시적인 행동 형태가 매개된 문화적 행위와 과정으로 이행한다.

**12-3-2]** 오늘날의 연구에 토대하여 우리는 고등심리기능의 문화적 발달은 네 가지 주요 단계를 거친다는 것을 확립할 수 있다. 첫 번째 단

계는 자연적-원시적, 즉 가장 원시적인 문화적 행동 형태 단계(야만인이나 어린이가 양$_量$을 직접 지각하여 산술 연산을 수행하는 것)이다. 두 번째 단계는 소위 소박한 심리학의 단계로, 어린이가 문화적 행동의 수단에 대해 어느 정도 경험을 쌓았지만 이러한 수단을 어떻게 사용해야 할지 모르는 단계이다. 세 번째 단계(외적 매개 행위)에서는 어린이가 이러저러한 조작을 수행하기 위해 외적 기호를 올바르게 사용하는 방법(손가락으로 계산하기)을 이미 알고 있다. 마지막으로, 네 번째 단계는 외적 기호가 내적 기호로 대체되고, 행위가 내적으로 매개된다는 사실(마음속으로 계산하기)로 특징지어진다.

**12-3-3]** 정신지체나 신체적 손상아의 문화적 발달에서의 이상은 다음에 있다. 이 어린이는 문화적 발달의 열거된 단계 중 한 지점에서 멈추거나 일반 아동보다 더 오랜 시간 지체한다.

## 12-4] 정신지체 아동의 유년기 길이에 관한 문제에 대하여

> 다음은 1928년 12월 18일 MGU II 산하 과학적 아동학 연구소의 손상학 부문 회의에서 비고츠키가 행한 간략한 논평이다. 이것은 1929년에 출판되었지만, 연도가 1930년으로 잘못 기록되어 있었다. 이것은 또한 영문판 선집(298쪽)과 러시아어 선집(328~329쪽)에 실려 있다.

**12-4-1]** 일반 아동과 비일반 아동의 유년기의 구조와 기능에 관한 문제는 유년기와 그 개별 단계들의 길이에 관한 문제와 연결되어 있다. 유년기의 길이는 주로 유기체와 그 행동의 복잡성, 그리고 환경의 복잡성과 가변성에 달려 있다. 유년기의 기본 증상은 발달과 가소성이다. Γ. B. 무라쇼프가 자신의 연구에 기반하여 내놓은 가정, 즉 정신지체 아동의 유년기는 일반 아동의 유년기에 비해 늘어나는 것이 아니라 줄어

든다는 가정에는 과학적 근거가 있다. 이 가정에 따른 교육학적 결론은, 가정이 정당하다면, 무엇보다 정신지체 아동의 더 긴 유년기를 위한 투쟁과, 그런 아동에 대한 전통적인 낮은 (정신-K) 연령적 접근 원칙(즉, 그 어린이는 일반 아동과 같은 과정을 따르지만 더 느리다는 가정-K)에 대한 개정으로 나타날 것이다. 이론적 측면에서 그것은 정신지체에 대한 이해에 변화를 가져올 것이다. 즉 정신지체 아동은 그저 지체된 것만이 아니라 자신의 유형의 경계 내에서 빠르게 발달하는 어린이로 나타날 것이다.

**12-5] 제2회 전(全) 러시아 농아 아동-청소년 학교 교원 학회 보고서 요약**

> 비고츠키의 이 코멘트들은 학술지 『Вопросы дефектологии(손상학의 문제)』에서 1930년에 출판되었으나 실제 작성된 것은 1~2년 이전이었다.

**12-5-1] П. Д. 메를넨코의 강연에 대한 논의**

> '촉각 발달과 아동 발달에서 촉각의 역할'을 주제로 한 П. Д. 메를넨코의 강연(1928년 6월 19일)에 대한 비고츠키의 논의이다.

**12-5-1-1]** 이 보고서의 긍정적인 면은 촉각의 우위성 이론이다. 실제로 촉각은 공간 표현에서 매우 중요하다(특히 맹인에게 더욱 그렇다). 그러나 분석기의 문화화는 기능적 관점에서 접근해야 한다. 즉, 분석기 자체가 아니라 분석기를 사용하는 능력을 발달시켜야 한다. 분석기가 그렇게까지 정교하게 발달해야 하는가에 대한 질문에는 부정적으로 답해야 한다. 인류의 진보는 분석기의 세밀한 식별력 향상에 달려 있지

않다. П. Д. 메를녠코의 연구는 가치 있으며, 그의 관찰 결과는 기록되고 재연구되어야 한다.

> П. Д. 메를렌코는 비고츠키가 근무했던 실험손상학 연구소의 아동 진단센터 센터장이었다.

## 12-5-2] П. О. 에프루시의 강연에 대한 논의

> '특수학교 일원과 프로그램 구성'을 주제로 한 П. О. 에프루시의 강연(1928년 5월 18일)에 대한 비고츠키의 논의이다.

**12-5-2-1]** 교육적 방치와 정신지체의 문제는 결국 아동의 문화적 발달 문제로 귀결된다. 고등정신기능은 특정한 문화적 발달을 기반으로만 발달할 수 있다. (저차적정신기능으로부터 고등정신기능의-K) 분화 부족의 근본 원인은 현재 적용 중인 연구 기법이 부정적인 특성만을 보여 준다는 사실에 있다. 한편, 최근 몇 년 동안의 상당한 진전에 기여한 중요한 성과가 있다. 이 보고서는 '정신지체'라는 확립된 개념을 분석하고 더욱 심층적으로 고찰하는 문제를 제기한다는 점에서 대단히 가치 있다.

> П. О. 에프루시(Полина (Перл) Осиповна Эфрусси, 1876~1942)는 비고츠키가 손상학 연구의 중심이라고 여겼던 뇌연구소의 소장이었다. 그녀는 베를렌에서 G.E. 뮐러의 지도를 받았고 많은 저서(손상학, 아동학, 심지어 중국의 영적 삶을 포함하는)를 저술했다. 그녀는 1942년 자녀들과 함께 나치에 의해 사망했다.

### 12-5-3]  A. M. 셰르비나의 강연에 대한 논의

> '맹인의 수학적 활동을 이끌어 내는 체계 개발의 효과성에 관한 문제'를 주제로 한 A. M. 셰르비나의 강연(1928년 11월 27일)에 대한 비고츠키의 논의이다.

**12-5-3-1]**  모든 단일한 체계-규정되고 고정된 체계는 긍정적인 측면 외에 부정적인 측면을 지닌다. 고정된 체계는 최선의 체계가 되지 않고, 더 이상의 탐색을 억제할 위험이 있다. 일반적인 학교에서도 교육학적 과정의 가장 중요한 영역에서(예: 문해력 학습 지도에서) 모두가 받아들이고 실행하는 단일한 방법은 없다. 이것은 당연한 일이다. 어떤 방법도 그것이 가장 합목적적이고 유일하다고 인정받을 만큼 충분한 과학적 근거를 지니고 있지 않다. 맹인을 위한 수학적 기호 체계 연구(실천적, 이론적으로 막대한 중요성을 지닌다)가 시작되어야 하지만, 지금은 어떤 한 가지 체계에 독점권을 부여하는 것을 거부해야 한다.

> A. M. 셰르비나(A. M. Щербина, 1874~1934)는 2세 무렵에 실명했으나 스스로 점자를 익혔다. 철학을 전공하여 칸트의 물자체를 주제로 박사 논문을 썼다. 1915년에 코롤렌코의 책 『맹인 악사』에 대한 비판적인 서평을 발표했다. 그는 코롤렌코가 맹인들의 세계를 '어둠'으로 묘사한 것을 꼬집었다. 1918년에 모스크바 대학 최초의 맹인 교수가 되었다. 비고츠키와 개인적인 친분을 쌓았다.

### 12-5-4]  비일반 아동과 문화화가 어려운 아동의 문화적 발달

> 『Психоневрологические науки в СССР(소련의 심리신경과학)』(М.; Л. 1930)에서 최초 출판되었다.

강연 요약

**12-5-4-1]** 아동의 문화적 발달은 고등 지적 기능의 형성 과정뿐만 아니라 고등 성격 형성의 발달도 포함한다.

**12-5-4-2]** 비일반적 어린이와 (다루기-K) 어려운 어린이의 지성과 성격 발달의 편차와 지연은 대개 언제나 인격의 이러한 측면 각각이나 인격 전체의 문화적 저발달(정신지체로 인한 원시성과 히스테리로 인한 하이포불릭[의지력 저하-K] 메커니즘)과 연결되어 있다.

**12-5-4-3]** 비일반적이고 어려운 아동의 발달에서 일차적, 이차적 편차와 지연의 관계에 대한 문제를 방법론적으로 올바르게 설정하는 것은 그 어린이에 대한 연구 기법과 사회적 문화화 기법의 열쇠를 제공한다.

**12-5-4-4]** 비일반적이고 어려운 아동의 발달에서 나타나는 이차적 문제(문화적 저발달)에 대한 연구는 이론적, 실천적 측면에서 매우 중요한 구체적 증상복합체-심리적 특성상 가소성과 역동성이 가장 뛰어난-를 드러낸다. 따라서 이는 치료교육학적 영향을 적용하는 주요 영역이 된다.

**12-5-4-5]** 농아, 정신지체, 히스테리 환자에게 나타나는 문화적 저발달에 대한 임상심리학적 및 실험심리학적 연구는 고등 지적 기능과 인격의 고등 성격층 발달 지연이 이차적 문제이며, 이는 치료교육학의 교정적 영향에 민감하다는 것을 지적했다.

교육의 본질을 고민하고 진정한 교육적 혁신을 위해 비고츠키를 연구하는 모임, 비고츠키 원전을 번역하고 현장 연구를 통한 논문을 지속적으로 발표해 오고 있다. 진지하고 성실한 학문적 접근을 통해 비고츠키 사상을 이해하고자 하는 이라면 누구나 함께할 수 있다. 『심리학 위기의 역사적 의미』의 본문 번역에 참여한 회원은 다음과 같다.

## 데이비드 켈로그David Kellogg
데이비드 켈로그는 영어와 한국어를 포함하여 총 25권의 책을 번역, 저술 및 공동 저술했습니다. 또한 학술지에 75편 이상의 논문을 발표했습니다. 대부분 비고츠키 심리학과 할리데이 언어학의 연관성에 관한 연구입니다.

## 김여선
한국외국어대학교에서 TESOL 석사 학위를 받고, 경희대학교에서 교육학 박사과정을 수료하였습니다. 서울상천초등학교 교사로 재직하고 있습니다.

## 김용호
서울교육대학교와 교육대학원을 졸업하고 한국교원대학교에서 교육학 박사 학위를 받았습니다. 서울은빛초등학교에서 근무하고 있습니다. 켈로그 교수님과 함께 외국어 학습과 어린이 발달 일반의 관계를 공부해 왔습니다.

## 송선미
서울교육대학교를 졸업하고 동 대학원에서 석사 학위를 받았습니다. 서울항동초등학교에서 근무하고 있습니다. 2004년 켈로그 교수님을 만났고 2007년 비고츠키 연구회의 창립 멤버 중 한 사람입니다. 비고츠키의 이론에 대해 공부하고 있지만, 여전히 미지의 세계입니다. 엄마로서, 교사로서 비고츠키의 이론을 매일 새로 만나고 있습니다.

## 위하나

캐나다 University of Guelph-Humber 졸업 후 캐나다 유치원, 건국대학교 언어교육원 원어민 강사, 서울 자유 발도르프 영어 교사로 재직했습니다. 한국외국어대학교 TESOL대학원을 졸업하고 현재 University of Regina 유아교육과 박사과정 수료 후 비고츠키 유아교육으로 논문을 쓰고 있습니다. 한국외국어대학교에서 켈로그 교수님과 인연이 닿아서 비고츠키 연구회에 참여하여 비고츠키를 연구하게 되었습니다.

## 이두표

서울에 있는 개봉중학교 과학 교사로 서울대학교 물리교육과와 대학원 과학교육과를 졸업하였습니다. 2010년 여름 비고츠키를 처음 만난 후 그 매력에 푹 빠져 꾸준히 비고츠키를 공부하고 있습니다.

## 이한길

진주교육대학교 졸업 후 경남, 충북, 경북에서 교사 생활을 했습니다. 한동대학교 교육대학원에서 일반사회교육(기독교세계관)으로 석사 학위를 받고, 한국교원대학교 교육대학원에서 문화콘텐츠교육 석사과정을 수료하였습니다. 비고츠키 이론을 근간으로 에듀테크 활용 교육에 관하여 고민하고 있습니다.

## 한희정

청주교육대학교를 졸업하고 한국교원대학교에서 석사 학위를, 경희대학교에서 비고츠키 아동학에 근거한 이행적 쓰기 실행연구로 박사 학위를 받았습니다. 2011년 '초등교육과정연구모임'에서 비고츠키와 켈로그 교수님을 만난 후 비고츠키 연구회와 함께하고 있습니다. 현재는 서울항동초등학교 교장으로 재직 중이며, 비고츠키 아동학을 교실에서 실천했던 내용을 바탕으로 교육 관련 저서를 집필하고 있습니다.

*비고츠키 연구회와 함께 번역, 연구 작업에 동참하고 싶으신 분들은 iron_lung@hanmail.net으로 문의해 주시기 바랍니다.

# 삶의 행복을 꿈꾸는 교육은 어디에서 오는가?

● **교육혁명을 앞당기는 배움책 이야기** 혁신교육의 철학과 잉걸진 미래를 만나다!

미래 100년을 향한 새로운 교육

## ● 비고츠키 선집 발달과 협력의 교육학 어떻게 읽을 것인가?

| | |
|---|---|
| 혁신학교 | 성열관 · 이순철 지음 | 224쪽 | 값 12,000원 |
| 행복한 혁신학교 만들기 | 초등교육과정연구모임 지음 | 264쪽 | 값 13,000원 |
| 서울형 혁신학교 이야기 | 이부영 지음 | 320쪽 | 값 15,000원 |
| 혁신교육, 철학을 만나다 | 윌렌트 데이비스 · 데니스 수마라 지음 | 현인철 · 서용선 옮김 | 304쪽 | 값 15,000 |
| 대한민국 교사, 어떻게 가르칠 것인가? | 윤성관 지음 | 320쪽 | 값 15,000원 |
| 아이들을 어떻게 가르칠 것인가 | 사토 마나부 지음 | 박찬영 옮김 | 232쪽 | 값 13,000원 |
| 모두를 위한 국제이해교육 | 한국국제이해교육학회 지음 | 364쪽 | 값 16,000원 |
| 경쟁을 넘어 발달 교육으로 | 현광일 지음 | 288쪽 | 값 14,000원 |
| 혁신교육 존 듀이에게 묻다 | 서용선 지음 | 292쪽 | 값 16,000원 |
| 다시 읽는 조선교육사 | 이만규 지음 | 750쪽 | 값 37,000원 |
| 교실 속으로 간 이해중심 교육과정(개정판) | 온정덕 외 지음 | 216쪽 | 값 15,000원 |
| 대한민국 교육혁명 | 교육혁명공동행동 연구위원회 지음 | 224쪽 | 값 12,000원 |
| 포스트 코로나 시대의 교육 | 성열관 외 지음 | 224쪽 | 값 15,000원 |
| 내일 수업 어떻게 하지? | 아이함께 지음 | 300쪽 | 값 15,000원 |
| 핀란드 교육의 기적 | 한넬레 니에미 외 엮음 | 장수명 외 옮김 | 456쪽 | 값 23,000원 |
| 한국 교육의 현실과 전망 | 심성보 지음 | 724쪽 | 값 35,000원 |
| 독일의 학교교육 | 정기섭 지음 | 536쪽 | 값 29,000원 |
| 교실 속으로 간 이해중심 통합교육과정 | 온정덕 외 지음 | 224쪽 | 값 15,000원 |
| 초등 백워드 교육과정 설계와 실천 이야기 | 김병일 외 지음 | 352쪽 | 값 19,000원 |
| 학습격차 해소를 위한 새로운 도전 보편적 학습설계 수업 | 조윤정 외 지음 | 240쪽 | 값 15,000원 |

● **경쟁과 차별을 넘어 평등과 협력으로 미래를 열어가는 교육 대전환!** 혁신교육 현장 필독서

| | |
|---|---|
| 학교의 미래, 전문적 학습공동체로 열다 | 새로운학교네트워크 · 오윤주 외 지음 | 276쪽 | 값 16,000원 |
| 마을교육공동체 생태적 의미와 실천 | 김용련 지음 | 256쪽 | 값 15,000원 |
| 학교폭력, 멈춰! | 문재현 외 지음 | 348쪽 | 값 15,000원 |
| 학교를 살리는 회복적 생활교육 | 김민자 · 이순영 · 정선영 지음 | 256쪽 | 값 15,000원 |
| 삶의 시간을 잇는 문화예술교육 | 고영직 지음 | 292쪽 | 값 18,000원 |
| 미래교육을 디자인하는 학교교육과정 | 박승열 외 지음 | 348쪽 | 값 18,000원 |
| 코로나 시대, 마을교육공동체운동과 생태적 교육학 | 심성보 지음 | 280쪽 | 값 17,000원 |
| 혐오, 교실에 들어오다 | 이혜정 외 지음 | 232쪽 | 값 15,000원 |
| 수업, 슬로리딩과 함께 | 박경숙 외 지음 | 268쪽 | 값 15,000원 |
| 물질과의 새로운 만남 | 베로니카 파치니-케처바우 외 지음 | 이연선 외 옮김 | 218쪽 | 값 15,000원 |
| 그림책으로 만나는 인권교육 | 강진미 외 지음 | 272쪽 | 값 18,000원 |

다시, 학교의 길을 묻다　　　　　　　　　김영인 지음 | 294쪽 | 값 18,000원

본능에서 개념적 사고까지　　　　　　　비고츠키교육학실천연구모임 지음 | 312쪽 | 값 19,000원

인공지능시대 인간중심교육　　　　　　한만중 지음 | 324쪽 | 값 20,000원

# 참된 삶과 교육에 관한 생각 줍기